FRANÇOIS DE LAVAL DE MONTMORENCY,

Premier Evêque de Québec.

1674—1874.

FÊTE DU CENTENAIRE

DE MONTMORENCY

1874.

1674—1874.

DEUXIÈME-CENTENAIRE.

NOTICE BIOGRAPHIQUE

SUR

FRANÇOIS DE LAVAL DE MONTMORENCY

1er ÉVÊQUE DE QUÉBEC,

SUIVIE DE

QUARANTE-UNE LETTRES

ET DE

NOTES HISTORIQUES SUR LE CHAPITRE DE LA CATHÉDRALE.

Obiit Kebeci non sine fama sanctitatis.
(*Gallia Christiana*, t. 2, p. 168.)

MONTRÉAL :
LA COMPAGNIE D'IMPRESSION ET DE PUBLICATION DE LOVELL.
JOHN LOVELL, *Directeur-Gérant*.

1874.

RESPECTUEUSEMENT DÉDIÉ

A

Sᴀ Gʀᴀɴᴅᴇᴜʀ Mᴏɴsᴇɪɢɴᴇᴜʀ ʟ'Iʟʟᴜsᴛʀɪssɪᴍᴇ ᴇᴛ Rᴇ́ᴠᴇ́ʀᴇɴᴅɪssɪᴍᴇ,
ELZÉAR ALEXANDRE TASCHEREAU,
Aʀᴄʜᴇᴠᴇ́ǫᴜᴇ ᴅᴇ Qᴜᴇ́ʙᴇᴄ,
XVe. Sᴜᴄᴄᴇssᴇᴜʀ ᴅᴇ Mɢʀ.
ᴅᴇ LAVAL
ᴇᴛ VIe. Aʀᴄʜᴇᴠᴇ́ǫᴜᴇ,

par

ʟ'Aᴜᴛᴇᴜʀ.

DIOCÈSE DE

QUÉBEC,

ÉRIGÉ LE

1er OCTOBRE 1674,

ET

SUBDIVISÉ EN

HUIT PROVINCES

ECCLÉSIASTIQUES

(1874.)

—

* Comme la majeure partie des provinces de Baltimore et de New-York n'était pas comprise dans l'ancien diocèse de Québec, nous ne mentionnons que *huit* provinces, tout en comprenant dans la liste des diocèses, démembrés de celui de Québec, ceux qui sont aujourd'hui inclus dans les deux provinces ci-dessus nommées.

QUEBEC..................
- Québec, (1674).
- Montréal, (1836).
- Ottawa, (1847).
- St. Hyacinthe, (1852).
- Trois-Rivières, (1852).
- St. Germain de Rimouski, (1867).

HALIFAX..............
- Halifax, (1845).
- St. Jean de Terreneuve, (1769).
- Charlotte-town,—I. P. Ed. (1829).
- St. Jean, Nouveau Brunswick, (1842).
- Arichat, (1844).
- Chatham, (1860).
- Le Hâvre de Grâce, (1860).

TORONTO.... ....
- Toronto, (1842).
- Kingston, (1826).
- Hamilton, (1856).
- London, (1856).
- Sault Ste. Marie, (1874).

ST. BONIFACE...........
- St. Boniface, (1847).
- St. Albert, (1867).
- Rivière McKenzie, (1863).

OREGON................
- Orégon City, (1846).
- Nesqualy, (1850).
- Victoria, Ile Vancouver, (1444).
- Colombie-Britanique, (1864).
- Idaho, (1865).

BALTIMORE.............
- Pittsburgh, (1843).
- Erie, (1853).

NOUVELLE-ORLEANS ..
- Nouvelle-Orléans, (1793).
- Mobile, (1824).
- Natchez, (1837).
- Little-Rock, (1843).
- Galveston, (1847).
- Natchitoches, (1853).

ST. LOUIS..............
- St. Louis, (1826).
- Dubuque, (1837).
- Nashville, (1837).
- Chicago, (1844).
- Milwaukie, (1844).
- Santa-Fé, (1850).
- St. Paul, (1850).
- Alton, (1857).
- Kansas, (1851).
- Nebraska, (1851).
- St. Joseph, (1868).
- Green-Bay, (1868).
- La Cosse, (1868).
- Colorado, (1868).

CINCINNATI...........
- Cincinnati, (1833).
- Louisville, (1808).
- Detroit, (1832).
- Vincennes, (1834).
- Cleveland, (1847).
- Covington, (1853).
- Fort Wayne, (1857).
- Marquette, (1857).
- Columbus, (1868).

NEW-YORK.............
- Buffalo, (1847).
- Burlington, (1853).
- Rochester, (1868).
- Ogdensburg, (1872)

DÉCLARATION.

Si, dans cette notice biographique, le premier Evêque de Québec est quelquefois traité de *Saint*, ou si des faits auxquels il a pris part sont qualifiés de *miraculeux*, soit avant, soit après sa mort, ce n'est pas l'intention du soussigné de prévenir la décision de l'Eglise : au contraire il déclare soumettre cet écrit au jugement du St. Siége.

Signé à St. Germain de Rimouski, le 29 Juillet 1874.

EDMOND LANGEVIN, Ptre.

Lettre de Monseigneur l'Evêque de Montréal à l'Auteur.

Montréal, le 11 Septembre, 1874.

Monsieur le Grand Vicaire,

J'admire la bonne et heureuse pensée qui vous a porté à écrire la *Notice Biographique de François de Laval de Montmorency*, premier Evêque de Québec. J'admire surtout la stricte impartialité avec laquelle vous l'avez écrite.

Cette grande et belle figure de notre histoire se trouvait environnée de certains brouillards ; et la glorieuse mémoire du fondateur de l'Episcopal dans toute notre Amérique, n'apparaissait aux yeux d'un certain nombre de nos compatriotes, qu'avec quelques taches qui en ternissaient l'éclat.

Grâces à vos précieuses recherches et à votre esprit de justice, ces brouillards vont, je l'espère, être dissipés, et ces taches lavées, pour ne laisser apparaître, dans cet illustre Evêque, que l'Apôtre de la Nouvelle-France, un parfait modèle de toutes les vertus épiscopales, un défenseur intrépide des droits de son siége, un dévoué partisan des doctrines et des prérogatives du Siége Apostolique, un vrai saint qui, il faut l'espérer, recevra quelque jour les honneurs de l'autel.

Votre *Notice Biographique*, en dissipant ces quelques nuages, va répandre de plus en plus la connaissance des vertus qui ont brillé davantage dans ce fondateur de l'Eglise de Québec, et fera bénir la divine providence qui a bien voulu le choisir dans les hauts rangs de la Société de l'ancien monde, pour en faire le brillant flambeau qui a éclairé et éclaire encore le nouveau.

Tous ceux donc qui jouissent des travaux et des sacrifices de ce grand prélat, Evêques, Prêtres et Laïques, se feront un devoir de contribuer en quelque chose à honorer sa mémoire, en étudiant sa vie si pleine d'actions mémorables, et en imitant ses vertus si dignes de passer jusqu'à la dernière génération.

Veuillez bien croire, M. le Grand-Vicaire, que l'on se fera un plaisir à l'Evêché, de transmettre au *Directeur-Gérant*, que vous indiquez dans votre circulaire du 1er courant, dont j'accuse réception, les bulletins de souscriptions qui y seront adressés pour donner à cette intéressante publication toute la circulation possible.

Dans le ferme espoir que votre *Notice Biographique* aura un plein succès, je demeure bien sincèrement,

Monsieur le Grand-Vicaire,

Votre très-humble et

tout dévoué serviteur,

†IG. Ev. de Montréal.

A M. Edmond Langevin, }
Vicaire-Général de Rimouski. }

TABLE DES MATIERES.

CHAPITRE I.

CHAPITRE II.

CHAPITRE III.

CHAPITRE IV.

CHAPITRE V.

CHAPITRE VI.

CHAPITRE VII.

CHAPITRE VIII.

CHAPITRE IX.

CHAPITRE X.

CHAPITRE XI.

CHAPITRE XII.

APPENDICE, 41 LETTRES.

FAUTES A CORRIGER.

***

Mettez en tête des chapitres X et XI, les sommaires indiqués dans la table des matières.

Page   4. Ligne   3. *au lieu de,* Colombièret, *lisez,*   Colombière.
"   20.   "   26.   "   *   *mettez,*   †
"   32.   "   15.   "   année   *lisez,*   cette année
"   50.   "   17.   "   parce   "   par ce que
"   50.   "   10.   "   important   "   importante
"   64.   "   11.   "   suris   "   su
"   65.   "   19.   "   mois   "   moins
"   101.   "   21.   "   der   "   des
"   145.   "   7.   "   Soigneur   "   Seigneur
"   165.   Après le mot *curè* ajoutez : Pierre-Louis-Joseph, fils des   précédents, fut baptisé à Québec, le 7 août 1694.

Même page, ligne   8 *au lieu de,* intéressantes, *lisez,*   intéressants
"   "   14.   "   àpousa,   "   épousa
Page 169.   "   7. des notes, *au lieu de,* racconte, *lisez,* raconte
"   169.   "   8. *au lieu de,* Mgr. *lisez,*   Mr.

AVANT-PROPOS.

L'époque de la création d'un Evêché a toujours été un événement dont l'anniversaire a été célébré avec bonheur, et plus cette époque est éloignée, plus tout ce qui s'y rattache acquiert de prix.

L'archevêché de Lyon (pour ne parler que de la France qui a colonisé le Canada) aime à rapporter qu'il fut érigé au 2e siècle et que deux saints, Photin et Irénée, successeurs des disciples des apôtres en jetèrent les fondements;

Le diocèse de Paris se rattache avec bonheur à St. Denis l'Aréopagite;

Bourges, créé dans le même siècle, réclame pour son premier Evêque saint Ursin, envoyé dans les Gaules par les disciples des apôtres;

Besançon, qui prétend avoir une église bâtie l'an 55, se glorifie d'avoir un martyr, St. Ferréol, pour son premier Evêque;

Rouen établi dans le 3e siècle compte Saint Nicaise pour son premier Evêque, qui fut aussi martyr, et cette prétention est prouvée solidement par la *Gallia-Christiana*.

Les diocèses de l'Amérique ne peuvent remonter si haut. On trouve un premier Evêque en Floride, vers 1528, c'était le Franciscain Juarez;

Au Mexique, c'était le dominicain Pierre Martinez de Feria, Evêque de Chiapas, en 1574;

L'Isle de Cuba avait un Evêque en 1601:

La mission de Californie, fondée en 1601, n'eut un préfet apostolique qu'en 1769: c'était le Franciscain Serra:

Lima, fondée en 1535, fut la première ville de l'Amérique qui reçut un Evêque.

Ainsi les plus anciens diocèses du nouveau-monde ne vont pas au delà de trois siècles et demi; mais on n'aime pas moins à recueillir tout ce qui se rattache à leur origine.

Le 1er Octobre 1874, le diocèse de Québec célèbrera le 200e anniversaire de sa création: c'est à cette occasion que la pensée est venue de raconter l'histoire de la fondation de cet antique siége et de rappeler les vertus apostoliques de son premier titulaire.

En effet est-il sans intérêt de rechercher comment s'est formé un diocèse, qui a été depuis subdivisé en huit provinces ecclésiastiques et en 59 diocèses, s'étendant depuis la vallée du St. Laurent et du Mississipi, avec tout le pays à l'occident et au nord jusqu'à l'Océan et au pôle. " La vie de l'homme, dit M. de la Tour, suffirait à peine pour visiter ce diocèse immense s'il était peuplé, puisqu'il renferme toute l'Amérique Septentrionale, depuis la Baie d'Hudson jusqu'à l'embouchure du Mississipi, et depuis l'île Royale et l'Acadie jusqu'aux terres d'Espagne."

L'Ile de Terreneuve était aussi comprise dans ce diocèse. *

Les nombreuses populations qui couvrent aujourd'hui l'immense territoire, d'abord connu comme la Nouvelle France, peuvent-elles être indifférentes sur le caractère de grandeur, les actes d'énergie et les vertus héroïques de celui que toutes peuvent appeler leur premier Evêque ?

N'était-ce pas en effet Mgr. de Laval, et son successeur, qui envoyaient des missionnaires au Mississipi par l'intérieur avec l'expédition d'Iberville ? †

N'étaient-ce pas les Evêques de Québec, qui envoyaient des missionnaires au Détroit jusqu'en 1788 ? Toute cette partie des Etats-Unis, du nord au sud, jusqu'au Golfe du Mexique, n'a-t-elle pas été évangelisée par les missionnaires de l'Evêque de Québec ?

Pour s'en convaincre, il suffit de lire la lettre suivante de Mgr. Hubert, Evêque de Québec, à Mr. Carroll, préfet apostolique à Baltimore, du 6 Octobre 1788.

" La divine Providence ayant permis, dit-il, que les Illinois, etc., soient tombés en la puissance des Etats-Unis dont la conduite spirituelle est confiée à vos soins, je vous supplie instamment de vouloir bien continuer provisionnellement à pourvoir ces missions, attendu qu'il me serait difficile d'y pourvoir moi-même......... Il est vrai que Mr. Gibeau fut nommé, il y a 20 ans, Vicaire Général pour le pays des Illinois ; mais depuis ce temps, le siége Episcopal de Québec a changé deux fois de possesseur sans que ses pouvoirs aient été renouvelés, etc."

(*) " Nous avions appris dès le mois d'Octobre la mort des missionnaires que Mgr. a perdus à Terreneuve, et combien lui-même avait été malade." (Lettre de M. Tremblay à M. Glandelet, 8 Mai 1698.)

† Lettre de Mr. Tremblay à Mr. De Maizerets.

C'est ce que prouve aussi l'extrait d'une lettre de Mgr. Desgly, Evêque de Québec; à M. John Carroll, préfet apostolique à Baltimore.

" Par le traité de paix de 1783, les terres sises au sud du fleuve St. Laurent, depuis le 45e degré de latitude, ayant été cédées aux Anglo-Américains, et les Illinois se trouvant dans cette partie, l'Evêque de Québec n'y a envoyé aucun missionnaire permanent depuis cette époque. Il est même à présumer que le gouverne· ment le trouverait mauvais, de sorte qu'on laissera les choses où elles en sont jusqu'à nouvel ordre."

Mgr. Hubert écrivait plus tard à Mgr. Carroll :

Québec, 14 Janvier, 1796.

Monseigneur,—Suivant le traité qui vient d'être conclu entre les Etats-Unis d'Amérique et la Grande Bretagne, les postes du Haut Canada vont être rendus et deviendront par conséquent partie du diocèse de Baltimore. La ville du Détroit et sa banlieue forment une paroisse catholiques assez nombreuse pour mériter la résidence d'un prêtre......"

C'est le P. Druillettes qui faisait la mission du Kenebec. * D'autres Jésuités se rendaient aussi loin que l'Arkansas. † Les prêtres du Séminaire de Québec furent envoyés jusqu'à Natchez et la Mobile. ‡ "Tous sous le même supérieur, dit M. Shea, " travaillaient au milieu des neiges du Maine, à travers les glaces " de la Baie d'Hudson, au Sault Ste. Marie, aux Illinois et dans les " plaines élevées du Missouri."

D'après cet auteur, les missions espagnoles du Mexique et la colonie Anglaise de Baltimore ou Maryland font seules exception et ont une origine différente : car tous les établissements de blancs le long de l'Ohio et du Mississipi, même après leur cession aux Etats Unis par le traité de 1783, étaient encore sous la juridiction de l'Evêque de Québec. ||

La Bulle du 5 Novembre, 1789, érigeant le siége de Baltimore,

---

* American Catholic Missions, pp. 126.

† Ib.

‡ Ib.

|| The Catholic Church in the U. S. pp. 53-4.

fait allusion à la dépendance que des fidèles observaient auparavant envers d'autres Evêques (qui étaient ceux de Québec), et les met pour l'avenir sous la juridiction du nouvel Evêque de Baltimore. *

Ainsi est établie par un document officiel émanant du St. Siége, et d'après le témoignage d'écrivains américains, l'immense étendue du diocèse de Québec, lorsqu'il fut érigé et que Mgr. de Laval en fut nommé le premier titulaire.

La gloire qui revient à Mgr. de Laval surtout d'avoir étendu sa juridiction sur presque tout un continent, en vertu des pouvoirs qu'il avait reçus du Souverain Pontife est donc constatée : cette gloire éclate d'avantage lorsque l'on voit rapportées toutes les œuvres de son long et laborieux épiscopat, et que l'on considère l'éclat dont brillent les églises particulières qui sont sorties de celles de Québec.

On n'est pas surpris de lui voir décerner par M. de la Tour, † le titre d'Apotre du Canada.

---

* The Catholic Church in the U. S. Appendix, p. 541.

† Mémoires sur la vie de M. de Laval.

NOTES.

(A.)

" *Il naquit dans le Diocèse de Chartres*, le 30 *Avril*, 1623." Cette date de la naissance de Mgr. de Laval doit être exacte. La liste chronologique (imprimée à Québec) indique comme lieu de sa naissance " Laval, ville du Maine, département de la Mayenne," et " 23 Mars 1622 " comme la date de sa naissance.— Dans le Répertoire général du clergé, M. Tanguay a supprimé les mots "Département de la Mayenne," et donne la date mentionnée par M. de la Tour, qui devait être bien renseigné.

La ville de Laval n'est pas dans le diocèse de Chartres, du moins tel que circonscrit par la Bulle du Souverain Pontife (voir la " *France Ecclésiastique*," province de Paris.)

(B.)

D'après M. La Tour, le jeune Laval avait 9 ans lorsqu'il reçut la tonsure en 1631 ; il devait s'en manquer quelque mois au moins si la date de la naissance est exacte, comme on a tout lieu de le supposer.

(C.)

François de Péricard, Evêque d'Evreux, et oncle du jeune Laval, était fils de Jean Péricard, procureur général au parlement de Normandie. Il avait succédé à son oncle Guillaume, dont il était coadjuteur, et prit possession du siége en 1613, il mourut en 1646.

(D.)

Jean Louis de Laval que le P. Anselme nomme le troisième, mais qui, d'après M. de Latour, était cadet de Mgr. de Laval, qui lui céda ses droits, épousa Françoise Chevestre, fille de Tanneguy de Chevestre, Seigneur de Cintray, et de Marie Caruel. Il eut 8 enfants :

1. Gabriel, qui épousa en 1696 Charlotte Marie Thérèse de Besançon, fille de Chs. Sgr. de Courcelles, Baron de Bazoches, vicomte de Neufchâtel.

On appelait Gabriel Marquis de Laval ; il mourut sans enfants en Août, 1720.

2. Pierre mort sans alliance en 1689.

3. François, lieutenant de vaisseau, mort au Port-Louis. François et Charle furent envoyés au Canada auprès de leur oncle, qui les mit au Séminaire : mais ils n'y restèrent pas longtemps.

4. François, et 5. Chs. Frs. Guy, Docteur en théologie de la faculté, qui fut chanoine et official de Tournay, puis Grand Vicaire de Cambrai, et en 1713 Evêque d'Ypres, et mourut trois mois après.

6. Joseph né en 1672, Chevalier de Jérusalem, commandeur de Louviers, de Vaumont et de Thors.

7. Françoise. 8. Louise.

(E.)

La date de 1647 donnée ici, d'après M. de la Tour, comme celle de la nomination de l'Abbé de Montigny à l'archidiaconé n'est peut-être pas exacte ; car si on en croit la notice contenue dans la " *France Ecclésiastique*," l'Evêque d'Evreux serait mort en 1646.

(F.)

Henri, Marie Boudon, naquit en 1624, à la Fère, et était par conséquent à peu près du même âge que l'abbé de Montigny. Il se fit un nom par plusieurs ouvrages ds piété : sa vertu ne le démentit jamais et son panégyriste rapporte dans la vie publiée en 1754. 2 vol. in 12, bien des miracles qu'il aurait opérés. Il mourut en 1702.

(G.)

Jean de Bernières-Louvigny, né à Caën, en 1602, d'une famille ancienne, contribua à l'établissement d'hôpitaux, de séminaires, de couvents, et à la fondation de l'église du Canada. Il a écrit plusieurs ouvrages de piété, et est mort subitement le 3 Mai, 1659. Le P. Charlevoix, dit en parlant de lui, " qu'au " milieu de la corruption du siècle, il était parvenu à ce qu'il y avait de plus " sublime dans la vie mystique." On peut dire que tous les soins qu'il se donna et les voyages qu'il fit avec Mad. de la Peltrie d'un lieu à l'autre pour préparer le départ des Ursulines destinées à la Nouvelle France, causèrent sa mort. Car, d'après Charlevoix, il fut *malade à l'extrémité*, même avant que la mère de l'Incarnation et Mad. de la Peltrie eussent quitté la France. On peut donc affirmer qu'il fut victime de son zèle pour le bien des âmes. (Voir la *Vie de Marie de l'Incarnation*.)

(H.)

Conformément aux pièces authentiques que nous publions dans le cours de cette *Vie*, M. de la Tour avait affirmé dans ses *Mémoires* que la commission de vicaire apostolique avait été sollicitée auprès du Pape par la Cour de France. M. Faillon a nié ce fait dans son " Histoire de la Colonie Française en Canada," et il a affirmé que Mgr. de Laval n'a pas porté le titre de Vicaire Apostolique. Or pour se convaincre que cet historien s'est complètement trompé, il suffit d'ouvrir les records de l'époque, (auxquels M. Faillon a eu libre accès) et de lire les mandements de Mgr. de Laval, qui de 1659 à 1674 a toujours pris le titre de Vicaire Apostolique. Deplus dans la contestation que firent à sa juridiction les Archevêques et les Parlements de Paris et de Rouen, on reprocha constamment au nouvel Evêque son titre de *Vicaire Apostolique*. Il ne peut y avoir de preuve plus certaine de l'erreur dans laquelle est tombé M. Faillon.

(I.)

Parmi les noms des prêtres qui ont signé au bas de l'ordonnance de Mgr. de Laval, ayant pour but de faire reconnaître sa juridiction, on ne trouve pas le nom de M. De Maizerets. Quelqu'un, s'en rapportant à la notice qui se lit dans l'*Abrégé chronologique* de M. Noiseux, (et d'après laquelle M. de Maizerets serait arrivé à Québec avec Mgr. de Laval à son premier voyage), a demandé pourquoi ce prêtre n'avait pas signé avec les autres. Comme cette question touche à la réputation d'un des ecclésiastiques les plus vénérables du Canada, il est important que le doute disparaisse. Or, après avoir examiné attentivement les *Relations* de 1759, le *Journal des Jésuites*, les mémoires de M. de la Tour, et les manuscrits de cette époque, on reste convaincu que M. de Maizerets n'accompagna Mgr. de Laval de France en Canada qu'à son second voyage, c. à. d. en 1663. M. de la Tour dit positivement qu'en 1659, cet ecclésiastique n'était pas encore prêtre et qu'il ne passa dans sa Nouvelle France qu'à l'époque de l'établissement du Séminaire. Le mandement qui le constituait fut signé à Paris, le 26 Mars, 1663 ; M. de Maizerets qui devait en faire partie, vint avec l'Evêque et M. de Mésy. Pendant la traversée il fut réduit à l'extrémité: M. Paulmiers et le Père Rafeix étaient aussi à bord du même vaisseau qui partit au mois de Mai. Le Journal des Jésuites mentionne l'arrivée au 2 Décembre.

NOTICE BIOGRAPHIQUE

SUR

FRANÇOIS DE LAVAL DE MONTMORENCY

"Il falloit icy un homme de cette force."
(*Lettres histor. de la Mère de l'Incarnation.*)

CHAPITRE I.

Raison de publier cette vie—Origine de Frs. de Laval—Ses frères aînés—Nom de
Laval—Sa tante Anne—Témoignage de Charlevoix—Sa naissance—Il reçoit
la tonsure—Ses condisciples—Il est fait chanoine d'Evreux—Il résigne son
canonicat—Ses frères aînés—Il renonce à ses titres de famille—Il commence
l'étude de la théologie—Il est fait prêtre—Archidiacre d'Evreux—il passe
4 ans à l'hermitage de Caën—Ses visites d'archidiacre—Il règle deux
affaires importantes à Caën—Réforme d'une maison de Religieux—Le Père
Charles Lalemant Jésuite—Il est proposé comme Evêque—Il est préconisé—
Contestation par l'Archevêque de Rouen—Le Nonce à Paris chargé de le
consacrer—Cérémonie de la consécration—Instance et prière du Roi—Lettre
du Roi—Lettre de la Reine Anne d'Autriche—Deux arrêts de la Chambre
des vacations—Préparatifs de départ—Mort de M. de Bernières-Louvigny—
Arrivée de l'Evêque à Québec—Il est reçu par le gouverneur—Fièvres pestilentielles ; dévouement de l'Evêque—Son amour pour les sauvages—Il donne
un festin aux sauvages—Harangue d'un Huron—Harangue d'un Algonquin—
Les troupes demandent la bénédiction de l'Evêque—Il administre la confirmation à plus de 100 sauvages—Le Baptême solennel à un Huron—Sermon
de l'Evêque—Eloge de l'Evêque par le Père Lalemant—Témoignage des
relations des Jésuites—Confirmation à Gaspé—Mission du lac Supérieur—
Chez les Jésuites—A l'Hopital—Chez les Ursulines—Dans une maison
particulière.

La réputation de sainteté qui s'est attachée à la personne et
à la mémoire de François de Laval fait désirer des détails complets
sur sa vie, les vertus qui l'ont ornée et la bienheureuse mort qui
l'a couronnée, après un épiscopat de cinquante ans.

Son origine même faisait espérer de grandes choses du rejeton
d'une des plus nobles familles de France.

Voici ce que l'on connaît de son père :

Hugues de Laval, (fils puiné de Jean de Laval, Seigneur de Tartigny et de Claude de Prunelé) fut Seigneur de Montigny et de Montbaudry. Le 20 Avril 1629, il transigea avec son frère, Gabriel de Laval pour la succession de Charles de Laval, leur frère.

Sa mère, Michelle Péricard, était fille de Nicolas Péricard, Seigneur de St. Etienne et d'Anne de Chantelou : elle fut mariée le 1er Octobre 1617 et était tutrice de ses enfants le 27 Avril 1638, ce qui fait voir que son mari était mort à cette date. *

Les deux enfants aînés issus de ce mariage furent : 1. François de Laval, tué au combat de Fribourg ; 2. Gabriel de Laval, tué à la bataille de Nottinghen.

Le troisième, qui est le sujet de cette notice, se trouva le véritable héritier de ce beau nom et d'une grande fortune.

D'après M. de la Colombière, † il tenait aussi le nom de Laval d'une de ses tantes, qui s'appelait Anne, fille unique de Guy, sixième de ce nom et épouse de Matthieu de Montmorency, l'un des cinq connétables de cette maison.‡ La branche des Montmorency-Laval commença dans le 13e siècle.

" La Nouvelle France," dit Charlevoix, || en parlant de sa promotion à l'épiscopat, " avait enfin obtenu un Evêque. Le choix était tombé sur François de Laval, un des premiers, et par bien des raisons, dont la *haute naissance* était la moindre, le plus illustre membre du séminaire des missions etrangères."

Il naquit dans le diocèse de Chartres (Département d'Eure et Loire) le 30 avril 1623. § (Note A) Il fit ses études au Collége des Jésuites de Laflèche, et reçut la tonsure en 1631. Il eut pour condisciples et confrères dans la Congrégation, Mgr. Pallu, Evêque d'Héliopolis, avec lequel il entretint un commerce de lettres ; M. Chevreuil, vicaire apostolique à la Chine ; M. Boudon, archidiacre d'Evreux ; MM. De Meurs et Fermanès, deux des fondateurs du Séminaire des Missions Etrangères de Paris ; M. Ango

---

* Histoire Généalogique—Père Anselme—tome 3. p. 647.

† Eloge funèbre de Mgr. de Laval.

‡ La *maison* de Montmorency porte à son écusson d'or à la croix de gueules contournée de seize alerions d'azur.

|| Vie de la vénérable Mère de l'Incarnation.

§ La Tour : Mémoire sur la vie de M. de Laval. Voir aussi sa bulle de vicaire apostolique : *Catholicis et nobilibus parentibus in Diœcesi Carnoten. ortum.*

des Maizerets : M. Gauthier, archi-diacre et Grand Vicaire à Dijon. (Note B). C'est sans doute sa piété qui lui avait mérité cette entrée précoce dans la cléricature ; car il faisait partie de la Congrégation des Ecoliers, que les Jésuites établissaient dans toutes leurs maisons.

Trois ans après seulement, son oncle François de Péricard, Evêque d'Evreux, lui donna un canonicat (Note C) dans sa cathédrale ; il n'avait donc que 12 ans, mais c'était plutôt une faveur qu'une charge sérieuse. Aussi, ses deux frères aînés étant morts sur le champ de bataille, sa famille songea à lui comme à celui qui devait soutenir son nom. Ses qualités heureuses et l'impression favorable qu'il produisait sur ceux qui avaient occasion de lui parler, avaient naturellement fait jeter les yeux sur le jeune chanoine comme destiné à maintenir la gloire militaire des Laval. Mais le jeune abbé de Montigny (c'était le nom qu'il avait pris) ne partageait pas ces idées mondaines. Comme il s'agissait de régler des affaires très-importantes, il ne heurta pas de front la proposition que lui fit l'Evêque d'Evreux d'abandonner son canonicat. On put croire un instant qu'il cédait, et cette disposition aurait été assez naturelle à l'âge si tendre où la fortune le surprenait. Mais il ne resta dans le monde que précisément le temps nécessaire au règlement des intérêts dans lesquels il n'était pas seul concerné.

Il avait deux autres frères, Jean Louis de Laval, Seigneur de Montigny et de Montbaudry, et Henri de Laval, religieux prieur de Ste.Croix-Leuffroy, et une sœur nommée Anne, qui fut supérieure des filles du St. Sacrement de Nantes et mourut en 1685. Ce fut Jean Louis qui devint l'héritier des titres par la renonciation que François en fit peu de temps après en sa faveur. (Note D).

Le jeune François se sentait hors de son élément dans le monde, et en ayant brisé les liens, il commença à Paris l'étude de la théologie, à 19 ans. Il y employa près de six ans, et à 25 ans reçut la prêtrise avec la plus grande ferveur. M. de la Tour, qui rapporte cette circonstance, devait être bien informé.* Il nous apprend aussi qu'avant même son ordination (en 1647) il avait été nommé archidiacre d'Evreux par son oncle ; (Note E) mais ce ne fut pas pour longtemps, car au bout de cinq ans, il le résigna en faveur de M. de Boudon, qui avait été son précepteur et qui a illustré l'Eglise de France par sa piété. (Note F).

---

* Mémoires sur la vie de M. de Laval.

A peine était-il prêtre, que l'abbé de Montigny se réunit à ses anciens confrères de Laflèche qui étaient à Caën, chez M. de Bernières, trésorier-royal de cette ville. (Note G). M. de la Colombièret qui avait bien connu M. de Laval, parlant de la maison de ce saint homme, l'appelle "le paradis terrestre de M. de Bernières." C'est ainsi, dit-il, * que j'appelle et qu'on doit appeler ce fameux hermitage de Caën, où l'auteur séraphique du *chrétien intérieur* † changeait en anges tous ceux qui avaient le bonheur d'être les compagnons de sa solitude et de ses exercices spirituels. Ce fut là que le fervent abbé puisa les eaux vives et abondantes de grâce dont cette région a été depuis heureusement arrosée. Dans ce céleste séjour, ses occupations ordinaires étaient la prière, la mortification, l'instruction des pauvres, les conférences ou lectures spirituelles ; les récréations étaient de travailler à l'hôpital, d'y servir les pauvres, d'y faire leurs lits, de les assister dans leurs besoins les plus rebutants, aider à panser leurs plaies."

Ce fut de là sans doute qu'il se dirigea de temps en temps vers les paroisses qu'il devait visiter en sa qualité d'archidiacre pendant les quelques années qu'il en remplit les fonctions. "L'exactitude de ses visites, la ferveur avec laquelle il s'y comporta, la réforme et le bon ordre qu'il établit dans les paroisses, le soulagement des pauvres, son application à toute sorte de biens, dont aucune ne lui échappait, tout cela faisait bien voir qu'il n'y avait pas de service que l'Eglise ne dût attendre d'un si grand sujet. C'était le sentiment universel sur l'abbé de Montigny." ‡

Le jeune prêtre ne passa que quatre années à Caën, et cependant il fut chargé d'affaires très-importantes. La première fut la défense de l'hôpital que l'on voulait dépouiller sous prétexte de le régler. Usant de son influence à la cour, il découvrit l'intérêt sordide de la cabale, désabusa des princes qui avaient été trompés, dessilla les yeux aux magistrats et revint victorieux à l'hermitage. "Après avoir, dit M. de la Colombière, percé et dissipé les ténèbres dont cette affaire avait été malicieusement enveloppée, il ramène le jour et le calme dans l'hôpital de Caën, et rend la vie aux membres affligés de Jésus-Christ et aux épouses du Sauveur la liberté de les secourir."

---

* Eloge funèbre de Messire de Laval.

† Ouvrages de M. de Bernières—2 vol. in 12.

‡ De la Colombière : Eloge funèbre de Messire de Laval.

La seconde affaire fut la réforme d'une maison de religieux de la même ville, dont l'autorité ecclésiastique le chargea. Le dérèglement s'y était introduit, et d'une maison de trouble et de dissensions il en fit une de paix, de piété et d'édification. " Pour " cet ouvrage, dit son panégyriste, il sera éternellement récom- " pensé dans le ciel, tandis que le saint fondateur de la maison " où il a établi la réforme aura des enfants qui lui ressemble- " ront et qui auront une portion de son zèle." Pour comprendre en effet l'importance du résultat obtenu, il faut considérer la difficulté de l'entreprise. Il n'y a que Dieu qui connaisse les troubles que causent ces sortes de travaux. Que d'habileté, que de prudence pour découvrir la véritable source du mal ! que de force, que de courage pour y remédier ! On craint, en voulant arrêter le désordre, de l'augmenter ; on doute si le bien que l'on veut faire est aussi grand que le mal qui peut en résulter. Que de mesures, que de ménagements, que de circonspection pour naviguer parmi tant d'écueils sans échouer ! *

Ce succès le fit connaître davantage à la cour et engagea le ministre à utiliser ses talents.

Les Directeurs de la *Compagnie de la Nouvelle France* avaient demandé, en 1651, que le Père Charles Lalemant, Supérieur de la maison des Jésuites da Paris, fût choisi comme Evêque. Le conseil des choses ecclésiastiques établi par Sa Majesté très-chrétienne s'en occupa et désigna les Pères Lalemant, Raguencau et Lejeune, afin que la compagnie choisît entre eux. Mais les Pères représentèrent que les constitutions de leur ordre s'opposent à ce qu'un sujet de la compagnie soit revêtu de dignités.

Le ministre alors, sur l'avis qu'il reçut d'eux et d'après le conseil de M. de Bernières, proposa l'abbé de Montigny. Mais les rapports entre la cour de France et le S. Siége avaient dégénéré à cette époque en des difficultés. Louis XIV, tout en soutenant l'autorité du S. Siége en matières de foi, faisait valoir des prétentions qu'Alexandre VII ne pouvait admettre. Voici comment le monarque s'y prit en cette circonstance ; il ordonna à M. Gueffier, conseiller d'Etat résidant à Rome, d'employer tous ses soins pour obtenir du Pape un titre d'Evêque *in partibus* en faveur du sujet que lui nommeraient les PP. Jésuites.

Sur quoi l'Assistant de France nomma de nouveau M. de

---

* Eloge funèbre de Messire de Laval.

Laval. La Reine écrivit aussi à M. Gueffier, ainsi que le Comte de Brienne, Ministre d'Etat, de faire toutes les instances possibles pour obtenir du Pape l'envoi de M. de Laval en Canada avec ce titre. Dans une audience qu'il reçut à la fin de décembre 1657, M. Gueffier s'acquitta de sa commission et pressa le Pape d'envoyer un Vicaire Apostolique.

M. de Laval fut préconisé au mois de Mai : il n'avait pas été présenté par le Roi. C'est ce qui explique ce passage de certaines lettres patentes données à cette époque : "Sa Sainteté, dit le Roi, nous ayant offert de nommer Vicaire Apostolique le Sieur de Laval de Montigny, pourvu de l'Evêché de Pétrée pour faire toutes les fonctions épiscopales dans l'étendue de la Nouvelle France, nous l'avons accepté et ensuite les Bulles ont été expédiées." (Note H).*

Mais à Rouen on prétendait que la Nouvelle France dépendait de cet Archevêché ; cependant on voyait par la Bulle du Pape qu'il n'en était rien. L'Historien de la *Colonie Française en Canada* l'a senti, car il remarque que " la Bulle donnait à entendre que M. de Laval administrait comme Viciare apostolique un territoire réputé alors du diocèse de Rouen." Puis il avoue plus loin que, " dès qu'on eût appris à Rome l'opposition faite par le Parlement de Rouen au titre de Vicaire Apostolique de la Nouvelle France, opposition fondée sur les prétentions de l'Archevêque de cette ville qui regardait le Canada comme étant de son diocèse, les Cardinaux de la Propagande furent fort étonnés de cette prétention."

Leurs Eminences durent voir leur étonnement augmenter en lisant une Circulaire adressée par l'assemblée particulière des Evêques à Paris,† à tous les Evêques de France, pour leur recommander de ne pas consacrer Mgr. de Laval. Cette circonstance regrettable retarda en effet la consécration d'abord fixée au 4 octobre. Elle fut remise au 8 décembre pour qu'on pût prendre des instructions à Rome ; et bientôt des lettres de la S. Congrégation chargèrent le nonce à Paris de consacrer lui-même le nouveau Vicaire Apostolique.

" On dut comprendre, dit M. Faillon, ‡ que sa nomination à ce

---

* Ces circonstances expliquent un passage d'une lettre de la Mère de l'Incarnation : " Qu'on dise ce qu'on voudra, écrivait-elle, ce ne sont point les hommes qui l'ont choisi."

† 25 Septembre 1658.

‡ Histoire de la Colonie Française en Canada.

titre était l'effet de la volonté expresse de Pape, lorsque l'on apprit que le Nonce Apostolique avait lui-même consacré le nouvel Evêque, et que si la Bulle ne donnait à M. de Laval que la qualité de Vicaire Apostolique, c'était que le Souverain Pontife le voulait ainsi."

En effet la consécration eut lieu dans l'église de St. Germain des Prés par le Nonce, assisté d'Abelli, Evêque de Rodez et de Du Saussai, Evêque de Toul, le 8 décembre 1658. L'on répondait ainsi avec dignité à l'insolent arrêt du Parlement de Paris qui avait osé " défendre à l'abbé de Montigny de s'ingérer dans les fonctions de Vicaire Apostolique en Canada."

Non seulement le Pape le voulait, mais Sa Sainteté en était ainsi venue à cette décision *à l'instance et à la prière du Roi*. C'est ce que le Nonce de Paris mandait au Conseil du Roi, en demandant " que l'arrêt du Parlement de Paris fût cassé, et qu'il obtînt une déclaration du Roi lui-même, par laquelle ce Prince reconnût que la Bulle de l'Evêché de Pétrée, avec la clause le désignant comme Vicaire Apostolique, avait été accordée *à son instance et à sa prière*."

Le Roi ne fit pas difficulté de rendre témoignage à la vérité : dans ses lettres patentes du 27 mars 1659 il s'exprima ainsi : " Sa Sainteté ayant jugé que les choses nécessaires à cet établissement d'un siége épiscopal ne se trouvaient pas encore en ce pays et qu'il y avait danger que la dignité épiscopale n'étant pas honorée avec le respect qui lui est dû, l'Eglise n'en reçût quelque désavantage, *nous avons fait instance* pour qu'il plût à Sa Sainteté de donner ordre aux nécessités de cette église naissante par les voies qu'elle jugerait les meilleures. Sur quoi nous ayant offert de nommer *Vicaire Apostolique* le Sieur de Laval de Montigny pourvu de l'Evêché de Pétrée pour faire toutes les fonctions épiscopales dans l'étendue de la Nouvelle France, nous l'avons accepté et ensuite les Bulles lui ont été expédiées."

Evidemment le Roi tâchait de faire oublier par ses bons procédés les empiétemens intolérables, dans lesquels cependant il n'avait pas été mêlé et dont la tendance directe était de mettre obstacle au libre exercice de la jurisdiction pontificale. C'est ainsi qu'il écrivit, le 14 mai 1659, à M. D'Argenson, nommé gouverneur de la Nouvelle France : " Je vous ai ci-devant écrit pour vous ordonner d'appuyer le Sieur Evêque de Pétrée en sa fonction Episcopale selon les pouvoirs qu'il en a obtenus de Notre Saint Père le

Pape, lequel, à *ma prière*, l'a ordonné Evêque, afin que sans aucune opposition il en pût faire les fonctions en l'étendue de la Nouvelle France. Présentement je vous écris non-seulement pour vous recommander de nouveau la personne du dit Sieur Evêque, mais pour vous dire que si les Vicaires du Sieur Archevêque de Rouen voulaient s'ingérer de faire aucune fonction de jurisdiction, vous ayez à les en empêcher et à leur dire que, quelques lettres que j'aie accordées au dit Sieur Archevêque, mon intention n'est point que lui ni eux de son autorité s'en prévalent jusqu'à ce que par celle de l'église il ait été déclaré si le dit Sieur Archevêque est en droit de prétendre que la Nouvelle France soit de son diocèse, car, outre qu'on ne convient pas que ç'ait été sous son autorité ou celle de ses prédécesseurs que la religion a été portée en ces pays de par-delà, quand on demeurerait d'accord que cela lui eût acquis le droit, Notre Saint Père le Pape n'en est pas persuadé ; et ce serait un scandale si dans une église naissante la jurisdiction de celui que Dieu a établi chef de l'universelle venait à être contestée. Je sais bien qu'on y veut engager mon autorité, et sous le prétexte de la maintenir, on essaie de donner atteinte à celle du Pape ; mais je ferai ce que je dois, en maintenant la mienne, sans toutefois blesser l'autre. Ce que vous aurez à faire se réduit à maintenir le dit Sieur Evêque en la pleine fonction de sa charge, soit qu'on le considère honoré du caractère épiscopal, soit du Vicariat Apostolique, dont j'ai recherché Sa Sainteté. Mais je désire que vous ménagiez en sorte les choses, que les Vicaires du dit Sieur Archevêque aient sujet de se louer de votre conduite. Celle-ci n'étant à autre fin, je prie Dieu qu'il vous ait, Monsieur d'Argenson, en sa sainte garde. Ecrit à Paris le XIIIe jour de Mai 1659.

(Signé)   Louis

et plus bas   De Lomenie."

Cette lettre est vraiment admirable par sa fermeté et en même temps par sa dignité et son esprit de conciliation. La reine Anne d'Autriche prenait aussi intérêt à tout ce qui concernait la religion ; ce qui l'avait engagé à écrire au Gouverneur absolument dans le même sens.

Mais le nouvel Evêque devait subir un nouvel assaut avant de quitter la France. Ne se contentant pas d'un arrêt ridicule par lequel, dès le 3 octobre, elle "défendait à l'abbé de Montigny de s'ingérer dans les fonctions de Vicaire Apostolique en Canada," la Chambre des vacations rendit, après la consécration du nouvel

Evêque (le 23 décembre), un second arrêt " défendant à tous les sujets du roi de le reconnaître dans cette qualité et enjoignant à tous les officiers et à tous autres de s'opposer à son entreprise et d'empêcher qu'il n'exerçât aucune fonction." Ce furent ces excès qui portèrent évidemment le Roi à soutenir de son autorité un Evêque qui était devenu l'objet d'une véritable persécution.

Quant à celui-ci, il parut bien calme, et, tout en prenant ses mesures pour réussir, il fit ses préparatifs de départ. Le jour de Pâques, il s'embarqua à Larochelle, avec trois prêtres, MM. Torcapel et Pellerin et le Rév. Père Charles Lalemant, Recteur du Collége de la Flèche. Il emmenait aussi avec lui le jeune de Bernières, neveu de celui de Caen, qui mourut peu de temps après son arrivée à Québec (le 11 septembre).* Il ne faut pas le confondre avec M. Henri de Bernières, qui était sous-diacre avant de partir de France, et qui s'embarqua sur un autre vaisseau, lequel arriva un peu plus tard à Québec.

Pendant même qu'il traversait la mer, Mgr. de Laval perdait son meilleur ami, M. de Bernières, qui mourait subitement à Caën, le 3 mai ; mais il n'en fut pas surpris, parce qu'il le lui avait fait connaître d'avance.†

Enfin le Canada avait un Evêque. " Les deux vaisseaux venus cette année de France, écrivait le P. Jérôme Lalemant, au Provincial de France, ‡ ont changé la face de nos cœurs et de tout le pays : ils ont fait naître la joie partout : l'un par les heureuses nouvelles de la paix entre les deux couronnes, l'autre par la venue de Mgr. l'Ill. et Rév. Evêque de Pétréc...... Dieu a relevé nos espérances par le don qu'il nous a fait d'un prélat après lequel cette église naissante soupirait depuis un si long temps : c'est de Mgr. l'Evêque de Pétrée qui arriva ici heureusement le 16e jour juin 1659, et fut reçu avec les cérémonies ordinaires, comme un ange consolateur envoyé du Ciel et comme un bon Pasteur qui vient ramasser le reste du sang de J.-C. avec un généreux dessein de ne pas épargner le sien, et de tenter toutes les voies possibles pour la conversion des pauvres sauvages pour lesquels il a des tendresses dignes d'un cœur qui les vient chercher de si loin."

Le lendemain 17, M. le Vicomte d'Argenson, Gouverneur-Géné-

---

* Journal des Jésuites.

† Mémoires sur la vie de M. de Laval.

‡ Relations de 1659.

ral depuis un an, alla au-devant du Vicaire Apostolique et le reçut avec tous les honneurs dus à son rang et à son mérite. Toute la colonie fit paraître sa vénération pour sa personne, et la population de la ville se réunit devant le Château pour accompagner le gouverneur. M. de Laval, environné de ses compagnons de voyage, monta avec le Gouverneur au son des cloches et au bruit de toute l'artillerie du fort. M. d'Argenson le conduisit à l'église paroissiale, puis au Château, où les Jésuites vinrent lui rendre leurs devoirs, quoiqu'ils eussent été déjà le recevoir en procession sur le bord de la rivière et en l'église.*

La joie causée par l'arrivée inattendue de l'Evêque † fut accompagnée d'une grande crainte : " le dernier vaisseau, dit la Mère de l'Incarnation, s'est trouvé à son arrivée infecté de fièvres pourprées et pestilentielles. Il portait 200 personnes qui ont presque tous été malades. Il en est mort 8 sur mer et d'autres à terre. Presque tout le pays a été infecté et l'hôpital rempli de malades. Mgr. notre prélat y est continuellement pour servir les malades et faire leurs lits. On fait ce que l'on peut pour l'en empêcher et pour conserver sa personne, mais il n'y a pas d'éloquence qui le puisse détourner de ces actes d'humilité."

Une fois arrivé sur cette terre, la première pensée du prélat fut pour les pauvres sauvages, et, un enfant huron étant venu au monde, il eut la bonté de le tenir sur les fonts du Baptême.‡ Un jeune homme, aussi huron, malade à l'extrémité, devait recevoir les derniers sacrements. Mgr. de Laval voulut s'y trouver et lui consacrer ses premiers soins et ses premiers travaux, donnant un bel exemple à nos sauvages qui le virent avec admiration, dit la Mère de l'Incarnation, prosterné près d'un pauvre moribond, qui sentait déjà le cadavre et auquel il nettoyait de ses pauvres mains les endroits du corps où l'on devait faire les onctions sacrées."

De tels traits nous rappellent les actes héroïques des plus grands saints.

" Le 22, Mgr. l'Evêque, dit le Journal des Jésuites, fit festin aux sauvages dans notre salle et leur parla bien à propos.

" Nos Sauvages, dit la Relation de 1659, § ne se seraient pas

---

* Journal des Jésuites.

† Le navire chargé de porter la nouvelle de la prochaine arrivée de l'Evêque, battu par le mauvais temps, n'arriva que plus tard.

‡ Lettres de la Mère de l'Incarnation.

§ Lettre du Père J. Lalemant au P. Jac. Renault, Provincial en la Province de France.

formé une idée digne de Monseigneur l'Evêque, s'il ne se fût ac.
commodé à leur façon de faire et s'il ne les eût régalés par un festin solennel, lequel les ayant mis de bonne humeur, ils lui firent
leurs harangues, entremêlées de leurs chansons ordinaires. Ils le
complimentaient chacun en leur langue, avec une éloquence autant aimable que naturelle. Le premier qui harangua fut un des
plus anciens Hurons, qui s'étendit bien amplement sur les louanges de la foi, laquelle fait passer les mers aux plus grands hommes
du monde et leur fait encourir mille dangers et essuyer mille fatigues pour venir chercher des misérables. Nous ne sommes plus
rien, dit-il, ô Hariouaouagui, c'est le nom qu'ils donnent à Monseigneur et qui signifie en leur langue, l'homme du grand affaire.
Nous ne sommes plus que le débris d'une nation florissante qui
était autrefois la terreur des Iroquois, et qui possédait toute sorte
de richesses : ce que tu vois n'est que la carcasse d'un grand peuple, dont l'Iroquois a rongé toute la chair, et qui s'efforce d'en su-
cer jusqu'à la moëlle. Quels attraits peux-tu trouver dans nos misères ? Comment te laisses-tu charmer par ce reste de charogne
vivante, pour venir de si loin prendre part à un si pitoyable état
auquel tu nous vois ? Il faut bien que la foi qui opère ces merveilles, soit telle qu'on nous l'a publiée, il y a plus de trente ans.
Ta présence seule, quand tu ne dirais mot, nous parle assez haut
pour elle, et pour nous confirmer dans les sentiments que nous en
avons. Mais si tu veux avoir un peuple chrétien, il faut détruire
l'infidèle ; et sache que si tu peux obtenir de la France main-forte
pour humilier l'Iroquois qui vient à nous la gueule béante pour
engloutir le reste de ton peuple comme dans un profond abîme,
sache, dis-je, que par la perte de deux ou trois bourgades de ces ennemis tu te fais un grand chemin à des terres immenses, à des
nations nombreuses qui te tendent les bras et qui ne soupirent
qu'après les lumières de la foi. Courage donc, ô Hariouaouagui,
fais vivre tes pauvres enfants, qui sont aux abois. De notre vie
dépend celle d'une infinité de peuples : mais notre vie dépend de
la mort des Iroquois."

La harangue que fit ensuite un Capitaine Algonquin ne fut pas
moins pathétique.

" Je m'en souviens, dit-il, en comptant sur ses doigts, il y a 23
ans que le Père Lejeune, en nous jetant les premières semences de
la foi, nous assura que nous verrions un jour un grand homme qui
devait avoir toujours les yeux ouverts (c'est ainsi qu'il nous le
nommait) et dont les mains seraient si puissantes que du seul

attouchement elles inspireraient une force indomptable à nos cœurs contre les efforts de tous les démons. Je ne sais s'il y comprenait les Iroquois; si cela est, c'est à présent que la foi va triompher partout. Elle ne trouvera plus d'obstacles qui l'empêche de percer le plus profond de nos forêts, et d'aller chercher à 3 et 400 lieues d'ici les nations qui nous sont confédérées, au pays desquelles cet ennemi commun nous bouche le passage.''

Un fait qui avait produit une grande impression sur ces sauvages c'est que les troupes partant pour aller en guerre contre les Iroquois, étaient venues, avant de partir, recevoir la bénédiction de leur Evêque.

Ils ne furent pas moins frappés de la cérémonie de la Confirmation que l'Evêque conféra dans l'église paroissiale à bon nombre de Français et qu'il voulut commencer par quelques sauvages qui avaient été préparés soigneusement.

Le Père Lalemant rapporte que " la joie éclata sur la figure du prélat en voyant à ses pieds et imposant les mains à des peuples qui jamais depuis la naissance de l'église n'avaient reçu ce sacrement. Mais sa joie fut bien plus grande lorsqu'ensuite il confirma toute l'élite de nos deux églises Algonquine et Huronne. Nous en avions disposé, dit le bon religieux, une cinquantaine d'une nation et autant de l'autre, par des confessions générales. L'idée qu'avaient ces pauvres gens tant du sacrement que de celui de qui ils le devaient recevoir, leur fit faire des efforts extraordinaires de dévotion l'espace de huit jours pour s'y préparer.''

Pendant la cérémonie qui se fit dans l'église neuve des Mères hospitalières, on loua Dieu en quatre langues : Les Hurons et les Algonquins chantaient à leur tour des cantiques spirituels qui tirèrent les larmes des yeux de quelques uns des assistants. Aux yeux de ces sauvages qui n'avaient jamais rien vu de semblable, l'évêque revêtu pontificalement leur paraissait comme un ange du paradis ; et ses mouvements étaient si majestueux qu'ils ne pouvaient détacher leurs yeux de sa personne.

Dans la même occasion le zélé prélat conféra, de sa propre main et avec toutes les solennités de l'Eglise, le saint baptême à un Huron de 50 ans dont la joie était inexprimable. Il n'y avait aucun de ses compatriotes qui n'eût voulu être à sa place pour participer à un semblable bonheur. Son cœur fut tellement changé, au témoignage du Père Lalemant, qu'il ne fut plus reconnaissable depuis ce moment-là : il se dépouilla tout d'un coup des mauvaises maximes et des méchantes habitudes qu'il avait contractées pendant son esclavage parmi les Iroquois.

L'Evêque accompagna ces cérémonies d'un sermon mis à la portée de ces pauvres gens, pour les animer à résister courageuse-ment aux tentations et à supporter avec patience toutes les misères de la vie dans la vue et sur l'espérance de l'éternité bienheureuse.

La haute opinion que l'en avait de la vertu qui brillait déjà dans le nouvel Evêque perce partout dans les écrits du temps. Le Père Lalemant déclare que " la Reine a comblé tous ses bienfaits par le plus précieux de tous ceux qu'elle pût faire en lui procurant un tel pasteur, et que tout le monde est dans l'espérance que Dieu conservera un pays qui est pourvu d'une *si sainte et si forte* pro-tection." "Ce qui nous console au milieu de la guerre des Iroquois c'est, ajoute-t-il, le zèle de ce généreux prélat qui n'a point de bornes."

C'est un fait bien remarquable en effet que, si les missionnai-res se sont répandus de tous les côtés pour prêcher l'Evangile, l'in-itiative en appartint à Mgr. de Laval, et il est important de le constater. Les *Relations* le déclarent en propres termes, et ren-ferment par là même le plus bel éloge que l'on puisse faire d'un apôtre. Ce passage doit être rapporté tout entier, le voici :

" Il pense que ce serait peu d'avoir passé les mers s'il ne traver-sait aussi nos grandes forêts par le moyen des ouvriers évangéli-ques, qu'il a dessein d'envoyer jusqu'aux nations dont à peine sa-vons-nous les noms, pour y chercher tant de pauvres brebis éga-rées, et pour les ranger au nombre de son cher troupeau ; c'est à quoi il se prépare, nonobstant la guerre des Iroquois. Il prétend bien faire en ce Nouveau-Monde ce qui se pratique en l'ancien, je veux dire que, comme l'on fait couler à la dérobée des prédica-teurs dans les autres églises persécutées, ainsi désire-t-il jeter de nos Pères parmi les premières bandes des sauvages qui viendront ici-bas pour remonter avec eux en leur pays, afin que malgré l'en-fer et les démons ils convient ces pauvres peuples d'entrer dans le royaume de Dieu et de prendre part à la béatitude à laquelle ils sont destinés. Ce sont des desseins dignes d'un courage plein de zèle pour la gloire de Dieu."

Mais il ne se contentait pas d'envoyer les autres ; lui-même visita l'Acadie, en arrivant pour ainsi dire dans ces contrées sau-vages ; car en passant du côté de Gaspé " il donna la confirmation à 140 personnes qui jamais peut-être n'auraient reçu cette bénédiction, si ce brave prélat, dit la relation, ne les fût venu chercher en ce bout du monde."

A cette époque même il était question d'entreprendre la mission du Lac Supérieur. "Sitôt que Monseigneur l'Evêque de Pétrée, dit la relation de 1660, eût appris ce dessein, on ne peut croire combien il y parut affectionné. Son zèle qui embrasse tout, et à qui tout l'Océan n'a pu donner de bornes, lui faisait souhaiter de pouvoir être lui-même de ces heureux exposés et, aux dépens de mille vies, aller chercher dans le plus profond de ces forêts la brebis égarée pour laquelle il avait traversé les mers. Il y eût été s'il eût pu se diviser ; et les courses qu'il a faites sur les neiges dès son premier hiver pour visiter ses ouailles, non pas à cheval ou en carosse, mais en raquettes et sur les glaces, montrent qu'il tiendrait bien sa place parmi les plus excellents missionnaires des sauvages, s'il pouvait quitter le plus nécessaire pour courir au plus dangereux : du moins son cœur y a volé pendant qu'il s'arrête ici comme au centre de toutes les missions, pour pouvoir donner ses soins et partager son zèle à tous également : tous nos Français et nos Sauvages, dont il a gagné le cœur par la sainteté de sa vie et par les grandes charités dont il les assiste continuellement dans toutes sortes de besoins auraient trop perdu et seraient demeurés inconsolables, si ces bois si reculés de nous eussent possédé ce précieux trésor dont ils ne connaissent pas encore assez le mérite."

Il semble impossible de parler d'un Evêque avec plus d'éloges, et cependant il n'y avait pas un an que Mgr. de Laval était en Canada.

En arrivant, il n'avait pas trouvé de logement préparé pour lui. Les Jésuites ne manquèrent pas de lui offrir leur maison toute petite qu'elle était et il s'y logea avec ses prêtres. Mais, peu de temps après il alla occuper un appartement dépendant de l'hôpital. Il y demeura près de trois mois, dit M. de la Tour, et alla ensuite loger dans le pensionnat sauvage des Ursulines, qu'on appelait Séminaire : il y fit faire une clôture de séparation pour y être canoniquement. Madame de la Peltrie, qui s'aperçut de son embarras, lui fit agréer la maison qu'elle occupait et qui appartenait aux Ursulines ; et il y passa deux ans avec ses prêtres. Enfin il acheta une maison qui tombait en ruines avec une petite chambre dépendante de la fabrique, près de l'église : ce fut plus tard l'emplacement du presbytère. En 1662, MM. Dudouit et de Bernières s'y logèrent avec lui.

CHAPITRE II.

La juridiction donnée par le St. Siége à Mgr. de Laval comme
Vicaire Apostolique était contestée par l'Archevêque de Rouen.
Quoique M. de Queylus, Grand Vicaire de ce dernier prélat, " sût
deux mois avant de partir de France pour l'Amérique que M. de
Laval avait été choisi," comme le dit expressément l'auteur de
l'Histoire de la Colonie Française en Canada, cela ne l'empêcha
pas de prendre les devants, d'établir sa principale résidence à
Québec, y ayant pris possession de la cure le 12 Septembre * 1657.
Le 8 août suivant les PP. Jésuites lui firent signifier leur patente
de Grand Vicaire du même archevêque de Rouen. L'abbé de
Queylus monta à Montréal, d'où il revint à Québec en août 1659.
Le nouvel Evêque y était depuis deux mois, et, d'après une lettre
de M. d'Argenson, gouverneur-général, " l'Archevêque de Rouen
était d'accord de l'y voir faire les fonctions épiscopales et exercer
le Vicariat Apostolique."† Comme pour multiplier les contrastes,
M. de Queylus, qui persistait à exercer de son côté les pouvoirs
qu'il avait reçus de l'Archevêque de Rouen, alla loger au fort chez
M. d'Argenson qui ne partageait pas ses idées d'opposition. Ce
Gouverneur, écrivant à la Cour, disait: " L'Archevêque de Rouen

---

* Journal des Jésuites, 1657.

† 21 octobre 1659.

m'a fait l'honneur de m'écrire et sans qu'il ait droit de se plaindre de mon procédé je crois pouvoir lui faire connaître qu'étant d'accord de voir M. de Pétrée pour faire les fonctions épiscopales et exercer le Vicariat Apostolique, il ne devait pas envoyer des lettres de Grand Vicaire à M. l'abbé de Queylus, qui ne pouvait en exercer légitimement les fonctions."

Cette opinion du Gouverneur s'appuyait sur la décision des Cardinaux de la Propagande. "Ils jugèrent unanimement que pour constituer un diocèse il fallait d'autres convictions que celles que supposait ce prélat, (l'Archevêque de Rouen) : les *provinces conquises par les armes n'étant pas soumises aux Evéques de la nation victorieuse, s'il n'est pas intervenu une concession du St. Siége Apostolique ;* et d'ailleurs, l'usage dont se prévalait ce prélat, qu'on n'envoyait pas des vicaires apostoliques dans les diocèses du royaume, n'ayant pas ici son application, *puisque le Canada n'était pas un diocèse de France".**

Le Souverain Pontife lui-même fit dire au Conseiller d'Etat Gueffier, résidant à Rome, d'écrire à Sa Cour "de faire ordonner que l'Archevêque se désistât de sa prétention, attendu qu'elle était mal fondée ; cette dépendance n'étant appuyée SUR AUCUN BREF DU ST. SIEGE et l'Archevêque ne l'ayant pas acquise, comme il le disait, par l'envoi qu'il avait fait de prêtres en Canada." †

La cause était jugée par l'autorité suprême. "On dut comprendre que la nomination au titre de Vicaire Apostolique était l'effet de la volonté du Pape, lorsqu'on apprit que le Nonce Apostolique avait lui-même consacré le nouvel Evêque, et que par conséquent si la Bulle n'érigeait point un nouveau siége épiscopal, malgré la demande instante de la Cour, et ne donnait à M. de Laval que la qualité révocable de Vicaire Apostolique, c'était que le Souverain Pontife le voulait ainsi.‡

Les conditions qu'on mettait à l'acceptation d'un Vicaire Apostolique étaient autant d'atteintes portées aux droits incontestables du S. Siége ; cette mesure aurait pu donner lieu à des abus de la part d'un gouvernement mal intentionné."

"Cette prétention de l'archevêque en proposant de donner des pouvoirs ordinaires au vicaire envoyé au Canada par le Pape aurait

---

* Hist. de la Col. Française, t. 2, p. 328.

† Ib. p. 329.

‡ Ib., p. 328.

été une véritable insulte au S. Siége. Le vicaire apostolique envoyé dans un pays nouveau y est établi pour exercer au nom du Pape les fonctions de pasteur des âmes ; et l'exercice de ce pouvoir apostolique est incompatible avec un autre pouvoir qui serait indépendant du premier et aurait pourtant le même objet."*

Fort de toutes ces raisons, Mgr. de Laval ne pouvait reculer et devait s'assurer de l'obéissance de son clergé.

Un an après son arrivée (le 3 Août 1660) il publia une ordonnance " prescrivant à tous les ecclésiastiques du diocèse de ne reconnaître aucune autre juridiction que la sienne." Elle fut signée par MM. de Charny, son official ; Torcapel, curé de Québec, qui avait accompagné son Evêque ; Henri de Bernières qui succéda au précédent comme curé quelques mois après ; Pélérin, chapelain des Ursulines, qui ne demeura qu'une année et retourna en France ; Vignal, ancien chapelain, qui s'était fait Sulpicien et qui fut tué par les sauvages en 1661 ; Le Maître, également Sulpicien, qui fut tué quelques jours après par les sauvages ; Galinier, Sulpicien et premier directeur des Sœurs de la Congrégation, qui avait accompagné M. de Queylus à Montréal. On ne trouve pas parmi ces noms celui de M. D'Allet, sulpicien et secrétaire de M. de Queylus, que Mgr. de Laval avait ordonné prêtre, le 15 Août 1659, dans la chapelle des Jésuites. C'est qu'après avoir passé l'hiver à l'hôpital de Québec, il était retourné à Montréal dès le mois d'Avril. Reste M. de Queylus qui partit définitivement pour la France le 22 Octobre. " M. de Pétrée," écrivit le gouverneur à cette occasion, " est parfaitement reconnu, suivant la volonté de Sa Majesté qu'elle a déclarée par deux lettres de cachet. M. l'abbé de Queylus s'est bien comporté : il passe en France. Un homme de ce mérite sacrifie volontiers ses biens et sa personne pour le bien de l'Eglise." (Note I)

Le prélat n'attendit pas plus longtemps pour informer le S. Siége du succès de ses démarches, tout en exposant l'état de la religion dans ce pays (le 31 Juillet 1659). Alexandre VII lui répondit avec une grande bienveillance le 3 Avril suivant : Il jugeait avec raison qu'il n'avait rien à se reprocher à l'égard de M. de Queylus.

Au reste c'était l'opinion du Père Jérôme Lalemant, qui écrivait le 8 Octobre, à M. le conseiller d'Argenson, frère du gouverneur : " Votre frère s'est comporté à l'égard de M. de Pétrée autant bien qu'on eût pu le désirer, ayant fait valoir une deuxième lettre du

---

* Hist. de la Col. Française, p. 33.

Roi, qui lui enjoignait de mettre M. de Pétrée en possession de l'usage de tous ses titres et d'empêcher que les vicaires de Mgr. de Rouen fissent ici aucune fonction. Cela a donné la paix ecclésiastique pour le présent." *

Cette première difficulté surmontée, Mgr. de Laval devait en rencontrer de bien inquiétantes. MM. Torcapel et Pelerin qu'il avait amenés avec lui, trouvèrent le climat trop rigoureux pour eux et repassèrent en France en 1660. Les Jésuites avaient été remplacés dans la desserte de la paroisse de Québec par M. Torcapel; celui-ci en quittant le poste eut pour successeur un tout jeune homme que Mgr. de Laval avait ordonné six mois auparavant : c'était M. Henri de Bernières qui demeurait avec lui et qui semblait avoir hérité des vertus de l'oncle qui l'avait formé en France, et lui avait inspiré l'esprit de dévouement. Comme l'Evéque n'avait plus d'autres prêtres séculiers disponibles, il nomma le Père Lemercier vicaire de la paroisse. Car il ne fallait pas compter régulièrement sur les services de M. de S. Sauveur qui avait 62 ans et avait abandonné l'exercice du ministère actif.

Une source d'ennui pour le nouvel Evêque furent les questions de préséances parmi les marguilliers qui commençaient à s'agiter dans Québec. Pour couper court, Mgr. de Laval établit provisoirement l'antiquité comme le seul ordre de préséance entre les marguilliers.

L'élection annuelle donnait aussi lieu à quelques difficultés ; pour y obvier, le prélat régla que dorénavant, l'élection des nouveaux marguilliers se ferait par ceux qui seraient en charge et par les anciens à la pluralité des voix et par suffrages secrets. Puis en 1661, l'Evêque dut intervenir pour empêcher la contestation des rangs de préséance parmi les laïcs pour la distribution des rameaux et la procession. Le gouverneur avait la prétention de faire passer plusieurs corps avant les marguilliers; pour éviter les désagréments qu'auraient amenés des conflits, ces cérémonies n'eurent pas lieu, et l'interdiction des processions et des solemnités de ce genre fut maintenue pendant plusieurs années. M. le Gouverneur se plaignit de ce procédé dans une lettre au ministre ; mais il reconnut bientôt qu'il ne tenait qu'à lui de maintenir des rapports agréables avec son Evêque : "Toutes ces difficultés avec M. de Pétrée," écrivait-il, le 7 Juillet 1660, "ne nous empêchent pas de bien vivre, mais je pense qu'il est important de les terminer pour donner une

---

* Histoire du Montréal.

face à ce pays. De toutes les contestations que j'ai eues avec M. de Pétrée, j'ai toujours fait le Père Lalemant médiateur ; c'est une personne d'un si grand mérite et d'un sens si achevé que je pense qu'on n'y puisse rien ajouter." Le gouverneur n'ignorait pas que si l'Evêque était dans le conseil de la colonie, c'était au même titre que lui-même, et en vertu d'un arrêt du Conseil du Roi, (27 Mars 1647,) rendu bien avant qu'il fût question de M. de Laval, pour gouverner ces missions. Ce conseil devait se composer du gouverneur, de l'Evêque et du gouverneur particulier de Montréal.

Mais une autre sollicitude occupait aussi l'Evêque. Afin de pourvoir à l'administration de la Justice ecclésiastique, il nomma comme son official, M. Charles de Lauzon Charny, qui venait d'être ordonné prêtre en France, et qu'il avait amené avec lui. L'année suivante, il le déclara son grand vicaire, quoiqu'il fût jeune encore ; mais il était considéré à cause de ses vertus et de la qualité de gouverneur qu'il avait remplie par *interim* en 1656.*

Dès le mois de Janvier, 1661, il se présenta devant le tribunal du nouvel official, une affaire des plus épineuses, qui donna lieu à un conflit de juridiction. Daniel Wil, hérétique relaps, blasphémateur et profanateur des sacrements, fut dénoncé au juge ecclésiastique ; mais il était en prison, et le juge civil prétendait que c'était à lui de prendre connaissance de cette cause. L'official de son côté faisait valoir les droits attribués aux officialités de France.

Le procès au civil fut poussé activement, et "le coupable fut pendu le 9 Octobre, ou plutôt arquebusé," dit le journal des Jésuites.

On exécuta aussi, le 11, un traitant de boissons enivrantes, peut être le même qui, d'après le Journal des Jésuites, avait été excommunié nommément et relevé le dimanche de *Quasimodo*.

L'Evêque se montra inflexible sur les droits du clergé ; il exigea que le gouverneur ne communiât qu'après les acolytes, et qu'il en usât de la même sorte dans la distribution du pain, des cierges, des rameaux, de l'eau bénite. Il était de ceux qui sont d'avis que le cérémonial est très-important et qu'on doit le suivre rigoureusement pour n'être pas exposé à l'arbitraire et aux jalousies.

Avant qu'il y eût un Evêque, on avait introduit l'usage de bénir le pain pendant la messe contre le cérémonial. Mgr. de Laval, qui tenait aux règles, ordonna que la bénédiction eût lieu avant la messe. Ainsi finit le déploiement d'ostentation que

---

*M. Charny avait rempli la charge de premier préfet des Congréganistes de Québec.

se permettait le gouverneur en faisant accompagner de fifres et de tambours le pain qu'il présentait.

A Québec on aurait voulu aussi enterrer toutes les personnos un peu notables dans l'église paroissiale. Or, elle était petite et bâtie sur le roc, et devenait malsaine à cause des exhalaisons. Pour détourner les paroissiens de cette coutume, Mgr. de Laval régla que l'on paierait une forte somme à la fabrique lorsqu'on inhumerait un corps, et que les parents du défunt feraient creuser, à leurs propres frais, une fosse d'une certaine profondeur; il en vint aussi à cause des mauvais payeurs à exiger que le paiement fût fait d'avance.

Mais comme rien ne lui échappait de ce qui devàit contribuer à l'application des lois de l'église, il exigea d'un autre côté que la fabrique fît gratuitement les services des pauvres et fournît le luminaire. *

En 1671 il établit à Québec la confrérie de la Ste. Famille de Jésus, Marie, Joseph, qui s'étendit dans un grand nombre de paroisses et y fit un bien immense. Encore aujourd'hui cette belle association est florissante, et existe aussi dans les diocèses qui ont été détachés de celui de Québec.

Mais l'objet le plus constant du zèle de Mgr. de Laval était la visite des missions; c'est ainsi qu'il se trouvait en 1675 à la Prairie de la Magdeleine, où il autorisa la construction d'une chapelle auprès du fort St. Lambert, qui fut le théâtre des héroïques vertus et de la sainte mort de l'illustre vierge Iroquoise Catherine Tikahk8itha. " Ce grand homme, dit la relation des Jésuites,*pour sa naissance et encore plus pour ses vertus qui ont fait tout récemment l'admiration de la France, et qui, dans son dernier voyage en Europe, lui ont justement mérité l'estime et l'approbation du roi; ce grand homme, dis-je, faisant la visite en son diocèse, était mené dans un petit canot d'écorce par deux paysans, sans aucune suite que d'un ecclésiastique seulement, et sans rien porter qu'une crosse de bois, qu'une mitre fort simple et que le reste des ornements absolument nécessaires à un *Evêque d'or*, comme le disent les auteurs en parlant des premiers prélats du Christianisme. Comme il se trouvait dans ce misérable canot exposé à toutes les injures de l'air, il arriva à Montréal, après avoir reçu toute la pluie qui fut excessive en ces quartiers, le vingt-unième jour du mois.

* Archives de l'Archevêché de Québec—Reg. A. p. 23.

† Relations inédites, Paris chez Douniol vol. II, p 57.

Le lecteur aimera à trouver ici tout le détail de cette visite épiscopale dans un village indien. Ayant passé la Pentecôte à Montréal pour la consolation des Français dont plusieurs ne l'avaient pas encore vu, Mgr. se rendit le lendemain 25 mai, à la mission et pria d'abord les Pères d'exprimer aux Sauvages les tendresses de l'affection qu'il avait pour eux. Ces bons Pères avaient donné à leurs catéchumènes et néophytes toute l'estime due au caractère et au mérite d'un si digne Evêque. Les sauvages s'empressèrent donc pour en donner des preuves de nettoyer et aplanir les avenues, les rues et la place de leur village. Ils allèrent chercher au bois leur charge de branchage dont ils formèrent une allée agréable dans la grande place, depuis leur chapelle jusqu'au fleuve. Au lieu où Mgr. devait arriver, ils avaient placé une petite estrade élevée sur l'eau d'environ deux pieds, et des berceaux au milieu et au bout de l'allée. Tous vêtus de leurs plus beaux vêtements accoururent dès que l'on découvrit de loin le canot qui portait notre grand prélat. Tout aussitôt le Rév. Père Supérieur monté dans le sien, s'en alla au devant de Sa Grandeur, la cloche commença en même temps de sonner, et le peuple se rangea sur la rive, les sauvages à droite ayant le P. Frémin à leur tête et les Français qui étaient aussi en assez grand nombre, à gauche, accompagnés du Père Cholenec. Un des capitaines Hurons et un des anciens de la nation se placèrent sur l'estrade, d'où celui-là cria, en leur langue, à Monseigneur, lorsqu'il était encore à quelques pas du bord : " Evêque, arrête ton canot et écoute ce que j'ai à te dire." Sa Grandeur s'étant fait expliquer ce compliment sauvage, prit plaisir à cette naïveté, et s'arrêta volontiers pour écouter ces deux orateurs, qui le haranguèrent l'un après l'autre, en l'assurant de leur joie et de l'espérance qu'ils avaient qu'il les comblerait des bénédictions du ciel, en le louant de son esprit, de sa vertu et de sa dignité qui l'élèvent tant au-dessus des autres maîtres de la foi et de la prière, et en l'invitant à prendre terre chez eux." Monseigneur se revêtit de son rochet et de son camail, donna la bénédiction à tout le monde, et pendant que les sauvages, hommes et femmes, chantaient le *Veni Creator* en Iroquois selon leur coutume, il se rendit en procession au premier berceau, accompagné de M. de Bouy son prêtre, de M. Souar supérieur du Séminaire de St. Sulpice et du Père Cholenec Supérieur. Là un capitaine des Onnontagués et un autre des Onneïouts le haranguèrent au nom des cinq nations Iroquoises. On s'avança ensuite jusqu'au second berceau, sous lequel Sa Grandeur fut haranguée par notre fervent Dogique, nommé Paul, qui, étant accoutumé de parler souvent en public pour instruire ses frères, fit ici son compliment avec une force d'esprit et une éloquence incroyable dans un sauvage. Monté dans un arbre et ayant fait le signe de la croix il leva les yeux avec sa voix au ciel, et remercia Dieu de la grâce qu'il leur faisait de leur envoyer le saint évêque, son lieutenant. Puis ayant demandé la faveur de profiter de sa visite, il s'adressa à Sa Grandeur, le loua de son zèle et de sa charité pour les âmes, et lui rendit mille actions de grâces pour les soins également étendus sur les Français et les Sauvages.

A l'entrée de l'église le Père Supérieur présenta l'eau bénite au prélat, et donna la bénédiction du St. Sacrement où les Français et les Sauvages chantèrent encore à deux chœurs."

"Les Sauvages suivirent l'Evêque à la maison, et, quoique fatigué, il fit entrer les hommes, leur donnant à tous sa main à baiser, distinguant ceux qu'on lui disait être plus fervents. Il permit aux femmes d'entrer dans une autre chambre, et loua leur piété à proportion du bien qu'on lui disait de chacune d'elles. Les Iroquois infidèles eux-mêmes, arrivés depuis peu, ne respirant que guerre et fierté, voulurent aussi recevoir la bénédiction du prélat, comme si la présence d'un si bon pasteur eût changé ces loups cruels en de doux agneaux."

Le mardi de la Pentecôte, Monseigneur commença de grand matin par le baptême de dix adultes, quatre hommes et six femmes. Il continua par trois mariages qu'il bénit; après quoi il dit la messe pendant laquelle nos Sauvages chantèrent de leur mieux et communièrent pour la plupart de sa main. Il leur donna ensuite la confirmation, en permettant ici aux Français qui ne l'avaient pas encore reçue de se joindre aux Sauvages pour lesquels seuls il était venu, à ce qu'il assura. Son exhortation fut répétée en sauvage par le P. Frémin.

On fit dans la cabane du Dogique un grand festin en son nom à tous nos Sauvages, et ceux-ci préparèrent pour le prélat et sa suite des places qu'ils ornèrent de leurs meilleures couvertures et de leurs plus beaux vêtements. Il y eut force harangues, et par un excès de sa bonté et de sa condescendence ordinaire, Monseigneur visita chacun dans sa cabane, et la trouva ornée et une place préparée pour lui, au moyen de branchages, de nattes bien travaillées, de belles peaux, de couvertures de ratine et de semblables étoffes étendues à terre. Monseigneur fut on ne peut plus content et édifié de ces sincères témoignages d'affection et de respect...... Quoiqu'il se fît tard, nous lui présentâmes sept enfants, auxquels il conféra aussitot le baptême ; il assista ensuite au salut qui fut célébré avec pompe, et le lendemain après avoir dit la messe, reprit le chemin de Montréal, tout le monde l'accompagnant jusqu'à la rivière. Lorsqu'il fut sur le point de rentrer en son canot, on se mit à genoux pour recevoir sa bénédiction qu'il donna à toute l'assemblée qui le suivit des yeux tant qu'elle put et dont il emporta tous les cœurs en leur laissant le sien." Une solennité semblable eut lieu à St. François Xavier du Sault. Dix adultes demandèrent le baptême. *

Ce grand Evêque avait en effet une grande affection pour les Sauvages, et un attachement réel pour les Pères de la Compagnie qui rendaient des services très importants aux missions : le Rédacteur des Relations inédites en rend témoignage dans ces termes : † "Son attachement pour les Jésuites dont il avait été disciple, et sa vénération pour leurs missionnaires sont assez connus."

"Tous rivalisaient de dévouement. Le saint Evêque mit le premier la main à l'œuvre. Comme les autres, on l'a vu cent fois aller administrer les sacrements aux malades à la ville et à la campagne, ramant dans un canot en été, marchant en hiver sur la neige en raquette, portant sur le dos sa chapelle et un morceau de pain, aller à une et deux lieues dire la messe dans une cabane, donner le viatique et l'extrême-onction et s'en revenir de même, après avoir mangé, en courant, son morceau de pain et souvent tout à jeûn."‡

On faisait alors des journées entières sans rencontrer un habitant, trop heureux d'arriver enfin, pour y passer la nuit à quelque grange ou quelque cabane. Le prêtre, qui avait le courage de parcourir le pays, portait sa chapelle et disait la messe où il se trouvait.

L'état où était alors la colonie rendait les visites encore plus dangereuses. Mgr. de Laval trouva tout en armes ; les partis d'Iroquois couraient la campagne, et cet état de choses dura quarante ans. Les trois premières années surtout se passèrent dans

---

* Relations de 1673 à 1679 publiée par les soins du Père F. M., 1860.

† Appendice p. 335.

‡ Mémoires sur la vie de M. de Laval.

une disette générale, dans des fatigues et des alarmes continuelles, dans un danger perpétuel de perdre la vie au milieu des supplices.

Qu'on imagine donc un évêque suivi de deux ecclésiastiques et d'un ou deux domestiques, allant sur les neiges, quelquefois dans un traîneau, le plus souvent sur des raquettes, portant sur son dos une couverture qui, le jour lui servait de manteau, et dont il se couvrait la nuit; prenant son repos dans une grange, mangeant à la fin du jour un morceau de pain qu'il lui fallait apporter; déterminant l'étendue d'une paroisse, cherchant quelque endroit propre à bâtir une église, et on se formera quelques idées des visites épiscopales de Mgr. de Laval.

Lorsqu'il arriva, presque tout le pays était inconnu; pendant les trois premières années il se fit plusieurs découvertes importantes au nord et au sud, et le Vicaire Apostolique envoya de tous côtés des ouvriers dans cette grande moisson. En 1660, il s'occupa du Labrador et de la Baie d'Hudson : un peu plus tard, des Sioux que les Jésuites entreprirent d'évangéliser. La conversion des Abénaquis fut un des objets les plus consolants pour lui et un des premiers qu'embrassa son zèle : M. de la Tour rend témoignage que de son temps,* presque tout ce peuple répandu sur la côte orientale et dans l'Acadie, depuis le Golfe St. Laurent jusqu'à la Nouvelle-York, était chrétien.

Les Gaspésiens ou Crucientaux, appelés aussi Micmacs, reçurent aussi à cette époque le bienfait de la foi.

Les Jésuites eurent une part considérable dans ces travaux apostoliques, et ils recevaient volontiers l'impulsion que leur donnait le saint Evêque; c'était avec vérité et sans flatterie que les généraux de la Société de Jésus, Jean Paul Oliva, Charles de Noyelle, Thyrsus Gonzales, ou leurs assistants les Pères Boucher et Fontaines, expriment " leurs désirs que les Missionnaires de leur Compagnie continuent de répondre aux ordres d'un si grand prélat, à la bienveillance extrême dont ils sont les objets de sa part;" † et déclarent que, "par ce qu'il a écrit au Souverain Pontife, l'Evêque a fourni à leurs Pères un encouragement qui les fera courir avec d'autant plus d'ardeur dans ces âpres sentiers qu'ils se sentiront appuyés par un puissant protecteur." ‡ Ils déclarent que "leurs

* Mémoire sur la vie de M. de Laval.

† Lettre du Général Jean Paul Oliva, Rome 27 février 1678.

‡ Ibid.

Missionnaires appelés à coopérer dans une si grande œuvre, s'ils ont jeté quelque éclat, l'avaient emprunté, ils n'hésitent pas à le dire, à l'astre dont ils étaient les satellites. Ils les estiment heureux s'ils ne sont pas des copies insensibles de leur modèle, et s'ils suivent au contraire avec fidélité les traces des pas du Christ dont ils ont devant les yeux un imitateur parfait. Ils les compteront parmi les saints s'ils représentent leur Père céleste en cherchant à imiter le père que leur a donné sur la terre Celui qui seul mérite ce nom." *

On conçoit que ces religieux travaillaient avec un grand zèle quand ils avaient une si grande opinion de leur Evêque ; ils l'appelaient non-seulement "leur père, mais leur grand et illustre prélat et protecteur dans tout le Canada ; † ils ne pouvaient s'empêcher d'exprimer la grande idée qu'ils avaient toujours eu et conservée, une fois qu'ils le connaissaient, du zèle et du mérite extraordinaire du prélat, ni assez reconnaître par leurs services les obligations qu'ils lui avaient. Ils rendaient à Dieu des actions de grâces dans toute la sincérité de leur cœur de ce qu'il faisait revivre d'une manière si éclatante, dans l'Evêque de Québec, l'esprit primitif de l'église naissante, et accordait à une nation barbare un pasteur non-seulement enflammé du désir du martyre, mais qui a voulu entreprendre et pratiquer toutes les autres vertus, enseignant ainsi leur devoir aux missionnaires, et se rendant digne, par ses discours et ses œuvres dans sa brillante et puissante administration, de leur servir d'exemple et de modèle." Le Général se déclare même " porté à choisir pour la mission du Canada de préférence les sujets qui, ayant été appelés par leur Evêque à partager ses travaux apostoliques, pourront mieux que les autres reproduire en eux les remarquables exemples de vertus qu'il leur a présentés." ‡

Quand on écrit de pareilles choses, même à un homme que son mérite a fait choisir pour Evêque, il faut qu'on soit bien convaincu de sa sainteté et que l'on soit rempli d'une grande admiration. C'est le motif qui rend opportun la reproduction de ces passages de plusieurs lettres.

D'ailleurs, c'est un fait constaté que Mgr. de Laval avait imprimé un caractère particulier au clergé de la Nouvelle France. " La

---

* Lettre du Général Charles de Noyelle, Rome 18 avril 1684.

† Lettre du Père Fontaines, assistant.

‡ Lettre du général Thyrsus Gouzalès. Rome 13 avril 1688.

sainteté de ce clergé." dit un *mémoire* écrit sous l'épiscopat de Mgr. de St. Valier, * "était l'effet du sage gouvernement de M. de Laval qui, dès l'année 1658, y avait été envoyé en qualité d'Evêque et de Vicaire Apostolique du St. Siége... Il comprit qu'il n'avait ni assez d'ouvriers ni assez de bien pour séparer son clergé en plusieurs corps entre lesquels les différentes fonctions fussent partagés ; il sentit encore mieux que toute la sainteté des particuliers et toute leur consolation dans les difficultés inséparables du ministère ecclésiastique par rapport à un pays où la vie était très dure de toutes manières, dépendrait de l'union que l'on établirait tant pour le spirituel que pour le temporel entre tous les ecclésiastiques qui serviraient sous son autorité.

Il les porta donc tous par ces raisons et par son exemple à vivre tous ensemble dans une même maison où il se renferma lui-même pour en suivre les règlements qu'il avait faits, à mettre tout en commun,...et à rendre ce Séminaire comme le centre de tout le clergé séculier."

A peine fut-il arrivé que Mgr. de Laval se décida à se rendre à Gaspé pour y donner ls confirmation. †

Dans le mois d'Août 1660, il se dirigea du côté des Trois-Rivières et de Montréal : la visite se fit aux Trois-Rivières dans le mois d'Octobre. M. de Bernières accompagnait son Evêque.

M. Thomas Joseph Morel arriva à Québec dans l'été de 1661, et fit des missions si nombreuses depuis Champlain jusqu'à la Rivière Ouelle, dans la côte de Beaupré et l'Ile d'Orléans que c'est à peine si l'on connaît le lieu de sa résidence ordinaire. On verra quelque détail sur sa vie dans les Notes sur le chapitre de la cathédrale dont il faisait partie.

M. Jean Dudouyt vint au Séminaire dans l'automne de 1662 ; ce fut un auxiliaire puissant. Son Evêque l'employa comme missionnaire dans la côte de Beaupré ; mais il fut presque toujours à Québec, chargé de quelque communauté. En 1672 il était supérieur des hospitalières et Grand Vicaire jusqu'à son départ pour retourner en France. Ce digne prêtre était un de ceux avec qui Mgr. de Laval correspondait le plus volontiers. M. Glandelet passa 50 ans en Canada fut un des grands Vicaires de Mgr. de Laval et mourut aux Trois-Rivières.

* Manuscrit présenté par Lord Durham à la Société Littéraire et Historique de Québec.

† Journal des Jésuites.

M. Hugues Pommiers vint prêter main-forte au petit clergé du Canada en 1663, et y resta jusqu'en 1686 ; il fit quelques tableaux pour les églises pendant son séjour.

En 1665, Mgr. de Laval put enfin imposer les mains au premier ecclésiastique né en Canada : M. Germain Morin qui desservit un grand nombre de paroisses.

M. François Fillon arrivé en 1667, renditde grands services dans la desserte des paroisses de la côte de Beaupré jusqu'à sa mort : il se noya en 1679 et fut inhumé dans l'église de Ste. Anne.

A la même époque arrivèrent MM. de Fénélon et Trouvé qui furent employés dans les missions ; le premier retourna en France et le second mourut dans l'Acadie.

M. D'Urfé rendit de réels services pendant 19 ans, mais retourna en France. M. de Caumont, employé au Cap St. Ignace et en plusieurs missions, consacra toute sa vie au ministère, et mourut à 64 ans.

MM. Louis Petit et Charles Amador Martin, le premier français, d'abord officier du Régiment de Carignan, le second canadien, furent ordonnés et employés par Mgr. de Laval dans l'Acadie et la côte de Beaupré.

M. Nicolas Allégo passa 20 ans dans l'exercice du ministère ; M. Benoit Duplein fut missionnaire pendant tout l'épiscopat de Mgr. de Laval et mourut à Montréal en 1689. Quatre missionnaires MM. Cyprien Dufort, François Dupré, François Lamy et Christophe Perret arrivèrent ensemble en 1673 ; le premier repassa en France après avoir desservi plusieurs paroisses du côté de la Pointe aux Trembles, le second mourut en Canada et fut curé de Champlain et de Québec : le troisième passa toute sa vie dans l'Ile d'Orléans et y mourut curé de la Ste. Famille : le quatrième fut curé de Beauport, mais retourna en France en 1682. M. Jean Basset, s'employa aussi dans l'Ile d'Orléans et à la Pointe aux Trembles où il mourut en 1715. MM. Jean Gauthier de Bruslon, Pierre de Francheville et Pierre Paul Gagnon furent particulièrement utiles le premier dans la desserte des paroisses et comme chanoine ; il mourut en 1726 : le second comme Greffier du chapitre et curé à Beauport, dans l'Ile d'Orléans, à la Rivière Ouelle et au Cap St. Ignace ; il mourut à Montréal en 1713. Le troisième constamment employé dans la côte du nord depuis Beauport jusqu'à la Baie St. Paul, mourut en 1711.

Voilà un aperçu de l'état des paroisses pendant toute la vie de Mgr. de Laval ; des détails plus circonstanciés sur les prêtres qui faisaient partie du chapitre se trouvent dans les notes qui concernent ce corps.

" Du temps du P. Marquette," dit J. G. Shea dans sa notice sur ce Père, " Mgr. de Laval avait déjà commencé à voir son diocèse prendre une forme régulière, son clergé avait augmenté. Les efforts de Vice-roi de Tracy avaient ouvert un nouveau champ aux missions.

" Tel avait toujours été l'objet de sa profonde sollicitude : le vaste Ouest était spécialement le territoire où cet Evêque ambitionnait de pénétrer lui-même la crosse en main. Mais cela ne pouvait se faire : seulement grâce à cette nouvelle impulsion, dès 1660, on résolut d'entreprendre la mission Outaouaise, et un des derniers survivants de la vieille mission huronne, le vétéran Menard, encouragé par les paroles d'adieu de son saint Evêque, s'embarqua pour aller relever au Sault Ste. Marie la croix que ses compagnons Jogues et Raymbaut avaient plantée vingt ans auparavant. Il porta la croix à Keweena, baie du lac Supérieure, et encore tout occupé du projet d'atteindre les Sioux, sur le haut du Mississipi, mourut dans les bois, victime de la famine ou de la barbarie de sauvages maraudeurs."

L'Evêque encouragea d'autres à pénétrer jusqu'à la Baie d'Hudson ; il fallait pour cette expédition un homme plein de vie, de zèle et de courage. Le Père Marquette fut d'abord destiné à l'entreprendre, et alla étudier le Montagnais aux Trois-Rivières avec le P. Gabriel Druillettes : mais il se mit bientôt à l'étude de l'Algonquin et se rendit chez les Outaouais avec trois compagnons Il y trouva 2000 âmes, remplies de la plus grande docilité. Pour avoir une idée de toutes les fatigues de ces missionnaires il faut lire leurs lettres ; on en trouve une de 1670 adressée par le P. Marquette au P. LeMercier, Supérieur des missions.*

(*) Pour bien faire connaître comment la foi a commencé à pénétrer dans l'ouest, il faudrait publier les relations si intéressantes de Messieurs de Montigny, St. Côme et Thaumur de la Source, et aussi celles des Jésuites Gravier et Guignas : elles portent la date de 1699 et 1700. Mais elles forment à elles seules un volume entier : des premières il n'y a encore de publiées que des traductions anglaises. Le voyage du Père Gravier n'a été publié qu'à un petit nombre d'exemplaires d'après le manuscrit de la maison professe de Paris. L'auteur n'a pu se la procurer, non plus que celle du P. Guignas, qui est entre les mains d'un bibliophile des Etats-Unis, J. Carson Brevoort, Ecuier.

CHAPITRE III.

L'ABBE de Queylus, forcé de retourner en France, s'entendit avec
les associés de Montréal pour raviver la difficulté de la jurisdiction. Il se chargea de solliciter en cour de Rome l'érection de la
cure de Montréal sans en parler au Vicaire Apostolique ; une souscription fut ouverte pour doter la cure, M. de Fancamp s'y porta
pour 2000 f., M. de Queylus lus-même pour 6000 f., et M. de Bretonvilliers pour 18000 f. On exprima même le dessein d'y établir un
Chapitre, et ce projet fut assez sérieux qu'en 1666 M. Souart prit
des mesures pour fonder de sa bourse un des canonicats, et M.
Gauffre était désigné comme le sujet à proposer au St. Siège pour
l'évêché de Montréal ; mais il mourut. M. de Queylus était très
mal noté à Rome, surtout pour avoir fait de l'opposition à l'établissement de la jurisdiction du Vicaire Apostolique. Et ce qui ne
contribuait pas à dissiper ces nuages, c'est qu'il s'était chargé de
faire valoir auprès de la Propagande les prétentions de l'Archevêque de Rouen. Complètement déconcerté de trouver son intrigue
percée à jour à la Propagande, il espéra mieux réussir auprès du
tribunal de la Daterie, et demanda que l'Archevêque de Rouen
fût chargé de s'assurer de la solidité des biens-fonds assignés pour
la datation de la cure de Montréal. Quand à la proposition elle-
même, le Souverain Pontife ordonna d'en écrire à son nonce en
France, qui était Mgr. Piccolomini. M. Faillon, dans son Hist. de
la Col. Franç. (vol. 2 p. 481) dit " qu'on ne voit pas que le nonce
" ait rien fait pour s'y opposer." Mgr. de Laval cependant lui en
avait écrit et Mg. Piccolomini lui répondit : "Pour que le Souverain Pontife comprenne mieux les dommages que pourrait vous
causer ce prétendu droit de patronage (de l'Archevêque de Rouen),
écrivez vous-même à Sa Sainteté."

Ignorant encore que M. de Queylus fût allé à Rome, Mgr. de

Laval voulut néanmoins rendre compte au St. Siège de toutes les menées de l'abbé pendant son séjour en Canada ; il le fit par l'entremise du Nonce (Janvier 1661). Mais une bulle d'érection de la cure fut obtenue par surprise, et M de Queylus se hâta de se mettre en route pour l'Amérique. Il sentait si bien sa faute qu'il arriva *incognito* à Québec (3 aout 1661), ayant opéré son débarquement à l'Ile Percé et pris pour monter à Québec la chaloupe du nommé Maheu. L'Abbé alla pourtant se présenter à l'Evêque, se doutant peu que ce prélat était informé de toutes ses intrigues. On avait écrit de Paris que le rescrit obtenu était subreptice, et l'Evêque en avait informé immédiatement le S. Siège. "Sed aliunde ad me "rescriptum fuit subreptitias esse has litteras Romæ obtentas à D- " abbate de Queylus. Rogo itaque S. V. ut abs te rite intelligam "quæ sit mens tua super ea contentione.........quidquid demum " statuerit, obsequens ero."

M. Faillon s'étonne qu'après ces protestations d'obéissance, l'Evêque de Pétrée ne voulût pas laisser exécuter les Bulles. Il est pourtant évident qu'un Evêque n'est pas libre d'agir d'après un document obtenu subrepticement. Or comme le St. Siége n'avait pas l'intention de soumettre Son Vicaire Apostolique à la jurisdiction d'un Archevêque de France, lorsqu'il avait tant insisté pour assurer son indépendance de tout autre que du St. Siége, Mgr. de Laval comprit qu'il y avait eu erreur basée sur un faux exposé. M. Faillon le sent si bien que, dans un endroit il accorde à cette conduite des termes d'approbation : "Dans ce refus conseillé par la pru- " dence, dit-il, pour prendre du temps, on ne peut qu'approuver la " réserve du Vic. Ap. et avec d'autant plus de raison que, de fait, "M. de Queylus, après avoir obtenu de la Daterie l'érection de la " cure, était parti de Rome sans en informer la Propagande, qui, " trois mois après, s'était pourvu à la Daterie pour s'y opposer, " quoique trop tard."

Ainsi tandis que Mgr. de Laval s'opposait à l'exécution de la Bulle en Canada, la Propagande elle-même, apprenant que l'abbé avait réussi à tromper une autre Congrégation, faisait des réclamations basées sur sa connaissance des faits authentiques.

Mais l'Abbé n'était pas homme à céder : l'Evêque eut beau lui défendre sous peine de désobéissance de se rendre à Montréal, ce fut en vain : il eut recours au gouverneur d'Argenson pour requérir main-forte contre lui, s'il passait outre. Il est vrai que celui-ci ne se rendit pas à son désir, mais nonobstant une seconde lettre où l'Evêque le menaçait de suspense, il s'embarqua dans

la nuit du 5 ou 6 août (1661) ; et l'Evêque eut l'indulgence de
déclarer dans une lettre qu'il lui adressa aussi, "qu'il encourrait
" la suspense de l'ordre sacerdotal *seulement* dans le cas où il ne
" retournerait pas à Québec pour y recevoir ses ordres." C'est
ce qui eut lieu par l'obstination de l'abbé, qui ne descendît que
pour s'embarquer, le 22 octobre, par le dernier vaisseau et se trouva suspens.

Cependant l'Evêque avait écrit à Rome ; le roi de France avait
réclamé à cause du trouble que l'abbé causait dans la colonie, comme il en était informé par M. D'Argenson. Le nonce de Paris de
son côté en fit ses plaintes à la Daterie. Le ministère français
craignait tellement que le Séminaire de St. Sulpice, en prenant
fait et cause pour l'abbé, ne mît tout en feu, qu'il lui fit défense
d'envoyer à Montréal aucun de ses sujets.

Mgr. de Laval avait pris toutes les précautions possibles pour
prévenir ces conséquences. Le 4 août il avait écrit une lettre au
gouverneur pour bien lui faire connaître la position.

" Je vous ai prié, par lettre et de vive voix, lui disait-il, lorsque hier vous prîtes la peine de venir ici, de tenir la main aux
défenses que nous avons été obligé de faire à M. l'Abbé de Queylus
de monter au Montréal jusqu'à la venue des premiers vaisseaux.
J'ai cru qu'il était de notre obligation de vous supplier, pour une
troisième fois, de considérer qu'il ne se peut rien de plus clair, ni
de plus exprès que les ordres que vous avez du Roi, lesquels nous
lûmes hier ensemble, qui vous obligent de nous donner le secours
qui nous est nécessaire pour la conduite de notre Eglise, en quoi
consiste uniquement votre charge.

" Voici de plus des ordres postérieurs du Roi, donnés à Aix, du
14 mars 1660, qui vous doivent assurer des intentions de Sa Majesté sur ce sujet ....

" En vérité, Monsieur, il me semble, devant Dieu, que tout cela
est plus que suffisant pour vous obliger à m'accorder l'aide que je
vous demande, ne s'agissant que de l'exécution d'un ordre le plus
doux, qui puisse être porté par un Evêque envers un ecclésiastique
qui, ayant par le passé été la cause de beaucoup de désordres en notre Eglise, part de France contre la volonté du Roi, signifiée
même au port de mer, et contre celle des personnes qui ont le soin
de nos affaires spirituelles, comme j'en suis assuré par les lettres
que j'ai reçues de France depuis hier."

Les lettres de l'Evêque de Pétrée à la Propagande donnent une idée exacte de l'état des esprits. Il écrivait en 1660 : "Il y a à Montréal des prêtres séculiers que l'abbé de Queylus avait amenés avec lui en 1657 ; et j'ai nommé pour faire les fonctions de curé, celui d'entre eux que j'ai cru plus obéissant, ou moins opposé que les autres, à l'autorité du St. Siége, en ce qui concerne la juridiction prétendue de l'Archevêque de Rouen. Ils sont quatre prêtres avec un clerc, tous plus portés qu'il ne convient en faveur de l'Archevêque et pas assez envers le Siége apostolique ; parcequ'ils ont puisé les sentiments de l'abbé de Queylus auxquels ils sont très-attachés."

Le 22 Oct. 1661, le prélat écrivait au Souverain Pontife : "Je prie V. S. de me faire connaître quelle est sa volonté touchant la juridiction de l'Archevêque de Rouen. M. l'abbé Queylus, venu ici année avec la qualité de vicaire de cet Archevêque, a voulu nous tromper par des lettres subreptices, et n'a obéi ni à nos prières, ni à nos défenses réitérées. Mais il a reçu l'ordre du Roi de retourner incontinent en France pour rendre compte de sa désobéissance, et il a été contraint par notre gouverneur de se conformer aux volontés du Roi. Maintenant, je crains que de retour en France, usant de tous les moyens, employant de nouveaux artifices, et faisant un faux exposé de nos affaires, il n'obtienne de la Cour Romaine quelque pouvoir qui trouble la paix de notre Eglise. Car les prêtres qu'il a amenés avec lui de France, et qui habitent Montréal, sont animés du même esprit de désobéissance et de division, et j'appréhende avec raison que tous ceux qui, dans la suite, viendraient se joindre à eux du Séminaire de S. Sulpice, ne soient dans les mêmes dispositions. S'il est vrai que le droit de patronage de la prétendue paroisse de Montréal ait été accordée au Supérieur de ce Séminaire, et le droit d'y pourvoir à l'Archevêque de Rouen, comme on dit qu'ils l'ont obtenu par lettres subreptices, ce serait élever autel contre autel dans notre église du Canada ; le clergé de Montréal devant m'être toujours opposé à moi Vicaire-Apostolique, ou à un autre qui me succèderait un jour."

Le St. Siége aussi bien informé donna immédiatement ordre au Nonce d'empêcher l'exécution des Bulles accordées à M. de Queylus, et la Propagande avertit l'abbé qu'il n'eût à s'attribuer aucun droit dans la Colonie de Montréal. Ainsi furent soutenues les attributions de Mgr. de Laval, et confondues les intrigues des hommes en apparence les moins faits pour ce genre d'opposition.

Dans le même temps, on avait fait instance à Rome pour obtenir

aussi l'érection d'une paroisse à Québec, en faveur de M. Gabriel·
de Pestel, mais on écrivit de la Propagande que la demande n'avait
pas été admise par faute d'attestations : il était difficile de pousser
le défaut de délicatesse plus loin que ne le faisaient ceux qui
demandaient l'érection d'une paroisse dans le lieu même de la
résidence d'un Vicaire Apostolique sans lui en parler.

CHAPITRE IV.

—

Dans un autre démêlé où la gloire de Dieu et le bien des âmes
étaient concernés, tous les ecclésiastiques agirent de concert sous
la direction de leur Evêque, mais ils rencontrèrent une opposition
incroyable de la part du Gouverneur d'Avaugour; c'était à l'occasion de la défense qu'ils faisaient aux marchands de vendre des
boissons enivrantes aux sauvages. Pour se faire une juste idée du
dommage irréparable que ce commerce causait à la propagation de
la foi, il faut lire ce que les contemporains en disent :

" C'est une chose déplorable," dit la Vén. Mère Marie de l'Incarnation, " de voir les accidents funestes qui naissent de ce trafic.
Mgr. notre prélat a fait tout ce qu'il peut imaginer pour en arrêter
le cours comme une chose qui ne tend à rien moins qu'à la destruction de la foi et de la religion dans ces contrées. Il a employé
toute sa douceur ordinaire pour détourner les Français de ce commerce si contraire à la gloire de Dieu et au salut des sauvages. Ils
ont méprisé ses remontrances parce qu'ils sont maintenus par une
puissance séculière qui a la main forte. Ils lui disent que partout les boissons sont permises. On leur répond que, dans une
nouvelle église, et parmi des peuples non policés, elles ne le doivent
pas être, puisque l'expérience fait voir qu'elles sont contraires à
la propagation de la foi et aux bonnes mœurs que l'on doit attendre
des nouveaux convertis. La raison n'a pas fait plus que la douceur. Il y a eu d'autres contestations très grandes sur ce sujet.
Mais enfin le zèle de la gloire de Dieu a emporté notre prélat et l'a

obligé d'excommunier ceux qui exerceraient ce trafic. Ce coup de foudre ne les a pas plus étonnés que tout le reste : ils n'en ont tenú compte, disant que l'Eglise n'a point de pouvoir sur les affaires de cette nation."

M. Ferland fait, dans son cours d'histoire du C., un résumé des maux causés aux sauvages par la boisson.

"Dès le temps de Champlain" dit-il, "s'était révélé un abus que cet homme sage s'efforça promptement de faire disparaître. Les sauvages témoignaient une véritable passion pour le vin et l'eau-de-vie ; ils en buvaient, dans l'intention de s'enivrer et souvent avec l'arrière-pensée de commettre quelque mauvais coup durant leur ivresse. * * * * * * * * * * * * *. De là résultaient des maux graves : les sauvages en souffraient au physique et au moral, tandis que les Frauçais qui prenaient part à ce commerce s'avillissaient, en se livrant à des fourberies indignes et à de honteux désordres. * * * * * * * * * * Aussi les désordres s'accrurent avec une effrayante rapidité ; l'eau-de-vie fut distribuée sans ménagement aux sauvages, et la petite chrétienté qui avait donné les plus belles espérances tomba dans un état déplorable de confusion et de démoralisation." * * * *

M. Dollier remarque dans l'Hist. de Montréal que "Sans l'eau de vie, nous aurions des milliers d'exemples de conversion parmi les sauvages ; mais cette liqueur est pour eux un appât diabolique, qui entraîne presque tous ceux d'entre eux qui fréquentent les Français. On les voit tous périr par ce malheureux commerce ; et c'est une extrême affliction pour les personnes qui sont le plus dans les intérêts de Dieu ; car il n'y a quasi rien à faire qu'avec les enfants et les vieillards. Tous les autres, soit Algonquins, soit Iroquois, ont une telle avidité pour les boissons qu'ils ne cessent de boire qu'après être ivres à n'en pouvoir plus."

Le Major Andros alors Gouverneur d'Orange et ensuite de Manate, proposa au Gouverneur du Canada de défendre de concert chacun dans son gouvernement la vente de l'eau-de-vie aux Sauvages. Mais cette ouverture ne fut pas bien accueillie.

Souvent l'Evêque avait la douleur de voir que le bien était étouffé parle peu de concours que lui donnaient les autorités civiles dans le pays.

"Le Vicaire Apostolique, dit M. de la Tour, s'opposa comme un mur d'airain, au désordre extrême qu'il prévoyait irréparable ; il parla avec force, il agit avec vigueur ; il employa toute son autorité. Le jour de Pâques 1660, célébrant la messe pontificalement, il monta après l'Evangile dans une chaire au milieu du chœur, la mître en tête, la crosse en main, et fulmina l'excommunication. Depuis il fit un cas réservé du commerce des Français avec les femmes sauvages ; parce que ce crime si commun et si facile n'est qu'une suite de l'ivresse. On tonna dans la chaire : on fut inflexible au confessional. Ce fut le signal d'une persécution : on eut recours à la calomnie, et le prélat ne fut pas plus épargné que les autres. Les libelles se multiplièrent ; on envoya à la Cour les mémoires les plus violents. Le Gouverneur le vit avec indifférence ; mais le Conseil du Roi n'y eut aucun égard, il en pénétrait les motifs.

"La réputation de sainteté si justement acquise au prélat et à son clergé, ajoute M. de la Tour, n'en fut pas entamée, mais le commerce de l'eau-de-vie demeura libre."

Ce n'était pas le compte d'un homme aussi convaincu que Mgr. de Laval : sans se contenter des lettres qu'il avait écrites en France, il prit le parti de repasser la mer pour défendre les intérêts de la morale. Cette fois son succès ne fut pas le même : le roi accorda seulement que la permission de la traite serait restreinte aux habitations françaises, c'est-à-dire qu'on ne pourrait porter de l'eau-de-vie aux sauvages, mais seulement leur en donner dans les maisons. Le Gouverneur, secrètement favorable à la traite, était bien éloigné de tenir la main à ces règlements quoique bien inefficaces. Accablé de chagrin, le prélat se borna alors à user de son autorité dans le for intérieur.

Le Conseil Supérieur ne soutint pas entièrement la défense faite par Mgr. de Laval ; mais il rendit un arrêt en date du 10 novembre 1660, qui défendait seulement à tous de *porter* de la boisson aux Sauvages dans les bois.

M. de Laval "a eu le bonheur, dit M. de la Colombière dans l'éloge funèbre du prélat, de voir la droiture de ses intentions reconnue et la vérité triompher du mensonge et la traite de l'eau-de-vie défendue avec autant de sévérité et avec plus d'efficacité par Louis le Grand qu'elle n'avait été par le premier Evêque de Québec."

Tout autre appui faisait défaut à l'illustre prélat.* "Je ne vois

----

* Il y eut grand bruit pour la permission des boissons aux sauvages que donna M. le Gouverneur : on n'oublia rien pour s'y opposer, excepté l'excommunication. Journal des Jésuites, Février 1662.

personne ici, écrivait-il en 1660, qui par son autorité et son zèle soutienne beaucoup la religion : la plupart trop occupés de leurs intérêts propres, ne s'affectionnent point à la propagation de l'Evangile, quoiqu'en France le Roi très chrétien et sa mère, comme aussi beaucoup de seigneurs et de dames illustres, ne désirent autre chose pour ce pays.''

L'Evêque entretenait de bons rapports avec un Roi si bien disposé, et celui-ci avait une grande vénération pour un prélat si distingué : la lettre suivante en est une preuve, non équivoque.

" Monsieur *Levesque de Pétrée*, j'ay veu par les lettres que vous m'avez escriptes les peines et les travaux que vous souffrez journellement pour convertir à la foy catholique les peuples de la Nouvelle France, et comme il ne se peut rien adjouster à la satisfaction qui m'en demeure, j'ay bien voullu vous le témoigner par celle-cy, et vous dire qu'outre qu'en continuant ces exercices de piété et de vertu vous ne scauriez mieux employer vos soins ny rien faire de plus méritoire envers Dieu, vous me rendrez un service très agréable que je désire recongnoistre non-seulement en vous establissant Evesque dans le d. pays, lequel je veux protéger et secourir puissamment, mais aussy en vous gratiffiant d'un bénéfice de revenu convenable pour soustenir cette dignité, c'est ce que je vous diray par cette lettre, priant Dieu qu'il vous aye Mons. Levesque de Pétrée en sa sainte garde. Escrit à Paris le dernier jour d'Avril 1662.

(Signé)   LOUIS

et plus bas   LE TELLIER.''

A Mons. l'Evesque de Pétrée,
    Con. en mon conl. d'estat.

" Il a pensé mourir de douleur à ce sujet, dit la Mère de l'Incarnation, et on le voit sécher sur pied. Je crois que, s'il ne peut venir à bout de son dessein, il ne reviendra pas, ce qui serait une perte irréparable pour cette nouvelle Eglise et pour tous les pauvres Français. Il se fait pauvre pour les assister et pour dire en un mot tout ce que je conçois de son mérite, il porte les marques et le caractère d'un saint. Je vous prie de recommander et de faire recommander à Notre Seigneur une affaire si importante et qu'il lui plaise de nous renvoyer notre bon prélat, père et véritable pasteur des âmes qui lui sont commises.

" Vous voyez que ma lettre ne parle que de l'affaire qui me presse le plus le cœur ; parce que j'y vois la Majesté de Dieu déshonorée, l'Eglise méprisée, et les âmes dans le danger évident de se perdre.''

L'Evêque interrogea la Sorbonne sur la question théologique qu'on lui opposait, et le premier février 1662, il reçut la consultation suivante des Docteurs Cornet et Grandin : " L'Evêque peut défendre sous peine d'excommunication *ipso facto* aux Européens la vente des boissons enivrantes et traiter ceux qui seraient désobéissants et réfractaires comme des excommuniés."

Monseigneur de Laval ne manquait pas d'esprit de conciliation, lorsque le bien général le demandait. Aussi même sur la question de la traite de l'eau-de-vie, il retira son ordonnance : Mais voyant, dans l'hiver de 1662, *des troubles et des désordres extraordinaires*, il crut prudent de relever l'excommunication, ce qui eut lieu le jour de St. Mathias, d'après le Journal des Jésuites. Les termes en sont un peu différents.

FRANÇOIS, *par la Grâce de Dieu et du S. Siége, Evêque de Pétrée, Vicaire Apoostlique du Canada, nommé par le Roi, 1er Evêque du dit pays.*

A tous les Curés de notre dépendance ayant soin des âmes, SALUT :—

Le désir de soulager les âmes des fidèles qui nous sont confiées, nous ayant porté ci-devant (au mois d'Octobre dernier) de faire publier une suspension d'excommunication, portée au mois de mai, 1660, contre ceux qui donnent des boissons enivrantes aux sauvages, parc l'espérance qu'on nous avait donnée que les moyens que l'on avait essayés d'y apporter, seraient suffisants pour empêcher le cours d'un si grand mal ; mais l'expérience nous ayant malheureusement fait voir le contraire, et le mal en étant arrivé aux derniers excès, dans tous les lieux où se rencontrent des sauvages, même au milieu de Québec, où, par suite de l'ivresse journalière des sauvages de l'un et de l'autre sexe, ils en sont venus à des meurtres inouïs et même à des violences de personnes innocentes, qui font horreur dans leurs circonstances, tout le christianisme de cette nouvelle église étant malheureusement étouffé par ces désordres dans les âmes de crs pauvres sauvages, lesquels nous voyons, nonobstant tous les soins des missionnaires avec une douleur extrème abandonner la foi.

POUR CES CAUSES, le tout mûrement considéré, nous étant obligé par les devoirs de notre charge de nous opposer de tout notre pouvoir au torrent de ce désordre, qui mine entièrement la foi de cette église, vons enjoignons de publier aux peuples dont vous avez le soin que la suspension de la dite excommunication est ôtée, et icelle excommunication remise en force et vigueur contre tous ceux qui donnent, en quelque façon que ce soit, des boissons enivrantes aux sauvages, sinon un ou deux coups par jour de la petite mesure ordinaire que l'on donne aux gens de travail français : ou en d'autres termes deux petits coups d'eau de vie par jour. Enjoignons d'exhorter un chacun de prendre garde soigneusement à soi en cela pour n'attirer point sur sa personne et sur tout le pays, la malédiction du Seigneur qui n'est déjà que trop à craindre.

Donné à Québec, en notre demeure ordinaire, le 24 de février 1662.

(Signé,)   FRANÇOIS, EVÉQUE DE PÉTRÉE.

Et plus bas,

Par le Commandement de Monseigneur,

(Signé,)   BORGEMONT.

Pour les Sauvages, ils sentaient le bien que leur voulait ce saint Evêque. " Il a retranché tous ces désordres, dit la Relation de 1660, qui n'ont plus paru depuis l'excommunication, tant elle a été accompagnée des bénédictions du Ciel ; ce qui a tellement surpris nos meilleurs et plus sages sauvages, qu'ils sont venus exprès en faire remerciement de la part de leur nation à Mgr. de Pétrée, lui confessant qu'ils ne pouvaient assez admirer la force de sa parole, qui a achevé en un moment ce qu'on n'avait pu faire depuis longtemps."

" Les particuliers qui avaient traité de l'eau-de-vie, dit M. de la Tour, furent visiblement châtiés par la justice divine ; plusieurs tombèrent dans des crimes énormes, et reçurent des flétrissures publiques. Tout le pays fut pendant six mois agité par des tremblements de terre et des phénomènes affreux, qui convertirent bien du monde. Dieu semblait exécuter l'excommunication lancée par le prélat."

A la Cour le Vicaire Apostolique fut reçu avec l'éclat que donnent un grand nom, de grands travaux, des vertus reconnues : on courait en foule ,voir un apôtre que la naissance rendait bien moins illustre qu'une éminente sainteté.

Son voyage fut très heureux : il obtint tout ce qu'il demanda, et gagna tous les cœurs.

La Providence permit que le Gouverneur d'Avaugour rappelé perdit tous ses effets par des malheurs imprévus ; il alla servir dans les armées de l'empereur contre les Turcs, et y fut tué.

Tout cela fut regardé comme des punitions de Dieu, et la haute opinion de la sainteté et des vues justes et élevées de l'Evêque en fut augmentée.

CHAPITRE V.

Il est difficile de se faire une juste idée des difficultés que rencontre le premier Evêque dans un pays de mission et encore peuplé de sauvages, quelques-uns chrétiens, le plus grand nombre infidèles. Voici la position de Mgr. de Laval.

Et quelle était la composition de son clergé ? Chez les Hurons 13 Pères avec quatre frères co-adjuteurs. * Chez les Iroquois il n'y avait plus de mission possible : les PP. Daniel, de Brebœuf et Lalemant avaient été successivement martyrisés. Le Père Buteux avait eu le même sort dernièrement, ainsi que le P. Garreau. Un ou deux Missionnaires restaient chez les Montagnais, autant à l'Acadie ; l'établissement si précaire de Montréal, était menacé d'une ruine complète par les Iroquois.

Le prélat sontant néanmoins la nécessité de former un Séminaire qui lui fournit des prêtres sans être obligé d'en demander constamment en Europe et qui les préparât à la vie de mission, passa en France en 1662.

Il commença par s'assurer l'approbation de la Cour et rendit le 26 mars 1663 un mandement pour l'établissement du Séminaire Episcopal, affectant toutes les dixmes à son entretien ; il chargea le Séminaire de fournir la subsistance de tous les ecclésiastiques ct de les entretenir tant en maladie qu'en santé, et pres-

---

* Lettre du P. Ragueneau, 13 mars 1650.

crivit que ce qui pourrait rester de revenu serait employé à la construction des églises, en aumônes et autres bonnes œuvres pour la gloire de Dieu et pour l'utilité de l'église. Voici ce document historique.

FRANCOIS, par la Grâce de Dieu et du Saint Siége, Evêque de Pétrée, Vicaire-Apostolique en Canada, dit la Nouvelle-France, nommé par le Roi premier Evêque du dit pays, lorsqu'il aura plu à N. S. P. le Pape y ériger un Evêché,

A tous ceux qui ces présentes lettres verront. SALUT.--

Les Saints Conciles et ceux de *Trente* particulièrement, pour remettre efficacement la Discipline Ecclésiastique dans sa première vigueur, n'ont rien trouvé de plus utile que d'ordonner le rétablissement de l'usage ancien des Séminaires, où l'on instruit les clercs dans les vertus et les sciences convenables à leur état. L'excellence de ce décrèt s'est fait voir par une expérience toute sensible, puisque le grand St. *Charles de Boromée* qui l'exécuta le premier, bientôt après ce Concile, et plusieurs Evêques qui ont suivi son exemple ont commencé de redonner au Clergé sa première splendeur, particulièrement en *France ;* ce moyen si efficace pour réformer la conduite Ecclésiastique dans les lieux où elle s'étoit affoiblie, nous a fait juger qu'il ne seroit pas moins utile pour l'introduire où elle n'est pas encore, qu'il l'a été dans les premiers siècles du Christianisme ; A ces causes considérant qu'il a plû à la Divine Providence nous charger de l'Eglise naissante du *Canada* dit la *Nouvelle France ;* et qu'il est d'une extrême importance dans ses commencements de donner au Clergé la meilleure forme qui se pourra pour perfectionner des ouvriers, et les rendre capables de cultiver cette nouvelle vigne du Seigneur, en vertu de l'autorité qui nous a été commise, nous avons érigé et érigeons dès à présent, et à perpétuité, un Séminaire pour servir de Clergé à cette nouvelle Eglise, qui sera conduit et gouverné par les supérieurs que nous ou les Successeurs Evêques de la Nouvelle-France y établiront, en suivant les règlements que nous dresserons à cet effet ; dans lequel on élèvera et formera les jeunes Clercs qui paroîtront propres au service de Dieu, et auxquels, à cette fin, on enseignera la manière de bien administrer les sacremens, la méthode de catéchiser et prècher apostoliquement, la Théologie morale, les cérémonies, le plain-chant grégorien, et autres choses appartenantes au devoir d'un bon Ecclésiastique ; et en outre, afin que l'on puisse, dans le dit Séminaire et Clergé, former un Chapitre qui soit composé d'Ecclésiastiques du dit Séminaire, choisis par nous, et les Evêques du dit pays qui succèderont, lorsque le Roi aura eu la bonté de le fonder ; ou que le dit Séminaire de soi, aura le moyen de fournir à cet établissement par la bénédiction que Dieu y aura donnée, nous désirons que ce soit une continuelle Ecole de vertu et un lieu de réserve, d'où nous puissions tirer des sujets pieux et capables pour les envoyer à toutes rencontres, et au besoin dans les paroisses, et tous autres lieux du dit Pays, afin d'y faire les fonctions curiales, et autres, auxquelles ils auront été destinés, et les retirer des mêmes paroisses et fonctions quand on le jugera à propos, nous réservant pour toujours et aux Successeurs Evêques du dit Pays comme aussi au dit Séminaire par nos ordres, et des dits Sieurs Evêques, le pouvoir de révoquer tous les Ecclésiastiques qui seront départis et délégués dans les paroisses et autres lieux, toutes fois et quantes qu'il sera jugé nécessaire, sans qu'aucun puisse être titulaire, et attaché particulièrement à une Paroisse, voulant au contraire qu'ils soient de plein droit, amovibles, révocables et destituables à la volonté des Evêques et du Séminaire par leurs ordres, conformément à la sainte pratique des premiers siècles, suivie et conservée encore à présent en plusieurs Diocèses de ce Royaume ; et d'autant qu'il est absolument nécessaire de pourvoir le dit Séminaire et Clergé d'un revenu capable de soutenir les charges et les dépenses qu'il sera obligé de faire, nous lui avons appliqué et appliquons, affecté et affectons dès à présent et pour toujours toutes les Dixmes de quelque nature qu'elles soient, et en la manière qu'elles seront levées dans toutes les Paroisses et lieux du dit Pays pour être possédées en commun et administrées par le dit Séminaire suivant nos ordres et sous notre autorité, et des successeurs Evêques du pays, à condition qu'il fournira la subsistance de tous les Ecclésiastiques qui seront délégués dans les paroisses et autres endroits, du dit Pays, et qui seront toujours amovibles, et révocables au gré des dits Evêques et Séminaire par leurs ordres ; qu'il entretiendra tous les dits Ouvriers évangéliques, tant en santé qu'en maladie, soit dans leurs fonctions, soit dans la Communauté, lorsqu'ils y seront rappelés ; qu'il fera les frais de leurs voyages, quand on en tirera de France, ou qu'ils y retourneront, et toutes ces choses suivant la taxe qui sera faite par nous et les Successeurs Evêques du dit Pays, pour obvier aux contestations et aux désordres que le manque de règle y pourroit mettre ; Et comme il est nécessaire de bâtir plusieurs Eglises pour faire le service divin, et pour la commodité des fidelles, nous ordonnons, sans préjudice néanmoins de l'obligation que les peuples de chaque paroisse ont, de fournir à la bâtisse des dites Eglises, qu'après que le dit Séminaire aura fourni toutes les dépenses annuelles, ce qui pourra rester de son revenu sera employé à la construction des Eglises, en aumônes et en autres bonnes œuvres pour la gloire de Dieu, et pour l'utilité de l'Eglise, selon les ordres de l'Evêque, sans que toute fois, nous ni les successeurs Evêques du dit pays, en puissions jamais appliquer quoique ce soit à nos usages particuliers, nous ôtant même et aux dits Evêques la faculté de pouvoir aliéner aucun fonds du dit Séminaire en cas de nécessité, sans l'exprès consentement de quatre personnes du corps du dit Séminaire et Clergé, savoir, le Supérieur, ses deux Assistants et le Procureur.,

En foi de quoi nous avons signé ces présentes, et y avons fait apposer notre sceau.

Donné à Paris, le vingt-six mars, mil six cent soixante-et-trois.

(Signé,) † FRANCOIS, Evêque de Pétrée.
Et scellé du sceau de ses armes.
(Ins. Cons. Supr. Régistre A, fol. 3.)

On retrouve l'esprit apostolique de Mgr. de Laval dans les premiers règlements faits conformément à l'ordonnance d'érection ; les voici dans toute leur simplicité.

"1. Tous les ecclésiastiques seront très-soumis à la conduite du Supérieur, sous l'autorité de l'Evêque.

2. Ils ne se regarderont pas comme propriétaires de ce qui leur sera assigné pour leur subsistance, mais afin de pratiquer le détachement, ils rendront compte tous les ans de leur temporel.

3. Ils méneront une vie si pure qu'on n'ait pas sujet de les retrancher d'un corps dont ils sont comme les membres.

4. Pour entretenir leur ferveur, ils viendront tous les ans faire

une retraite au Séminaire qui, pendant ce temps-là, fera desservir leur paroisse.

5. Le Séminaire les regardera comme les enfants de la maison, ils y seront reçus et traités avec charité quand ils viendront à Québec pour maladie ou affaires nécessaires.

6. On pourvoiera à leurs besoins en santé et en maladie, et l'entretien sera uniforme pour tous les ecclésiastiques, de quelque rang qu'ils soient.

7. Pour les soutenir et les consoler dans l'éloignement, on entretiendra avec eux une parfaite correspondance de charité.

8. Si l'âge, les travaux, les infirmités les rendent invalides, ils trouveront un asile assuré dans le Séminaire jusqu'à leur mort, après laquelle on fera pour eux les prières communes."

Ce règlement explique suffisamment l'état de choses établi par le premier Evêque et qui lui procurait des missionnaires dévoués. Le Séminaire était un centre, un point de ralliement, une pépinière, une retraite, une ressource assurée. La plus pure charité et une confiance mutuelle extrême avaient pu seules présider à une institution se rapprochant beaucoup d'un ordre religieux sans en imposer plusieurs des obligations.

Si le Séminaire, vû le changement des circonstances et des besoins n'a plus fourni, après l'épiscopat de Mgr. de Laval tous les missionnaires, il a conservé les mêmes traditions de charité envers le clergé, le même empressement à recevoir les confrères qui veulent faire des retraites isolément ou en corps. Les membres ont conservé la même abnégation, le même esprit de pauvreté, d'après lequel ils ne reçoivent encore aujourd'hui que le vêtement et la nourriture. Du fonds de sa tombe le fondateur de cette maison doit se réjouir et être fier de ses enfants, comme eux se glorifient de le reconnaître pour leur père ! *

Aussi ont-ils gardé fidèlement le souvenir du spectacle que présentait le Séminaire de Québec, il y a deux siècles.

" Rien, dit l'*histoire manuscrite du Séminaire de Québec*, ne représente mieux la primitive Eglise que la vie de ce clergé. Ils n'étaient tous qu'un cœur et qu'une âme sous la conduite de

---

* Ce grand homme, Messieurs, cette gloire sereine,
Fut le premier anneau de cette noble chaîne
Que vous continuez aux bords du St. Laurent.
Gardant comme un trésor, loin de toutes atteintes,
De l'immortel Laval les traditions saintes,
Vous êtes parmi nous un soleil bienfaisant.

Octave Crémazie.

Monseigneur de Laval. Ils ne faisaient qu'une seule famille dont il était le père. Biens de patrimoine, bénéfices simples, pensions, présents et honoraires, ils mirent tout en commun. Monseigneur de Laval ne faisait rien de considérable que de concert avec tout son clergé; ses biens étaient aussi en commun. Il n'y avait ni riches, ni pauvres, ils étaient tous frères."

Le Roi approuva hautement cette belle institution et donna ses lettres patentes qui furent enregistrées au Conseil Souverain de Québec (avril 1663).

C'était le point de départ. Mais il s'agissait de bâtir: Mgr. rassembla ses ressources et obtint même de la Compagnie 6000 livres destinées à la construction d'un presbytère. On éleva une maison en colombage, et on se hâta de la dédier à la Ste Famille. Pour attirer les bénédictions du Ciel sur ces humbles commencement, on fit une neuvaine, et M. de la Tour remarque que cet établissement " les a souvent éprouvées d'une manière qui tient du prodige." Cette maison était assez spacieuse pour contenir 100 personnes, avec facilité et un certain bien-être.

Les édifices n'étaient rien dans la pensée du prélat, naturellement inquiet de l'insuffisance du personnel: cependant sans se laisser arrêter par les difficultés qui accompagnent tous les commencements, il voulut tout de suite inaugurer le Petit Séminaire. Il en fit solennellement l'ouverture le 9 octobre 1668, jour de S. Denis; les élèves allaient en classe chez les Jésuites. Mais parmi eux se trouvèrent dans les commencements un bon nombre d'enfants sauvages; et on s'aperçut bientôt que l'on ne réussirait pas à les former aux études.

Pour donner plus de consistance à tout l'ensemble, Mgr. de Laval unit son Séminaire à celui des Missions Etrangères de Paris dès le 29 janvier 1665, renouvela l'union en 1675 et en obtint la confirmation par le Roi l'année suivante. (1676).

Le couronnement d'une si grande œuvre était la dotation; le généreux prélat le comprit, et, dès le 12 avril 1680, il fit faire à Paris une donation de tous ses biens * pour être employé à l'entretien du Séminaire de Québec.

Mgr. de Laval établit un troisième Séminaire à la côte de Beaupré, dans une maison de campagne (aujourd'hui dans la paroisse de St. Joachim): c'était une espèce de ferme-modèle, où les les jeunes gens qui paraissaient moins propres aux études clas-

---

Voir à l'appendice l'état de ces biens.

siques, apprenaient à lire, à écrire, et à chiffrer, tout en s'appliquant aux travaux de la terre et à différents métiers. "Le zélé prélat, dit l'Annaliste du petit Séminaire, * comprenait la salutaire influence que ne manqueraient pas d'exercer dans un nouveau pays des pères de famille élevés dans la piété et doué d'une certaine éducation."

On y élevait 31 jeunes gens dès le principe; Mgr. de St. Valier, le marquis de Denonville, et M. Louis Soumande montrèrent un grand intérêt pour cet établissement. Ce dernier qui était chanoine de la cathédrale, et chargé de desservir la côte depuis la Baie St. Paul jusqu'au Château Richer, en eut la direction, assisté par M. Denis, auquel on venait de donner la soutane.

Ce furent ces élèves qui, en 1690, lors de la tentative faite par les Anglais de s'emparer du Canada, sollicitèrent avec instance et obtinrent la permission de venir s'opposer aux ennemis de la patrie. Endurcis par les travaux, habitués à la chasse, ils aidèrent le brave St. Denis à empêcher les envahisseurs de débarquer de la flotte sur les battures de Beauport et à s'emparer de six canons.

La *Topographie du Canada* a donné à ce fait la forme romantique. Elle transforme cette maison d'éducation en un "Monastère de fiers Récollets qui, armés de pieds en cap, comme les anciens Templiers ou les Chevaliers de Rhodes, auraient voulu chasser les Anglais du Canada, et par leur témérité auraient attiré la ruine de leur habitation." La vérité est que les Franciscains n'ont jamais eu de monastère dans la côte de Beaupré: mais la fable est lancée et elle sera répétée par plus d'un écrivain sans critique.

Ce qu'il faut conserver, c'est le souvenir du patriotisme de ces jeunes gens et la mort glorieuse du jeune Pierre Maufils, âgé de 23 ans, qui, après avoir achevé sa philosophie, mourut d'une blessure qu'il reçut au bras par les Anglais qui assiégeaient Québec. Il s'était volontairement exposé avec plusieurs de ses camarades pour le motif de la gloire de Dieu et du bien du pays.

Tels étaient les mâles sentiments que l'on puisait dans la maison fondée par Mgr. de Laval.

Le digne prélat ne chargea son Séminaire que de l'éducation de huit pauvres enfants à son choix. De 1674 à 1685 il eut le bonheur de voir huit prêtres sortir de cette pépinière qu'il avait plantée: ce furent MM. Pierre et Charles Volant, Jean Pinguet, Paul

---

* L'Abeille, 9 Juillet 1849.

Vachon, Jean Guyon, Pierre Thury, Jean Frs. Buisson de St. Côme et Philippe Boucher.

De 1688 à 1700 Mgr de Laval paraît avoir ordonné 25 prêtres.
Parmi eux six étaient natifs du Canada ; c'étaient MM. Jean Frs.
Buisson de St. Côme, Jean Daniel Têtu, Ignace Germain Hamel,
Nicolas Michel Boucher, Gervais Lefebvre, et Michel Antoine
Gaulin.

Un autre canadien M. Fleury Deschambault qui avait reçu la
tonsure, fut ordonné prêtre en Europe et revint au Canada.   Il
était fils du procureur du roi, et fut missionnaire dans l'Acadie.

Plusieurs furent victimes de leur zèle, et massacrés par les sau-
vages en 1718 :   M. Nicolas Foucault du côté des Arkansas ; M.
Jean Frs. Buisson de St. Côme comme il se rendait à la Mobile ;
M. Jean Daniel Testu, sur le Mississipi.

Après 1700, et pendant l'absence de Mgr. de St. Valier, douze
autres prêtres furent ordonnés par Mgr. de Laval malgré son âge
avancé.   Huit d'entre eux étaient nés en Canada : c'étaient MM.
J.-Bte. Gauthier de Varennes, Philippe Rageot, Pierre René Le
Boulanger de St. Pierre, Chs. Jos. Deschamps de la Bouteillerie,
Antoine Chabot, Chas. Plante, Michel Buisson de St. Côme et
Pierre Picard.

Ainsi se réalisaient les espérances du premier Evêque de Québec
dans le Séminaire qu'il avait fondé.   Si les épreuves matérielles
n'avaient pas manqué à cette maison, en revanche la Divine Providence lui avait fourni les éléments d'un clergé indigène.   Avant
de terminer sa carrière Mgr. de Laval contemplait avec consolation les fruits abondants de l'arbre qu'il avait vu grandir et qui
avait été l'objet de toute sa sollicitude.

De son côté la Congrégation de St. Sulpice exerçait son zèle
dans l'Ile de Montréal et les environs ; Mgr. de Laval, qui avait
connu le vénérable M. Olier, bénissait la Providence qui lui avait
envoyé des auxiliaires aussi puissants que remplis de vertus.   Ces
hommes formés par un saint étaient placés dans la position la
plus favorable pour former un établissement important, encourager les nouveaux colons et jeter les bases de la ville, à laquelle ils
donnaient le nom de Marie et qui était destinée à un si grand
avenir.   M. de Queylus fut quelquefois qualifié de "Supérieur des
ecclésiastiques associés pour la conversion des sauvages."

Mgr. de Laval n'était pas homme à se rebuter devant une tâche quelque ardue qu'elle fût, et il le prouva jusqu'à la fin.

Il s'occupait des sauvages avec une tendre sollicitude : on voit même par le journal des Jésuites qu'en 1665, allant faire la visite à l'Ile d'Orléans ; il se fit accompagner de deux petits sauvages.

La mère de l'Incarnation raconte que, l'année précédente, il avait donné la confirmation à une Algonquine dans son monastère.

Le journal des Jésuites rapporte qu'en 1667 il baptisa onze Anniés et Oneouts ; et qu'en 1668 il descendit exprès à Tadousac pour en confirmer un grand nombre.

Le Chef Garakonthié fut baptisé solennellement et confirmé par lui chez les Ursulines en 1670 ; et l'année suivante Samchiogoua chef Goyogoen eut le même avantage.

Quel bonheur n'éprouvait-il pas à se transporter de temps en temps à Sillery pour voir de ses yeux les progrès que ces enfants de la forêt faisaient dans la vertu ?

Rien n'aurait été plus conforme aux vœux de Mgr. de Laval que de pourvoir à l'instruction des sauvages en attirant quelques-uns de leurs enfants au Collége : mais les guerres avaient présenté un obstacle insurmontable à la réalisation de ce projet. La première tentative fut celle d'une bourgade d'Iroquois et de Hurons, au-dessus de la Chine près de Montréal. MM. de Fénélon et d'Urfé en étaient chargés. Les Pères Jé suites en établirent une à La prairie de la Magdeleine. Auprès de Québec aussi il y avait le village de Ste. Foye composé de Hurons. Il serait difficile de raconter tous les mécomptes, les déboires et les obstacles que présentait l'instruction des enfants sauvages. Tout le dévouement des missionnaires ne pouvait souvent triompher de la légèreté de ces esprits et de leur indépendance effrénée. Mais à Paris on croyait la civilisation de ces tribus bien plus facile, comme le fait voir la lettre suivante de Colbert à Mgr. Laval.

Monsieur,

J'ai reçu les deux lettres que vous avez pris la peine de m'é crire l'année passée en date des   lesquelles j'ay lues au Roy a mon ordinaire. Sa Mate. après m'avoir tesmoigné qu'elle estoit tres aise de voir la suite de votre zèle et de votre application, pour conserver la pureté de la foy parmy les habitans de la Colonie pour la faire porter aux sauvages, et pour entretenir tous les colons dans la piété et les bonnes mœurs, a estimé à propos de vous faire connoistre ses intentions sur le sujet des nations sauvages qui sont soumises à son obéissance, et de l'éducation à donner à leurs enfans, pour leur apprendre nostre langue et les élever dans les mesmes coutumes et façons de vivre que les Français, à quoy elle se promet que vous contribuerez de toute l'estendue de votre pouvoir, veu qu'il n'y a rien qui puisse en moins de temps et plus efficacement ayder à augmenter la Colonie ; et sur tout si une fois ayant embrassé la vie civile, ils se joignent par mariage avec nos colons ; et comme c'est assurement l'une des choses de la plus grande considération et du plus grand effet qui puisse estre à présent exécutée en Canada, la paix y estant à present bien affermie, et la tranquillité fort assurée ; je vous conjure en mon particulier d'y travailler vous-mesme afin que par vostre exemple, tous les Ecclésiastiques et mesme les principaux pères de familles soient conviez à s'y employer aussy avec la chaleur et l'affection, qui est à désirer pour une fin qui sera si avantageuse. * Cependant sa dite Mate. vous a accordé, ainsy que les années précédentes six mil livres pour les besoins de vostre Eglise, qui sont envoyez à la Rochelle pour vous estre remis par M. Colbert de Terron, et je demeure de tout mon cœur, Monsieur,

Vostre très-humble et très-obeisst. serviteur,

(Signé) COLBERT.

A St. Germain en Laye le 7 mars 1668.

M. l'Evesque de Pétrée.

Dans une lettre de 1668, Mgr. de Laval informe un ami † qu'il a formé un Séminaire où il a pris un nombre d'enfants sauvages avec le dessein de les élever à la manière de vie des Français. Pour y mieux réussir il y joignit de petits français, afin que les sauvages apprissent plus aisément et les mœurs et la langue en vivant avec eux ; mais il ne cache pas que le succès lui paraît douteux. " Les prêtres de notre Séminaire, dit-il, ne nous ayant pas fait paraître moins de soin et de vigilance dans l'éducation des enfants de ce pays, que nous leur avons donnés à former à l'état ecclésiastique, qu'ils nous ont donné des marques de leur zèle dans les travaux qu'il y a à souffrir dans tous les lieux des

---

* Le digne prélat fit connaître au Souverain Pontife de quelle manière il se proposait de remplir le désir du Roi : " Comme le Roi, écrivait-il en 1668, m'a témoigné qu'il souhaitait qu'on tâchât d'élever à la manière des Français les petits enfants sauvages pour les policer peu à peu, j'ai formé exprès un Séminaire, ou j'en ai pris un certain nombre à ce dessein ; et pour y mieux réussir, j'ai été obligé de mesler avec eux des petits Français, desquels les sauvages apprendront plus aisément et les mœurs et la langue en vivant avec eux."

† M. Poitevin, curé de St. Josse à Paris, 8 Nov. 1668.

habitations, où nous les employons, nous avons estimé ne pouvoir rien faire plus à la gloire de Dieu et pour le bien de notre église que de leur confier de nouveau la direction de ce second Séminaire, d'autant plus que nous avons jugé à propos de le renfermer dans l'enceinte et de faire accommoder un logement propre à ce dessein. Il a déjà, grâce à Dieu, pris ses premiers commencements depuis un mois."

Ainsi on avait réuni un certain nombre d'enfants sauvages.

Mais il était plus difficile de les faire étudier. " Cette entreprise, écrivait Mgr. de Laval à M. Poitevin, n'est pas sans difficulté tant du côté des enfants que de celui des pères et des mères, qui ont un amour extraordinaire pour leurs enfants, à la séparation desquels ils ne peuvent se résoudre ; ou s'ils la souffrent, il y aura une peine tout-à-fait grande qu'elle soit pour beaucoup de temps. Cependant nous n'épargnerons rien de ce qui sera de nos soins pour faire réussir cette heureuse entreprise, quoique le succès nous en paraisse fort douteux."

Les Ursulines de Québec, à la recommandation du prélat, prirent cette œuvre beaucoup à cœur, en ce qui regardait les filles ; et le Séminaire de St. Sulpice à Montréal s'y appliqua également avec zèle.

CHAPITRE VI.

La question de l'immigration était au moins aussi important que celle de l'instruction des sauvages.

Mgr. de Laval, qui se mit en rapport avec la S. Cong. de la Propagande presque à son arrivée en Canada, crut convenable de l'enentretenir; en 1660, il lui faisait connaître l'état de la population: " Le nombre des familles augmente par tout ici d'année en année et de jour en jour, tant à cause des familles qu'on y transporte annuellement de France, que parce les femmes venues d'Europe mettent au monde un plus grand nombre d'enfants, desquels les morts prématurées sont plus rares et qu'enfin les maladies ne sont pas si fréquentes ici ni si variées qu'elles le sont ailleurs."

En 1661 il voulut rendre compte au Souverain Pontife de l'état de Son Vicariat; il en écrivit une relation où l'on trouve une description intéressante de son église. " On y voit, dit-il, une église " en forme de croix latine construite en pierre et regardée dans " ces commencements de la colonie comme un vaste et magnifique " bâtiment. On y observe pour la célébration du service divin le " Cérémonial des Evêques; les prêtres ainsi que les jeunes clercs " élevés au Séminaire assistent toujours aux offices, avec 10 ou 12 en- " fants de chœur. Aux fêtes solennelles on y chante en musique " la messe, les vêpres et le salut avec accompagnement d'un in- " strument à cordes et de l'orgue, qui ajoutent beaucoup à l'harmo- " nie et à la douceur du chant. J'ai pris mon domicile au Séminaire, " et j'ai huit prêtres avec moi.

" A la haute ville il y a une citadelle royale avec un gouverneur " et des gardes de nuit et de jour, une prison pour les malfaiteurs, " une maison religieuse et quelques demeures de particuliers.—A

"" la basse-ville se trouve le port, un bon mouillage pour les vais-
" seaux, des boutiques de marchands où l'on fait un peu de com-
" merce, et les habitations d'un grand nombre de citoyens.

" La chrétienté huronne a presqu'été détruite, à l'exception de
" 80 qui ont échappé à cette ruine et qui traînent leur vie dans
" Québec comme dans leur dernier asile. Le plus grand nombre
" des autres sont tenus les uns en captivité par l'ennemi sans au-
" cun espoir de secours et sans consolations religieuses, les autres
" dans l'impossibilité de sortir des lieux inaccessibles où ils se sont
" retirés pour mettre leur vie plus en sûreté."

Mgr. de Laval ne pouvait suffire aux dépenses de voyages des
prêtres qui se consacraient aux missions : mais, à force d'instance, il
obtint de la cour que la Compagnie des Indes Occidentales serait
obligée d'y pourvoir. Le Roi inséra la clause suivante dans l'édit
" de création de la Compagnie en 1664 : " Comme dans l'établisse-
" ment des colonies, nous regardons principalement la gloire de
" Dieu et le salut des sauvages à qui nous désirons de faire connaî-
" tre la vraie religion, la Compagnie sera obligée d'y faire passer
" le nombre d'ecclésiastiques nécessaires pour y prêcher le St.
" Evangile, et y instruire ces peuples dans la créance de la reli-
" gion catholique, apostolique et romaine. Pareillement elle sera
" obligée d'y bâtir des églises, d'y établir des curés et des prêtres
" dont elle aura la nomination, et d'entretenir décemment et avec
" honneur ces prêtres et ces églises, en attendant qu'elle soit en
" état de les fonder raisonablement sans toutefois que la Compagnie
" puisse changer aucun des Ecclésiastiques qui y sont présentement
" établis."

La Compagnie excitait avec raison les appréhensions de Mgr.
de Laval. Il écrivit dès lors pour demander que son Vicariat fût
érigé immédiatement en diocèse régulier, afin qu'on ne pût sous
aucun prétexte lui contester le titre d'ordinaire, ayant seul droit
de donner jurisdiction. Il n'obtint ce qu'il demandait que dix ans
après, comme on le verra.

Cet état de choses particulier ne dura cependant pas longtemps,
comme on le voit par la lettre suivante de Mgr. de Laval à la
Propagande (oct. 1661) :

"Précédemment tout ce pays était en la possession d'une certaine
" société ; mais depuis deux ans, le Roi se l'est rendue propre, en
" en supportant lui-même les dépenses avec promesse d'en faire de
" plus considérables encore à l'avenir. C'est ce dont nous avons
" aujourd'hui la preuve, puisque, dans l'espace de deux ans, il a

" employé 200,000 livres au bien de la colonie.   Ce très-munifique
" prince a promis d'y envoyer, pendant dix ans, 300 hommes cha-
" que année, et nous attestons que les trois années qui viennent de
" s'écouler il a tenu fidèlement sa promesse."

Ce qui était aussi remarquable, c'était le soin que l'on mettait dans le choix des colons.

"Nous ne souffrons ici, dit Mgr. de Laval dans sa relation de 1660,
" aucune secte hérétique; c'est ce que le Roi m'a accordé pieuse-
" ment sur la demande que je lui en ai faite devant de quitter la
" France"….." Le soin et l'amour de nos églises, ajoutait-il en 1664,
" sont surtout ce qui touche le cœur religieux du Roi, et, pour cet
" objet, il nous accorde toutes nos demandes………Quoiqu'accablé
" d'un fort grand nombre d'affaires, le Roi très-chrétien favorise
" cette colonie d'une manière admirable, surtout par son zèle pour
" y propager la religion, quoiqu'il ne retire presque aucun avantage
" de ce pays barbare." C'était Louis le Grand, et non un Roi du 19e siècle.

Mgr. de Laval avait formé un fonds commun de toutes les dîmes pour soutenir les missionnaires, et cependant ce moyen était abso-lument insuffisant, quoiqu'en aient dit ceux qui ont prétendu que le clergé du Canada, et les Jésuites en particulier, s'étaient enrichis à cette époque. Ecoutons le témoignage de l'intendant Talon en 1666.
" De quelque côté que doive venir le secours de l'Eglise pour la
" subsistance de ses ministres, je me sens obligé, écrivait-il à Colbert,
" de vous le demander. Il est constant que M. l'Evêque de Pétrée ne
" peut fournir de curés ou de missionnaires dans tous les endroits de
" ce pays qui en ont besoin, s'il n'est assisté par le Roi ou par la
" Compagnie.   Le fonds des dîmes, établi avec beaucoup de modé-
" ration, ne peut suffire, à moins que M. de Bretonvilliers, Supé-
" rieur de St. Sulpice, ne fasse passer 5 ou 6 prêtres choisis dans son
" Séminaire qui ne soient pas plus à charge que ceux qu'il nous a
" fait donner cette année, pour desservir la cure des Trois-Ri-
" vières, et administrer les sacrements aux troupes d'un ou deux
" de nos forts.   Cet expédient me paraît le plus facile et le moins
" onéreux de tous."

L'immigration qui était nombreuse, ne présentait pas d'abord les garanties que l'on pouvait désirer. Mgr. de Laval s'en alarma et en parla au ministre Colbert. Celui-ci s'en occupa sérieusement et écrivit au prélat en 1664, dans les termes suivants : " Pendant le séjour que vous fîtes ici, vous me témoignâtes que les gens des environs de la Rochelle et des îles circonvoisines qui passaient à la

Nouvelle France, étaient peu laborieux, et que même, n'étant pas fort zélés pour la religion, ils donnaient de mauvais exemples aux anciens habitants du pays. Le Roi a pris résolution, suivant notre avis de faire lever 300 hommes, cette année en Normandie, et dans les provinces circonvoisines, qui seront conduits sur des vaisseaux marchands, dont les capitaines sont obligés par leurs traités, de rapporter des certificats du Conseil de Québec, touchant le nombre d'hommes qu'ils auront débarqués. J'espère que ce secours tournera à l'avantage du pays, ainsi que les autres que Sa Majesté a résolu d'y envoyer tous les ans en cas que celui-ci réussisse, ainsi qu'on se le promet."

L'année suivante Talon amena avec lui un grand nombre de colons, dont 100 se destinaient à l'agriculture ; il y avait des soldats, des filles et des femmes, en tout 500 personnes. Ce mouvement se continua chaque année, ce qui faisait dire à l'auteur de la relation de 1668 : " l'envoi de tous ces nouveaux colons cause un changement notable dans ce pays, par les accroissements qui s'y sont faits plus grands, depuis qu'il a plu au Roi d'y envoyer des troupes, qu'il n'en avait reçu dans tout le temps passé."

Après la paix avec les Iroquois, des terres furent accordées aux soldats qui voulurent rester en Canada; pour les y engager plus fortement, on y ajouta une gratification de cent livres, ou 50 livres et des vivres pour un an. On donnait davantage aux sous-officiers, ce qui fixa dans la Colonie 400 hommes du régiment de Carignan. En 1669 le Roi accorda 1000 livres de gratification aux officiers, et fit écrire à Talon par Colbert : " Faites leur connaître que le véritable moyen de mériter les grâces du Roi est de s'établir au pays, et d'exciter fortement leurs soldats à travailler au défrichement et à la culture des terrés."

Ce n'était pas de vaines promesses : ainsi M. de Marigny, " fut anobli en 1671, et ses enfants à perpétuité, à condition qu'il resterait en Canada."

D'après les relations et suivant les lettres de la Mère Marie de l'Incarnation, il passa de France en Canada un nombre considérable de jeunes et honnêtes filles à partir de 1665. Dans cette année il en vint 100, le double l'année suivante, un nombre plus considérable encore en 1667 et 1668, et 150 dans chacune des années 1669 et 1670. Le Roi leur donnait ordinairement une maison construite et pour huit mois de vivres : ce qui n'était pas un petit encouragement pour les jeunes colons, et les mariages se célébraient par trentaines à l'arrivée des vaisseaux.

Les familles étaient nombreuses : " il est en effet étonnant, dit la Mère de l'Incarnation, de les y voir en si grand nombre, les enfants très beaux et bien faits, sans aucune difformité corporelle, si ce n'est par accidents. Un pauvre homme aura huit enfants et plus, qui l'hiver vont nu-pieds et nu-tête, avec une petite camisole sur le dos, et ne vivent que d'anguilles et d'un peu de pain ; et avec cela, ils sont gros et gras."

Tel était le fruit des bonnes mœurs maintenues dans ce pays.

En attendant leur mariage, Mgr. de Laval faisait loger les jeunes filles dans des maisons respectables et entre autres chez la Sœur Bourgeoys qui en avait amené jusqu'à 150 avec elle. On comprend par là pourquoi certains contrats de mariage sont *faits et passés à la Congrégation,* et qu'il est marqué que la future épouse *demeurait chez la Sœur Bourgeoys.*

On verra par la correspondance entre Mgr. de Laval et Mgr. de St. Valier que notre prélat s'intéressait beaucoup au choix des colons.

On sait à cette occasion que les hommes recevaient alors deux livres par jour de travail de leur métier, et un bon manœuvre trente sols. Mgr. de Laval en employa un grand nombre. Il encourageait l'établissement des métiers : chez les Ursulines, on apprenait aux filles à filer, et l'on commença à faire, dans les campagnes, des toiles et des serges. Car les moutons que l'on avait fait venir de France réussissaient bien et l'intendant avait recommandé la culture du chanvre et du lin. Le succès donnait à espérer en 1667 qu'on pourrait en donner beaucoup à la France. * En 1668, il y avait déjà des manufactures de souliers et de chapeaux. On monta une tannerie en 1670, et l'année suivante on commença à confectionner du savon et de la potasse ; enfin, on put même autoriser une brasserie dans le voisinage du fort.

On ne fut pas longtemps non plus sans avoir, de distance en distance, des moulins à eau pour moudre le grain. Mgr. de Laval engagea fortement le séminaire à construire des moulins pour l'avantage de ses censitaires.

L'industrie de la construction navale commença en 1672 et fut due à l'initiative du gouvernement. L'Evêque contribua à favoriser le développement des arts par l'instruction qu'il favorisait de tous côtés. Aussi, Colbert voulut-il l'en remercier de la part du Roi en 1667 : "il est certain, dit-il, que c'est le meilleur moyen de bien policer la colonie et d'y former des gens capables de servir Dieu et le prince dans toutes les professions."

* Relation.

CHAPITRE VII.

Le gouverneur d'Avaugour dont le Vicaire Apostolique s'était
plaint à la Cour, fut rappelé et passa en France immédiatement.

Le nouveau gouverneur Monsieur de Mesy arriva le 15 Septembre 1663 à Québec avec l'Evêque, son ami. En parlant de ce
retour du prélat dans une de ses lettres, la Mère de l'Incarnation
parle de son activité : "Il a déjà fait bâtir une maison à Québec
pour l'Evêque et pour loger le gros de son séminaire. Enfin, tout
cela sonne gros, ajoute-t-elle naïvement, mais il n'y a que Dieu
qui voit quelles en seront les issues, l'expérience nous faisant voir
que les succès sont souvent bien différents des idées que l'on
conçoit."

Dès le 7 Septembre 1663, on apprit que le vaisseau du Roi qui
portait l'Evêque et le gouverneur arrivait à Tadousac, et on y envoya une chaloupe qui amena ces personnages.

" On eut beaucoup à souffrir dans la traversée ; plusieurs des
soldats (que portait le vaisseau) étaient huguenots et la plupart
libertins. Plus de 60 personnes moururent du scorbut, il en mourut presqu'autant à Québec. Mr. DesMaizerets, dont la vocation
jusqu'alors incertaine fut décidée pendant le séjour de M. de Laval
à Paris, et qui s'était embarqué avec lui, fut à l'extrémité ; il dût
sa guérison à un vœu qu'on fit pour lui à St. Ignace et à St. François

Xavier. Mais le prélat se signala et fut encore plus à la tête de tous par sa charité que par sa dignité ; il était aguerri avec les maladies depuis les fréquentes visites et les grands services qu'il avait rendus dans les hôpitaux de Caën, sous la direction de M. de Bernières. Sa charité parut avec éclat ; il distribua les emplois à son petit clergé et se réserva le plus pénible. Quoiqu'incommodé lui-même par de fréquents vomissements, il était sans cesse auprès des malades, les exhortait, les consolait, les soulageait, et leur rendait toutes sortes de services ; il en revenait souvent couvert de vermine. Plus d'une fois on craignit qu'il ne contractât ce mal contagieux. Il distribua aux malades toutes ses provisions sans se rien réserver et manqua de tout lui-même le reste du voyage, mais il en supporta la privation avec plaisir. On ne se lassait pas d'admirer sa charité et sa mortification, et il n'est sorte de bénédictions qu'on ne lui donnât''.

Par les mêmes vaisseaux arrivèrent les corps de deux martyrs donnés à l'Eglise de Québec par le Souverain Pontife, et qui sont devenus célèbres par leurs miracles et par la vénération dont ils ont toujours été entourés, ce sont les SS. Flavien et Félicité.

Mais avant d'aller plus loin, il est à propos de rapporter les phénomènes extraordinaires dont le Canada fut le théâtre pendant l'absence de son Evêque. Des personnes toujours disposées à rejeter les événements dont elles n'ont pas été les témoins, ont traité de visions de femmes, les récits qui sont parvenus jusqu'à nous. Nous ne citerons donc que le témoignage des hommes les plus graves et les plus véridiques. D'abord, le Père Lalemant, Supérieur des Jésuites de Québec, qui entre dans des détails et a vu les faits de ses propres yeux : "L'on a vu, dit-il, des fantômes de feu portant des flambeaux en main. L'on a vu des piques et des lances de feu voltiger, et des brandons allumés se glisser sur nos maisons, sans néanmoins faire d'autre mal que de jeter la frayeur partout où ils paraissaient.''

Ces phénomènes furent accompagnés de globes de feu et de signes extraordinaires dans le ciel. Puis un tremblement de terre épouvantable et qui dura plusieurs jours, produisit les effets les plus terribles et qui sont rapportés par les contemporains.

Les détails se trouvent partout, mais il est à propos de recueillir ce que pensèrent alors les hommes sages et réfléchis.

Le journal des Jésuites fait une courte réflexion : " Le mépris " de l'excommunication des boissons continuant, on la renouvela, " et s'en estant suivi peu d'amendement, Dieu parut vouloir parer

" ses injures." Personne ne périt cependant : " c'est une marque
" toute visible, dit la Mère de l'Incarnation, de la protection de
" Dieu sur son peuple, qui nous donne un juste sujet de croire qu'il
" ne se fâche contre nous que pour nous sauver."

" Ce bouleversement fut très-salutaire, dit le Journal des Jésuites,
par le changement général dans les mœurs qui s'opéra à cette occasion."

Telle fut la pensée consolante qui accompagna Mgr. de Laval
en arrivant, d'autant plus qu'il avait réussi à assurer à la colonie,
l'administration régulière de la justice. Le Roi avait rendu, à sa
demande, un édit au mois de mars 1663, par lequel il créait un
Conseil Supérieur, donnant à l'Evêque son entrée et voix délibéra-
tive. Les conseillers devaient être choisis et nommés par le gouverneur et par l'Evêque agissant de concert. On avait voulu prévenir ainsi le renouvellement des abus commis par le gouverneur
d'Avaugour, qui avait composé précédemment le Conseil de personnes opposées aux vues de l'Evêque. Aussi la composition du
Conseil nommé immédiatement fut-elle excellente ; les noms de
MM. Rouer de Villeray, Juchereau de la Ferté, Ruette d'Auteuil,
Legardeur de Tilly, D'Amours et Bourdon méritent d'être rapportés ici comme ceux des hommes possédant la confiance du digne
prélat. D'abord le nouveau Conseil rendit sans délai des arrêts
défendant de traiter aux Sauvages aucune boisson enivrante ; et
l'année suivante les peines les plus sévères vinrent donner la sanc-
tion à cette loi salutaire. Malheureusement la bonne entente ne
subsista pas longtemps entre le gouverneur et l'Evêque. Supportant avec répugnance l'égalité qui avait été accordée à l'Evêque,
M. de Mésy voulut amener Mgr. de Laval à lui servir d'instrument.
L'occasion fut l'exclusion de trois Conseillers que le gouverneur
avait prononcée seul, et qu'il avait voulu faire ratifier par l'Evêque.
Celui-ci tint ferme et ne se laissa nullement intimider par les marques publiques de mécontentement données par M de Mésy. Le
Père Lalemant consulté par celui-ci lui répondit de s'en rapporter
à son confesseur pour ce qui regardait la conscience, et ajouta que
pour le civil, ce n'était pas à des Religieux de juger de quel côté
était le tort.

Ce langage calme et sensé n'empêcha pas le gouverneur de pousser sa pointe ; exil des conseillers, dissolution de l'ancien Conseil,
création d'un nouveau, signification insultante pour l'Evêque à la
porte de l'église, telles furent les mesures qu'il adopta. Malgré ces
procédés violents et injustes, il voulut se présenter pour recevoir

les sacrements, et se plaignit amèrement des ecclésiastiques qui les lui refusèrent. Sur ces entrefaites il tomba malade, et par une miséricorde particulière de Dieu reconnut jusqu'à un certain point ses erreurs de jugement, et son obstination volontaire. On lui accorda les sacrements et il mourut dans des sentiments de piété le 6 mai 1665.

Mgr. de Laval respectait autant l'autorité dont les autres étaient revêtus qu'il exigeait respect pour celle qui lui était confiée : aussi accueillit-il avec tous les honneurs M. de Tracy, qui se présenta bientôt à Québec avec les pouvoirs de Lieutenant-Général du Roi en l'Amérique.

Colbert lui annonçait cette nouvelle en ces termes le 18 mars 1664 : " L'affaire d'Italie étant heureusement terminée à la sa- " tisfaction du Roi, Sa Majesté a résolu d'envoyer en Canada un " bon régiment d'infanterie, à la fin de cette année ou au mois de " février prochain, afin de ruiner entièrement les Iroquois ; et elle " a ordonné à M. de Tracy de s'y transporter, pour conférer avec " vous sur les moyens de réussir promptement dans cette " guerre. "

L'Evêque voulut montrer des égards pour M. de Tracy à son débarquement ; il fit sonner les cloches et le reçut à l'église vêtu pontificalement, au milieu de son clergé. Après lui avoir présenté l'eau bénite et la croix, il le conduisit au prie-Dieu qui lui avait été préparé près du chœur. M. de Tracy avait eu la fièvre durant la traversée, ce qui l'avait affaibli ; mais il se mit à genoux sur le pavé sans vouloir se servir du carreau qu'on lui offrait. En action de grâce de son arrivée, on chanta le *Te Deum*, avec accompagnement d'orgue et de musique, et l'Evêque le reconduisit à la porte de l'Eglise avec des honneurs analogues à ceux qu'il lui avait rendus à son entrée. M. de Tracy se montrait digne de ces distinctions par son exactitude à se rendre aux cérémonies religieuses. La lettre qu'il remit à Mgr. de Laval de la part du Roi trouve ici sa place :

" Mons. l'Evêque de Pétrée, j'ai pourvue le Sr. de Trassy de la charge de mon Lieutenant-Général en l'Amérique pour commander en ce pays en l'absence du Sr. Comte d'Estrades qui en est Vice-Roi, et s'en allant sur les lieux pour prendre possession de cet employ et pourvoir aux affaires qui s'y présenteront, je vous faits cette lettre pour vous en donner avis, et vous exhorter de recognoistre le d. Sr. de Trassy en la d. qualité, de défférer aux ordres qu'il donnera, et de concourir avec luy en tout ce qui dépendra de vous pour l'effect des choses qui regarderont mon service et le repos de mes suiects des d. lieux. C'est à quoy je me promets que vous satisferez avec affection. Cependant je prie Dieu qu'il vous ayt Monsr. l'Evêque de Pétrée en sa ste garde."

Escrit à Paris le XIXe jour de Novembre 1663.

(Signé) Louis

(et plus bas)

De Lionne. "

A Monsr. l'Evêque de Pétrée
 Con. en mon Conl. d'estat.

Ni M. de Courcelles qui succéda à M. de Mésy comme Gouverneur, ni M. Tracy qui avait pour mission de faire l'expédition contre les Iroquois ne montrèrent une grande intelligence. Négligeant de prendre des renseignements et des conseils, ils commirent une foule de fautes qui furent fatales et causèrent la mort d'un bon nombre de braves militaires. Trois campagnes successives furent nécessaires pour intimider les barbares et arrêter un peu leurs incursions. Mgr. de Laval, dont les avis ne paraissaient pas être accueillis comme ils l'auraient dû, se renferma entièrement dans ses attributions ordinaires. Le Roi à qui il écrivit apprécia les motifs de cette réserve, et lui témoigna en même temps toute son admiration pour le zèle qu'il montrait à procurer le salut des âmes. Sa lettre doit être conservée comme un précieux témoignage en faveur de notre prélat.

" Monsr. l'Evesque de Pétrée, j'ay recue toutes vos lettres et veu les advis que vous me donnez de ce qui s'est passé en Canada, mais je ne vous diray point icy mes volontés à cet esgard, me remettant au Sr. de Tracy mon lieutenant general en l'Amerique de vous les expliquer. Cette lettre vous sera seulement un tesmoignage de la grande satisfaction que j'ay des soins que vous donnez au bien des peuples, à leur instruction et à leur salut. J'espère que vous les continuerez et je vous y exhorte et de prendre une entière assurance en ma protection dont vous recevrez des preuves en toutes rencontres; sur ce je prie Dieu qu'il vous aye Monsr. l'Evesque de Pétrée en sa Ste. garde. Escrit à Paris le 23e jour de mars 1665.

(Signé,) Louis,

(et plus bas) De Lionne."

A Monsr. l'Evesque de
 Pétrée.

Cette lettre ne resta pas sans effets.

En nommant M. de Courcelles gouverneur et M. Talon intendant, le Roi les avait chargés d'examiner les plaintes portées contre
M. Mésy, mais en même temps il avait confié tous les pouvoirs
judiciaires à l'Intendant seul. Quant au but de l'expédition
contre les Iroquois, Colbert l'exprimait comme suit à Mgr. de
Laval : " Sa Majesté se propose ensuite d'établir un bon ordre pour
le gouvernement et l'administration des affaires civiles et militaires du Canada, afin de pouvoir augmenter considérablement la
colonie."

M. de Tracy qui était un homme de sens, fit effacer dans les
registres du Conseil Supérieur les entrées ridicules que M. de
Mésy y avait fait mettre à l'occasion de ses débats avec l'Evêque, de ses querelles avec le clergé, et de certaines plaintes
contre la confrérie de la Ste. Famille. Le rapport du tout
adressé au Roi lui fit comprendre que le tort avait été du côté du
gouverneur ; il écrivit à l'Evèque en conséquence.

" M. l'Evesque de Pétrée, je n'attendois pas moins de votre zèle
pour l'exaltation de la foy et de vre affon au bien de mon service
que la conduite que vous tenez dans une mission aussy importante et
aussi sainte que la vostre. La principale récompense en est reser-
vée au ciel qui seul peut vous la donner proportionnée à vre
mérite. Mais vous devez faire estat que celles qui dépendent de
moy ne vous manqueront pas dans les rencontres. Je me remets
du surplus a ce que le Sr. Colbert vous mandera de ma part et prie
Dieu qu'il vous ayt Mr. l'Evesque de Petrée en sa Ste. garde.
Escrit à St. Germain en Laye, le 1er d'avril 1666.

(Signé,)   Louis."

A Mr. l'Evesque de
Pétrée.

Ceux qui ont voulu faire croire que Mgr. de Laval était tombé
dans la disgrâce de la Cour et que sa conduite dans le gouvernement de son diocèse avait été blâmée, n'ont pas réfléchi sans doute
qu'il existait des documents historiques capables d'établir la vérité.
Aussi est-on surpris de la persistance qu'ils ont mise dans leurs
avancés, lorsqu'on parcourt la correspondance de l'illustre prélat
avec les ministres. C'est sur cette époque surtout qu'il importe de
réunir comme un faisceau les déclarations si formelles des ministres d'Etat tant en leur propre nom qu'en celui du Roi.

Le prélat avait pris part à la joie commune en apprenant l'heureux succès de la marche de M. de Tracy ; il fit chanter le *Te Deum*

après la messe, et ordonna une procession *in gratiarum actione.*
Au printemps Colbert lui écrivit la lettre suivante :

" Monsieur,

" J'ay reçu les deux lettres que vous avez pris la peine de m'escrire du vingt-deux de Novembre de l'année dernière 1666 : après la satisfaction que le Roy vous tesmoigne luy-mesme qu'il a des soins que vous continuez, de prendre toujours avec le mesme zèle du christianisme de la Nouvelle France, establir une solide piété parmy les habitans, de les entretenir dans les exercices de nostre religion et de les maintenir dans les deux devoirs auxquels ils sont obligés envers Dieu et envers Sa Majesté, il seroit superflu que je vous en parlasse. Ainsi je me renfermeray à vous dire en mon particulier que je vous envoye par son ordre la somme de six mil livres pour en disposer ainsy que vous le jugerez pour le mieux pour subvenir à vos besoins et à ceux de votre Esglise, et que l'on ne scauroit donner un trop grand prix à une vertu comme la vostre qui se soustient toujours esgalement, qui estend charitablement ses assistances partout où elles sont nécessaires, qui vous rend infatigable dans les fonctions de l'Episcopat, nonobstant la faiblesse de vostre santé, et les infirmitéz fréquentes dont vous estes attaqué et qui ainsy vous fait partager la peine d'administrer les sacrements dans les lieux les plus escartéz des principales habitations avec le moindre de vos ecclésiastiques. Je n'ajouteray rien à cette expression qui est toute sincère de peur de blesser la modestie qui vous est naturelle. Mais permettez-moy, Monsieur, avant de finir ces lignes, de vous supplier quoyque vous fassiez l'une de vos plus importantes occupations de bien faire eslever les enfans, d'en user toujours à leur esgard avec la mesme bonté que vous avez fait jusques icy, parce qu'il est certain que c'est le meilleur moyen de bien policer la colonie et d'y former des gens capables de servir Dieu, et le prince dans toutes les professions différentes où ils se trouveront engagéz pendant le cours de leur vie. Cependant je demeure, Monsieur,

Vostre très-humble et très-obéissant serviteur

(Signé,) COLBERT."

A St. Germain, le 5 Avril 1667.

Les éloges que le ministre adressait au zèle de notre Evêque, n'étaient pas de vaines formules : on en peut juger par les périls que ce zèle lui firent surmonter. On en jugera encore par ce qui est rapporté dans la Relation de cette année (1668) : " Sur la fin de l'hiver, toutes ces églises errantes s'étant ramassées à Tadousac, eurent la consolation, quelque temps après, de jouir de la présence de Mgr. l'Ev. de Pétrée, lequel après avoir fait partout sa visite en canot, c'est-à-dire à la merci d'une frèle écorse, et après avoir parcouru toutes nos habitations depuis Québec jusqu'au dessus de Montréal, donnant même jusqu'au fort de Ste. Anne, qui est le plus éloigné de tous les forts, à l'entrée du lac Champlain, voulut faire part de ses bénédictions à notre église des sauvages de Tadousac, s'y étant rendu sur la fin de juin après avoir bien souffert de la part des calmes et des tempêtes de la mer. Il y donna la confirmation à 139 personnes : ensuite, il entra dans leurs cabanes les unes après les autres, pour visiter les malades et distribuer des aumones aux veuves et aux orphelins et parla à tous affectueusement dans un festin qu'il leur donna."

CHAPITRE VIII.

Mgr. de Laval ordonna le premier prêtre canadien le 19 Septembre 1665, ce fut M. Germain Morin; mais les sujets étaient rares, et cette difficulté préoccupait beaucoup le prélat. Il en écrivit au Souverain Pontife : "Pour procurer immédiatement, "dit-il, les secours spirituels aux nombreux habitants qui sont "ici, il faudra faire venir de France des prêtres déjà formés, et en "appeler encore d'autres tous les ans; en attendant que des jeunes "gens indigènes, nés de Français, qui seront jugés propres au saint "ministère, grandissent et soient formés." (15 oct. 1666).

Ce désir de former un clergé indigène entrait aussi dans les vues de la cour, qui y apercevait une condition de stabilité pour les institutions nouvelles. Aussi le Roi exprima-t-il sa satisfaction à Mgr. de Laval dans la lettre suivante :

" Monsr. l'Evêque de'Pétrée, j'ay esté bien aise d'apprendre par vos dernières lettre l'état de la colonie du Canada. Mais comme j'ay esté aussi informé en mesme temps par celles des Srs. de Tracy et Talon dos soins continuels que vous apportez pour vous bien aquiter des fonctions épiscopales dans ce pays là, et pour y maintenir les peuples dans leur devoir envers Dieu et envers moy par la bonne éducation que vous donnez et faites donner à leurs enfans; je vous écris cette lettre pour vous témoigner le gré que je vous en scay et vous exhorter de continuer comme vous avez commencé une conduite si bonne et si spirituelle; et me remettant à ce que j'ay chargé le Sr. Colbert de vous mander sur les secours que je vous envoie pour vos besoins et ceux de votre église, je ne vous feray la présente plus longue, que pour prier Dieu qu'il vous ayt, Monsr. l'Evesque de Pétrée,en sa ste garde..

Escrit à St. Germain en Laye, le 9e jour d'avril 1667.

(Signé)   Louis

et plus bas   De Lionne. "

Mgr. de Laval encourageait de toutes ses forces la Mère Marie de l'Incarnation qui se donnait tant de peine pour l'instruction des petites filles sauvages.

De là la douleur profonde qu'il éprouva en apprenant la mort de cette sainte religieuse dans un de ses voyages.

Voici comment ayant suris cette triste nouvelle, il en écrivit en Canada :

" Nous tenons à bénédiction, dit-il, la connaissance qu'il a plu à Dieu de nous donner de la Mère Marie de l'Incarnation, première supérieure des Ursulines de Québec, l'ayant soumise à notre conduite pastorale. Le témoignage que nous pouvons en rendre est, qu'elle était ornée de toutes les vertus dans un degré très-éminent, surtout d'un don d'oraison si élevé, et d'une union avec Dieu si parfaite, qu'elle conservait sa présence au milieu de l'embarras des affaires les plus difficiles et les plus distrayantes, comme parmi les autres occupations où sa vocation l'engageait. Parfaitement morte à elle-même, Jésus seul vivait et agissait en elle. Dieu l'ayant choisie pour l'établissement de l'ordre de Ste. Ursule en Canada, il l'a douée de la plénitude de l'esprit de ce saint Institut. C'était une supérieure parfaite, une excellente maîtresse des novices et elle était très-capable de remplir tous les emplois d'une communauté religieuse. Sa vie commune à l'extérieur, était à l'intérieur toute divine, de sorte qu'elle était une règle vivante pour toutes ses sœurs. Son zèle pour le salut des âmes et particulièrement pour celui des sauvages, était si ardent qu'il semblait qu'elle les portât tous dans son cœur. Nous ne doutons pas que ses prières n'aient obtenu en grande partie les faveurs dont jouit maintenant l'Eglise naissante du Canada."

Une des faveurs accordées par la Providence au Canada fut sans doute l'arrivée de plusieurs ecclésiastiques; ce qui faisait dire au rédacteur de la relation de 1668: " Parce que la moisson devient " plus ample que jamais dans une si vaste étendue du pays et " parmi tant de nations différentes, où il nous est permis d'aller

" maintenant, la Providence divine y a pourvu d'une manière par-
" ticulière, et nous a fourni un puissant renfort par la venue de
" M. l'abbé de Queylus avec plusieurs ecclésiastiques tirés du
" Séminaire de St. Sulpice, lesquels vont joindre à Montréal ceux
" qui y sont. On ne peut espérer de tant de braves mission-
" naires que de très heureux succès, dont ce pays sera redevable
" au Roi de France, qui pousse avec bien plus d'ardeur encore
" l'agrandissement du royaume de J. C., que l'étendue de ses
" Etats."

Mgr. de Laval accueillit M. de Queylus avec considération, et, comme les Sulpiciens s'étaient soumis à son autorité épiscopale, il lui donna des lettres de Vicaire Général, et l'annonça lui-même à son ami et chargé d'affaires à Paris, M. Poitevin, curé de St. Josse ; "Le secours des ecclésiastiques que vous nous avez envoyés, dit-il, nous est venu fort à propos pour nous donner le moyen d'assister divers lieux de cette colonie, qui en ont un notable besoin, et sans lesquels ils auraient été destitués de toute assistance. La venue de M. l'abbé de Queylus, avec plusieurs bons ouvriers tirés du Séminaire de St. Sulpice, ne nous a pas mois apporté de consolation. Nous les avons tous embrassés dans les entrailles de Jésus-Christ. Ce qui nous donne une joie plus sensible est de voir notre clergé dans la disposition de travailler tout d'un cœur et d'un même esprit à procurer la gloire de Dieu et le salut des âmes, tant des Français que des sauvages. Les tendresses de père que le Roi fait paraître pour sa Nouvelle France, et les dépenses notables qu'il fait pour la rendre nombreuse et florissante, fournissent à tous une fort ample moisson, pour employer dignement leur zèle et consumer leur vie pour l'amour de Jésus-Christ, qui leur a donné les premières inspirations de venir la lui consacrer dans cette Eglise."

Ces ecclésiastiques, reçus avec tant de joie et dont nous avons déjà parlé, étaient M. François Fillion, du diocèse d'Autun, qui fut placé dans la côte de Beaupré et bâtit l'église de l'Ange Gardien ; M. D'Urfé, qui avait laissé un beau bénéfice en France, et demeura 19 ans en Canada ; M. Nicolas Goblet qui travailla 12 ans dans la Nouvelle France ; MM. Fénélon et Trouvé n'étaient pas prêtres et furent ordonnés à Québec par Mgr. de Laval. M. Galinée vint aussi offrir ses services, mais ne passa que trois ans dans ces missions : il accompagna de la Salle dans l'ouest avec M. Dollier.

Un événement signala l'année 1666 ; ce fut la consécration de la cathédrale, à laquelle Mgr. de Laval faisait travailler depuis son retour de France. L'édifice, qui avait des proportions remarquables pour l'époque et la faiblesse des ressources, fut consacré le 11 juillet, sous le titre de l'Immaculée Conception, avec toutes les cérémonies du Pontifical Romain. Les insignes reliques apportées de Rome y furent placées avec grand honneur.

L'église des Ursulines fut consacrée l'année suivante; c'était Madame de la Peltrie qui en avait fait les frais.

Le prélat envoya aussi en 1661 aux Trois-Rivières de jeunes personnes comme maîtresses pour prendre soin des petites filles, afin qu'elles leur enseignassent tout ce qu'il est nécessaire aux chrétiens, de savoir, " en attendant que le temps et l'occasion favorable se présentât, comme il l'écrivait à la Propagande, d'établir dans ce lieu des Religieuses de Ste. Ursule."

Cette sollicitude pour l'instruction et la bonne éducation de l'enfance porta le zélé prélat à permettre volontiers que la Sœur Bourgeoys formât un établissement à Montréal. Il donna le 20 Mai, 1669, une autorisation à cette excellente fille et ses compagnes " d'instruire les enfants dans l'étendue du diocèse."

Depuis plusieur années Mgr. de Laval avait encouragé l'entrée au Séminaire de Québec, d'un certain nombre de frères, qui rendirent des services réels dans leur modeste occupation; il les traitait avec toute l'affection d'un père et soutenait leurs pieuse disposition.

L'établissement des Frères Charrons à Montréal, attira aussi son attention et il s'y montra favorable.

CHAPITRE IX.

Pour assurer la prospérité de la religion dans ce nouveau pays,
on désirait beaucoup que le Vicaire Apostolique eût le titre et les
attributions d'Evêque titulaire. Il paraît que le désir d'avoir un
chapitre dans la cathédrale entrait pour quelque chose dans le
mouvement que l'on se donnait pour obtenir une Bulle. La lettre
que le Roi écrivit sur ce sujet au Souverain Pontife, le 28 juin, 1664,
est très honorable pour Mgr. de Laval.

" Le choix que Votre Sainteté a fait, disait-il, de la personne du
Sieur de Laval, Evêque de Pétrée, pour aller en qualité de Vicaire
Apostolique faire les fonctions épiscopales en Canada, a été suivi
de beaucoup d'avantages pour cette église naissante. Nous avons
lieu de nous en promettre encore de plus grands succès, s'il plaît
à Votre Sainteté de lui permettre d'y continuer les mêmes fonctions en qualité d'Evêque du lieu, en établissant pour cette fin un
siége épiscopal dans Québec ; et nous espérons que Votre Sainteté
y sera d'autant mieux disposée que nous avons déjà pourvu à l'entretien de l'Evêque et de ses chanoines, en consentant à l'union perpétuelle de l'abbaye de Maubec au futur Evêché. C'est pourquoi
nous la supplions d'accorder à l'Evêque de Pétrée le titre d'E-
vêque de Québec à notre nomination et prière, avec pouvoir de
faire en cette qualité les fonctions épiscopales dans tout le
Canada."

Des négociations nombreuses, qui sont racontées par M. Faillon,* firent traîner l'affaire en longueur, en sorte que le Roi en était encore à écrire à Mgr. de Laval le 17 mai 1669 : " Vous devez être assuré que je ferai toujours toutes les diligences nécessaires à Rome pour l'érection de l'Evêché de la Nouvelle France." Mais la vérité était que la Cour faisait mille difficultés sur les clauses de la Bulle et que le St. Siége ne voulait pas céder de ses droits. Mgr. de Laval crut donc nécessaire d'aller traiter lui-même cette affaire en France, et écrivit à la Propagande :

" Je n'ai jamais recherché jusqu'ici l'épiscopat, disait-il, et je l'ai accepté malgré moi, convaincu de ma faiblesse, mais en ayant porté le fardeau, je regarderai comme un bienfait d'en être délivré, quoique je ne refuse pas de me sacrifier pour l'Eglise de Jésus-Christ et pour le salut des âmes. J'ai appris toutefois par une longue expérience combien la condition de Vicaire Apostolique est peu *assurée contre ceux qui sont chargés des affaires politiques.* je veux dire des officiers de la Cour, émules perpétuels et contempteurs de la puissance ecclésiastique, qui n'ont rien de plus ordinaire à objecter que l'autorité du Vicaire Apostolique est douteuse et doit être restreinte dans de certaines limites. C'est pourquoi après avoir tout considéré mûrement, j'ai pris la résolution de me démettre de cette charge, et de ne plus retourner dans la Nouvelle-France si on n'y érige l'Evêché, et si je ne suis pourvu et muni de Bulles qui m'en constituent l'ordinaire. Telle est la fin de mon voyage en France et l'objet de mes vœux."

Les négociations continuèrent entre les deux cours, et le Roi écrivit, le 15 Décembre 1673, une lettre au Pape pour le prier d'expédier les Bulles de l'Evêché de Québec. Elles furent enfin signées le 1er Octobre 1674. Clément X., qui était alors Souverain Pontife supprimait la paroisse de cette ville, l'érigeait en église cathédrale et donnait le soin des âmes au Chapitre. La clause de la *dépendance immédiate du St. Siége* avait été maintenue.

Le Roi fut obligé d'abondonner ses demandes contraires, comme il en informa le duc d'Estrées son ambassadeur: " Mon cousin, lui disait-il, après avoir examiné le mémoire que vous m'avez envoyé sur les difficultés qui se sont trouvées dans l'expédition des bulles d'érection de l'Evêché de Québec, j'ai jugé à propos de vous ordonner de ne plus insister sur la demande que vous aviez faite que cet Evêché dépendît de l'Archevêché de Rouen, ou de quelqu'autre de

---

* Hist. de la Col. Française.

mon Royaume. Ainsi mon dessein est que vous renouveliez auprès de Sa Sainteté les prières que vous lui aviez déjà faites sur ce sujet, sans vous attacher à cette condition si Sa Sainteté continue à s'y arrêter."

Dans son dévouement au St. Siége le nouvel Evêque ne voulut pas se prévaloir de l'union faite de l'abbaye de l'Estrée à son Evêché par le Roi. Voyant que l'on répugnait à confirmer cette union, il donna sa démission de cette abbaye, comme on le voit par une lettre du cardinal Altieri, du 1er Mai 1674. Les bulles lui furent transmises à Paris par le cardinal Herbé, et le nouvel Evêque titulaire se mit en route pour son diocèse : il avait été absent trois ans. *

Pendant son absence, il survint deux procès célèbres dont Mess. Fénélon et Morel furent les objets. Ils prouvèrent une fois de plus les exigences et les prétentions extraordinaires des officiers du Roi : avec son énergie et sa vertu, Mgr de Laval était bien l'homme qu'il fallait pour mettre une barrière à ces empiètements et réclamer les droits des ministres de l'Eglise. C'est l'opinion qu'avait de lui, Mgr. de St. Valier en louant " la constance et la fermeté qu'il a eu à surmonter tous les obstacles qui se sont opposés en diverses occasions et en différentes manières à la droiture de ses intentions et au bien de son cher troupeau." †

A cet hommage bien légitime, nous joindrons ici le portrait que M. de St. Valier fait de son prédécesseur au moment de lui succéder :

" La noble Maison de la Val dont il est sorti, le droit d'aînesse de sa famille auquel il a renoncé en entrant dans l'Etat Ecclésiastique, la vie exemplaire qu'il a mené en France avant qu'on pensât à l'élever à l'Episcopat, le zèle et l'application avec laquelle il

---

* "Il ne nous manque pour nous bien animer, écrivait le Père Claude Dablon, que la présence de Mgr. notre Evêque. Son absence tient ce pays comme en deuil, et nous fait languir par la trop longue séparation d'une personne si nécessaire à ces églises naissantes. Il en était l'âme, et le zèle qu'il faisait paraître en toute rencontre pour le salut de nos sauvages attirait sur nous des grâces du ciel bien puissantes pour le bon succès de nos missions; et comme pour éloigné qu'il soit de corps, son cœur est toujours avec nous, nous en éprouvons les effets par la continuation des bénédictions dont Dieu favorise et les travaux de nos missionnaires, et ceux de MM. les ecclésiastiques de son église qui continuent avec un grand zèle, et avec l'édification publique à procurer l'honneur de Dieu et à travailler au parfait établissement des paroisses dans toute l'étendue de ce pays; ce qui ne sert pas peu au progrès que fait notre sainte foi, qui n'avait point encore été portée si loin, ni publiée avec plus de succès." (Relation de 1672.)

† Estat présent de l'Eglise, etc.

a gouverné si longtemps l'Eglise de Canada, soit en qualité de Vicaire Apostolique, Evêque de Pétrée, soit en qualité de premier Evêque de Québec, dont le titre a été érigé à Rome, en l'année 1674, à l'instance de Louis le Grand qui a doté l'Evêché ; les soins qu'il a pris de la Colonie des François, et de la conversion des Sauvages ; les navigations qu'il a entreprises plusieurs fois pour les intérêts des uns et des autres ; le zèle qui le pressa de repasser en France il y a trois ans, pour venir se chercher un successeur ; son désintéressement et l'humilité qu'il a fait paroître en offrant et en donnant de si bon cœur sa démission pure et simple ; enfin toutes les grandes vertus que je luy vois pratiqner chaque jour dans le Séminaire où je demeure avec luy, mériteroient bien en cet endroit de solides louanges, mais sa modestie m'impose silence, et la vénération qu'on a pour luy partout où il est connu, est un éloge moins suspect que celui que j'en pourrois faire : l'honneur qu'il m'a fait de jetter les yeux sur moy pour remplir sa place, m'a mis sur les épaules un fardeau si fort au-dessus de mes forces, qu'il me semble que sans être ingrat, il me serait permis de n'en être pas tout-à-fait reconnoissant : il luy était aisé de mieux choisir."

Il avait montré de la fermeté en ne se laissant pas dominer par le gouverneur de Courcelles, auquel le ministre avait été obligé de faire dire par " Talon de se conduire avec douceur envers tout le monde, de se corriger de ses emportements et de ne point blâmer publiquement la conduite de l'Evêque." Talon avait voulu aussi restreindre l'autorité que Mgr. de Laval avait acquise, et il lui échappa de dire en demandant son rappel à la Cour : "Si je voulais laisser l'Eglise sur le pied d'autorité que je l'ai trouvé, j'aurais moins de peine et plus d'approbation."

Bouteroue remplaça l'intendant Talon et, d'après Garneau, "il était particulièrement chargé de modérer avec sagesse la grande sévérité des confesseurs et de l'Evêque." On sait ce que cela veut dire ; cependant le gouverneur obtint le rappel de ce nouvel intendant et on rétablit dans cette charge Talon qui ne lui plaisait guères, mais qu'on pensa lui faire recevoir avec un peu moins de répugnance, en lui écrivant "qu'il n'était pas si soumis à l'Evêque et aux Jésuites qu'il le croyait." Ils quittèrent la Nouvelle-France ensemble. Frontenac venait prendre possession du gouvernement qu'il devait garder si longtemps, et exercer si despotiquement. *

Duchesneau fut nommé intendant, et ne se montra pas disposé à

---

* Garneau, t. 1, p. 207.

subir l'arbitraire du gouverneur. Il prétendit à la présidence du Conseil Supérieur et fut soutenu par plusieurs conseillers. Mgr. de Laval tâcha d'éviter lui-même d'avoir un conflit avec cet homme impérieux, et dès qu'il s'élevait quelque nuage entre eux, il avait pour politique de s'y faire remplacer par un prêtre.† Mais il lui fut impossible d'approuver des actes tyranniques; il lui fallut exprimer sa désapprobation et la faire connaître au Roi. Le ministre vit bien la cause du mal et écrivit à Frontenac: "Bannissez de votre esprit toutes les difficultés que vous n'avez que trop facilement et trop légèrement fait naître." Il lui reprochait d'avoir chassé les principaux habitants et d'avoir obligé beaucoup d'autres personnes par mécontentements particuliers à repasser en France.‡

La traite de l'eau-de-vie fut de nouveau l'occasion d'une rupture ouverte entre le gouverneur et l'Evêque. Dès lors que Duchesneau se montrait favorable à la thèse de l'Evêque qui était celle de la morale et des bonnes mœurs, Frontenac s'y déclarait opposé. Ce n'était pas impiété, mais entêtement et comme un point d'honneur. Aussi, fut-il blessé jusqu'au vif de ce que la Cour ne donnât pas entièrement le tort à l'Evêque, et qu'au contraire ses vues au sujet de la traite y fussent contrecarrées. "Il donna lieu de juger, dans une des plus importantes circonstances de sa vie," dit Charlevoix, "que son ambition et le désir de conserver son autorité avaient plus de pouvoir sur lui que le zèle du bien public. Il avait des défauts dangereux dans un sujet qui ne s'est pas bien persuadé que sa gloire consiste à tout sacrifier pour le service de son souverain et pour l'utilité publique."

Mgr. de Laval, qui ne cherchait que le bien, restait à la cour,

---

† Garneau, t. 1, p. 215.

‡ "On dit ici, écrivait Colbert à Frontenac le 22 Avril 1675, que vous ne vouliez pas permettre que les ecclésiastiques pussent vaquer à leurs missions et à leurs autres fonctions, ni sortir des lieux de leur demeure sans passe-port, même pour aller de Montréal à Québec; que vous les faisiez venir souvent pour des causes très légères; que vous interceptiez leurs lettres, et ne leur laissiez pas la liberté d'écrire; que vous n'aviez pas voulu laisser repasser en France un valet de M. l'abbé d'Urfé, avec son maître, ni permettre que le Grand Vicaire de l'Evêque de Pétrée prît sa place au Conseil Souverain suivant le règlement du mois d'Avril 1675. Si une partie de ces choses ou le tout est véritable, vous devez vous en corriger, et pour cela faire exécuter le règlement du Conseil, tant à l'égard de l'Evêque que de son Grand Vicaire; laisser à tous les ecclésiastiques la liberté d'aller et venir par tout le Canada sans les obliger de prendre aucun passe-port; et en même temps leur donner une entière liberté pour leurs lettres; les laissant dans leur séjour ordinaire sans les obliger d'aller à Québec que pour des raisons indispensables qui doivent être fort rares."

attendant que l'on promît de tenir ferme; le Roi fit examiner la question par l'Archevêque de Paris et le Père La Chaize, et, se rendant à leurs conclusions, fit défendre très-expressément aux Français de porter des boissons enivrantes dans les bois et dans les habitations sauvages. Ce n'était pas tout ce que l'Evêque désirait, par ce qu'il était encore assez facile d'éluder une pareille loi ; mais Colbert en la transmettant à Frontenac, enjoignit à l'intendant de tenir la main à la faire ponctuellement exécuter. Ayant ainsi obtenu gain de cause au moins en principe, Mgr. de Laval revint en Canada en 1680. *

Bientôt il s'occupa de combattre le luxe qui s'introduisait rapidement et publia un mandement aussi onctueux que persuasif, (26 février 1682) ; puis un autre mandement pour s'opposer aux désordres des charivaris (3 juillet 1683).

"Aujourd'hui que les passions de l'époque, dit M. Ferland, † se "sont tues depuis longtemps, il est impossible de ne pas admirer "l'énergie que déployait le noble évêque, implorant la pitié du " monarque pour les pauvres sauvages de la Nouvelle-France avec "tout le courage que montrait Las Casas, lorsqu'il plaidait la cause "des sauvages de l'Amérique espagnole. Dédaignant les hypo-"crites clameurs de ces hommes qui prostituaient le nom de com-"merce pour couvrir leurs spéculations et leurs rapines, il s'exposa "aux mépris et aux persécutions pour sauver les restes de ces vieil-"les nations américaines, pour garantir son troupeau de la conta-"gion morale qui menaçait de s'appesantir sur lui, et pour ramener "dans la bonne voie les jeunes gens qui allaient se perdre au milieu "des tribus sauvages."

MM. de la Barre et de Meules furent respectivement les nouveaux gouverneur et intendant: leurs instructions portaient qu'ils devaient vivre en parfaite intelligence avec l'Evêque et l'appuyer de leur autorité. Ecrivant à M. de Seignelay au ministère de la marine, Mgr. de Laval lui exprimait sa satisfaction de ses rapports

---

* La traversée fut orageuse ; et M. Dudouyt en parlant de ce voyage dans une lettre du mois de mars 1682, exprime son bonheur de son heureuse arrivée dans son église : "Je bénis Dieu avec tous vos amis de vous avoir conservé pour le bien de son église, et le prie de vous donner des grâces et des années pour affermir ce que vous avez si heureusement établi. Votre âge et vos indispositions ne vous permettent pas de supporter de si grands travaux : il faut les modérer et prendre les soulagements nécessaires pour travailler plus longtemps au salut des âmes que N. S. vous a confiées."

† Cours d'Histoire du Canada, t. 2, p. 111.

avec ces fonctionnaires. " M. le Gouverneur, dit-il, a passé tout
"l'été au Montréal, où il a connu à fond les désordres que cause le
"commerce des boissons enivrantes chez les sauvages, ce qui l'a
"obligé de faire des ordonnances très sévères qui arrêteront le mal
"pourvu qu'on les exécute." On voit aussi par cette lettre que " le
Roi avait donné ce qui était nécessaire pour faire passer de France
quatre ecclésiastiques."

L'Evêque s'inquiétait alors de l'avis qu'il avait reçu du missio-
naire de Port Royal (Louis Petit), * portant que des hérétiques
de La Rochelle prétendaient s'y établir sous prétexte de pêche.
"Ces gens ont déjà trop de communication avec les Anglais de
"Boston, ajoutait Mgr. de Laval, et je vous supplie très humble-
"ment de ne pas souffrir ce désordre dont vous voyez bien les sui-
"tes." Ces huguenots avaient obtenu l'autorisation d'établir une
pêche sédentaire à l'Acadie sous le nom de 2 ou 3 catholiques
de Paris, et profitaient de ce moyen pour faire passer cent hommes
dont 5 seulement étaient catholiques. C'était une infraction directe
à l'édit d'établissement de la colonie : mais des officiers même bien
intentionnés fermaient les yeux, disant " qu'il fallait des hommes en
Canada et que le pays s'établît." On leur répondait avec raison †
que "le mélange des huguenots avec les catholiques est très per-
"nicieux, surtout dans un pays éloigné ; qu'il corromprait la foi et
"les mœurs des peuples, surtout des nouveaux convertis qui pas-
"saient en Canada, qu'il causerait de la division entre les catholi-
"ques et les huguenots dans le pays ; qu'il empêcherait la conver-
"sion des sauvages en leur inspirant l'aversion des catholiques,
"comme faisaient les hollandais de Manate et les Anglais de Bos-
"ton, en haine de la religion et par intérêt pour avoir leurs pelle-
"teries. Enfin on exprimait la crainte que les hérétiques, en cas
"de guerre, ne se joignissent à leurs co-religionnaires des colonies
"voisines." L'exemple de la Tour était trop récent pour avoir
été oublié, lui qui, d'après Haliburton, auteur protestant, était en
rapport constant avec ses ennemis de Boston. ‡ On devait savoir d'ailleurs ce que les huguenots avaient fait souffrir à la France.

Ces représentations que Mgr. de Laval faisait au Ministre furent en partie écoutées, surtout lorsque l'on vit les pêcheurs An-

---

* En 1676, Mgr. de Laval nomma M. Petit son Grand Vicaire pour Port Royal,
Pentagoet, le Fleuve St. Jean et les Côtes de l'Acadie.
Les Anglais prirent M. Petit et le gardèrent prisonnier jusqu'en 1691. Il
mourut à Québec en 1709 à 90 ans. Il avait été capitaine au régiment de Carignan
avant de prendre les ordres..

† Lettre de M. Dudouyt à Mgr. de Laval, 26 mai 1682.

‡ Histoire de la Nouvelle-Ecosse, t. 1. p, 59.

glais tenter de s'introduire dans les eaux de l'Acadie. Berger, directeur de l'établissement, fit saisir huit barques que l'on conduisit à LaRochelle pour y être confisquées. Les gouverneurs Lamothe-Cadillac et Perrot, qui se succédèrent dans l'Acadie, ne se montrèrent pas à la hauteur de leur position, et l'Evêque eut lieu de se plaindre de leur peu de concours pour le bien de la religion.

CHAPITRE X.

Enrégistrement des *Quatre Articles* au Conseil—Institution du chapitre de la cathédrale—Lettre de Mgr. d'Héliopolis à Mgr. de Laval, 1679—Voyage de Mgr.
de Laval en France, 1684—Il donne sa démission, qui est acceptée en 1688—
Mgr. de St. Valier vient en Canada et retourne en 1686—Lettre de Mgr.
Laval à MM. de Bernières et des Maizerets, 1687—Eloge de Mgr. de Laval
par son successeur—Il refuse d'assister à l'enregistrement des 4 articles—
Epreuves supportées avec grande résignation—On veut le retenir en France,
mais il revient en 1688—Consécration de Mgr. de St. Valier—Pierre angu-
laire de l'église de la basse-ville—Siége de Québec par les Anglais, 1690—
Succès des armes françaises—Réjouissances—Perte de la flotte anglaise—
Notre Dame des Victoires—Iberville victorieux—Second hôpital à Québec—
Frères Charrons à Montréal—M. de Callières fait retenir Mgr. de St. Valier
en France—Mgr. de St. Valier fait prisonnier par les anglais—Sollicitude
de Mgr. de Laval pendant la captivité de son successeur.

Prélat aussi ferme qu'instruit Mgr. de Laval refusa * d'assister à
l'enregistrement des *quatre articles* au Conseil Supérieur. Informé
de la décision d'Innocent XI, et, assisté de l'avis de M. Dudouyt,
il n'hésita pas à donner l'exemple. " C'est un honneur, a dit
un orateur distingué, † d'avoir su se dérober quand il le fallait, à
l'immense ascendant que le génie de Bossuet exerçait sur le
clergé de son siècle. La cause de la vérité triompha sur l'estime
que l'on portait à cette grande lumière, obscurcie un instant et
comme couverte d'un nuage. *Amicus Plato, sed magis amica
veritas.*"

Le digne prélat s'était attentivement occupé de la visite surtout
des parties éloignées de son diocèse : sa santé en avait beaucoup
souffert. Souvent, comme on l'a dit, il lui avait fallu voyager en
hiver sur des raquettes, et en été parcourir de grandes distances
en canot d'écorce. Dépassant déjà 60 ans, Mgr. de Laval sentit la
nécessité de pourvoir à l'administration du diocèse dans le cas où

---

* " Le 18 Aout 1681. M. l'Intendant a dit que M. l'Evêquè lui avait envoyé dire
ce matin qu'il était bien fâché de ne pouvoir assister à l'enregistrement des ordres
du Roi et qu'il en était empéché par une maladie douloureuse et pénible qui lui est
survenue cette nuit."
(Délibérations du *Conseil Supérieur.*)

† M. l'abbé Cyrille Légaré du Sém. de Québec.

ses forces le trahiraient. Ce moyen, il le chercha dans les règles canoniques ordinaires, et, malgré toutes les difficultés matérielles qu'il rencontrait, l'établissement d'un Chapitre fut décidé dans sa pensée.

On verra par la lettre suivante comment on préparait les voies depuis plusieurs années, à l'obtention des bulles nécessaires.

Elle est de l'Evêque d'Héliopolis à l'Evêque de Québec.

De Rome ce 26 Avril 1679.

Monseigneur,

Telle diligence que j'aie emploiée je n'ai pu avoir que Dimanche dernier les articles que vos commissaires ont ordonné qu'on dressat pour information en février. Ils ne sont pas mesme encore en estat. Aussi n'est-ce pas trop le fait des expédition. naires. Monsieur le Bru a fait la première fatigue. J'y ai ajouté quelque chose à Mons. Favoriti a qui je les ai moi-mesme portés, il y mettra la dernière main. J'ay reçu votre dernière du 24 Mars qui nous menace de vous perdre bien tost avant mesme de pouvoir avoir eu la consolation de jouir de vous pour un moment ; il faut bénir Notre Seigneur de tout et tascher de le trouver plus purement dans la privation de ce qu'on aime le plus.

Je ne vois aucune apparence de pouvoir partir avant l'automne. J'espère qu'en ce temps là nos affaires seront terminés. Nous voicy par la grâce de Dieu à la fin de la plus considérable, où Dieu par sa divine bonté a tellement disposé touttes choses que touttes les parties seront satisfaites, en sorte qu'il y a lieu d'espérer que nous agirons dore en avant dans nos missions avec une union et une concorde semblable à celle dont vous jouissez dans le Canada.

Je vous prie de croire, Mgr., que vos intérêts en cette cour me sont très chers et que j'emploiré tous mes soins pour l'heureux succès de votre affaire. Pour le regard du gratis. je crois que vous feréz bien d'en faire vous mesme la demande au Pape dans une lettre que vous envoirés en partant à sceau volant à votre expéditionnaire pour s'en servir quand il sera temps. Personne ne pourra mieux exprimer que vous les nécessités de votre église et l'employ fidèle que vous faites pour son utilité et son service de tout ce que M. Le Roy a donné. Escrivés aussi en particulier à Monsignor Favoriti, Secretre. de la Cong. consistoriale luy disant que je vous ai fait conoistre que vous luy estes redevable de touttes les faveurs que vous recevés de Sa Sainteté et qu'il est le plus sincère et plus fidèle canal que vous puissiés pour celles que vous

espérés recevoir à l'avenir de sa piété et du zèle qu'elle témoigne
pour le soutient de votre Eglise et sa perfection. Tant que ce
gouvernement durera, continués, s'il vous plaits, de luy escrire et
luy faire part de tout ce qui se passera de plus considérable en
Canada. Vous pourrés envoier sous son enveloppe vos lettres
pour le Pape et pour son ministre le tout toujours à cachet volant,
tant que vous aurez icy des amis qui méritent vos confidences. Je
me recommande toujours à vos SS. SS. et vous prie de me croire,

   Monseigneur,

    Votre très-humble et très-obéiss. serviteur,

      François Evêque d'Héliopolis.

Pour un homme aussi fortement trempé que Mgr. de Laval,
malgré les difficultés de tous genres qu'il rencontrait, il n'y a pas
loin de la détermination à l'exécution. Dès le 6 novembre 1684,
le mandement d'institution du Chapitre fut publié ; l'érection suivit
de près. *

Mgr. de Laval n'avait pas oublié les difficultés matérielles qui
consistaient à soutenir le personnel de son chapitre : il fit un
voyage en France dans ce but. Il y a lieu de croire qu'il ne
réussit pas à son gré et se détermina en conséquence à donner sa
démission qui fut acceptée. M. de St. Valier, aumônier du Roi,
qui avait du zèle et des ressources, fut désigné pour lui succéder, et
vint en Canada sans être consacré au printemps de 1685, avec M.
de Denouville, nommé gouverneur de la Nouvelle France. Il avait
reçu de Mgr. de Laval, comme il le dit lui-même, † la qualité
du Grand Vicaire par des lettres authentiques avant son départ
de France."

Mais on ne comprend pas bien comment Mgr. de Laval avait
dès lors "donné sa démission pure et simple," ‡ lorsque les pièces
officielles font voir que l'acte n'en fut fait que le 24 Janvier
1688, veille de la consécration du nouvel Evêque. Il faut supposer
que c'était chose convenue entre les deux prélats.

L'Evêque élu ayant tout vu de ses yeux, s'embarqua pour retourner en France le 18 Nov. 1686 ; il n'arriva à La Rochelle que le

---

* Voir les *Notes historiques sur le chapitre de la cathédrale de Québec.*

† Estat présent de l'Eglise.

‡ Estat présent de l'Eglise &c. p. 10.

1er Janvier 1687. Mgr. de Laval était à Paris comme on le voit par la lettre qu'il écrivit à MM. de Bernières, des Maizerets et Glandelet, en l'absence l'un de l'autre. * " Conformément aux sentiments que N. S. me fait la miséricorde de me continuer, j'y retourne (en Canada) comme au lieu où mon cœur est inséparablement attaché, en sorte que quand je serais assuré de mourir sur la mer, je m'embarquerais pour n'être pas privé au moins de la consolation de mourir dans l'accomplissement du bon plaisir de Notre Seigneur, dans lequel doit consister notre bonheur pour le temps et l'éternité."

" J'espère, dit le prélat en parlant des obstacles qu'il rencontrait, que Dieu tirera de cette épreuve le bien de son Eglise et qu'il fortifiera de son Esprit tous ceux qui auront eu part à ses souffrances. J'espère néanmoins la miséricorde de mourir en Canada quoique j'aie bien mérité d'être privé de cette consolation."

Le saint Evêque fut désappointé dans ses vues, mais rien n'est plus admirable que sa résignation ; voici comment il l'exprime : †

" Adorons les conduites de Dieu sur nous, et sur tous ses œuvres, nos très-chers Messieurs, j'espérois et j'avois une confiance entière qu'il me donneroit la consolation de m'unir à vous de corps comme je le suis de cœur et d'esprit ; mais son aymable providence en dispose tout autrement et selon son bon plaisir qui doit être tout notre bonheur et notre paix pour le temps et pour l'éternité."

Ses vœux furent exaucés en 1688 : mais, avant de quitter la France pour n'y plus retourner, Mgr. de Laval perdit un des hommes en qui il avait le plus de confiance. M. Dudouyt, son ancien Grand Vicaire, et Grand Chantre du chapitre de la cathédrale, mourut à Paris, le 15 Janvier. Pour ne pas se séparer entièrement de cet ami en laissant la France, il emporta avec lui son cœur, et le déposa dans la cathédrale.

Mgr. de St. Valier se fit consacrer et revint quelque mois après en Canada : il avait éprouvé de grandes difficultés pour obtenir ses bulles. On n'en connaît pas bien la cause ; elle est indiquée dans une lettre de Mgr. de Laval aux prêtres de son Séminaire : ‡ " Mgr. de S. V. ne pourra pas avoir ses bulles cette année, et

* 18 Mars 1687.

† Lettre du 9 Juin 1687.

‡ De Paris le 18 Mars, 1687.

par conséquent repasser en Canada." Mais la correspondance entre les deux prélats pendant leur séparation fut des plus affectueuse.

La providence voulut que ce prélat jeune et plein d'activité eût à peine le temps de prendre connaissance des affaires de son nouveau diocèse, et que l'ancien Evêque, que l'on voulait retenir loin de l'église à laquelle il s'était voué, y demeurât constamment pour être sa consolation. Aussi en avait-elle grand besoin : les épreuves ne lui firent pas défaut.

La première épreuve fut la guerre avec les sauvages, entreprise d'une manière impolitique par M. Denonville, et qui attira des malheurs sur la colonie. Poussés à bout et peut-être soutenus par les ennemis secrets des Français, les Iroquois firent des massacres qui jetèrent la terreur partout, et l'on parle encore aujourd'hui des événements de la Chine près de Montréal. Un pareil état de choses mettait la colonie en grand danger ; le secours devait venir d'en haut. Mgr. de Laval fut le premier à remarquer le carractère tout providentiel de la délivrance dont la ville était l'objet. Il devait en être de même de Québec.

Mgr. de St. Valier avait posé la première pierre de l'Eglise de la Basse-Ville, en 1688, pour servir de succursale. En 1690, la ville fut assiégée par les Anglais ; la cause du prince d'Orange avait excité les esprits et le fanatisme protestant. La haine religieuse crut qu'elle porterait un coup plus sensible à la France en l'attaquant dans sa colonie dans un moment où elle n'était pas préparée. Le calcul était sage d'après les vues humaines ; mais un simple vœu suffit pour le déjouer. A l'instigation de leurs pasteurs et surtout de l'ancien Evêque, les personnes pieuses promirent que cette nouvelle église serait placée sous le vocable de Notre Dame de la Victoire, si le succès était accordé aux armes catholiques. Et en effet la belle armée de débarquement fit une fuite précipitée en présence des troupes, en grande partie composées de recrues levées dans la colonie.

Sur ces entrefaites on fit des réjouissances au sujet du succès des armes françaises sur les anglais : en voici le compte rendu officiel.

" Le Conseil Supérieur se rendit à la Cathédrale, (le 5 Novembre 1699), et Mess. les Conseillers (de Villeray 1er Cons., D'amours Du Pont, de Peiras et Vitray, assistés de M. le Proc. Gén. du Roy, de Peuvret, greffier, de Mesnu, greffier en chef, de Guil. Roger, premier huissier et de quelques huissiers de la Prévoté,) ayant pris leurs places, assistèrent au *Te Deum*, auquel officiait M. l'Evêque pendant quoi aurait été apporté au cœur pour y être arboré deux drapeaux gagnés aux victoires remportées sur les anglais, l'un à la Nouv. Angleterre pendant le cours de l'hiver, et l'autre au mois d'Octobre sur l'armée des anglais, venus devant la ville de Québec pour l'assiéger et soumettre ce pays à l'obéissance du Prince d'Orange, usurpateur de la Couronne d'Angleterre sur le Roi Jacques II. On fit ensuite une procession aux Eglises des Religieuses Ursulines, des PP. Jésuites et des Religieuses hospitalières pour rendre grâce à Dieu des victoires remportées par les sujets de S. M., sur les ennemis, par les faveurs de la Ste. Vierge et de St. Joseph auxquels l'événement en était recommandé par des prières publiques." *

Vingt ans après l'Angleterre n'avait pas encore oublié cette humiliation. Une flotte très-puissante fut équipée et expédiée vers le fleuve St. Laurent pour la venger. C'était un effort gigantesque et qui d'après toutes les apparences devait aboutir à la perte totale du Canada. Mais l'âme de la colonie, c'était encore le saint homme que la providence lui avait donné pour premier Evêque, et, quoi qu'il eût été recevoir sa récompense au ciel, on se rappelait encore sa grande confiance en Marie et l'on fit un nouveau vœu en vertu duquel l'église de la Basse-Ville prît le titre de Notre Dame des Victoires. On avait voulu reconnaître aussi le succès signalé accordé à l'expédition d'Iberville dans la Baie d'Hudson.

Cependant Mgr. de St. Valier retourna en France en 1691, et ne revint au Canada que l'année suivante. Dans cet intervalle il était survenu une maladie qui avait causé des ravages alarmants parmi la population. Le vieil Evêque toujours disposé à exercer la charité, suggéra et fit réussir la fondation d'un nouvel hôpital à Québec, qui fut confié comme le premier aux Sœurs de l'Hôtel-Dieu, et placé dans la maison précédemment occupée par les Récollets.

On vit toute la sagesse de cette mesure lorsque l'épidémie de 1699 éclata. Plusieurs ecclésiastiques moururent en exerçant leur ministère auprès des malades : le nombre des sépultures fut très-considérable. A l'occasion de cette épreuve envoyée par le Ciel, on fit des saluts en toutes les églises pour implorer la miséricorde divine. †

De nouvelles difficultés ayant engagé Mgr. de St. Valier de

---

* Procès verbal du chapitre.

† Lettre de M. des Maizerets à Mgr. de Laval. 9 Avril, 1699.

retourner en France en 1700, Mgr. de Laval se trouva le conseiller principal et pour ainsi dire le directeur des pieux ecclésiastiques chargés de l'administration pendant une absence qui devait se prolonger bien au delà des prévisions.

En effet les embarras semblèrent s'aggraver par la présence du nouvel Evêque auprès de la Cour. M. de Callière, le gouverneur paraît avoir fait des représentations énergiques pour empêcher le retour du prélat. Le ministre usa du pouvoir que l'on s'arrogeait alors si facilement sous prétexte du bien public, et retint Mgr. de St. Valier jusqu'en 1705. Muni enfin d'une permission qu'il lui avait fallu solliciter, le prélat s'embarqua sur, " la Seine ", vaisseau du gouvernement : mais la France était en guerre avec sa rivale, et le vaisseau fut pris, l'Evêque retenu prisonnier et emmené en Angleterre.

Il devint évident pour tous alors que Mgr. de Laval avait été conservé providentiellement, afin que l'absence du premier pasteur fût moins sentie, peut-être aussi pour rétablir par son entremise la paix des esprits et des cœurs, qui était grandement compromise. Toutes les chroniques de l'époque s'accordent à reconnaître que Mgr. de Laval soutint les courages chancelants, calma les esprits irrités, s'efforça de rendre agréable à Dieu la mort de M. de Callières qui mourut à cette époque, de rétablir les mœurs par l'odeur de ses vertus, le grand entraînement de ses exemples et la sagesse de ses conseils.

Mais le moment approchait où cet Evêque selon le cœur de Dieu devait terminer sa carrière. Et pour le perfectionner il fallut une dernière épreuve : elle fut terrible.

L'incendie de son Séminaire et de sa propre demeure fut celle que la Providence choisit.

Les deux incendies sont racontés en détail dans un vieux manuscrit conservé aux archives du Séminaire.

En 1701, il eut lieu un mardi jour de promenade, lorsque tous étaient à St. Michel, * et prit vers une heure avec une telle violence qu'en moins de 4 ou 5 heures, il consuma l'ouvrage de plus de trente ans. On sonna le tocsin, mais il fut impossible de sauver autre chose que des meubles. Tout ce qui était dans la maison échappa en grande partie ; les élèves accoururent à la première nouvelle, mais tout était réduit en cendres à leur arrivée.

L'Evêque de St. Valier venait de partir pour l'Europe.

---

* Ferme du Séminaire, près de Québec.

En 1705, le feu prit sur les 9 heures du matin. Cet accident fâcheux arriva par un fumeur, qui, travaillant en menuiserie, laissa tomber du feu dans les ripes; le feu fut si violent qu'en moins de deux heures tout fut consumé, sans que l'on pût rien sauver des chambres ou du magasin. Mr. Petit, prêtre âgé de soixante-quinze ans, fut tellement surpris et environné par le feu qu'il fut obligé de se jeter de quatre étages par une fenêtre, sans quoi il eût été consumé par le feu ; il ne fut point incommodé de sa chute, ou très-peu. Quand cet incendie arriva, les enfants étaient à St. Joachim ; ils en apprirent la nouvelle le lendemain matin qui était un vendredi. Le lundi d'ensuite, ils retournèrent à Québec, et arrivèrent le mercredi au soir. Dès ce même jour, on les renvoya chez leurs parents, à la réserve de 12 que l'on garda au Séminaire.

Le pauvre vieillard ne murmura pas un instant : il versa sans doute quelques larmes, se rendit au Collége des Jésuites, et à 82 ans il ne désespéra pas de voir ses ruines rétablies.

C'est que c'était un saint, et que chez de pareils hommes les années semblent augmenter la vigueur qui remplit leur âme et déborde pour accomplir le bien.

" Il n'en perdit pas pour un seul instant," dit un témoin oculaire, * " sa paix, sa joie ni sa tranquillité, parce que ces sujets n'étaient pas capables d'attaquer sa patience et sa vertu qui était bien au-dessus de tout cela : les seuls intérêts de Dieu, de la vertu et de la religion étaient capables de l'émouvoir."

Pendant la captivité de l'Evêque de St. Valier, Mgr. de Laval s'occupa de faire évangéliser la partie du diocèse de Québec la plus voisine du golfe du Mexique. Pour cet effet des missionnaires furent envoyés avec les différentes expéditions de d'Iberville, comme on le verra par la correspondance publiée ci-après.

Les dernières années de son épiscopat avaient été signalées par une maladie populaire qui avait enlevé beaucoup de monde et plusieurs ecclésiastiques ; par un incendie qui avait dévoré la basseville; par des dissentions regrettables † et des désordres qui le faisaient profondément gémir. Il s'était montré à la hauteur des circonstances.

Ses aumônes dans des calamités bien douloureuses pour un pays

---

* Lettre du frère Houssart.

† Vie de Mlle Manse, vcl. II, p. 35 et suiv.

nouvellement colonisé furent très abondantes et s'élevèrent à
30,000 livres.   A l'exemple de St. Charles Borromée, il s'efforça
d'apaiser la colère divine par des actes d'une grande piété, par
des prières publiques et des processions, auxquelles tout le peuple
prenait part.   Il eut plusieurs points de ressemblance avec ce saint·

Quelques actes d'insubordination vinrent aussi s'ajouter aux
déboires que lui avaient causées des gouverneurs pour affecter
profondément sa santé. Dès 1775, sa constitution se trouva épuisée
et incommodée au point qu'il se retira à une maison de campagne
du Séminaire; mais il avait 62 ans, et les infirmités au lieu de se
guérir à cet âge ne font ordinairement que s'aggraver.

C'est dans cet état de santé que Mgr. de Laval était passé en
France.   On consentit à lui donner un co-adjuteur, puis à accepter sa démission; mais quand il voulut revenir en Canada, les
ministres s'y opposèrent sous le prétexte que l'on avait lieu de
douter s'il vivrait bien avec son successeur.

C'est au moins ce que M. de Frontenac lui dit à lui-même; mais
il est plus probable que le Gouverneur voulait empêcher le retour
de celui qui s'était opposé à sa tyrannie.   C'était une petite ven-
geance d'un homme emporté, incapable de supporter de l'opposition. *   Là finit la vie publique de notre Evêque.

Le fruit était mûr pour le Ciel.   Le pauvre infirme, perdu
de douleur, continuait assidûment ses exercices de piété.   Malgré les instances des personnes qui l'approchaient, il assistait aux
offices de la cathédrale et s'y faisait porter.   C'est ainsi qu'il
passa le Carême de 1708.   Durant la semaine sainte il éprouva
un redoublement de douleur dans un pied surtout, et sans s'y
arrêter voulut être assidû aux séances les plus longues.   Ce qui
fut cause qu'il contracta une angelure le Vendredi Saint et subit
jusqu'à sa mort des douleurs inouïes.   Son valet rapporte dans la
lettre que nous avons déjà citée, que son maître, " six jours avant
sa mort, s'était offert en sacrifice pour porter la peine de tous les
péchés du Séminaire et prié Dieu de l'exterminer lui seul, de détruire entièrement le péché de sa sainte maison et d'y maintenir jusqu'à la fin des siècles le très saint amour de Dieu.   Il fut exaucé par le redoublement de ses douleurs qui furent excessi-
ves."   Le bon frère déclare qu'il ne pouvait retenir ses larmes,
quand il se rappelait l'accent et la ferveur avec laquelle son
excellent maître avait fait cette offrande, les yeux et les mains

---

* Lettre de Mgr. de Laval du 9 juin 1687.

élevés vers le ciel, avec des sentiments extraordinaires d'humilité et de mépris de lui-même, et des retours d'une véritable confiance en Dieu, nonobstant sa très grande indignité, suivant l'expression du prélat. Aussi le bon frère qui ne le quittait pas, souhaitait-il que toutes les personnes du Canada eussent pu entendre chacune de ses paroles pour en être embrâsées, car, ajoute-t-il, elles étaient toutes capables de pénétrer, attendrir et enlever les cœurs les plus endurcis.

Lorsqu'on le vit proche de sa fin, un prêtre du Séminaire, qui lui était profondément attaché et le regardait comme un bienheureux, lui adressa ces paroles : " Nous quitteriez-vous, sans nous rien dire ? " et, lui nommant plusieurs Evêques qui avaient exhorté leurs enfants spirituels au moment de leur mort, lui dit avec un ton de grande affection : " Pourquoi ne feriez-vous pas comme eux ? " Alors le malade recueillant ses forces, répondit : " Ils étaient des saints, et je suis un pécheur."

Ce fut dans ces sentiments de componction qu'i mournt le 6 mai 1708 entre 6 et 7 heures du matin : il était âgé de 85 ans. Il s'était réduit à une telle pauvreté par ses aumônes et ses charités que dans ce moment il n'avait pas la valeur d'un sol dont il pût disposer. Un trait fera voir combien ce dévouement était réel : quelques mois avant sa mort le frère Houssart, ayant vu au fond de sa cassette un petit couteau de 5 à 6 sous, le demanda à son maître. Celui-ci le lui donna avec grande affection, en disant d'un ton à faire couler ses larmes : " Mon enfant, si je possède encore ce couteau, je vous le donne de bon cœur, afin de ne posséder plus rien sur la terre." Puis il lui recommanda d'être entièrement dégagé de tous les biens de ce monde.

Une fois la nouvelle de cette mort répandue dans la ville, la foule entoura sa dépouille mortelle et demeura jour et nuit avec une sainte avidité, autour de sa bière, pour faire toucher à son corps des chapelets, images et autres objets de piété. Le corps ftu exposé pendant trois jours dans l'église, et les enfants même criaient au milieu de la foule : laissez-nous approcher, laissez-nous voir le saint."

L'annaliste des Religieuses Ursulines qui rapporte ce fait rend compte de l'impression que cette mort fit dans les communautés.

"Les communautés religieuses, ayant témoigné un grand désir de voir les restes vénérés du prélat défunt, les Messieurs du Séminaire nous accordèrent cette faveur. On tendit les églises de noir, et l'on fit au milieu une élévation toute entourée de lumières pour y poser le précieux dépôt. Le troisième jour donc, six ecclésiastiques, qui se changeaient à chaque station, portèrent le saint corps dans les quatre église de la haute ville, savoir : chez les RR. PP. Franciscains, dans notre petite chapelle, à l'église des RR. PP. Jésuites et enfin à l'Hôtel-Dieu, d'où le convoi se dirigea vers la cathédrale pour l'inhumation. Le clergé, y compris les enfants de chœur, était bien de cent cinquante personnes ; tous les curés de trente lieues à la ronde s'étaient rendus à Québec, et les Religieux s'étaient joints au cortége. Jamais l'on n'avait vu en ce pays de convoi de pompe funèbre semblable : aussi était-ce la pompe funèbre du saint premier Evêque de la Nouvelle France ! " *

Sa première oraison funèbre fut prononcée par M. Glandelet, comme l'atteste l'acte suivant :

" Le neuvième may mil sept cent huit a esté inhumé devant le grand autel de cette église cathédralle et paroissialle, Mgr. François de Laval, premier Evesque de Quebek et de toute la Nouvelle France, étant décédé le sixième de ce mois, âgé de quatre vingt cinq ans, ayant reçu tous les sacrements de l'église avec un plein jugement et une dévotion édifiante. Son corps a esté porté processionnellement dans toute les églises de la haute ville pour satisfaire le désir des personnes de piété qui l'avaient ainsi demandé.

" Son convoy et son service a esté accompagné d'une foule extraordinaire de peuple. Sa première oraison funèbre a esté faite le mesme jour par Monsieur Glandelet, vicaire général et doyen de la dite cathédralle qui a fait aussi son service et son enterrement en présence de Monsieur Jaque Raudot, Intendant de ce pays, du Sieur François Hazeur conseiller, etc., ce que je soussigné curé de Québec certifie véritable.

(Signé)　Pocquet."

La seconde oraison funèbre fut aussi prononcée dans l'église cathédrale, le 4 juin suivant, par M. Joseph Séré de la Colombière ; chez les Ursulines, l'on fit un service solennel avec diacre et sous-diacre, et les religieuses chantèrent le *libera* en plain-chant pour la première fois. M. Glandelet leur dit quelques mots " sur les vertus qui avaient été les plus chères à notre illustre prélat, dit l'annaliste du monastère, et qui faisaient comme le caractère de sa

---

* Un journal français, le *Mercure galant*, en annonçant sa mort, l'appelait le *père de la Nouvelle France.*

sainteté. " La bonne religieuse termine son récit par cette réflexion : "on ne doute pas que dans la suite Notre Seigneur ne manifeste les trésors de grâces qu'il a répandus dans l'âme de ce saint Evêque, d'autant plus qu'il a caché ses plus belles actions, par amour pour la solitude et la vie cachée et abjecte. "

" Après la mort du prélat," dit de son côté M. de la Tour, " on fit des procès-verbaux sur plusieurs miracles opérés à son tombeau." Malheureusement ces procès-verbaux de miracles, dressés par M. le Grand Vicaire Glandelet, n'ont pu être retrouvés.

En 1744 l'on restaura et agrandit la cathédrale de Québec, par les soins de Mgr. de Pontbriand, et en 1748, comme l'on voulait mettre les corps des deux Evêques enterrés dans la première église, dans le sanctuaire de la seconde, on releva les vénérables dépouilles pour les placer trente pieds plus haut, le corps de Mgr de Laval du côté de l'Evangile au-dessous de la première marche du grand autel.

Depuis, cet autel a été placé plus en arrière, mais la masse de maçonnerie sur laquelle était l'autel doit encore exister dans les fondations, ce qui fait croire que l'on trouverait facilement le lieu de la sepulture, s'il était nécessaire.

CHAPITRE XI.

La réflexion naturelle qui vient à l'esprit après avoir lu la vie d'un homme remarquable, c'est qu'il a dû agir d'après certaine règle, certains principes qui lui étaient propres et qui l'ont conduit au but qu'il recherchait.

François de Laval avait un but, avait un principe pour le diriger : c'est ce qui l'a rendu l'homme le plus considérable de son époque en Amérique.

Il avait renoncé à ses espérances, aux droits de sa naissance dans le monde; il n'avait donc pas en vue de s'y avancer. Ce qu'il voulait, c'était de devenir un saint, c'était de sanctifier les autres.

L'objet de ce chapitre est de démontrer qu'il a réussi à se sanctifier lui-même : le détail des vertus qu'il a pratiquées le prouve surabondamment.

Mais par quels moyens en arriva-t-il à ce but de tous ses désirs ? Pour le savoir, il suffit de lire les règles que M. de Bernières donna par écrit à ce qu'il appelait l'*Hermitage de Québec* ou les *frères du Canada*. Ces règles reflètent absolument toute la carrière de François de Laval; c'est une espèce de *prophétie* de ce qui se serait opéré de merveilles dans une âme bien disposée et fortement trempée.

" 1. Nous sommes créés pour posséder Dieu, non-seulement dans le Ciel, mais aussi sur la terre.... La vie n'est qu'un passage pour arriver à cette heureuse fin. Les chrétiens ne doivent avoir d'autre objet que de s'écouler en Dieu, comme les fleuves dans la mer. C'est la vérité fondamentale dont nous devons être fortement persuadés et pénétrés d'une manière active......

" Nos chères frères du Canada sont tous capables de ce procédé spirituel, plusieurs même y sont avancés, ils n'ont qu'à être fidèles ; ils feront de grands progrès, s'ils joignent aux travaux extérieurs les souffrances intérieures.

" Ces deux peines réunies leur donneront plutôt la mort intérieure que toutes les douceurs et les lumières. La Providence les favorise infiniment en les envoyant dans un pays sauvage travailler au salut des âmes, mourir à eux-mêmes et se réunir à leur dernière fin. Ce serait une illusion de croire qu'ils feraient mieux en France, gagnant plus d'âmes, s'avançant dans l'oraison par de plus grands secours. Ce sont des tromperies de la nature qui ne peut se résoudre à mourir.........,

" 5. Dans tout ce qu'ils feront par devoir ou par dévotion, dans toutes les croix qu'ils souffriront intérieures ou extérieures, qu'ils ne changent ni d'objet ni d'intention, qu'ils regardent toutes choses comme des moyens pour aller à Dieu, qui est leur centre. Jamais il ne faut s'arrêter dans le chemin ou dans les moyens, mais uniquement dans le terme. L'intérieur et l'extérieur ne composeront qu'un même tout, et l'âme, simplement attentive, ne sera point partagée à divers objets. Plus les travaux et les peines seront grands, plus le moyen d'aller à Dieu sera efficace, principalement les travaux apostoliques.

" 6. Quand il plaira à Dieu d'adoucir l'amertume des souffrances par des lumières et des consolations intérieures, ne les rejetez pas comme opposées à la mort spirituelle ; mais recevez-les comme des moyens nécessaires à votre faiblesse, qui vous aideront à souffrir.

" Tout ce que la bonté de Dieu accorde doit être reçu avec respect, humilité, reconnaissance et dépendance. Tout nous conduit au Créateur, lumière et ténèbres, laissez-vous-en pénétrer : *Benedicite, lux et tenebræ.* (Dan. iii. 72.)

" 7. Lorsque l'on éprouvera plus de facilité à raisonner ou à produire des actes intérieurs, il faut en profiter. Ce n'est point alors un effort de l'esprit humain. Il n'y a que ceux qui se font par manière d'étude qui nuisent : les autres entretiennent le goût de l'âme pour chercher Dieu.

" 8. Les oraisons jaculatoires sont à-peu-près celles-ci. Comme le cerf altéré désire les sources d'eau vive, ainsi mon âme désire Dieu.

" Les créatures, même insensibles, tendent sans cesse vers leur centre, et les chrétiens s'en éloignent par l'affection aux créatures. Il est impossible d'aller à la vie, qui est Dieu, que par le détachement des créatures et la mort à soi-même. La conversion de toute la nature ne sert de rien, si on ne meurt à soi-même : cette mort seule suffit, quand on ne convertirait personne.

"9. La lecture des livres spirituels, faite avec dégagement d'esprit, nous donne du secours et de l'assurance. Un voyageur demande souvent le chemin, et l'assurance qu'on lui en donne le tranquilise : nous sommes des voyageurs qui allons à Dieu ; les bons livres, les gens expérimentés nous confirment dans notre voie. Mais il faut se borner à son degré ; si on lit ce qui regarde le degré supérieur, ce ne doit être que pour s'animer à y parvenir.

" La lecture spirituelle doit se faire lentement, non en courant. Il n'est pas question de remplir, mais de vider son esprit. Ce n'est point une étude. Il ne s'agit que de connaître et de pratiquer le dénûment, ce qui se fait mieux par la simple lumière de la foi et le détachement des créatures que par la multitude des connaissances et des raisonnements. La foi contient éminemment toutes ces vérités particulières, elle a une efficacité infinie pour élever l'âme à Dieu."

C'est avec ces principes spirituels que Mgr. de Laval était venu en Canada, bien décidé à les suivre et à les faire adopter par ses collaborateurs. De là l'unité de vue, le dévouement complet, l'abnégation entière, l'esprit de pauvreté, la fermeté et la charité sans borne que l'on remarque dans le fondateur de l'église du Canada et dans tous ceux qui l'entouraient. Et Monseigneur de Laval était si bien l'âme et l'organisateur de cette petite armée d'apôtres, qu'elle n'eût plus la même unité dès qu'il eût disparu.

Ce qui excite aussi l'admiration dans la suite des actions de ce grand serviteur de Dieu, c'est sa fidélité à la règle de conduite qu'il s'était imposée et qu'il tenait de la main même de M. de Bernières. Elle trouve naturellement sa place ici avec le titre qui lui fut donné :

" Avis particuliers pour M. de Laval. *

"Dieu se fait assez connaître à lui pour son centre et sa dernière fin. Il sait et il goûte qu'ayant Dieu, il a tout. Il doit donc tendre continuellement vers lui au milieu des créatures où le péché nous a abîmés. Tous les états y sont propres : c'est à nous d'y répondre.

" Il doit s'abandonner à la conduite de Dieu, et accepter l'emploi

---

* Mémoires sur la vie de M. de Laval.

que la Providence lui a donné sans l'avoir recherché. L'amour de l'abandon contient celui de la pauvreté, du mépris, des souffrances et un détachement général de tout ce qui n'est point Dieu. Qu'il réussisse ou non dans sa charge, il doit être toujours content. Ne cherchant que Dieu, il le trouvera partout ; rien ne pourra lui ôter la paix du cœur. Il faut être attaché à Dieu plus qu'à l'œuvre de Dieu.

"Il ne se servira que des moyens évangéliques qu'employaient les apôtres, qui abhorraient la prudence humaine, et ne suivaient que la folie de la croix. Il vaut mieux n'être pas Evêque que d'être Evêque humain. Ce serait un grand malheur qu'un évêché empêchât d'être parfait chrétien. Que la sagesse du monde y trouve à redire, qu'importe ? Jésus-Christ est la voie et le terme ; on ne le trouvera jamais qu'en suivant ses maximes.

"Il ne se détachera jamais de sa pauvreté. S'il est obligé de souffrir que l'évêché ait quelque revenu, il ne doit pas moins conserver dans sa personne l'extérieur de la pauvreté, et demeurer uni à ses amis pauvres. On traitera cette conduite de bassesse. Les souffrances de toute espèce, les dangers même de la mort ne lui manqueront pas dans un pays où tout le reste manque. Il doit conserver le même abandon dans les ténèbres, les sécheresses et les autres épreuves de la vie spirituelle.

"Il y a dans notre âme une inclination spirituelle de s'écouler en Dieu. Il faut la laisser agir en liberté. La docilité à cette tendance est la meilleure oraison ; il faut la réveiller et l'entretenir par des temps réglés de prières et de lectures spirituelles et des regards amoureux sur la vie et la passion de Jésus-Christ. Mais quand on se sent touché, il faut se livrer à ce mouvement, et laisser ce que la méditation ou la lecture auront inspiré de meilleur.

"Il n'ouvrira son cœur pour sa direction ou sa conduite qu'à ceux qu'il verra goûter cet esprit d'abandon. Il priera Dieu de lui en faire trouver de ce caractère.

"Il vaut mieux faire ses charités d'une manière secrète. La sagesse humaine inspire de les faire avec éclat ; Jésus-Christ n'agissait pas ainsi : l'Eglise n'en tire pas plus de fruit.

Si Dieu les fait éclater, il faut le souffrir patiemment. Son pur esprit porte à la petitesse, à la pauvreté d'habit, table, logement, équipage. Il faut pourtant le nécessaire : ce malheureux corps y oblige."

Mgr. de Laval s'était incorporé ces sentiments et ces pensées :

elles ne le quittaient jamais. On les trouve reproduits dans sa correspondance, dont l'influence, même après sa démission, fut si considérable.

M. Tremblay, du Séminaire des Missions Etrangères, était en rapport régulier de lettre avec l'ancien Evêque de Québec. Lui parlant, en 1695, de l'œuvre du Séminaire de Québec, qui était rudement éprouvée, cet excellent ecclésiastique lui écrivait pour lui faire part de ses pensées : " Notre force, disait-il, est dans la confiance en Dieu seul, dont nous ne devons désirer que l'accomplissement de la volonté. Il saura bien soutenir son œuvre, s'il juge qu'elle soit pour lui procurer de la gloire ; s'il la veut détruire, nous nous devons joindre à lui. Ce sont les sentiments que j'ai la consolation de puiser dans la lecture de vos lettres que je reprends quand il m'arrive quelque chose de fâcheux pour me soutenir dans l'assujettissement au bon plaisir de Dieu. Il veut que nous nous attachions à lui seul et que nous lui sacrifiions même les moyens que nous avons pris pour nous tenir unis à lui. Voilà ce qui est capable de me consoler lorsque je ne vois pas tout le succès que je pouvais désirer dans les affaires de notre Séminaire.

"......Je prie Notre Seigneur qu'il ait la bonté de nous conserver et vous et nos Messieurs de Québec dans ces orages où nous en avons un si grand besoin ; ce n'est à la vérité que désirer la continuation de vos souffrances, par lesquelles N. S. veut entièrement vous purifier, mais je suis persuadé que quelque chose qu'il vous en coûte, vous êtes disposé à tout endurer et à vous sacrifier pour le bien de cette pauvre église qui a besoin d'être dans le calme avant que vous la quittiez."

CHAPITRE XII.

Celui qui voudrait donner une idée de la vie d'un saint sans traiter du détail de ses vertus ferait certainement un ouvrage incomplet. Et quand il s'agit d'un homme comme Mgr. de Laval, ce serait vouloir passer sous silence les traits les mieux capables de le représenter vivement, et d'édifier les lecteurs : nous empruntons ce récit aux témoins oculaires.

Examinons donc d'abord de quelle manière le grand serviteur de Dieu a pratiqué les vertus théologales.

La Foi.

Notre saint posséda cette vertu à un dégré éminent et on en peut juger par ses œuvres. Ceux qui l'entendaient parler remarquaient ses retours d'une véritable confiance en Dieu et en avaient le cœur si pénétré qu'ils ne pouvaient retenir leurs larmes. Il ouvrait lui-même les portes de l'Eglise étant Evêque, entretenait les bénitiers, disait assidûment la sainte messe malgré ses infirmités. Il baisait avec une affection et dévotion toute particuliére son bandage chaque fois qu'il l'ôtait ou le mettait. Son ardeur pour assister devant le St. Sacrement était extraordinaire. Il recevait et conservait avec grande dévotion les rameaux bénis, il baisait son crucifix, l'image de la Ste. Vierge qu'il portait toujours sur lui et qu'il mettait sous son chevet pendant son sommeil. Son respect et sa vénération pour les reliques des saints était remarqué. Il faisait un usage continuel de l'eau bénite en prenant fréquemment dans le cours de la journée, et toutes les fois qu'il se réveillait la nuit, comme son valet de chambre l'a souvent remarqué. Très-souvent il venait de son jardin à sa chambre exprès pour prendre de l'eau bénite : quelquefois il en portait sur lui dans un petit bénitier d'argent qu'il avait fait faire exprès, lorsqu'il allait à la campagne. Il avait un grand désir que tout le monde en prit en entrant et sortant de l'Eglise et prenait le soin en hiver d'apporter lui-même tous les soirs auprès de son poêle le bénitier de l'Eglise, afin qu'il ne pussent geler et les reportait le matin quand il allait ouvrir les portes.

Dans une lettre écrite par Colbert à Talon intendant du Canada, * on voit le témoignage le plus éclatant rendu au zèle du prélat pour la pureté de la foi et des mœurs :—" Sa Majesté, y est-il dit, est fort contente d'apprendre et par M. de Tracy et par vous que l'Evêque de Pétrée et les Jésuites n'ont pour but de leur dessein que l'avancement du Christianisme dans le pays, de maintenir les habitants dans la pureté de la foi et des mœurs, et de bien élever les enfants dans la crainte de Dieu en leur inspirant de travailler et de fuir l'oisiveté."

La pureté de la foi du prélat parut surtout, lorsqu'il fut question de l'enrégistrement au Conseil Supérieur des " quatre articles, " en 1681. Il refusa d'y assister.

L'esperance.

Cette vertu était très-vive en lui. Elle perçait dans ses paroles. Ainsi pendant les souffrances intolérables qui lui causaient les plaies de ses jambes, il s'écriait : " Ayez pitié de moi, mon Dieu ? O Dieu d'amour ! ô Dieu de bonté ! ô Dieu de miséricorde! mon Dieu, votre sainte volonté soit faite, ô mon Dieu ! "

C'était ce qu'il répétait une infinité de fois les mains jointes et les yeux élevés vers le ciel, avec une dévotion merveilleuse.

Il était très-exact à faire tous les jours la préparation à la mort et était soumis et disposé à tout moment à subir ce passage si redoutable, ce qu'il témoignait avec joie toutes les fois qu'on lui parlait de la mort et du tempe qu'il pouvait encore vivre.

La Charite.

Parlant de son amour envers Dieu, ceux qui vivaient avec lui ne peuvent se dispenser de mentionner l'accent et la ferveur avec lesquels le prélat prononçait ses oraisons jaculatoires et beaucoup d'autres pleines de feu et d'amour, les yeux et les mains élevés vers le ciel avec des sentiments extraordinaires d'humilité et de mépris de lui-même. "J'en ai, "dit un témoin," le cœur si pénétré que je ne puis retenir mes larmes: je souhaitais pour lors que toutes les personnes du Canada eussent pu entendre chacune de ses paroles pour en

* 5 avril 1666, Archives des Colonies.

être toutes embrâsées ; car elles étaient capables de pénétrer, atten.
drir et enlever les cœurs même les plus endurcis."

" J'aurai plus tôt fait, Monsieur, écrivait le frère Houssart, de
vous dire en deux mots que quand il s'agissait du service de Dieu et
de la charité du prochain, aucunes douleurs ni infirmités n'étaient
capables d'y faire manquer Sa Grandeur en un seul point."

Quand il donnait quelque chose à la nature pour l'empêcher de
mourir sitôt, c'était pour se donner la consolation de voir tous les
jours de plus en plus le règne de Dieu s'établir dans ce nouveau
monde, mais très-particulièrement pour empêcher de tout son
pouvoir qu'il ne s'y introduisît rien de contraire à la charité et aux
bonnes mœurs.

Il avait une telle aversion des moindres choses qui pouvaient tant
soit peu ternir le lustre et la pureté de son âme, qu'il se confessait
tous les jours avant de dire la sainte messe.

" Dans les grandes douleurs qu'on lui vit souffrir journellement
pendant l'espace de vingt années, si elles lui arrachaient quelques
plaintes, c'étaient plutôt," disent ses biographes, " des élans
d'amour de Dieu et de conrfomité à sa sainte volonté que de véritables plaintes."

Si l'indice d'un grand amour, d'après tous les Sts docteurs et St.
Jean Chrysostôme, *c'est la prière*, nous le trouvons cet indice bien
remarquable en Mgr. de Laval. Car il faisait de très-longues et
fréquentes prières, et " il y était si exact, dit le Frère Houssart, qu'il
ne se couchait jamais sans s'être acquitté de tous ses offices, prières,
lectures, chapelet, &c., quelque tard qu'il fût et quelqu'affaire qu'il
eût. Bien qu'il se couchât très-tard, il ne manquait jamais de se
lever à deux ou trois heures du matin (au moins pendant trente
ans) afin de pouvoir vaquer plus facilement à la prière."

Lorsqu'il se sentait fatigué et porté au sommeil, il ne quittait
pas la prière pour cela, mais alors la récitait en se promenant, afin
de ne se point assoupir même pendant les plus grandes chaleurs
C'est dans la pratique de cette ferveur et dans l'exercice de cette
dévotion que notre saint prélat gagna une angelure pendant l'office
du Vendredi Saint et en mourut dans les plus grandes souffrances.

"Il est vrai," dit son infirmier, "j'avais prévu ce mal et prié Sa
Grandeur dès le dimanche des rameaux de ne point assister à l'office de ce jour, parce que son pied était extraordinairement enflé
mais suivant l'attrait de sa dévotion et de son zèle, elle n'eut aucun
égard à mes prières : elle assista à tous les offices de la semaine même aux Ténèbres, aimant mieux souffrir que de manquer

à ses dévotions."—Un jour qu'il souffrait d'avantage, son infirmier lui demanda : " Que mettrons-nous sur votre plaie." Et le pauvre malade lui répondit d'un accent tout transporté et embrâsé de l'amour de Dieu et les mains jointes : " Mon frère, je ne veux que Dieu, faites tout ce qu'il vous plaira, et ce que vous jugez qu'il faut faire."

Pour résumer l'impression qne faisait la ferveur de ses prières sur ceux qui l'entouraient, on peut citer ces paroles du frère Houssart:

" Je n'ai garde d'entreprendre de parler de la haute contemplation et de l'union continuelle que Mgr. avait avec Dieu ; ce sont pour moi lettre close et je dois bien me contenter d'admirer ces voies sublimes et élevées dans lesquelles Dieu a conduit Sa Grandeur, et me restreindre à ne dire que quelques mots des choses qui sont selon ma portée, outre ce que je vous ai déjà marqué du zèle de Sa Grandeur et de sa ferveur à dire la sainte messe et assister aux offices de la cathédrale, nonobstant ses plaies et ses infirmités, et de son exactitude à s'acquitter de toutes ses prières et ses exercices de dévotion, tous les soir avant de se coucher et quelque embarras d'affaires qu'il ait eus."

Jamais Evêque n'a plus aimé son clergé ni n'en a été plus tendrement aimé. C'était un véritable père. La joie éclatait sur son visage, lorsque ses curés venaient loger chez lui avec la confiance d'un enfant qui entre dans la maison paternelle. Il voyait ces hommes que le climat et le travail avaient exténués et qui portaient sur leur visage le témoignage écrit de leur zèle ; il courait à eux, il les embrassait, et les comblait de caresses, entrait dans le plus menu détail de leurs peines, et s'épuisait pour les soulager dans leurs besoins. Il était surtout enchanté lorsqu'ils se présentaient à lui avec une vieille soutane toute déchirée, un méchant bonnet de matelot, de gros souliers avec des grapins, en un mot, comme des sauvages ; et alors il les reconnaissait pour ses véritables enfants, dégagés de toutes les superfluités de la vie, négligeant ce vain extérieur pour ne s'occuper que des fonctions apostoliques. Le prélat leur servait de modèle ; jamais personne n'a plus négligé les puériles affectations, il donnait presque dans l'excès. *

Vertus Cardinales.

La prudence, la justice, la tempérance, la force et l'humilité sont déjà empreintes dans toutes les actions de sa vie que nous avons rapportées ; mais il importe de les faire ressortir.

---

* Mémoires sur la vie de Mr. de Laval.

La Prudence.

Celui qui lit la vie de ce saint Evêque est frappé de la pensée qu'il était dirigé uniquement par l'intérêt de la gloire de Dieu, et le salut éternel de sa propre âme. C'était son unique mobile, ce qui lui faisait mépriser tout ce qui était terrestre et ne viser qu'aux biens impérissables. Ceux même qui ont critiqué quelques uns de ses actes ne peuvent s'empêcher de le reconnaître. " La droiture de ses intentions, la pureté de ses vues et l'ardeur de son zèle, dit M. Faillon, * doivent excuser ce qu'il y aurait eu d'excessif dans sa conduite."

Il n'entreprenait rien sans avoir pris le conseil de personnes sages. D'autre part sa correspondance prouve combien sages étaient les conseils qu'il donnait aux autres.

La prudence doit être accompagnée de simplicité † : or cette simplicité brilla particulièrement dans les paroles et les actions de notre saint. " Nous l'avons vu, dit Charlevoix, dans ses dernières années conservant encore cette simplicité évangélique qui rendait si respectables les premiers successeurs des apôtres."

" La sagesse et la charité, dit M. de la Tour, présidaient à toutes les démarches de ce digne successeur des apôtres."

Il avait des assemblées fréquentes avec ses grands Vicaires, les principaux de son chapitre, les Supérieurs des communautés et les religieux distingués par le mérite et la vertu : point d'affaire importante qu'il n'y proposât. Dans toutes celles des paroisses, les pasteurs étaient principalement consultés ; il les appelait en leur écrivant exactement avant que de rien faire chez eux, ou de rien accorder à leurs paroissiens. C'était moins un supérieur qu'un confrère, qui cherchait le bien avec eux, et qui ne le cherchait que dans la vue du bien même.

Aussi jamais prélat ne fut mieux obéi ni mieux secondé que M. de Laval, parce que bien loin d'avoir cette jalousie de métier qui veut tout faire, qui craint le mérite, qui ne goûte que le despotisme, jamais prélat ne témoigna à ses inférieurs plus d'estime et de confiance, ne chercha plus à faire valoir leur zèle et leurs talents, n'eut moins envie de commander et ne commanda moins en effet. ‡

---

* Vie de la Sœur Bourgeoys.

† Benoit XIV, lib. 5, c. 24, n. 10.

‡ Mémoires sur la vie de Mgr. de Laval.

La Justice.

Et d'abord en ce qui concerne la *religion,* nous avons vu que Mgr. de Laval fut vraiment et manifestement religieux, puisque dans toutes ses actions il s'appliquait à plaire à Dieu. Mais de plus, il était prêt à faire le sacrifice de sa vie pour procurer la gloire de son saint nom.

" Il s'offrit en sacrifice six jours avant son saint trépas pour porter la peine de tous les péchés du Séminaire qu'il avait fondé, il pria Dieu de l'exterminer lui seul, afin d'épargner tous les autres membres de la maison et d'y maintenir jusqu'à la fin des siècles le très-saint amour et le véritable culte de Dieu.

La *piété,* qui est une autre partie de la justice, porta Mgr. de Laval à bien des démarches pour procurer le bien spirituel de ses frères et de ses neveux : sa correspondance en fournit d'amples preuves. On apperçoit dans ses lettres le respect qu'il ressentait envers les ecclésiastiques, à commencer par le Souverain-Pontife, le sacré-Collége et les Evêques, parmi lesquels il traita d'une manière particulièrement affectueuse son coadjuteur et successeur, Mgr. de St. Valier, les prêtres de sa maison, ceux qui tombaient malades ou mouraient auprès de lui. Combien de fois dans ses lettres n'a-t-il pas essayé d'excuser les défauts qu'on pouvait reprocher à d'autres ?

Il obéissait ponctuellement à ses supérieurs. Ce qui a paru surtout dans la question de la juridiction où les intentions du Souverain Pontife lui étaient clairement manifestées, dans l'affaire du Formulaire et dans l'établissement de la liturgie romaine : il obéissait très-facilement au médecin. *

Il se montra très-reconnaissant envers ses bienfaiteurs, et en particulier envers les domestiques qui le soignaient. " Quand je pense seulement, dit son infirmier, à ces manières si tendres et si déférentes de Sa Grandeur à mon égard, j'en ai le cœur si attendri que je m'en expliquerais mieux par mes larmes que par mes paroles."

La Temperance.

Nous avons vu que, malgré les instances de son oncle l'Evêque d'Evreux, il abandonna le monde, ne voulut jamais consentir à se marier pour plaire à sa famille, renonça à ses biens et se retira à l'hermitage de Caen. Telle fut sa conduite jusqu'à la fin de sa vie.

* Voir la lettre du frère Houssart.

"Il servait de modèle à ses missionnaires," dit M. de la Tour ; "jamais personne n'a plus négligé les puériles affectations, il donnait presque dans l'excès. C'était moins un supérieur qu'un confrère qui cherchait le bien avec eux et ne le cherchait que dans la vue du bien même."

Son amour de la retraite lui fit rechercher les Jésuites sous lesquels il avait fait ses premières études. Par goût il rechercha le silence auprès de M. de Bernières. Il passa une grande partie de sa vie d'Evêque dans son séminaire. Quand il s'agissait de civis lités purement humaines ou de visites inutiles, il prenait toujour le prétexte de ses infirmités pour s'en dispenser.* Il ne supportait qu'avec peine ceux qu'il voyait rechercher des ajustements, de la délicatesse et une propreté affectueuse.

Pour lui-même, voici un trait qui le fait connaître. Une année ayant demandé en France dn camelot pour se faire un habit d'été, on lui en envoya de très-beau comme il convenait à un Evêque. Il trouva qu'il coûtait trop cher pour lui, ne voulut pas s'en servir et le donna à l'Eglise pour faire un ornement violet. Il en demanda d'autre de trente sols l'aune, suivant son ordinaire.

"Quant à la nourriture, je puis dire sans exagération," affirme le frère Houssart qui le servait, " que sa vie n'était qu'un jeûne continuel ; car il ne déjeûnait pas et ne prenait tous les soirs qu'une légère collation. Il demandait de la viande corrompue pour ses repas, sous prétexte qu'il n'avait pas de dents pour en manger d'autre ; mais ce n'était véritablement qu'une excuse, car il mangeait tous les jours de la croûte de pain beaucoup plus dure que les viandes fermes. An reste quand il lui arrivait (ce qui était très rare) de manger hors du séminaire, par condescendance pour des personnes auxquelles il devait des égards, il s'accommodait des viandes les plus dures et nouvellement tuées aussi facilement que les personnes qui avaient de bonnes dents. Pour son breuvage ce n'était que de l'eau chaude un peu teinte de vin ; et chacun sait, dit le frère Houssart, que Sa Grandeur ne prenait jamais ni liqueur, ni vin exquis, ni aucune mixtion de sucrerie, de quelque sorte qu'elle puisse être composée, soit pour boire, soit pour manger, excepté que sur ses dernières années, je gagnai de lui faire prendre tous les soirs, après son bouillon qui était tout son souper, gros comme le pouce de biscuit dans un peu de vin pour l'aider à dormir."

---

* Voir la lettre du frère Houssart.

L'on a vu ailleurs combien peu Mgr. de Laval dormait ; il employait le reste de la nuit à prier.

Son amour pour la pauvreté et la mortification forme le sujet de toute une lettre du frère Houssart à laquelle nous renvoyons le lecteur.

La Force.

Cette vertu, qui consiste dans une certaine fermeté de l'âme, et dans le courage à supporter ou à repousser les choses, alors surtout qu'il en coûte beaucoup à la nature, * est visible dans tout le cours de la vie du serviteur de Dieu. C'est ce caractère auquel ses biographes applaudissent davantage.

" La constance et la fermeté qu'il a eue," dit Mgr. de St. Valier, † " à surmonter tous les obstacles qui se sont opposés en diverses occasions et en différentes manières à la droiture de ses intentions et au bien de son cher troupeau : les soins qu'il a pris de la colonie des Français et de la conversion des sauvages ; les navigations qu'il a entreprises plusieurs fois pour les intérêts des uns et des autres ; le zèle qui le pressa de repasser en France, il y a trois ans, pour venir se chercher un successeur : son désintéressement et l'humilité qu'il a fait paraître en offrant et en donnant de si bon cœur sa démission pure et simple ; enfin toutes les grandes vertus que je lui vois pratiquer chaque jour dans le séminaire où je demeure avec lui, mériteraient bien en cet endroit de solides louanges, mais sa modestie m'impose silence, et la vénération qu'on a pour lui, partout où il est connu, est un éloge moins suspect que celui que j'en pourrais faire."

" Sa vie a été un tissu d'actions si saintes et si héroïques," dit M. de la Colombière, ‡ " qu'en nous laissant embaumés de l'odeur de ses vertus, il nous a mis dans l'impuissance de faire connaître l'étendue de son mérite."

" Il ne voulait que le bien de son église," dit M. Faillon, § " et lorsqu'il jugeait qu'une mesure était propre à procurer la plus grande gloire de Dieu, il en poursuivait l'exécution avec une fermeté et une vigueur qui trouvent peu d'exemples."

---

* St. Thomas.

† Estat présent de l'Eglise.

‡ Eloge funèbre de Mgr. de Laval.

§ Vie de la Sœur Bourgeoys.

" Notre prélat, écrivait la Mère Marie de l'Incarnation, est très-zélé et inflexible ; zélé, pour ce qu'il croit devoir augmenter la gloire de Dieu, et inflexible, pour ne point céder en ce qui est contraire. Je n'ai point encore vu de personne si ferme que lui en ces deux points."

" Sa fermeté," dit M. Ferland, " ne reculait ni devant les suggestions de l'amitié, ni devant les menaces de la haine. Quelques-uns lui ont reproché d'avoir été ferme jusqu'à l'opiniâtreté. Nulle vertu n'est parfaite sur la terre ; il a pu quelquefois se tromper. Mais il vaut mieux que le fondateur d'une société pèche par excès de fermeté que par faiblesse. Il importait qu'une main vigoureuse fît entrer dans la bonne voie le petit peuple qui venait de naître sur les bords du St. Laurent. Si on lui eût permis de prendre une fausse direction à son point de départ, il se serait écarté de plus en plus du sentier de l'honneur et du devoir, à mesure qu'il aurait avancé dans sa carrière ; il n'aurait pu être ramené dans la bonne voie que par un de ces grands châtiments au moyen desquels la Providence purifie les nations."

" A une illustre naissance," a dit Mgr. Taschereau, aujourd'hui Archevêque de Québec, " et à son caractère sacré, il joignait les vertus d'un apôtre, le coup-d'œil du génie qui mesure en un instant l'étendue de sa tâche, le courage et la persévérance qu'aucun obstacle ne peut arrêter quand il s'agit d'opérer le bien."

" Il ne sait ce que c'est que respect humain," écrivait un contemporain ; " il est pour dire la vérité, la vérité à tout le monde, et il la dit librement dans les rencontres. Il fallait ici un homme de cette force pour extirper la médisance qui prenait un grand cours et qui jetait de profondes racines. En un mot sa vie est si exemplaire qu'il tient tout le pays en admiration."

" Les pertes de bien, les incendies, les douleurs, furent plutôt pour lui des sujets de triomphes que de peines ; pour les revers, les incendies de son séminaire, le courageux prélat ne perdit pas un seul instant sa paix, sa joie, ni sa tranquillité : sa vertu était bien au-dessus de tout cela."

DONS SURNATURELS.

Peu de temps après l'arrivée de Mgr. de Laval en Canada, M. le Vicomte d'Argenson écrivait en France : " Je ne puis assez estimer le zèle et la piété de M. de Pétrée ; c'est un vrai homme d'oraison, et je ne fais aucun doute qu'il ne fasse grand fruit en ce pays."

“ Pour le spirituel,” écrivait de son côté M. Pierre Boucher en 1663, * “ l’on ne peut rien désirer de plus. Nous avons un Evêque dont le zèle et la vertu sont au-delà de ce que j’en puis dire.”

M. Tronson était persuadé que l’Esprit-Saint remplissait le serviteur de Dieu et le dirigeait dans toutes ses démarches. “ Vous connaissez,” disait-il à M. Dollier dans une lettre en parlant du prélat, “ sa piété, son désintéressement, sa prudence et ses lumières.”

“ Sa vie est si exemplaire,” écrivait la Mère de l’Incarnation, “ qu’il tient tout le pays en admiration. Il est intime ami de M. de Bernières avec lequel il a demeuré quatre ans par dévotion ; aussi ne faut-il pas s’étonner si, ayant fréquenté cette école, il est parvenu au sublime degré d’oraison où nous le voyons.”

Ses paroles étaient remplies d’une grande onction ; elles pénétraient ceux à qui il s’adressait même en conversation.

Le Père Menard, Jésuite en rend témoignage : † “ Entre les Trois-Rivières et le Montréal,“ dit-il,”nous fîmes heureusement rencontre de Mgr. l’Evêque de Pétrée qui me dit ces paroles, *lesquelles entrèrent bien avant dans mon cœur*, et seront un grand sujet de consolation parmi tous les fâcheux accidents qui m’arriveront : “ Mon Père, toute raison semble vous retenir ici : mais Dieu, plus fort que tout, vous veut en ces quartiers-là” (c.-à-d. la mission der Outaouak où il se rendait.) Oh ! que j’ai béni Dieu depuis cette entrevue, et que ces paroles sorties de la bouche d’un si saint Prélat, me sont doucement revenues dans l’esprit, au plus fort de nos peines, de nos misères et de notre abandon. *Dieu me veut en ces quartiers.* Que j’ai souvent repassé ces *paroles* par mon esprit, parmi le bruit de nos torrents et dans la solitude de nos grandes forêts.”

SON ZELE.

Son zèle était si grand et si bien réglé qu’on ne pouvait le trouver en défaut. Ainsi, tout en permettant de dire sans la moindre difficulté la sainte messe dans des églises en bois, il recommandait à ses prêtres de ne pas célébrer, quand ils pouvaient faire autrement, dans les maisons particulières. On voulut lui faire un reproche de cette exigence ; mais il n’eut pas de peine à prouver qu’il ne faisait que maintenir les règles de la convenance. “ Il est de notoriété publique,” écrivait-il au ministre, ‡ “ que je permets de la dire

---

* Histoire véritable et naturelle des mœurs et productions du pays de la Nouvelle-France.

† Relation de 1664.

‡ 12 nov. 1682.

dans toutes sortes de bâtiments, pourvu qu'ils soient un peu séparés des maisons des habitants et qu'on y puisse célébrer avec décence nos St. Mystères." L'extrême nécessité seule pouvait excuser, comme il le remarque, de les célébrer dans des maisons d'habitants dans lesquelles à cause de la petitesse des lieux ils ont souvent tout proche de l'autel que l'on y dresse, une marmite au feu et où les volailles et autres animaux causent la dernière indécence.

Ce zèle se montre dans des lettres que Mgr. de Laval écrivit au ministre en 1682, 1683 et 1687 ; elles sont reproduites ici tout entières.

Le *zele* qu'il a produit en France n'était qu'un commencement et une ébauche de celui qui l'a depuis amené en Canada.......

Que n'a-t-il pas fait pour surmonter les obstacles qu'il a trouvés à la conversion des sauvages ?...... Quelle fut l'indignation de ce Moyse à la vue du Veau-d'Or ? avec quel courage et quelle force il s'éleva contre cette idole ? que n'a-t-il pas fait pour la détruire et la mettre en cendre ? Il a employé son autorité de Pontife et les censures de l'Eglise, il a soutenu pendant plusieurs années les persécutions des gens de toutes sortes d'état qui, par intérêt ou par prévention, s'étaient déclarés en faveur de ses adversaires. Voyant son pouvoir et sa patience inutiles il a été au-delà des mers employer les secours et la protection des gens de bien, réveiller le zèle des serviteurs de Dieu, réclamer la justice et la piété de notre grand monarque. Les infirmités qui l'obligeaient il y a 23 ans à se démettre de son Evêché n'ont pu le faire désister de cette sainte entreprise.

Ne pouvant plus agir comme Evesque il n'a pas laissé d'agir comme particulier avec la même force et la même vigueur.

Son zèle a été universel, nul âge, nulle communauté n'a été privé de ses douces influences... Pour l'éducation de la jeunesse pendant le temps de son épiscopat et même depuis sa démission il s'est appliqué à la régler, à la corriger, à la former. Il a laissé tout son bien au Séminaire.........

Que n'a-t-il pas fait pour mettre le sexe dans la dévotion et dans la retenue qui en font la gloire et l'ornement ?... Il a établi la fête de la Ste. Famille et lui a prescrit des règles qui sont de puissants remparts contre la vanité et la corruption du siècle......... il a fixé et autorisé l'établissement des Sœurs de la Congrégation dans la ville de Montréal......... il est sorti de sa solitude pour se joindre à Mgr. de St. Valier lorsqu'il voulut établir ces mêmes Sœurs dans l'église de la Basse-Ville de Québec. Il entra en communauté de zèle et de travaux avec Mgr. de S. V., tantôt pour l'établissement de l'Hôpital-Général tantôt pour celui des Trois Rivières ; une fois pour les petites écoles de Québec, une autre fois pour les missions du Mississipi.

Il aurait voulu que ce que les Sœurs de la Congrégation font à l'égard du sexe, les frères de Montréal le fissent à l'égard des petits garçons.

Dans sa relation de 1660 à la Propagande, il fait l'éloge de la Sœur Bourgeoys et des trois compagnes qu'elle avait amenées : " Ces filles," dit-il, " au nombre de 4, qui se consacrent à Montréal à l'éducation des jeunes personnes, vivent avec piété et sont d'une grande édification."

SA CHARITE ENVERS LE PROCHAIN.

" Comme il avait puisé dans le cœur de J.-C. les flammes dont le sien était embrasé, et qu'il avait travaillé longtemps à amortir le feu de son tempérament, on voyait dans les saillies les plus impétueuses de son zèle, un mélange de force et de douceur, de hardiesse et de sévérité, de compassion et de fermeté, une facilité, une latitude de cœur qui lui faisait embrasser toutes les occasions de faire le bien qui était à sa portée et de s'appliquer aussi fortement à chacune que s'il n'avait jamais connu que celle-là.........

" On l'a vu dans un vaisseau où il se comportait en François Xavier, où en traitant les matelots et les passagers, il les nettoyait de leurs vermines et respirait le mauvais air et l'infection qu'ils exhalaient pour soulager les malades à bord d'un vaisseau ; on l'a vu se défaire en leur faveur de tous ses rafraichissements, et leur donner jusqu'à son lit, ses draps, ses couvertures, et pour administrer les sacrements il exposait sa vie et celle des personnes qui lui étaient les plus chères........ .

" Il épargnait pour avoir un magasin garni de hardes,de souliers, de couvertures qu'il distribuait gratuitement avec une bonté et une prudence véritablement paternelles. C'est un commerce qu'il n'a jamais interrompu, pour lequel il ne s'est jamais fié qu'à lui-même et dont il s'est mêlé jusqu'à la mort ...."

Au fort de l'hiver il trouve un petit garçon ayant les pieds nuds et le reste du corps fort mal couvert, touché de cet objet que sa foi lui représenta sans doute comme le très-saint enfant Jésus, il amène cet enfant dans sa chambre, il lui lave les pieds, il les lui baise avec tendresse et avec une dévotion charmante. Il ne se contente pas de lui donner des bas et un capot, il le chausse, et lui ayant fait un paquet de ses haillons il le renvoie aussi satisfait qu'on peut l'imaginer.

Le 25 octobre 1665, il écrivait lui-même à la Propagande : "Nous avons eu sur les bras une mission qui ne nous a pas été désagréable : plus de cent malades en même temps à l'hôpital.

" Parmi eux trente hérétiques qui sont revenus à la foi ; et comme l'hôpital ne pouvait contenir un si grand nombre de malades, nous en avons placé plusieurs dans l'église, que nous avons fait servir à cette œuvre de charité."

" Si je racontais toutes les fois que Sa Grandeur nonobstant ma grossièreté, mon ignorance et toutes mes mauvaises qualités, me consultait, demandait mes avis, me priait, quoique je ne fusse que son valet, " dit le frère Houssard," me déférait et familiarisait avec moi, c'est ce qui faisait l'étonnement des personnes qui ont connu le grand mérite, les grandes lumières et la profondeur des connaissances qu'avait Sa Grandeur ; c'est aussi ce que je ne puis expliquer, et, quand même je le pourrais, j'y aurais bien de la peine.

" 8. Pour ce qui regarde sa charité et ses aumônes, c'est un point où les personnes qui ont le mieux connu Sa Grandeur auraient peine à en faire connaître toute l'étendue. J'ai autant de témoins de cette vérité qu'il y a eu et qu'il y a de personnes en Canada ; c'est pourquoi je ne crois pas devoir m'étendre sur cet article, qui étant connu de tout le monde ne peut pas être ignoré de vous seul. Je crois même que vous en diriez plus que moi, s'il vous plaisait d'en dire ce que vous en savez. Néanmoins, Monsieur, comme je vous marque en cette lettre ce qui m'a édifié dans la vie et les actions de Monseigneur, je ne puis me dispenser de vous dire quelques petites particularités qui m'ont le plus touché sur ce sujet.

" La première est que Sa Grandeur, nonobstant les dettes, les pertes, les incendies et toutes les grandes disettes du Séminaire où elle avait la meilleure part, ne manquait pas de donner aux pauvres, tous les ans, la valeur de quinze cents et deux milles livres.

" La seconde est que Sa Grandeur me refusait tout net de me donner même cinq sols, quand j'en avais besoin pour acheter quelque chose qui lui était nécessaire, et aurait mieux aimé s'en passer que de faire cette petite dépense ; mais, quand il s'agissait d'acheter des étoffes et des couvertes pour donner aux pauvres, les cents, deux cents et trois cents écus ne lui faisaient pas plus de peine à donner qu'une épingle ; et même il est à remarquer que Sa Grandeur nageait de joie et de contentement quand elle faisait ces dépenses pour les pauvres.

" La troisième est qu'à notre second incendie où le Séminaire se trouva en un si pauvre état qu'il n'avait pas seulement cent écus qui étaient nécessaires pour faire couvrir grossièrement toutes les murailles et les voûtes du Séminaire brûlé, Sa Grandeur ayant cette somme, et n'ayant presque plus d'étoffe pour donner aux pauvres, de crainte que nos Messieurs ne la lui demandassent pour faire faire ces couvertures, elle m'envoya secrètement acheter cent peaux de chevreuil à 3 ℔s. 5s. la pièce pour les donner aux pauvres au lieu d'étoffe, et me donna pour les payer 325 ℔s. avec plus de joie qu'un pauvre ne les aurait reçues par aumône.

" La quatrième est que Sa Grandeur ne se contentait pas de soulager les pauvres dans leurs besoins corporels ; elle voulait encore que ses aumônes remédiassent aux besoins de leurs âmes et leur fussent une aide pour servir Dieu et éviter le péché.

" La cinquième est que Sa Grandeur, l'automne dernier, avant sa mort, se voyant sans avoir de quoi faire l'aumône, elle fit tout son possible pour en avoir du Séminaire, mais le Séminaire étant lui-même à l'extrémité, n'ayant pas la moitié de ses besoins les plus essentiels et ne pouvant rien donner à Sa Grandeur pour faire ses aumônes (car ça toujours été elle qui les a distribuées de ses propres mains) elle me dit d'une manière fort triste et fort touchante qu'elle ne pouvait pas vivre longtemps si elle n'avait pas de quoi donner aux pauvres, et effectivement Sa Grandeur n'a plus vécu que six mois après, et elle s'est trouvée si dénuée des biens de ce monde qu'elle n'avait pas en mourant la valeur d'un sou dont elle pût disposer en faveur des pauvres.

" 9. Elle était réduite elle-même dans la plus grande et la plus parfaite pauvreté que l'on puisse souhaiter. Quelques mois avant sa mort je vis encore dans le fond de sa cassette un petit couteau de 5 ou 6 sous ; je le demandai à Sa Grandeur et elle me le donna, mais d'une manière et d'un ton à me tirer les larmes des yeux : " Mon enfant, me dit-elle, si je possède encore ce couteau, je vous le donne de bon cœur, afin de ne posséder plus rien sur la terre, et suis entièrement dégagé de tous les biens de ce monde." En vérité, Monsieur, je ne puis pas bien comprendre comment Sa Grandeur, en me donnant ce petit couteau, me dit qu'elle ne possédait plus rien sur la terre ; car quoique je lui aie souvent vu de grosses sommes d'argent, il en était assurément plutôt le dépositaire que le propriétaire, parce que je ne lui ai jamais vu employer un sou pour le soulagement, l'entretien ou les besoins de sa personne; elle les employait toutes en aumônes et en œuvres pies ; et, quand elle avait besoin de quelque chose, comme habits, linges, elle le demandait au Séminaire, comme le moindre de ses ecclésiastiques, et je n'appelle point cela posséder quelque chose. Sa Grandeur était de plus, fort pauvre dans ses habits, et j'avais peine à l'empêcher de s'en servir, quoiqu'ils fussent fort vieux, sales et rapiécés. Pendant vingt ans, elle n'a eu que deux soutanes d'hiver qu'elle a laissées en mourant, l'une encore très bonne et l'autre toute rase et rapiécée.

" En un mot, il n'y avait personne au Séminaire plus pauvre en habits et qui les épargnât plus que Sa Grandeur ; elle avait même une estime toute particulière pour les personnes qu'elle voyait dans le Séminaire pratiquer la pauvreté, surtout dans le vivre et dans les habits, et elle ne supportait qu'avec peine ceux qu'elle voyait rechercher trop d'ajustements, de propreté affectée et de délicatesse dans leurs habillements, ce qu'elle m'a témoigné plusieurs fois.

" Voilà, Monsieur, une partie des menues et ordinaires actions, et traits de ferveur, de dévotion et de pénitence, que j'ai vu pratiquer journellement à Monseigneur pendant les vingt années depuis sa démission de son évêché jusqu'à sa mort, que Dieu m'a fait la grâce d'être au service de Sa Grandeur, et c'est ce qui a été le sujet de l'estime, du respect et de la vénération que j'ai eu et que je conserverai jusqu'à la mort pour sa sainte personne.

" C'est ce qui m'a souvent ravi et transporté d'admiration, et c'est même ce que j'ai vu transporter et ravir Monsieur de Champigny durant qu'il était intendant du Canada, et qu'il voyait Sa Grandeur dans les maladies se coucher et se traiter comme une personne de la plus basse condition, elle (ce me disait son dit Sieur de Champigny dans son admiration,) qui, si elle était restée dans le monde et à la Cour, aurait possédé par son mérite et ses rares qualités les premières charges de l'état.

" C'est aussi ce qui a souvent surpris et ravi M. de Sarazin, médecin, comme il me l'a témoigné plusieurs fois lorsqu'il le venait visiter dans ses maladies."

" Pourquoi cette épargne ": dit M. de la Colombière en parlant de l'esprit de pauvreté de notre prélat; " pour avoir un magasin garni de hardes, de souliers, de couvertures qu'il distribuait gratuitement avec une bonté et une prudence vraiment paternelle. C'est un commerce qu'il n'a jamais interrompu, pour lequel il ne s'est jamais fié qu'à lui-même et dont il s'est meslé jusqu'à sa mort." (Oraison funèbre.)

Sa Pauvreté.

La grâce avait tellement pris dans le cœur de ce prélat la place des inclinations de la nature corrompue, qu'il semblait qu'il fût né avec une aversion pour les richesses, pour les plaisirs et pour les honneurs ; "si vous avez remarqué," dit le frère Houssard, "quels étaient ses habits, ses meubles, qu'elle était sa table, vous n'ignorez pas qu'il fut ennemi déclaré du faste et de l'éclat. Pas un pauvre curé de France qui ne soit mieux nourri, mieux vêtu, mieux meublé que n'était l'Evêque de Québec. Bien loin d'avoir un équipage convenable à sa qualité et à sa dignité, il n'avait pas seulement un cheval à lui. Et lorsque sur la fin de ses jours, que son grand âge et les infirmités ne lui permettaient pas de marcher, s'il voulait sortir, il lui fallait emprunter une voiture."

A peine fut-il arrivé de France pour la première fois, à peine fut-il débarqué, qu'il vole au secours des pauvres de l'Hôpital...... Nulle prière, nulle considération ne peut l'empêcher de se loger au bout de leur salle, d'aider tous les jours à faire leurs lits, à balayer les salles, à leur rendre les services les plus abjects. A son grand regret, il dut en suite chercher un appartement ; il le choisit petit et incommode. Ayant été obligé de quitter cette demeure, parce qu'elle était trop étroite pour ses ecclésiastiques qui demeuraient avec luy et qui en ce temps là ne pouvaient demeurer ailleurs, il se pourvut plus largement à cause de ses collaborateurs, mais, lorsqu'après quelques années les choses furent changées, il retourna à l'Hopital pour y demeurer toujours. On n'osa s'opposer à cette résolution de peur de faire trop de violence à son attrait et à sa ferveur ; il fallut laisser passer du temps et employer les négociations de quelques personnes de piété pour le faire revenir au Séminaire.

Cet esprit de pauvreté inspiré par M. de Bernières, était si grand dans l'Evêque et dans tout son clergé, qu'on fut longtemps incertain si on ferait aucune acquisition dans ce pays, regardant comme plus parfait et plus apostolique de s'abandonner à la Providence.

" C'est bien l'homme du monde le plus austère et le plus détaché des biens d'ici-bas, écrivait la Mère de l'Incarnation ; il donne tout et vit en pauvre, et l'on peut dire avec vérité qu'il a l'esprit de pauvreté. Il pratique cette pauvreté en sa maison, en son vivre, en ses meubles, en ses domestiques ; car il n'a qu'un jardinier, qu'il prête aux pauvres gens quand ils en ont besoin, et un homme de chambre. Il ne veut qu'une maison d'emprunt, disant que, quand il ne faudrait que cinq sous pour lui en faire une, il ne voudrait pas les donner. Ce ne sera pas lui qui se fera des amis pour s'avancer et pour accroître son revenu : il est mort à tout cela. Peut-être, sans faire tort à sa conduite, que s'il ne l'était pas tant, tout en irait mieux ; car on ne peut rien faire ici sans le secours du temporel."

SA MORTIFICATION.

Cilice, discipline, coucher sur la dure, prendre sur son sommeil, se lever tous les jours en tout temps à 3 heures du matin, malgré la rigueur du climat, faire la fonction de portier dans l'église tous les jours, en ouvrir les portes, allumer les lampes, s'acquiter parfaitement bien des fonctions d'infirmier dans le Séminaire, faire les lits des malades, les lever, les coucher, panser leurs plaies, ouvrir les pustules de ceux qui avaient la petite vérole, passer tous les jours· plusieurs heures devant le St. Sacrement, assister à l'office divin avec une exactitude inviolable, c'était la manière dont ce premier Evêque se délassait des fatigues que lui procurait son zèle. On peut même dire qu'il a été le martyr de son assiduité à l'église ; car la maladie dont il est mort a été causée par le froid qu'il eut le Vendredi Saint et pour avoir voulu demeurer pendant tout l'office dans l'église malgré un des plus grands froids qu'il ait jamais fait en Canada.

" C'est dommage," dit son infirmier, " que Monseigneur n'ait pas eu à son service et pour témoin de ses actions ordinaires, une personne plus éclairée et plus intelligente dans les choses de Dieu que moi ; elle aurait pu vous donner, Monsieur, toute une autre satisfaction par le détail qu'elle vous en aurait fait que je ne pourrai faire. Ce qui m'a toujours tenu dans la surprise et dans l'admiration a été de voir un homme d'un aussi grand mérite, d'une aussi grande qualité, d'une aussi grande vénération, et aussi utile en ce pays que l'était Monseigneur, cassé et rompu de vieillesse, de fatigues et d'infirmités jusqu'à l'âge de quatre-vingt-cinq ans, être aussi exact que l'était Sa Grandeur à se mortifier en toutes choses, et à dénier à ses sens généralement tous les petits contentements et soulagements qu'il pouvait légitimement recevoir, comme par exemple,

1. de coucher sur un très-chétif matelas sur les planches, dans des couvertes de laine, sans draps, à moins qu'il ne fût malade, à faire tous les jours lui-même son pauvre lit jusqu'à la fin de sa vie, sans permettre que j'y touche que très rarement. Quand pendant une grande maladie qu'eut Sa Grandeur et que Madame de Champigny (qui avait le privilége, à cause de sa vertu et de son mérite, d'entrer dans sa chambre en tout temps) l'eût fait consentir à se coucher plus mollement qu'il n'était, Sa Grandeur agréa que je misse une paillasse sous son matelas; mais elle ne fut pas plutôt guérie qu'elle ne quitta pas la paillasse à la vérité, mais tous les soirs quand j'étais sorti de la chambre, après que Sa Grandeur s'était couchée, elle se levait tout doucement, de peur que je ne l'entende, elle ôtait le matelas de son lit et se couchait sur la paillasse, et le matin elle remettait le matelas et raccommodait son lit sans qu'il y parût rien, et elle continua cela pendant près de deux ans, sans y manquer une seule nuit, quelque tard qu'il ait été, et quelque fatiguée qu'ait été Sa Grandeur; c'est ce que j'entendais tous les jours et que je voyais toutes les fois que je feignais avoir quelque besoin en sa chambre exprès, afin d'avoir le contentement de voir cela; jusqu'à ce que la paillasse étant toute réduite en poussière et pleine de puces, je gagnai sur Sa Grandeur de l'ôter, et depuis ce temps-là jusqu'à sa mort nonobstant ses longues et fréquentes maladies, elle n'a couché que sur un matelas, sur les planches. Dans le dernier voyage que Sa Grandeur est revenue de France en Canada, où j'avais l'honneur de l'accompagner et la servir, j'étais tout étonné de voir que dans les pauvres hôtelleries où il y avait de pauvres lits, Sa Grandeur se déshabillait pour s'y coucher; mais, dans les endroits où il y avait de bons lits, Sa Grandeur ne faisait que se jeter dessus sans se déshabiller; ce qu'elle fit même au Séminaire de Tours, dans la chambre garnie qui y est pour Monseigneur l'Archevêque du lieu, dans laquelle on logea Sa Grandeur.

" 2. De ne se jamais coucher qu'il n'eût dit et ne se fût acquitté de tous ses offices, prières, lectures, chapelets, &c., quelque tard qu'il fût et quelqu'affaire qu'eût eu Sa Grandeur.

" 3. Et de se lever pendant les dites quinze années et celles d'auparavant, tout seul, sans feu, n'ayant point de poële dans sa chambre où il gelait très fort toutes les nuits pendant l'hiver, s'habiller tout seul, bander ses jambes, &c., &c.; de se promener, afin de ne se point assoupir, ce qu'il faisait pendant les plus grandes chaleurs de l'été, au soleil dans son petit jardin, et quand je pansais le soir son cautère du bras, je trouvais sa chemise et sa soutane toutes

trempées et pénétrées de sueur, je représentais souvent à Sa Grandeur le besoin qu'elle avait de changer de chemise, et le danger
qu'elle ne gagnât par le froid du soir quelque maladie ; c'est à
quoi je ne la pouvais faire consentir, quoiqu'elle en eût plusieurs en sa chambre, et elle se couchait ainsi la chemise toute
trempée et toute froide. Or quoique cette mortification ne tue
ni ne blesse, elle me paraissait néanmoins fort rude à supporter ;
car qui est-ce, quelque pauvre qu'il fût, qui ne se crût obligé
pour plusieurs raisons fort sensibles de changer de chemise,
étant dans cet état le soir, sans feu, au serein, surtout ayant si
beau moyen de changer qu'en avait Monseigneur.

" 4. Comme Sa Grandeur était d'une complexion fort sensible,
l'on aurait cru à l'entendre se plaindre dans ses infirmités et
dans ses douleurs, qu'elle avait de la peine et de l'irrésolution
à souffrir ; mais tout au contraire, si elle se plaignait, ce n'était
que pour cacher l'amour et la ferveur avec laquelle elle souffrait.

" Il est tout naturel d'en porter ce jugement, car comment croire
que Sa Grandeur ait eu de la peine et de l'irrésolution à souffrir les douleurs qui lui venaient immédiatement par l'ordre et
la disposition de la divine providence à laquelle elle était si soumise qu'il faudrait un volume entier pour raconter tous les traits
de sa soumission. Puis qu'elle même cherchait tous les jours
les moyens (cachés) qu'elle pouvait s'imaginer pour se procurer
des douleurs et des souffrances, comme sont par exemple, de porter presque tous les jours le cilice et de le quitter tous les soirs en
cachette, de peur que je ne le visse, en pansant le cautère qu'el-
avait au bras, et sur ses dernières années qu'elle ne pouvait presque plus agir, le porter jour et nuit, et avoir un très grand soin
et faire en sorte que je ne le voye point en pansant le dit cautère (c'est pourtant ce qui ne se pouvait faire), et quand ils étaient
déchirés, elle les raccommodait elle-même et avait toujours pour
cela du fil et des aiguilles et, quand il s'y engendrait de la vermine,
elle les lavait elle-même dans de l'eau chaude, et tout cela en
cachette. De baiser son bandage avec une affection et dévotion
toute particulière, à chaque fois qu'elle l'ôtait ou le mettait, comme
un digne fruit de ses fatigues et un instrument qui servait à la
faire souffrir. De ne vouloir point s'asseoir dans un fauteuil
qu'elle avait dans sa chambre à moins qu'elle ne fût extraordinairement faible ou malade, et de se servir de chaises très in-
commodes pour une personne de son âge, et dessus lesquelles
elle est souvent tombée et s'est blessée notablement. De dire

assidûment la sainte messe nonobstant des ouvertures et des
plaies très considérables et très sensibles qu'elle avait aux jambes et aux pieds, et que nos Messieurs et même M. le médecin
lui représentassent le tort qu'elle faisait à sa santé en se gênant
et souffrant comme elle faisait pour dire la sainte messe.

" D'assister en ces états et avec toutes ces plaies à tous les offices
de la cathédrale, quelque froid qu'il fît, et s'y faire porter quand
elle ne pût plus marcher. C'est dans la pratique de cette ferveur
et dans l'exercice de cette dévotion et de cette haine d'elle-même
qu'elle gagna pendant l'office du Vendredi Saint, par un des plus
grands froids qu'il se pusse faire en Canada une angelure au talon
qui lui a causé la mort.

" La mortification au boire et au manger n'est point le moindre
point de ses vertus ; au contraire je crois que c'en est un des plus
grands, quoique bien des personnes l'aient tenu pour un homme
fort difficile en ce point. Il est vrai qu'il faut l'avoir pratiqué et servi
autant de temps que j'ai fait pour avoir bien su connaître et dis-
cerner le vrai d'avec l'apparent, car effectivement Sa Grandeur
paraissait beaucoup affectée de certains aliments et méprisait les
autres de manière à faire croire qu'il recherchait son goût; mais
il est certain qu'il ne le recherchait pas. Bien au contraire il cherchait à le mortifier en tout; c'est de quoi j'ai autant de témoins
qu'il y a eu de personnes qui lui ont préparé à manger, et toutes
conviendront avec moi qu'ils ne savaient comment assaisonner les
viandes pour Sa Grandeur, parce que Sa Grandeur n'y voulait aucun
assaisonnement. Chacun d'eux voulait tâcher à lui faire de bons
ragoûts et de bon goût, et Sa Grandeur voulait que les viandes
n'eussent aucun goût, et pour cacher sa mortification en cela, elle
se plaignait des meilleures viandes et des mieux apprêtées, en
disant qu'elles ne valaient rien, c'est ce qui mortifiait extraordinairement les cuisiniers et leur faisait dire que Sa Grandeur
était bien difficile.

" Si Sa Grandeur avait, comme bien des saints ont fait, fait
paraître sa mortification et qu'elle eût déclaré que ces viandes
bien apprêtées étaient bonnes, mais qu'elle voulait s'en priver et
n'en avoir que des moindres et mal apprêtées afin de se mortifier,
chacun aurait applaudi à Sa Grandeur, cela aurait calmé les esprits, et aurait fait avoir à tous une grande estime de sa vertu et
de sa mortification ; mais c'est ce que Sa Grandeur fuyait comme
la peste, et en méprisant ainsi les bonnes viandes, elle contentait sa
mortification, sans qu'on s'en aperçusse, en ne s'en faisant servir

que de méchantes ou des moindres, et s'attirait de plus par une grande humilité toute admirable le mépris de plusieurs et l'estime qu'on faisait qu'elle était très difficile. Quelqu'un rapportant souvent à Sa Grandeur que l'on disait qu'elle était fort difficile pour son manger, Sa Grandeur ne faisait autre réponse que de dire fort tranquillement et doucement qu'il fallait les laisser dire.

" Mais, me direz-vous, Monsieur, quelles étaient donc les viandes qu'il fallait servir à Sa Grandeur ? Tous les cuisiniers et dépensiers qui ont été au Séminaire peuvent dire avec moi qu'il ne lui fallait que du bœuf puant et corrompu, et que pourvu qu'elle en eût de tel elle était contente ; si on y ajoutait du veau ou des volailles, il fallait qu'elles fussent de même puantes et corrompues et propres à plutôt faire mal au cœur qu'à contenter le goût.

" Je l'ai vu plus de cent fois garder de la viande cuite dans sa chambre (car, comme vous savez, Monsieur, Sa Grandeur a toujours mangé dans sa chambre pendant les vingt dernières années de sa vie), je l'ai vue, dis-je, garder de la viande cuite cinq, six, sept et huit jours dans les chaleurs de l'été, et lorsqu'elle était toute moisie et pleine de vers, elle la lavait dans de l'eau chaude ou dans du bouillon de sa soupe et ensuite la mangeait et me disait, qu'elle était très-bonne. Je m'en rapporte à quiconque et je demande qui est-ce, même des plus pauvres, qui n'aimerait pas mieux s'en passer que d'en manger de pareille ? J'ai vu Sa Grandeur après m'avoir fait aller à la cuisine, jusqu'à deux et trois fois pour chercher d'autres viandes que celle que je lui avais apportée, je l'ai vue dis-je, se mettre à genoux devant ces viandes et manger en cette posture ce qui était de plus méchant : aussi dois-je avouer que Sa Grandeur ne me renvoyait pas ainsi rechercher des viandes peur le désir qu'elle eût d'en avoir de meilleures, mais c'était pour me mortifier, me faire rompre ma propre volonté, et surmonter la peine que j'avais de lui obéir, quand elle me renvoyait ainsi plusieurs fois, outre que par ce moyen elle avait davantage de viande pour donner aux pauvres à qui elle donnait tous les jours une bonne partie de sa portion.

Elle faisait tout son possible nonobstant son grand âge et infirmités continuelles pour observer tous les jours d'abstinence et de jeûnes, tant ceux qui sont commandés par la Sainte Eglise que ceux qui s'observent par dévotion dans le Séminaire, et, si Sa Grandeur a quelquefois cédé en cela à l'ordre des médecins et

aux prières de Messieurs les Supérieurs du Séminaire qui ju-
geaient qu'elle devait faire gras ; c'était pour Sa Grandeur une
grande mortification de ne pas se mortifier en cela, et ce n'était
que par une extraordinaire charité et déférence.

" 6. Un autre point de mortification et d'humilité fort extraordinaire en une personne du rang, de la dignité, de l'âge et des infirmités de Monseigneur, est que Sa Grandeur ne m'a jamais permis, pendant toutes les vingt années que j'ai eu l'honneur d'être à
son service de faire quoique ce soit pour son service qu'elle ne l'ait
pu faire elle-même. Si bien qu'il fallait que je demeurasse les
bras croisés, ou que j'allasse à mon travail pendant que Sa Grandeur faisait son feu, balayait, desservait sa table, lavait son petit
meuble de table, s'habillait, faisait son lit, &c., &c. C'était une
mortification continuelle, pour une personne un peu zélée à son
service, de n'y trouver presque rien à faire.

" 7. Pour sa patience il ne m'appartient pas d'entamer ni de parler des sujets que Sa Grandeur a eu de la pratiquer en un souverain degré, parce que ce ne sont pas choses purement temporelles et où il ne s'agissait que du temporel, comme perte de bien, incendies, douleurs, &c., &c., c'étaient plutôt des sujets de triomphe
pour Sa Grandeur que des sujets propres à lui faire de la peine, et
Sa Grandeur pour toutes les pertes de biens et pour les deux incendies générales de son Séminaire, n'en perdit pas pour un seul
instant sa paix, sa joie, ni sa tranquillité, parce que ces accidents
n'étaient pas des sujets capables d'attaquer sa patience et sa vertu qui était bien au-dessus de tout cela ; les seuls intérêts de
Dieu, de la vertu et de la religion étaient capables de l'émouvoir.

" Je me sens néanmoins obligé, Monsieur, par reconnaissance
pour la charité que Sa Grandeur a eue pour moi, de vous
dire que ça n'a pas été une petite peine à Sa Grandeur de se servir si longtemps de moi qu'elle a fait, à cause de mes indocilités,
des attachements à ma propre volonté, et des raisonnements con-
tradictoires que je faisais à Sa Grandeur quand elle exigeait quelque chose de moi qui ne me plaisait pas ; toute autre patience que
la sienne se serait lassée et m'aurait chassé cent et cent fois d'auprès de sa personne. Et c'est à cette patience de Sa Grandeur que
j'ai obligation de ce que je suis non seulement resté, mais incorporé en une qualité beaucoup au-dessus de mon mérite dans sa sainte maison, et qu'elle m'a témoigné à l'article de sa mort que ce serait, si j'y persévérais fidèlement, le lieu et le sujet de ma prédes-
tination."

H

Son Humilité.

" Comment aurait-il goûté les honneurs du siècle ? " dit un contemporain. " Y a-t-il quelqu'un dans ce diocèse qui n'ait pas senti et éprouvé l'opposition extraordinaire qu'il avait aux louanges ? L'a-t-on jamais pu louer impunément ? Que n'a-t-il pas fait, que n'a-t-il pas dit pour rompre les desseins qu'on avait de rendre quel que hommage à sa vertu ? Si je n'étais rassuré par le St. Esprit qui loue les justes quand ils sont hors de danger de cesser de l'être, et qui par l'ordre de l'Eglise dans cette cérémonie lugubre * m'ouvre la bouche pour adoucir la douleur de tant d'enfants qui ont perdu leur père, je craindrais que le corps de ce prélat qui est déposé devant cet autel ne se ranimât et que sa langue ne reprît l'usage de la parole pour me faire des plaintes amères de ce que je fais après sa mort cequ'il n'a pu souffrir pendant sa vie."

Sa Réputation de Sainteté.

" Toute la population du Canada avait voulu donner des marques de son respect et de sa vénération au prélat qui avait pris l'Eglise de la Nouvelle-France dans son berceau, et qui au milieu de bien des tempêtes l'avait conduit au point où elle se trouvait. Toutes les communautés de la ville de Québec demandèrent qu'on leur accordât de voir le vénérable défunt ; son corps revêtu des habits pontificaux fut porté dans toutes les églises de la ville, que l'on avait tendues de noir, et partout les restes du vénérable évêque furent reçus avec un respect extraordinaire. Il était en si grande réputation de sainteté que tous voulaient avoir quelque chose qui lui eût touché. M. de la Colombière prononça son oraison funèbre, dans laquelle il célébra les vertus du prélat. Evêque missionnaire, Mgr. de Laval s'occupa pendant son épiscopat des intérêts de son église et voulut mourir parmi ceux qui l'avaient aidé dans ses pénibles travaux apostoliques." (Ferland, Cours d'Hist. du Canada, t. 2, p. 390.)

Voici ce qu'écrivait le 11 Septembre 1708, le Frère Houssard, du Séminaire de Québec, à M. Tremblay, directeur des Missions Etrangères de Paris, et procureur du Séminaire de Québec.

" Vous avez déjà sans doute appris la mort de Mgr. de Laval ancien et premier Evêque du Canada, et ce n'est pas pour vous en informer que je prends la liberté de vous écrire celle-ci en parti-

---

* L'oraison funèbre.

culier, mais pour vous témoigner combien cette mort et la séparation d'un si bon, si saint et si charitable maître m'a été sensible. Cela est aisé à concevoir, puisqu'ayant eu l'honneur d'avoir été continuellement attaché au service de Sa Grandeur pendant les vingt dernières années de sa sainte vie, et que Sa Grandeur ayant eu pendant tout ce temps-là, une grande charité pour moi, et une très-grande confiance en mes soins, vous ne pouvez douter que je n'aie contracté une grande union, un grand appui et une attache toute particulière à Sa Grandeur, et que par conséquent la séparation d'une personne qui m'était si chère et si utile ne m'ait causé une peine inconcevable.

" Mais la consolation qui s'est mêlée parmi la tristesse en voyant un saint mourir en saint après avoir vécu en saint, a été un très-grand soulagement à ma peine, aussi bien qu'à celle de tout le séminaire et de tous les peuples du Canada ; et la haute idée que nous avons tous de la grande gloire que possède dans le ciel notre défunt et notre commun père, nous fait espérer que par son intercession et son crédit auprès de Dieu, il nous dédommagera copieusement de la perte que ncus avons faite de sa sainte présence."

Ses Miracles.

" Les procès-verbaux levés par M. Charles de Glandelet, doyen du chapitre de Québec, après la mort de l'Evêque constatent qu'il s'opéra plusieurs miracles à son tombeau " dit M. de la Tour.

" Plusieurs " écrivait quelqu'un du Séminaire de Québec, " l'ont déjà éprouvé (son crédit auprès de Dieu) dans le soulagement qu'ils ont reçu dans leurs peines et infirmités par l'invocation et le recours qu'ils ont eu à notre dit Sr. défunt, comme vous l'apprendrez par une autre voie.

" Pour mon particulier, je compte beaucoup sur son pouvoir et me confie particulièrement en son secours et assistance non seulement pour être délivré et soulagé notablement dans mes infirmités corporelles, comme il m'est déjà arrivé plusieurs fois, mais ce que j'estime infiniment plus pour être assisté dans les besoins intérieurs de mon âme, etc.........

" Je ne doute pas, Monsieur, que vous n'ayez appris la distribution qui a été faite à la grande instance des peuples du Canada, du linge trempé et teint du sang de mon dit Seigneur, de ses cheveux et de ses habits.

" Comme ça été moi qui ai trempé ces linges dans son sang lorsqu'on l'a ouvert, et qui ai coupé ses cheveux, ne le faisant dans le temps que pour ma consolation particulière pénétré que j'étais que ce serait de très-précieuses reliques; vous serez sans doute bien aise que je vous fasse un petit détail de quelques actions communes et ordinaires de Sa Grandeur, etc.........

" C'est ce qui m'a excité à prendre la résolution dès les premières années que j'ai été auprès de Sa Grandeur de ramasser tout ce que je pourrais qui ait appartenu à sa sainte personne, et depuis son trépas à tremper des linges dans son sang, lorsqu'on l'a ouvert, à enlever quelques os du cartillage de dessus sa poitrine et à couper ses cheveux et conserver ses habits et tout cela pour servir de très-précieuses reliques.

" Je crois, M., que vous et toutes les personnes bien intentionnées approuverez mon procédé en cela, comme effectivement plus de 3,000 personnes de toutes sortes d'états et de conditions l'ont déjà approuvé en Canada, en demandant avec empressement et s'estimant heureuses d'avoir de petites parcelles du dit linge et de ces précieux restes de mon dit Seigneur qu'ils portent sur eux avec respect et dévotion, des capitaines même et officiers de troupes ont fait faire exprès des reliquaires d'argent pour y en enfermer et les porter sur eux, étant mus à cela par l'idée et l'estime générale que chacun a du grand mérite et de la haute sainteté de mon dit Seigneur et par les secours extraordinaires et miraculeux que plusieurs ont reçu et reçoivent journellement dans leurs infirmités par l'invocation de mon dit Seigneur, en s'appliquant les dites reliques ou les portant sur eux.

" Il est mort en saint comme il avait vécu," écrivait quelqu'un en France, le 25 juin 1708: " Je ne puis vous exprimer l'estime et la vénération que tout le Canada a pour la mémoire de cet illustre défunt; on l'invoque comme un saint et Dieu a fait déjà pour faire éclater son mérite plusieurs guérisons et autres choses que l'on tient pour miraculeuses, que je supprime ici étant très-assuré que vous en serez informé dans le temps."

On trouve ce qui suit dans une autre lettre du 6 juillet: " Vous apprendrez la perte que le Séminaire a faite par la mort de Mgr. l'ancien. Nous espérons qu'après une si sainte vie il servira d'un puissant protecteur auprès de Dieu pour cette église, pour l'établissement de laquelle il a tant travaillé aussi bien que pour la Colonie. M. de la Colombière a fait l'oraison funèbre de ce *grand* et *saint* prélat, c'est ainsi que les grands et les petits le nomment. Vous auriez eu peine à ne pas mêler vos larmes avec celles de tout le monde, pendant son convoi, où tous, tant les curés que les peuples

les plus éloignés, ont assisté.   Le lieu où son corps reposait était toujours rempli de monde, et les prêtres ne pouvaient suffire à faire toucher des chapelets et autres choses de dévotion.

"Sa vie si humble, si remplie de grandes œuvres," dit une *Histoire du Canada;* * " sa haute piété, ses travaux dignes des évêques des premiers siècles, sa fermeté, sa vigilance et sa charité toutes chrétiennes, n'ont pas besoin de commentaires,et il suffit de voir ce qu'il a fait pour faire tomber dans le néant les mensonges brillants à l'aide desquels le philosophisme moderne n'essaya que trop souvent, en Canada, de ternir sa conduite et la pureté de ses intentions. L'Arbre qu'il a planté a porté son fruit, et le siége de Québec,alors humble et isolé sur la terre d'Amérique, est aujourd'hui la digne métropole de plusieurs siéges illustres qui brillent de tout l'éclat du catholicisme sur les vastes contrées qu'arrose le St Laurent."

Un écrivain qui rendait compte de l'opinion des contemporains, 50 ans après la mort de Mgr. de Laval † , peint ce grand Evêque d'un seul mot : "Il se fit estimer de tout le monde par sa vertu et par son éminente piété."

Après des jugements portés par ceux mêmes qui étaient les témoins des actes du grand Evêque, il n'est guère besoin de relever ce que dit Garneau à la fin du premier chapitre du 4e livre de son Histoire.   Il fait au chef de l'église de la Nouvelle France au 17e siècle, le reproche d'avoir voulu avec son clergé, " en Canada, pays de mission, jouir de la liberté religieuse dans toute sa plénitude, et conserver l'indépendance des temps passés !"   Voilà en effet la mesure de la libéralité de certains écrivains ; quand il s'agit des institutions civiles ils revendiquent la liberté dans toute sa plénitude et ils trouvent que " l'indépendance donne de la noblesse à une cause." ‡ Quand au contraire il s'agit de l'Eglise, ils la considèrent comme dépassant les bornes, lorsqu'elle réclame la plénitude de sa liberté.   Quand un Evêque demande sa parfaite liberté d'action, ou s'étonne qu'il revendique "l'indépendance des temps passés."   Pour ces écrivains "combattre pour des droits ou des idées," c'est avoir "l'humeur aigre et violente." || Celui-là seul leur plairait qui sacrifierait ses droits sans rien dire, et qui renoncerait

---

* Brasseur de Bourbourg, 1852.

† L'abbé L'Advocat, Dictionnaire historique.

‡ Histoire du Canada, par Garneau.

|| Ib.

aux principes plutôt que de soutenir une lutte ; mais comprenons-les bien ; cette indépendance, M. Garneau et les autres de son école la condamnent quand il s'agit de l'Eglise, quand il est question d'un homme de caractère, qui règne sur les âmes et qui a reçu son pouvoir d'en haut, sans l'intermédiaire de l'autorité civile. Mais quand il s'agit de protester contre une taxe sur le thé ou d'introduire l'opium chez les orientaux ou de supprimer les petites principautés au profit des puissants, alors les éloges sont pour ceux qui emploient la force brutale. Certains écrivains appellent ce procédé des annexions forcées " introduire la liberté, affranchir les peuples et les soustraire au joug des tyrans."

Ainsi Mgr. de Laval a été jugé par M. Garneau, MM. Doutre et Lareau * et toute l'école soi-disant libérale. Mais tel n'est pas le verdict de l'histoire ; les hommes courageux ont toujours été hono-rés, Droz-Vichering, Lacordaire, Montalembert, les Evêques d'Allemagne, d'Autriche et de Suisse, de notre temps, seront placés sur le même rang, pour l'indépendance de leur action et la noblesse de leur caractère, que François de Laval combattant pour la moralité du pauvre habitant de la forêt, pour la liberté de l'Eglise dans le Nouveau Monde, pour affranchir cette Eglise, que des hommes imbus d'idées tyranniques voulaient réduire en esclavage. Honneur à Laval, qui, n'ayant pour arme qu'une crosse, a montré que ce bâton pastoral était plus redoutable qu'une armée ! Gloire à l'Evêque qui savait résister en face à ceux qui voulaient outrepasser leurs attributions ! Du Séminaire où il résidait comme le plus humble de ses prêtres, il montrait à ses adversaires combien la voix d'un Evêque est retentissante ; et, si on le menaçait d'employer la force brutale, il ne répondait pas et se tenait prêt à subir la violence.

Cette figure grandira encore, et elle sera d'autant plus admirée qu'elle a brillé sur ce continent, à l'époque où elle a paru, au milieu d'un certain nombre d'autres assez remarquables, qui ne l'ont pas éclipsée.

---

* *Droit Civil Canadien*, publié à Montréal.

APPENDICE.

***

CORRESPONDANCE DE MGR. DE LAVAL.

Au Père Nickel, à Rome, (traduit du latin conservé à Rome.)

Québec, Août, 1659.

Mon Révérend Père,—Dieu seul qui sonde les cœurs et les reins, et qui pénètre jusqu'au fond de mon âme, sait combien j'ai d'obligation à votre compagnie, qui m'a réchauffé dans son sein, lorsque j'étais enfant, qui m'a nourri de sa doctrine salutaire dans ma jeunesse, et qui depuis lors n'a cessé de m'encourager et de me fortifier. Aussi je conjure votre Paternité de ne point voir, dans cette expression de mes sentiments de reconnaissance, le simple désir de remplir un devoir de convenance ; c'est du fond de mon cœur que je vous parle. Je sens qu'il m'est impossible de rendre de dignes actions de grâces à des hommes qui m'ont appris à aimer Dieu et ont été mes guides dans la voie du salut et des vertus chrétiennes.

Si tant de bienfaits reçus dans le passé m'ont attaché à votre Compagnie, de nouveaux liens viennent encore resserrer ces relations affectueuses. Il m'est donné, en effet, Mon Révérend Père, de partager les travaux de vos enfants dans cette mission du Canada, dans cette vigne du Seigneur qu'ils ont arrosée de leurs sueurs et même de leur sang. Quelle joie pour mon cœur de pouvoir espérer une même mort, une même couronne ! Le Seignenr sans doute ne l'accordera pas à mes mérites ; mais j'ose l'attendre de sa miséricorde. Quoiqu'il en soit, mon sort est bien heureux et le partage que m'a fait le Seigneur est bien digne d'envie. Quoi de plus beau que de se dévouer, de se dépenser tout entier pour le salut des âmes ? C'est la grâce que je demande, que j'espère, que j'aime.

J'ai vu ici et j'ai admiré les travaux de vos Pères : ils ont réussi non seulement auprès des néophytes qu'ils ont tirés de la barbarie et amenés à la connaissance du seul vrai Dieu, mais encore auprès des français, auxquels par leurs exemples et la sainteté de leur vie, ils ont inspiré de tels sentiments de piété, que je ne crains pas d'affirmer en toute vérité que vos Pères sont ici la bonne odeur de Jésus-Christ partout où ils travaillent.

Ce n'est pas pour vous seul que je leur rends ce témoignage, mes paroles pourraient paraître suspectes de quelque flatterie ; j'ai écrit dans les mêmes termes au Souverain Pontife, au Roi très-chrétien et à la Reine sa mère, aux Illustrissimes Seigneurs de la Congrégation de la Propagande, et à un grand nombre d'autres personnes. Ce n'est pas que tout le monde m'ait approuvé également ; vous avez ici des envieux ou des ennemis qui s'indignent contre vous et contre moi ; mais ce sont de mauvais juges qui se réjouissent du mal et n'aiment point les triomphes de la vérité. Daigne votre Paternité nous continuer son affection ; du reste, en nous l'accordant, elle n'aimera rien en moi qui ne soit à la Compagnie. Car je le sens, il n'est rien an monde que je ne lui doive, rien que je ne lui consacre. Je veux être à vous autant que je suis à moi-même ; je veux être tout à Jésus-Christ, dans les entrailles duquel j'embrasse votre Paternité, et je la prie de m'aimer toujours, comme elle le fait, d'un amour sincère. Que cet amour soit éternel.

Je suis de Votre Paternité, le très humble et obéissant serviteur,

FRANCOIS DE LAVAL,

Evêque de Pétrée, Vicaire Apostolique.

M. DE SEIGNELAY A MGR. DE LAVAL.

Monsieur, Je suis bien aise que le soin que je prends des affaires de Canada me donne lieu d'avoir quelque commerce avec vous. J'escris à M. du Chesneau de vous informer des résolutions que le Roy a prises sur ce qui regarde le spirituel de ce pays là, des gratifications que Sa Majesté veut bien continuer de faire aux Ecclésiastique et des xbe (1500) qu'elle accorde pour le bastiment de l'Eglise de Montréal.

Je suis, Monsieur,

Vostre très humble et très affectionné serviteur,

DE SEIGNELAY.

A Versailles le 2d maì, 1681,

M. l'Evêque de Québek.

MGR. DE LAVAL AU ROI LOUIS XIV.

Sire,

L'honneur que V. M. m'a fait de m'écrire que Mons. de Meules a ordre de conserver icy avec moy une parfaite intelligence en toutes choses, et de me donner toutes les assistances qui pourront dépendre de luy, est une marque si sensible de la bonté qu'elle a pour cette nouvelle église et pour l'Evesque qui la gouverne, que je me sens indispensablement obligé d'en rendre à V. M. ma très humble reconnaissance. Comme je ne doute pas que ce nouvel intendant dont elle a fait choix ne fasse avec plaisir ce qu'elle luy a ordonné, je puis aussy assurer vostre M. que de ma part j'auray toute la correspondance que je doits avoir avec lui et que je feray toute ma vie, ma plus grande joye d'entrer dans les intentions de vostre M. pour le bien général de ce pais qui faict partie de vos états. J'escris à M. de Seignelay le détail des choses qui regardent mon ministère pour en rendre compte à V. M., et j'espère qu'elle me fera la justice de croire que je suis avec un profond respect et une entière soumission, Sire, de V. M.,

Le très humble, très obéissant et très fidèle sujet et serviteur

FRANCOIS, EVESQUE DE QUÉBEC.

Québec, le 12 novembre, 1682.

M. DUDOUYT A MGR. DE LAVAL, du 26 mai 1682.

M. de Frontenac a été fortement soutenu par ses amis Madame de F., M. de Mnar, M. de l'Estrade et beaucoup d'autres s'y sont puissamment employés et s'il n'avait pas porté les choses à de si grandes extrémités, il aurait été continué, mais les informations étoient si fortes et en si bon état qu'il n'a pas esté possible de le soutenir. M. de Seignelay a voulu prendre connaissance des choses à fond et le Roy mesme a voulu s'en instruire et Riverin a bien fait son devoir, de sorte que la vérité a esté connue, et on a jugé qu'on ne pouvoit remettre la paix dans le païs qu'en rappelant M. de Frontenac.

M. Duchesneau est aussy révoqué parce qu'on n'a pas voulu révoquer l'un sans l'autre après les différens qu'ils ont eu, pour ne pas paroistre donner atteinte à l'autorité du gouverneur, et cela auroit été trop sensible aux amis de M. de F., si M. de Chesneau eust esté continué et luy rappelé : cela n'empêche pas que la révocation de M. de Frontenac ne soit la justification de la conduite de M. du Chesneau ; comme il n'a agi et souffert en tout ce qui s'est passé que pour satisfaire au devoir de sa charge ; il en est d'autant plus louable devant Dieu et devant les hommes. On a dit du bien de luy à la Cour. M. Colbert Croisy lui procurera quelque employ et M. Tronson le servira. M. de la Barre qui va pour estre gouverneur a de la capacité et de l'expérience dans les affaires soit de la guerre soit de la justice. Il est bien intentionné et n'est pas intéressé ; son but est de restablir toutes choses dans la paix suivant l'intention du Roy qui le veut absolument et qui l'a déclaré.

M. de Meule va estre intendant ; M. Begon son beau-frère a été longtemps nommé pour le Canada et les provsions étoient remplies de son nom, mais on a changé de résolution pour l'envoyer aux Isles.—J'ai salué M. de Meule qui est parent de Mde. Colbert. Il a de la bonté et de la facilité, M. Begon m'a dit qu'il luy recommanderoit les intérêts de l'Eglise du Canada.

Le P. Gassot et le P. Poncet *, Jésuites qui passent cette année sont des sujets de mérite. Notre Seigneur ayme le Canada en y appelant de si bons ouvriers.

M. DE LAVAL A M. DE SEIGNELAY, 1682.

Monsieur,

J'ay reçue par les mains de M. de M. † la lettre du R. ‡ et celle que vous m'avez fait l'honneur de m'escrire. Le pais vous est extrêmement obligé des soins que vous avez la bonté de prendre pour son accroissement, et d'avoir bien voulu informer sa Majesté de son estat et de ses besoins ; il en ressent les effects et il est redevable à votre ministère des bienfaicts qu'il en a reçeu cette année et spécialement de la grâce qu'elle luy a faict d'y envoyer M. de la B. || pour gouverneur et M. de M. § pour intendant.

Ils s'appliquent tous deux depuis le premier jour d'Octobre qu'ils sont arrivés avec beaucoup de soin et de vigilance à tout ce qui regarde le bien du païs, et particulièrement à tascher de détourner la guerre des Iroquois qu'il paroist manifestement qu'ils ont dessein d'entreprendre contre la Colonie. M. de la B. a pour cet effect despesché aussitost un canot vers cette nation duquel il ne peut attendre de réponse que sur les glaces. J'ay eu le bien de communiquer plusieurs fois avec ces Mrs. surtout ce qui concerne l'estat de l'église et spécialement sur les dixmes et l'establissement des cures, mais quelque connaissance que j'aye pu leur donner sur cette

---

* Ces deux Pères ne sont mentionnés ni dans l'Abrégé chronologique de M. Noiseux, ni dans la *Liste* du clergé. Ce Père Poncet ne peut être le même que celui qui vint en 1639, ni que celui du No 297, appelé faussement *Poncet* au lieu de *Poncelet.*

† De Meulles intendant.

‡ Louis XIV.

|| De la Barre.

§ De Meulles.

matière, ils ne peuvent pas en avoir de suffisante que par un transport dans tous les lieux, après quoy ils pourront porter un jugement plus solide, et remarquer la différence qu'il y a entre les establissemens de cette colonie et ceux de l'Ancienne France. Je puis vous assurer que j'auray toujours tout le respect et la soumission que je dois aux ordres du Roy et que j'agiray avec ces Mrs. en toutes choses avec l'intelligence que Sa Majesté et vous pouvés désirer. Ils peuvent l'un et l'autre vous rendre témoignage de ma correspondance en tout ce qui est de mon ministère et qu'ils jugent à propos.

Monsieur Demeulles travaille avec assiduité et une affection particulière, et je me joins volontiers à ses soins pour trouver les moyens de rendre les curés fixes et sédentaires en chaque lieu. L'ordre que vous me faictes l'honneur de mescrire que Mrs. de la B. et de M. ont reçue d'examiner conjointement et avec soin ce qui regarde l'establissement des dixmes nécessaires pour la subsistance des dits curés me donne d'autant plus de sujets d'espérer que cette affaire aura un bon succès, que ces Messieurs doivent coopérer de concert et d'union, et que je n'y espargneray rien de mon costé.

Les deux mil écus que vous avez eu la bonté d'obtenir du Roy pour partie de la dépense à faire pour leur entretien est un secours qui contribura beaucoup à faire réussir ce pieux dessein.

Je puis vous dire avec vérité (et je le dois par le devoir, Dieu m'ayant commis le soin de cette église) que c'est une chose d'une nécessité absolue, et que sans cet establissement il est asseuré que les peuples s'eslèvent dans une si grande ignorance de leurs salut que quelques soins et fatigues que l'on puisse prendre pour leur instruction, il y a tout sujet de présumer qu'il n'y resterait à la suite du temps que fort peu de teinture du christianisme; ainsi sa Majesté ne scauroit faire une dépense plus utile et plus nécessaire pour la colonie, ny vous Monsieur coopérer à un œuvre plus digne de vostre piété. Le Roy continuera autant qu'il luy plaira ce bienfait signalé à ce christianisme, mais vous me permettrés de vous dire qu'il n'y a pas d'apparence que cet ouvrage se puisse soustenir si Sa Majesté ne l'appuye de ce secours, tant à raison de la distance des lieux les uns des autres que de la pauvreté d'une grande partie des peuples. Lorsque ces Mrs. auront reconnu les choses par eux-mêmes, ils jugeront mieux de ce que peuvent valoir les dixmes et de ce que nous pourrons faire en conséquence.

Mr. de M. m'a témoigné qu'il serait (d'avis) de faire venir quatre ecclésiastiques de France, voyant que ce qu'il y en a icy ont autant de travail et plus qu'ils n'en peuvent faire. Celuy qui prend soin des affaires de cette église aura l'honneur de vous le représenter.

J'ay entretenu Mrs. de la B. et de M. de ce que vous m'avés faict l'honneur de m'escrire de l'emplacement appelé le vieux Magasin dans le veue d'y pouvoir édifier une chapelle pour le soulagement de la Basse Ville, l'incendie arrivée, ayant consommé tout ce qui en pouvait rester n'a laissé que le terrain duquel ils m'ont tesmoigné qu'ils ne jugent point à propos de disposer jusques à ce qu'ils vous ayent informé du besoin qu'ils croyent qu'il y auroit de réedifier un autre magasin sur le mesme emplacement et que au cas que le Roy ne voulust pas faire cette dépense, ils ne trouvent aucun inconvenient de le remettre pour y pouvoir construire une chapelle et jugent mesme qu'il y a assés de terrain sur cet emplament pour exécuter l'un et l'autre dessein si Sa Majesté l'a pour agréable.

L'on na point pu escrire avec vérité que j'aye jamais faict la moindre difficulté de permettre de dire la messe dans des églises de bois, puisqu'il n'y a pas de moyens dont je ne me serve pour faire en sorte qu'il y aye au moins quelque réduit pour petit qu'il puisse estre (qui soit séparé des maisons) pour y pouvoir dire la sainte messe, et n'estre pas nécessité comme je suis de permettre de la célébrer dans les maisons des habitans dans lesquelles, à cause de la petitesse et pauvreté des lieux, ils ont souvent tout proche de l'autel que l'on y dresse une marmitte au feu, et où les volailles et autres animaux causent la dernière indécence, ce que je ne pourrois pas permettre en conscience si je ne m'y voyois obligé par l'extresme nécessité où l'on se trouve pour le salut des pauvres gens. La grâce que je vous supplie très-humblement de m'accorder est de ne point adjouster foy à ce qui peut vous estre mandé à mon insceu, jusqu'à ce que j'aye eu l'honneur de vous esclaircir de la vérité.

Nous rendons très-humbles grâces à S. M. de la gratification qu'elle nous a accordée de 1500 francs pour le clocher de Québec. Comme le dernier incendie a mis les habitans hors d'état de contribuer à cet ouvrage, il ne nous sera pas possible de l'achever, à moins que vous ne nous obteniez, Monsieur, si vous le jugez à propos, quelque augmentation l'année prochaine.

Il est arrivé cette année plusieurs grands maux de la traite des boissons chez les sauvages, mais j'espère que M. notre nouveau Gouverneur et M. l'Intendant feront observer exactement à l'avenir les ordonnances sur ce point, et que vous aurez la bonté de vous en faire informer avec tout le soin que mérite l'importance de cette affaire.

Il est aussy fort important qu'on ne donne point d'atteinte à l'édit du roy quy défend aux Huguenots de rétablir en ce pais, surtout qu'on ne le souffre pas dans l'Acadie, à cause de la proximité des Anglois et des Hollandois.

Enfin je vous supplie, Monsieur, de ne vous lasser point de nous donner vostre protection. J'ay tant de confiance en vostre vertu, que je m'adresseray toujours très-volontiers à vous en toutes occasions, si vous voulez bien me le permettre, et je seray toute ma vie avec autant de reconnaissance que de respect,

Monsieur,

Vostre très-humble et très-obéissant serviteur.

F.

A Québec le 12 novembre 1682.

LE MEME AU MEME.

Monsieur,

J'ay reçeu les deux lettres que vous m'avés fait l'honneur de m'écrire cette année, et je ne puis assez vous témoigner la joye qu'elles m'ont donnée, quand j'y ay lu que V. M. est satisfaite de la bonne intelligence que je conserve pour les intérests de son service avec M. le Gouverneur * et M. l'Intendant †. M. le Gouverneur a passé tout l'été au Montréal, où il a connu à fond les désordres que cause le commerce des boissons enyvrantes chez les sauvages, ce qui l'a obligé de faire des ordonnances très-sévères qui arresteront le mal, pourvu qu'on les exécute. Il a aussy eu dans ce même lieu, l'adresse et le bonheur de suspendre jusqu'à présent l'exécution du dessein que les Iroquois ont de nous déclarer la guerre pour laquelle vous avés eu la bonté de nous envoyer déjà quelques troupes dont nous sommes obligés à vostre crédit. Auparavant ce petit voyage, il m'avoit remis de la part de S. M., suivant vos ordres, l'emplacement du vieux magasin pour y bâtir une chapelle succursale de la paroisse, et je vous dois sur cela, des remerciemens particuliers.

M. l'Intendant a parcouru en personne la plupart des habita-

---

* M. Lefebvre de la Barre.

† M. de Meulles.

tions de ce pays pour y connoistre mieux à quoy peuvent aller les dixmes, et il s'est employé partout avec succès à pacifier les différents et à remédier aux désordres.

Ces deux Messieurs se sont appliqués avec tout le soin et l'exactitude possible durant tout le cours de cette année à trouver des moyens d'établir des cures fixes dans ce pays, et après plusieurs conférences que nous avons tenues ensemble, nous avons dressé un état qu'on vous envoye signé de nous trois, où vous verrez, Monsieurs, qu'à cause de la pauvreté des peuples, il est impossible de faire subsister les curés, à moins que S. M. ne donne le petit supplément que nous vous marquons. Nous luy sommes infiniment obligéz de la bonté qu'elle a de nous accorder ce qui est nécessaire pour faire passer de France icy quatre ecclésiastiques ; je n'en ay fait venir aucun jusqu'à présent, qui ne m'ait coûté quatre cents francs, tant pour son passage que pour le voyage de Paris à la Rochelle, pour la dépense jusqu'au jour de l'embarquement, et pour un calice et des ornemens d'autel, sans parler des livres dont un missionnaire doit être pourvu.

Il me parait important d'établir un curé au Port Royal situé en l'Acadie, afin d'y maintenir les habitans danc l'obéissance deue au Roy, parcequ'ils sont éloignés de Québec et tout proche des Anglois : il y a sept ans qu'un de mes ecclésiastiques * travaille utilement à ce dessein, en même tems qu'il est chargé par commission du soin des âmes. Mais comme l'habitation a près de vingt lieues d'étendue, et qu'elle est la plus peuplée de l'Acadie, il y faut encore un prestre pour ayder celuy qui y demeure depuis si longtemps. Cet ecclésiastique m'a donné avis qu'il est passé en ce lieu là des hérétiques de La Rochelle qui prétendent s'y établir sous prétexte de pesche, et qui ont déjà trop de communication avec les Anglois de Boston ; je vous supplie très humblement, M. de ne pas souffrir ce désordre dons vous voyés bien les suites. Le secours que vous nous avés obtenu de S. M. pour contribuer au rétablissement du clocher de notre cathédrale est une nouvelle marque de vostre protection dont je vous suis sensiblement obligé; nous allons commencer cet ouvrage sans aucun retardement, y ayant déjà qua-

---

* M. Louis Petit qui avait sa résidencé à Port Royal, d'ou il faisait des missions dans tout le reste de l'Acadie. Il se trouvait à Port Royal lorsque Phipps parut avec sa flotte en 1690. Le Gouverneur Manival chargea M. Petit de négocier une capitulation ; mais les Anglais ne la respectèrent pas, livrèrent la place au pillage sans excepter l'église, et emmenèrent M. Petit prisonnier sur le vaisseau amiral. (Voir Haliburton, Nova Scotia.)

tre ans que l'on ne sonne point les cloches ; la dépense sera bien plus grande que l'on n'avoit préveu, et si je ne craignois point de vous être importun, je vous prierais très-humblement de représenter à S. M. qu'à raison de la pauvreté des habitans l'ouvrage demeurera imparfait, à moins que par sa piété elle ne continue de nous secourir. Comme MM. de la Barre et de Meulles m'ont témoigné qu'ils vous exposent l'un 'et l'autre la pauvreté de notre hopital de Q., je me joins à eux pour vous dire que nonobstant la pension annuelle que le Roy luy donne, il est si chargé de malades et de debtes que sans des secours extraordinaires il faut qu'il succombe. Et vous scavez, M. de quelle conséquence il est de le soutenir.

Le Sr. Bourdon * chirurgien que M. de la Barre a amené avec luy rend de grands services à cet hôpital et à tout le pays, c'est en cette considération que je vous supplie de luy procurer quelque gratification de S. M...
....
Pardonnez-moy, M., la longueur de cette lettre, je crois n'avoir dit que le nécessaire. Je vous demande la continuation de vos bontés pour moy et de vostre protection pour nostre Eglise et tout le pays. Personne no vous honore plus que je le fais et je suis avec autant de reconnaissance que de respect, M., vostre très-humble et très-obéissant serviteur, à

Québec le dix novembre 1683.

LE MEME AU MEME—1687.

Monsieur,

Ayant apris de M. de St. Valier que vostre intention estait que j'attendisse le retour de Roy pour prendre une dernière résolution sur mon départ, je vous prie de trouver bon que sans attendre la lettre que vous luy avez dit que vous me feriés l'honneur de m'escrire sur cela, je vous représente avec respect que le temps du départ des vaisseaux presse et que je vous demande avec confiance la grâce de finir le plus tôt que vous pourrez cette affaire. Vous pourrés assurément en parler au Roy durant le voyage et me faire savoir ses ordres, afin que je prenne mes mesures. Je puis vous protester, M. que si dans la manière dont je me suis comporté avec

---

1 Il était probablement fils de Jean Bourdon, Ingénieur en Chef, et plus tard Procureur Général, qui mourut à Québec le 12 janvier 1668.

vous j'avois manqué en quelque chose, j'en aurois un sensible déplaisir et je vous prie d'estre bien persuadé que si je retourne, ce n'est uniquement que pour y achever de finir mes jours en repos et avoir la consolation de mourir dans le sein de mon Eglise. J'espère que bien loin d'y mettre obstacle à la paix, j'y seray un moyen de parfaite union comme vous le connaîtrez dans la suite. Ayez donc la bonté de m'accorder vostre protection. J'attends une réponse favorable, et suis

Votre, etc.,

LE MEME AU MEME.

Monsieur,

Ayant eu advis que les huguenots de La Rochelle avoient obtenu un pouvoir de tenir une pesche sédentaire à l'Acadie sous le nom de deux ou trois catholiques de Paris et qu'ils avoient équipé un vaisseau avec un petit bâtiment où ils faisaient passer cent hommes dont cinq seulement étoient catholiques, j'ay présenté un mémoire à M. de Seignelay dont je vous envoye copie luy faisant voir que cet establissement étoit grandement préjudiciable à la religion, à l'état et au pays, et contre l'intention du Roy qui ordonne par son édit d'établissement de la Colonie du Canada qu'elle ne sera peuplée que de catholiques. Il me dit qu'il y donneroit ordre : cependant comme j'ay veu que la chose s'exécutoit, j'ay été voir le Père de la Chaize et luy ay fait voir le mémoire. Il en a bien conceu l'importance et m'a dit qu'il liroit le mémoire au Roy mot pour mot et qu'on y mettroit ordre. J'en ay parlé à M. de la Barre et à M. de Meule, et le Père de la Chaize en a mesme parlé à M. de la Barre. Le fondement qu'on allègue et où la pluspart donnent mesmes plusieurs de ceux qui sont assez bien intentionnez pour qu'on permette cet establissement, est " qu'il faut des hommes en Canada et qu'il faut que le pais s'établisse, qu'il faut pour cela permettre à toutes sortes de personnes de s'y établir, que ceux qui ont fait des établissements en ont usé de la sorte ; que la république de Rome étoit au commencement un amas de brigans, etc." J'ay répondu que si le Roy veut que le Canada s'habitue qu'il se trouvera des catholiques en assez grand nombre pour cela : que le meslange des huguenots avec les catholiques est très pernicieux surtout dans un pais éloigné : qu'il corrompra la foy et les mœurs des peuples, surtout des nouveaux convertis qui passent en Canada ; qu'il causera la division entre les catholiques et les huguenots dans le pais :

qu'ils empêcheront la conversion des sauvages, leur inspirant l'aversion des catholiques comme font les hollandais de Manate et les anglais de Boston en hayne de la religion, et par intérest pour avoir leurs pelleteries. Que s'il arrivoit guerre, les héretiques se joindroient aux hollandais de Manate et aux anglais de Boston voisins du Canada. * Qu'au reste les républiques ou colonies qu'on dit avoir été formées du ramas des personnes de toute religion étoient ou payennes ou hérétiques, mais qu'il n'en va pas de mesme des colonies chrétiennes et catholiques où la diversité de religion porte nécessairement la division. On sait ce que les huguenots ont fait souffrir à la France.

Quoyque le navire parte avant qu'on y ayt mis ordre et qu'on les ayt empeschés puisqu'il y a trois semaines qu'ils sont en rade et n'attendent que le vent, le Roy néantmoins donnera des ordres ou dès cette année ou aumoins l'an prochain afin qu'ils desistent de leur entreprise ou qu'ils ne fassent leur establissement que de catholiques suivant l'édit du Roy, car l'arrest qu'ils ont obtenu pour faire leur establissement ne leur permet pas de le faire de huguenots et la permission est donnée à trois personnes de Paris qui sont catholiques.

Je me suis trouvé ce matin chez M. de Meule où estoit un homme qui a eu ordre de M. Colbert de faire la preuve de la potasse du Canada. C'est un homme qui a de ces sortes de manufactures à Paris de potasse et de savon : il a dit à M. de Meule que la potasse du Canada est très-bonne, si elle étoit bien faite et beaucoup meilleure que celle de Norvège, qu'elle ne brusle point le linge et qu'elle est bien forte, qu'on peut en faire de bon savon et que c'est une des bonnes manufactures qu'on peut tirer du Canada. Cet homme a dit que si on luî en envoyoit pour 100,000 éscus tous les ans, il en feroit le débit et la prendroit. †

Aujourd'hui, 30 may, je viens de chez M. de la Barre qui m'a dit qu'on ne souffrira pas que les huguenots s'établissent en Canada, que l'an prochain on ostera tous les huguenots ; on a fait venir le Sr. Cheurier auquel on a déclaré qu'on ne voulait pas qu'aucuns

---

* L'exemple de la Tour etait trop récent pour avoir été oublié. "Il était en rapport constant avec ses amis de Boston." [Hist. de la Nouv. Ec. t. 1, p. 59.]

† On voit par ces détails que Haliburton, dans son Hist. de la Nouv. Ecosse n'est pas exact, lorsqu'il dit qu'*on ne donnait que peu d'attention aux avantages que l'on pouvait tirer de la Colonie, en encourageant et augmentant son commerce* (*Vol.* 1, *p.* 67.)

huguenots s'établissent dans l'Acadie il a dit qu'il y mettroit ordre et qu'il n'y en demeureroit pas. J'ay vu depuis peu M. de Chevry de qui dépend principalement la pesche sédentaire qu'on établit à l'Acadie qui 'm'a dit qu'il n'y hivernera que trente hommes cette année, qu'il ne s'y établira pas de huguenots. Le Sr. Berger a ordre de bastir une chapelle pour l'an prochain. Si on avoit un prêtre à leur donner, ils le prendroient volontiers. Le Sr. Berger qui a la direction de l'établissement de la pesche sédentaires à l'Acadie a fait abjuration entre les mains du Père de la Chaize. Il espère que ses enfans suivront sa conduite.

M. DE ST. VALIER A MGR. DE LAVAL.

* De l'Isle Percée ce 16 juillet (1685).

C'est en arrivant à l'Isle Percée que je vous escris, mon très cher père et prélat, pour vous dire que nous sommes venus de la Rochelle icy en cinq semaines et encore si nous n'avions pas cherché

---

* M. de St. Valier s'était embarqué le 8 mai 1685 pour venir à Québec, où il arriva le 30 juillet. Le lieu du départ était La Rochelle : sur le même vaisseau étaient le marquis de Denonville, sa femme et une partie de sa famille ainsi que deux prêtres. Cinq autres prêtres qui avaient pour chef M. l'abbé D'Urfé, ci-devant Doyen du Chapitre du Puy s'embarquèrent sur un autre vaisseau, avec 500 soldats. La maladie se mit dans les troupes, et enleva 150 hommes. Un des prêtres mourut dans la traversée, et un autre languit encore quelques jours après être arrivé à Québec.

" J'avoue," écrivait le prélat quelques années après, † " que je fus sensiblement touché de la mort de ces deux ouvriers évangéliques, sur lesquels j'avois beaucoup compté pour le bien de la Colonie, parce que je connoissois leur vertu et leur grâce : mais après tout je leur portay plus d'envie que de compassion, et bénissant mille fois Dieu de l'honneur qu'il leur avoit fait de les appeler à luy par une espèce de Martyre de charité, j'entray autant que je le pûs en esprit dans leurs saintes dispositions, pour avoir quelque part au mérite de leur sacrifice, puisque je n'avois pas esté jugé digne de participer à leurs souffrances et à leur sort. Quel bonheur pour moy, si j'avois suivi mon premier instint qui me portoit à la Rochelle à m'embarquer avec eux, et si ayant couru les mêmes risques sur la mer j'avois eu la même fortune ! Mais il fallut qu'on m'en empêchât, sous prétexte de prudence, en s'opposant à mon désir, et je ne méritois pas de terminer si tôt mes jours par une fin si glorieuse."

† Etat présent de l'Eglise et de la Colonie Française. Québec Aug. Côté, 1857.

à passer par le petit passage plus tôt que par le grand, je crois que
nous pourrions estre présentement bien près de Québec si nous n'y
estions pas déjà arrivés. Je ne vous diray rien du destail du voyage,
sinon que nous ne scavons pas ou peuvent estre les flustes du Roy.
Pour nous, nous sommes Dieu merci en assez bonne santé, hors
Madame de Rouville * qui est toujours dans le lit. Pour moy je
ne m'y suis pas tenu heureusement et j'ay mieux aymé estre debout
que de demeurer dans cette posture. J'ay eu le bonheur de dire
tous les jours la messe icy, hors trois jours de gros temps. Pour
ce qui est du mal de mer, je m'en sens quelquefois si anéanti que
je crois qu'il n'y a qu'à rendre l'âme, mais après que le mal est
passé, cela n'est rien.

J'ay mené avec moy Messieurs Digoy et Thomas. † Je suis fort
content de la docilité et de la vertu de ce premier ; pour le second,
je doute fort qu'il puisse s'accoutumer dans le Séminaire. Je le
trouve bien délicat. Je me réserve à vous rendre compte de mon
voyage quand je seray arrivé à Québec et de vous mander tout ce
qui sera passé et dans ce vaisseau et dans les autres depuis la date
de cette lettre que je laisse à l'Isle Percée en passant. Je suis avec
bien du respect tout uni dans le cœur de Jésus,

Vostre très humble et très obéissant

serviteur,

DE St. VALIER n. par le Roy à l'Evesché

de Québec.

MGR. DE LAVAL A MESS. DE B., DES. M. ET GL.

A Paris ce 18 mars 1687.

Messieurs,

Je vous donne avis de tout ce qui s'est passé depuis le retour
de M. de St. Valier qui ne pourra pas avoir ses Bulles cette année
et par conséquent repasser en Canada, et moy conformément aux
sentimens que N. S. me faict la miséricorde de me continuer, j'y

---

* Mlle Marguerite Josephte Tavenay, native de Bourges et venue dans la Nouvelle France à la suite de Mde de la Peltcrie. Elle épousa François Hertel qui fut
anobli en 1716, et dont on connaît les actes de bravoure.

† Ce sont ces deux Ecclésiastiques que Mgr. de St. Valier mentionne, sans les
nommer, au commencement de sa lettre imprimée sous le titre: *Estat présent de
l'Egl se, etc.*

retourne comme au lieu où mon cœur est inséparablement attaché,

n sorte que, quand je serois assuré de mourir sur la mer, je m'embarquerois pour n'estre pas privé au moins de la consolation de mourir dans l'accomplissement du bon plaisir de N. S. dans lequel doit consister notre bonheur pour le temps et l'éternité.

Je ne vous remeneray pas notre bon M. Guyon, puisque ce bon plaisir en a disposé et nous l'a enlevé le dix de janvier dernier. Il a faict une mort fort chrétienne et a reçu en ce passage une protection toute extraordinaire de la Ste. Vierge.

* L'on peut dire que selon l'usage commun de parler du monde c'est une perte très considérable pour le Canada. Tous les talents naturels que Dieu luy avoit donnés l'avoient rendu capable de se rendre utile à l'Eglise. Mais il nous a voulu faire connoistre qu'il n'a besoin de personne. *Aliæ cogitationes meæ aliæ vestræ.* Il nous faut adorer ses conduites et le bénir de nous avoir osté ce secours et appuy trop humain : nous devons ensuite luy donner de véritables marques de la charité et amour que nous avons eu pour luy en ce monde par le secours de nos prières.

Après avoir eu le Sacrement de l'Extrême-Onction avec plein jugement, il tomba dans un deslire duquel estant revenu, il me pria de m'unir à luy et tous les ecclésiastiques qui estoient dans la chambre, afin de remercier la très sainte Vierge de la faveur et bonté qu'elle avoit eue de venir à luy et de l'assurer qu'elle ne l'abandonneroit pas, m'adjoutant la larme aux yeux : " Mgr., ces malheureux démons vouloient que j'abandonnasse la très sainte Vierge, mais on mettroit toute ma chair par morceaux plustôt que de la quitter. Mettons-nous tous, me dit-il, à genoux et prions-la de m'accorder cette miséricorde, mais il est nécessaire que ce soit avec une grande confiance de l'obtenir. Car, comme, dit-il, c'est une grande grâce, elle ne peut s'obtenir qu'avec une grande et entière confiance."

Je dis les litanies de la Sainte Vierge auxquelles il voulut répondre *Ora pro nobis* jusques à la fin avec bien de la dévotion et tendresse de cœur.

Lorsque je les eue finies, je dis le *Memorare*, et lorsque je fus à ces mots *Ego tali animatus confidentia*, il me dit : " Mgr., arrêtons-nous là, et redoublons notre confiance ; " et en fist plusieurs actes pleins de dévotion et d'édification. Et ensuite tant que je lui disais

---

* Cette relation est tirée d'une autre lettre datée le 9 juin 1687.

qu'il falloit faire, aussitost que je luy marquois que c'estoit pour l'amour de la Sainte Vierge, il s'animoit d'un courage et d'une force au-dessus de l'estat auquel il estoit.

Le voyant diminuer, je me persuadai qu'il approchoit de sa fin, ce qui faisoit que j'avois peine à le quitter, cependant comme M. Dudouyt croyoit qu'il devoit encore vivre bien plus de temps qu'il ne fist, on fut d'avis que je m'allasse un peu reposer dont j'avais besoin. En le quittant, je luy parle de la très Sainte Vierge et luy dis que sans doute il esprouvoit une grande assistance de cette bonne mère, il me répondist bien doucement : " Elle ne me quitte pas," et estant sorti de sa chambre, il expira une demi-heure après.

Ne manquons pas, je vous prie, à ce que nous luy devons en l'autre vie.

Je passeray dans le premier navire tant soit peu commode qui partira à la réserve de ceux qui doivent mener les soldats ou sans doute je serois trop incommodé. L'on nous écrit de la Rochelle que deux petits vaisseaux, l'un de 35 tonneaux et l'autre de 60 ou 70 tonneaux, partent dans ce mois-cy. Hors ceux là l'on ne voit pas de vaisseaux raisonnables, qui se disposent plus tost qu'à l'ordinaire, c. à. d. vers la St. Jean, à la réserve de celuy que l'on nomme *la Diligente*, dans lequel estoient M. de Denouville et de St. Valier, allant en Canada, que le Roy a accordé à la Compagnie de la pesche sédentaire de l'Acadie, qui doit partir à la my may et ne doit demeurer que deux ou trois jours à leur pesche que l'on appelle *Chedabouctou*, proche Canceaux, dans lequel je m'embarqueray si cela est, parce que l'on croit qu'il arrivera plus de six semaines à Québec plus tost que les autres. Ce vaisseau mène un nouveau gouverneur à l'Acadie, à la place de M. Perrot * qui est révoqué à cause de sa vie ordinaire qu'il continue là comme il l'a faict en Montréal. M. Geoffroy est venu par un navire anglais qu'il a esté prendre à Boston où il a demeuré trois semaines. M. de St. Castin a fourny la dépense de ce voyage.

Le dit Sr. Geoffroy doit retourner à l'Acadie, mais non pour la

---

* C'est de ce Perrot que M. Bibaud dit dans son *Dictionnaire historique* :

"Le Sieur Perrot, neveu par mariage de l'Intendant Talon, gouverneur de Montréal l'an 1670 fut maltraité par le comte de Frontenac et obtint justice du Roy. S'étant brouillé avec le Séminaire, il passa au gouvernement de l'Acadie en 1684 puis alla perdre la vie à la Martinique."

Du temps de Mgr. de Laval, on jugeait M. Perrot plus sévèrement que ne le fait M. Bibaud.

mission de Mr. de St. Castin ; je pense que l'on ne peut pas se dispenser d'envoyer un ecclésiastique au Port Royal à la place de M. Geoffroy pour aider à M. Petit qui n'est plus en estat de se pouvoir passer d'un second.

Priez bien N. S. et la très sainte Famille pour moy et me croyez en son amour tout à vous,

† F. Ev. de Q.

LE MEME AUX MEMES.

A Paris, ce 9 juin 1687.

Vous connoistrez par les copies des lettres actives et passives que vous trouverez cy jointes * ce qui m'oblige de rester en France. Je n'eus pas plutost reçu ma sentence que Nostre Seigneur me fist grace de me donner les sentimens d'aller devant le très St. Sacrement luy faire un sacrifice de tous mes desirs et de ce qui m'est de plus cher en ce monde.

Je commencé en faisant amande honorable à la justice de Dieu qui me voulloist faire la miséricorde de reconnoistre que |c'estoit par un juste chastiment de mes péchés et infidélités que sa providence me privoit de la bénédiction de retourner dans un lieu où je l'avois tant offensé, et je luy dis ce me semble de bon cœur et en esprit d'humiliation ce que le grand prestre Heli dist lorsque Samuel lui déclara de la part de Dieu ce qui luy devoit arriver :— *Dominus est, quod bonum est in oculis suis faciat* ;—mais, comme la volonté de Nostre Seigneur ne rejette point un cœur contrit et humilié et que—*humiliat et sublevat*—il me fist connoistre que c'estoit la plus grande grâce qu'il me pouvoit faire que de me donner part aux estats qu'il a voulu porter en sa vie et en sa mort pour nostre amour,—en action de grâces de laquelle je dis un *Te Deum* avec un cœur rempli de joye et de consolation au fond de l'âme, car pour la partie inférieure elle est laissée dans l'amertume qu'elle doit porter. C'est une blessure et une playe qui sera difficile à guérir et qui apparamment durera jusqu'à la mort, a moins qu'il ne plaise à la divine providence qui dispose des cœurs comme il luy plaist apporter quelque changement à l'estat des affaires ; ce sera quand il luy plaira et comme il lui plaira sans que les créatures puissent s'y opposer n'estant en pouvoir de faire que ce qu'elle leur permettra.

---

* Voir les lettres ci-dessus.

Il est bien juste cependant que nous demeurions perdus à nous-mesmes et que nous ne vivions que de la vie du pur abandon en tout ce qui nous regarde au dedans et au dehors : il faut mettre toute nostre confiance et nostre force en Nostre Seigneur, en sa sainte mère et toute sa Sainte Famille. C'est l'œuvre de Dieu, et nous avons par sa miséricorde cherché uniquement sa gloire en ce que nous avons faist, ou pour mieux dire en ce que le sentiment des serviteurs de Dieu a faist unanimement. Ainsy j'espère qu'il tirera de cette espreuve le bien de l'église et qu'il fortifiera de son divin Esprit tous ceux qui auront eu part à ses souffrances.

Je ne doute point que l'on ne soit fort surpris dans le païs de voir que je ne repasse point ; M. de Villeray et tous ceux qui estoient en France m'ayant toujours vu dans ce dessein et ce désir, sauront bien que l'estat de ma santé n'en aura pas esté cause. L'on a desjà dict icy que c'estait par ordre, comme vous le cognoistrez par la dernière lettre que j'escris au P. de la Chaize, et il y a bien de l'apparence que ce bruit ira jusques à la Rochelle et ensuite en Canada, mais je n'y dois pas contribuer. L'esprit de Nostre Seigneur nous y oblige, et il tirera sa gloire de tout. C'est de la main de Nostre Seigneur et de sa Sainte Mère que nous devons tout recevoir comme une grâce bien spéciale, et je puis dire pour moy la plus grande et la plus précieuse que j'aye encore reçue de ma vie. Priez les que j'en fasse un saint usage. J'espère néanmoins la miséricorde de mourir en Canada quoique j'aye bien mérité d'être privé de cette consolation : *Verumtamen non mea sed Dei voluntas fiat.*

Cette lettre vous sera rendue en main par M. Tremblé qui est l'unique ecclésiastique qui passe cette année et qui devait m'accompagner. M. Lefebvre de Pontoise qui avait il y a quelques années deu passer en Canada s'estoit déterminé de quitter une cure où il est, pour aller à Siam, lorsque M. de Lyonne présentement Evesque de Rosalie et Vicaire Apostolique du royaume de Siam partit, mais empesché par une maladie d'exécuter ce dessein, il s'estoit de nouveau résolu de passer en Canada, mais les parens qui avoient esté l'obstacle la première fois l'ont esté encore la seconde. Ce n'est pas sans un solide fondement que Nostre Seigneur a donné pour règle à tous ceux qui le veulent suivre dans son saint Evangile : *Relinque mortuos sepelire mortuos.*

M. Tremblé qui est sous-diacre de ce Carême passe tout seul en la compagnie de deux Jésuites. Si nous avions eu le temps, nous aurions obtenu de Rome un *extra tempora* pour l'ordonner avant

son départ de Paris.   C'est un sujet sur lequel il y a du temps que
j'ay jeté les yeux comme l'un des sujets qui nous estoit les plus
propres.   Les missions de la Chine ou plus tost le Séminaire de
Siam avoit bien la mesme veue et comme en effet avec Mgr. de
Lyonne il ne se trouvait qu'un seul prestre, j'ai eu de la peine
de conserver celuy-cy.   Le besoin de mettre un sujet à la conduite de nos enfants du Séminaire sur l'esprit duquel on puisse
agir avec une entière confiance m'a porté à vous l'envoyer cette
année.

C'est un bon sujet, il a de la grâce, de la docilité, il a l'esprit ferme et généreux, esgal et régulier, le jugement bon ; il
est sage et prudent, en sorte qu'il sera beaucoup utile au Séminaire.   Il faut user de précaution pour conserver sa santé dans
cet employ.

Les personnes qui n'y sont pas habituées ne manquent point
d'y contracter un mal de poitrine, le poesle étant capable de ruiner la meilleure et plus forte complexion.   M. Tremblé sait fort
bien son plain chant et a bonne voix; c'est lui qui soustenoit icy presque tout le cœur : il est très capable de le montrer.

M. Trouvé doit passer dans la *Diligente* et demeurer à Chedabouctou avec le gouverneur de l'Acadie que l'on y viendra qué-
rir de Port Royal.

MGR. DE ST. VALIER A M. DE CHAMPIGNY. *

De Paris ce 22 janvier (1688.)

Vous voulez bien que je vous demande, Monsieur, vostre protection pour nos églises.

J'envoye un entrepreneur et six massons et trois charpentiers.
Voilà bien du monde capable de travailler, je leur ay fait de grandes avances, je voudrois bien qu'elles ne fussent pas inutiles et
quelqu'un tint la main à les faire agir.

Animez-les à agir et donnez cette commission à quelqu'un dans
vostre absence.   J'en escris un petit mot à Monsieur de Mezerets, † mais je souhaiterais qu'il y eut quelque homme plus

----

* Jean Bochart, chevalier, Seigneur de Champigny Noroy, 6e. Intendant, qui
succéda à M. de Meulles en 1686.

† Louis Ango Des Maizerets était alors jeune prêtre. Il devint plus tard
grand chantre de la cathédrale, Vicaire Général et Supérieur du Séminaire de
Québec qu'il gouverna pendant près de 40 ans.   Il passa plus de 50 ans de sa vie
occupé de l'éducation de la jeunesse. (Voir son éloge dans l'Abeille No. 16 de
1849.)

agissant et qui les poussat davantage. Pardonnez-moy la liberté
que je prends. Je cognais les bontés que vous avez pour moy, et
pour nostre église.

Cet entrepreneur que je fais passer est un homme sage, s'il y a
quelque avance à faire, donnez ordre à quelque marchand de la
faire sous la direction de quelqu'un. Je crois que nous aurons du
monde suffisamment pour travailler à la cathédrale et à la succursale. Je voudrais pouvoir vous marquer le profond respect avec
lequel je suis,

> Vostre très-humble, très obéissant serviteur,

> Monsieur de Champigni,

> > JEAN, Evesque de Québec.

MGR. DE ST. VALIER A M. DE DENONVILLE.

> De Paris ce 22 Janvier, 1688.

Je vous escris ce petit mot, Monsieur le Marquis, par un entrepreneur de bastiment que j'envoye en Canada avec six massons et
trois charpentiers, pour travailler à nostre église cathédrale, et succursale. * Je vous suplie, Monsieur le Marquis, de vouloir bien
vous employer pour les mettre en estat d'agir et de travailler. Ils
me coustent un peu cher, mais je crois que ce sera un bien pourveu
qu'ils ne perdent pas de temps.

L'entrepreneur est un homme sage, animez les à bien faire et à
ne pas perdre de temps, et dites à Monsieur de Mezerets ou à quelque
autre que vous croirez plus propre pour les faire agir d'y tenir la

---

* L'église succursale est vraisemblablement celle de la Basse Ville demandée
en 1680 par le mémoire suivant.

"Mémoire touchant une place de la basse-ville de Québec pour y bastir une chapelle qui doit servir d'ayde à la paroisse.

"Comme les rigueurs de l'hyver sont cause bien souvent qu'on ne peut pas porter les sacremens aux malades de la basse-ville de Québec sans s'exposer à de
grands accidens, et que les vieillards, les enfans, les femmes grosses, et les infirmes ne peuvent aller à la haute-ville pour y entendre la messe, l'évesque de Québec a été obligé de permettre une chapelle en la basse-ville pour servir d'ayde à la
paroisse et qu'on se serve pour cela de la maison d'un particulier, en attendant
qu'il y ait une chapelle et d'autant qu'il n'y a plus de place vacante en ce lieu là,
Sa Majesté est très humblement suppliée d'accorder une place appellée le vieux
magasin du Roy pour y construire la dite chapelle qui doit servir d'ayde à la dite
paroisse."

main dans nostre absence jusquà ce que je puisse estre arrivé. Je voudrois estre parti par le dit navire. Je fais bien des vœus pour vostre campagne.

Je suis avec plus de respect que personne du monde,

Vostre très-humble et très-obéissant serviteur,

Monsieur le Marquis de Nonville,

JEAN, Evesque de Québec.

MGR. DE ST. VALIER A MGR. DE LAVAL.

De Paris, ce 20 mars 1688. *

Je viens de recevoir, Monseigneur et très-cher père, la lettre pleine de consolation que vous m'avez escrite d'Orléans. J'espère que celle-cy vous trouvera arrivé en bonne santé à la Rochelle. Je le souhaite de tout mon cœur, et que vous trouviez un vaisseau prest à partir, afin de porter vous mesme les premières nouvelles à Québec de vostre retour. Quelle joye pour tout le monde, pour toute l'Eglise de Canada, je voudrois pouvoir me trouver à vostre arrivée, j'y assisteray en esprit.

Je ne vous dis rien de tout ce qu'il y a à faire pour nos ecclésiastiques, je crois que vous devez les faire embarquer sur le premier vaisseau avec vous ; pour nos ouvriers, je pense qu'ils seroient mieux sur un autre vaisseau marchand, mais s'il ne devoit partir que quelque temps après le vostre, je crois qu'il vaudroit mieux les embarquer avec vous, car je crains qu'ils ne se dissipent et qu'ils ne dépensent beaucoup.

Il y a quelque chose de changé pour le départ de nos ecclésiastiques de la Cadie, ils ne doivent plus aller par le St. Louis mais par la frégate du Roy, commandée par M. de Beauregard qui va droit au Port-Royal. Ils seront ainsy deux mois plus tost au terme où ils veulent aller, ils doivent faire embarquer avec eux leurs ballots. J'escris à M. de Beauregard qui sera bientôt, s'il n'y est desia à Rochefort, ils doivent luy escrire, et l'aller voir là s'il est nécessaire.

L'on parle icy d'une chose qui vous surprendra, c'est de renvoyer M. Perrot à l'Acadie, je redouble quasy pour que la

---

* M. de Saint Valier était parti de Québec le 18 novembre 1686. Il fut sacré évêque de Québec le 25 janvier 1688 ; Mgr. de Laval s'était démis de l'évêché·

chose n'arrive, mais tenez la chose secrette ; il n'aura aucun pouvoir, il ne laissera pas que de faire beaucoup de mal. Je fais ce que je puis pour parer le coup, mais je n'ose quasy m'expliquer de peur de m'attirer plusieurs personnes qui l'entendent et qui l'irritent tons les iours contre nos ecclésiastiques.

Je suis de tout mon cœur dans l'amour de N.-S. et de sa Sainte Mère avec tout le respect et l'amour qu'un fils peut avoir pour son père,

Votre très-humble et très-obéissant serviteur.

JEAN, Evesque de Québec.

MGR. DE ST. VALIER A MGR. DE LAVAL, chez les RR. PP. Jésuites,

à Larochelle.

De Paris, ce 24 Mars, (1688 ?)

Je viens de recevoir, Monseigneur et très-cher père en N. S. la lettre que vous m'avez fait l'honneur de m'escrire de Saumur. Elle m'a un peu affligé en m'apprenant la peine que vous avez eue de vous rendre à Larochelle a cheval, mais vous estes bien ayse d'avoir encore à souffrir les fatigues des plus forts et des plus jeunes pour aller trouver vostre chère épouse. Dieu vous soutienne, mon très cher père, dans vostre voyage, je luy demanderay de tout mon cœur.

Je crois que vous aurez bientost pris le parti de vous mettre sur le premier vaisseau qui partira pour le Canada. Je vois bien que vous ne demeurerez pas longtemps de cette manière à Larochelle ; il me semble qu'on m'a fait comprendre que Monsieur Delormes ne mènera que quarante soldats. Je crois que cela estant il n'y a point à délibérer d'ambarquer tous vos ouvriers massons et charpentiers sur ce mesme vaisseau ; ils seront sous vos yeux, et je suis scur qu'ils en seront mieux, voulant bien quelque fois les recommander au Capitaine et à Monsieur Thibauile, et vous informer comment ils les conduiront et les porteront. Vous aurez la bonté aussy de prendre soin de les faire employer d'abord qu'ils arriveront. Ils demandent encore beaucoup d'avances. Je leur en ay déjà tant fait. Réglez ce que Monsieur Thibauile et Mr. Delormes leur donneront tout le moins qui le pourra, il scait pourtant qu'ils portent de petites commodités et de petits rafraichissements.

Je vous ay mandé que j'appréhendois avec raison le retour de Monsieur Perrot à l'Acadie, c'estait avec grand fondement. Dieu mercy le coup est paré, j'en rends grâces au Seigneur, mais n'en disons rien pour encore, car tout est incertain dans le monde.

Je voudrois pouvoir vous marquer, mon très cher père, combien je fais fonds sur la promesse que vous m'avez fait de m'offrir souvent à N. S. Personne n'est plus véritablement et parfaitement que je le suis dans son s. amour,

Vostre très humble et très obéissant

serviteur et fils,

(Signé,)   JEAN, Evesque de Québec.

A Monseigneur,

Monseigneur l'Evesque de Québec,

Chez les R. Pères Jésuites,

à Larochelle.

———

MGR. DE ST. VALIER A MGR. DE LAVAL.

De Paris, ce 2 avril, 1688.

L'on m'escrit de Bourges, Monseigneur, que les procureurs de céux qui tiennent des bénéfices de la dépendance de labaye de Meobec, menacent d'appeler comme d'abus du décret d'union que pourra faire Monsieur l'Archevêque de Bourges, je ne scay pas si cela ne sera pas quelque obstacle invincible. Mr. de Brisacier me mande aussy qu'en posant les assignations l'on a verbalisé des iournées entières, ce qui marque une opposition très forte. Je ne scay s'il est à propos de faire une union générale et s'il ne vaudroit pas mieux ne faire que l'union du prieuré de Bénévent et de celuy de. Monsieur Lenoir qui y consent, et dans les suites on feroit l'union des autres quand le temps seroit plus favorable ; ce seroit assez mon sentiment et celuy de nos Messieurs que j'ay consulté. M. Gallot me mande, sur ce que je luy avois escrit de l'union de la manse monacale au chapitre de Québec, qu'il avoit fait faire des procédures autrefois pour informer *de commodo et incommodo*, et qu'il ne scait où elles sont et que vous pourriez nous en dire des nouvelles. Escrivez-moy un petit mot.

Je viens de recevoir vostre lettre. J'aurois esté bien ayse de scavoir le parti que vous aurez pris et dans quel vaisseau vous passerez.

Je vous envoye une lettre que j'escris à Monsieur le Marquis de Denonville, on ie luy marque quelque chose qui regarde sa famille qui luy fera sans doute beaucoup de plaisir. Faites luy tenir en seureté. Je ne scay si vous aurez relu toutes celles que je luy escrivois et que j'avois mis dans le paquet de Monsieur de Mezerets, il est important que toutes ces lettres partent par le 1er navire.

Je voudrois bien que nos ouvriers fussent desia partis de Larochelle, mais je voudrois bien aussy qu'ils ne passassent pas avec tant de soldats. Vous aurez réglé toutes ces choses pour le mieux. J'ay satisfait icy les femmes des trois charpentiers auxquelles les maris avoient laissé des billets. Vous me ferez plaisir de leur dire au cas qu'ils ne soient pas partis. Je vous avoue, mon très cher père, que vos lettres me donnent une sensible consolation, mais ie n'en pourray guères plus recevoir et parce que vous ne serez pas longtemps sans vous embarquer et que je ne dois plus rester à Paris que quelque jours à la fin de la semaine de la passion.

J'ay esté bien en peine du voyage que vous avez fait à cheval jusques à Larochelle.

Je vous avoue que si le vaisseau de Gillon part en mesme temps que les autres, je vous croirois mieux dans celuy-là avec les ecclésiastiques et les ouvriers que dans les autres. Je feray ce que je pourray pour donner satisfaction à Monsieur Dombout. Nous verrons les choses de plus près à Larochelle, que nous ne pouvons le faire d'icy.

Je donne les ordres demain et je fais prestre Monsieur de Montigny vostre neveu, * et Mr. l'abbé Bailli et un autre. Je me recommande, mon très cher père, à vos Sts. Sacrifices et suis plus qu'homme du monde dans l'amour de N. S., Tout à vous et avec bien du respect,

Vostre très humble

et très obéissant serviteur et fils,

JEAN, Evesque de Québec.

Je viens de recevoir dans le moment vostre grande lettre. Je suis assurément très mal édifié de la réponse du Sieur Maucler; quand je seray à Larochelle, je verray s'il y a quelque chose à

---

* Ce neveu était vraisemblablement le second fils de son frère, au sujet duquel M. Dudouyt écrivait à Mgr. de Laval, le 3 Juillet 1682: "On a obtenu une place au Séminaire de Joyeuse pour le second de ses enfants; il y sera très bien."

escrire à la Cour, car puisque le vaisseau part dans deux jours, il n'y a pas moyen de remédier absolument aux maux qui arriveront. M. Malliot pourrait bien se repentir de n'avoir pas ménagé un prestre. Je loue vostre résolution de faire faire cette mission. Vous ne me mandez pas le partage que vous faites des quatre ecclésiastiques. Je trouve que la disposition que vous en faites, est très bonne, deux avec Delormes, deux avec Gillon et un avec vous.

Nous tacherons de satisfaire à l'acte que vous désirez. M. le Supérieur est bien disposé de mesme. Si nos ecclésiastiques estoient partis, vous pourrez ouvrir et faire exécuter ce que je peux leur mander par ceux qui restent. Il n'y avoit pas moyen de prévoir le besoin de cette chapelle au pré de l'étang. Mais s'il n'est pas impossible d'en faire une à Larochelle, vous pourvoirez à tout. Je vous croiray très bien dans *la diligente*, mais je suis persuadé qu'elle ne partira pas plus tôt que le mois de may, et je seray assurément à Larochelle auparavant qu'elle parte. Au nom de Dieu ne différez pas le départ de nos ecclésiastiques jusques à ce temps là. Donnez-leur votre petite chapelle, donnez leur de petits rafraichissements et mettez les deux prestres dans le vaisseau de Gillon avec nos ouvriers, recommandez-leur de prendre quelque soin. Je pars dans six iours de Paris. Peut-estre que j'auray fait le tour de mes abayes et que je seray à temps à Larochelle, auparavant que vous partiez.

Si cela est, les Chapelles ne nous manqueront pas.

Je suis, mon très cher père, parfaitement à vous.

MGR. DE ST. VALIER A MGR. DE LAVAL.

D'Orléans, ce 12 avril 1688

J'ay receu, Monseigneur et très cher père, vostre dernière lettre dans laquelle j'ay veu la manière dont on a mis les soldats qui vont en Canada dans le vaisseau de monsieur Massiot. Elle est digne de compassion pour ce qui est d'y mettre des ecclésiastiques. J'avoue que je n'aurais pas résisté aux saintes pensées que N. S. vous en a donné, car je plains beaucoup ces pauvres amis abandonnés. Vous m'aviez véritablement affligé et mortifié sensiblement, si vous vous estiez servi des ecclésiastiques destinés pour l'Acadie; mais pour Monsieur Chabot, je pense que vous auriez fait une œuvre très agréable à Dieu et très utile au Missionnaire qui auroit rendu dans cette occasion de grands services, il est robuste et auroit résisté à.

la fatigue. J'aurois joint à luy Monsieur Foucaut plein de bonne volonté de souffrir pour Dieu, et j'aurois toujours envoyé Monsieur Maudou avec M. Erberi par le vaisseau de M. de Lormes, et aurois gardé pour vous le prestre de St. Sulpice que vous destinez pour vous accompagner. Je vous escris mes petites vues, mais il est trop tard pour les exécuter. Je trouve la disposition que vous avez fait de nos ouvriers pour les faire passer dans le vaisseau * très-sage, je souhaite qu'ils soient desia partis.

Monsieur de Brisacier † m'a promis de satisfaire à la lettre de change de quatre mil livres que vous avez tiré sur luy. Je lui ay rendu quelque argent qu'il m'avoit presté, afin qu'il peut le faire plus commodément.

Peut estre que j'auray fait mes affaires à temps pour pouvoir partir aussy tost que vous de La Rochelle. J'ay esté bien ayse de sortir de Paris pour avoir quelque repos. J'ay fini toutes les affaires que j'avois commencé heureusement. Je crains de trouver un grand nombre à régler dans les abayes auparavant que d'en sortir.

Je vous ay demandé ce que vous aviez fait des procédures faites autrefois pour l'union de la manse monacale de Meobec. M. Gallot m'escrit que vous m'en pourez dire des nouvelles. J'aurois aussy à vous demander où vous avez mis l'original de l'enqueste faite par feu Monsieur l'évesque (d'Evreux) pour la suppression de la manse monacale de Lestrées, sur une commission de Rome de la Congrégation de Propaganda fide. J'en aurois besoin présentement, j'en ay trouvé des copies, mais je ne scay où est l'original.

Si vous me faite l'honneur de me faire réponse, adressez toujours vos lettres à Paris, à Monsieur le Supérieur, lequel me les fera tenir partout où je seray.

J'ay apris l'accident qui est arrivé aux navires, je souhaite qu'il n'en arrive aucun à *la diligente* qui doit vous mener. Ne soyez pas en peine de moy, je scay bien des navires qui partiront dans may, et je pouray bien prendre le 1er qui partira après que je seray arrivé à La Rochelle. Je recommande votre chère santé, et le salut de tout le pays à N. S. et à sa très Ste. Mère. On ne peut estre plus que je le suis dans son saint amour,

Votre très-humble et très-obéissant serviteur et fils,

JEAN, Evesque de Québec.

---

* Le Soleil d'Afrique, vaisseau du Roy.

† Membre du Séminaire des Missions Etrangères de Paris.

LE MEME EN MEME.

D'Amboise, ce mercredi au soir, 14 avril 1688

Je vous ay escrits d'Orléans, Monseigneur et très cher père, et je vous escris d'Amboise pour vous demander éclaircissement sur une chose que j'ay apprise en passant à Nostre Dame de Cléri. L'on m'a dit avoir veu passer un ecclésiastique boiteux qui allait en grande diligence à La Rochelle pour s'embarquer pour le Canada. Je n'en ay pas appris d'avantage, je ne scay ce que c'est que cet ecclésiastique, mais je vous demande en grâce de le laisser à La Rochelle, à moins que vous ne vissiez tant de grâces que vous ingeassiez que ce fut un véritable gain pour le Canada. Je ne scay si ce que je vous escris est bien nécessaire ou si ma lettre sera toute à fait inutile. Je l'hasarde néanmoins, je passeray demain à Tours et de là je me rendray à Percay, à Meobec, à Bénévent. Je voudrois bien apprendre des nouvelles du départ de tous les 1ers navires de nos chers ecclésiastiques, des ouvriers, et scavoir aussi précisément le temps du départ de *la diligente*.

Si vous voulez me faire la grâce de m'escrire, il faut adresser vos lettres à Paris au Séminaire d'où on pourra me les faire tenir au lieu où je seray.

Personne n'est avec plus de respect que moi, mon très-cher père,

Votre très-humble et très-obéissant serviteur et fils en N. S.

Jean, Evesque de Québec.

M. DE BRISACIER A M. DE GLANDELET.

à Paris, le 9 mai 1688.

Monsieur,

Je me réjouis avec vous de ce que craignant la supériorité du Séminaire de Québec au point que vous la craigniez, elle est tombée sur des épaules que vous jugés plus fortes que les vôtres; nous sommes persuadés avec vous que M. DesMaizerets sera un très digne supérieur, mais nous espérons que si la Providence permet un jour que pour le soulager vous luy succédiez, elle vous donnera la capacité dont vous croyez estre dépourveu. Abandonnez vous à Dieu, mon cher Monsieur, et rien ne vous fera peur que sa disgrâce; on peut tout avec son secours, et il donne la force avec l'employ, quand c'est lui qui nous y applique.

Vous aurez cette année la joye de revoir nos deux prélats ; vous trouverez l'ancien plus saint et plus mort que jamais à luy mesme, et le nouveau vous paroistra aussy tel que vous le pouvez désirer pour la consolation particulière du Séminaire et pour le bien général de la Nouvelle-France. Comme il m'a témoigné beaucoup de bonté, j'ay aussy pour luy autant de tendresse que de respect, et je ne doute pas que Nostre Soigneur ne verse avec le temps bien des bénédictions sur son gouvernement.

J. C. De Brisacier.

M. Tremblay a M. Glandelet, 1703.

Mgr. de Québec partit pour Rome vers le commencement de septembre et se rendit en moins de rien à Rome où il fut reçu parfaitement bien du Pape et de ses ministres et encore mieux du Cardinal de Janson. Son voyage fut le plus prompt qu'on puisse faire et suivant les impressions de sa vivacité ordinaire. Il a plus fait en 3 mois qu'il est resté à Rome, qu'on en fait ordinairement en 10 ans.

En effet, dès le commencement, le Pape déclara qu'il vouloit contenter M. l'Evêque de Québec et le renvoier content dans son diocèse. Sa Sainteté ne voulut pas que son affaire fût portée à la Cong. des Evêques où elle n'auroit jamais passé, mais il fit une Cong. particulière sur cette affaire qu'il composa de 7 prélats. Ce fut quand on l'examina qu'on trouva qu'elle avait été refusée 3 fois sans que nous en eussions rien seus.

Les Prélats de cette Cong. s'assemblèrent 3 fois pendant qu'il estoit à Rome et sous différens prétextes ils ne conclurent point. Le Pape leur témoigna qu'il vouloit accorder cette grâce et enfin on examina les propositions de M. l'Evêque de Québec qui remarqua que les Cardinaux n'estoient pas beaucoup touchés de fonder un Chapitre Episcopal. Vous remarquerez en cela combien la Cour de Rome aime l'antiquité et observe les anciennes règles de l'Eglise qui n'a point autrefois établi d'Evêché sans chapitre.

Ces prélats demandoient pourquoy on vouloit oster aux religieux les manses conventuelles pour les donner à des chanoines. Ils se figuroient des chanoines comme ceux d'Italie et de France qui sont comme on les appelle (absit verbo injuria) les cochons du bon Dieu. Enfin après bien des difficultés ils proposèrent d'unir

---

* L'Evêque de St. Valier.

à l'Evêché de Québec la Manse abbatiale de Meobec qui l'est déjà et celle de Bénévent en y joignant les rentes qui sont sur l'hôtel de Ville aux Abbayes de Meobec et de Lestrées.

Voilà le premier lot. 2o. de destiner tous les revenus de l'Abbaye de Lestrées, savoir la Manse Monacale et l'abbatiale au Chapitre de Québec, en laissant à ces Religieuses de Lestrées les lieux réguliers et le bien qui leur a été cédé. 3o. De donner aux missions du diocèse de Québec les Manses conventuelles de Meobec et de Bénévent.

Voilà les trois parts qu'ils se sont proposés. Mais pour parvenir là, la Cong. a demandé qu'outre le procès-verbal qui avoit été fait par les ordinaires des lieux de ces abbayes, du revenu des charges, des fondations, du nombre des Religieux, etc., il en seroit encore dressé un par M. le Nonce juridiquement en entendant des témoins. Or, vous scaurez que les Nonces en France n'ont aucun pouvoir de faire de semblables informations et qu'il est très sévèrement deffendu de concourir à de semblables informations.

Mgr. de Québec eut beau se récrier auprès du Pape, il n'y gagna rien. Le Pape lui dit seulement qu'il falloit faire cette information sans bruit sur des pièces qu'on présenteroit à M. le Nonce, sans faire aucun acte de jurisdiction : Mgr. de Québec ne put faire passer par-dessus cette difficulté.

C'estoit après les Rois que cette information fut décernée par la Cong. Je ne vous redis pas icy tout ce que Mgr. eut à souffrir de certains prélats qui lui dirent des choses très fortes d'avoir joui et son chapitre trente ans d'un bien qui ne leur appartenoit pas. Des secrets qu'il eut pour entrer dans la confidence de plusieurs espèces de favoris qui approchoient de Sa Sainteté, des accueils favorables qu'il en reçut, de la facilité qu'il avoit à avoir audience, et à escrire tous les jours au Pape, des distinctions qu'il fit de lui en le faisant Evesque assistant, le faisant manger avec son frère et le faisant entrer au Vatican pour se promener avec lui familièrement dans les galeries de ce palais. Il vous mandera sans doute tout cela, aussi bien que toutes les paroles obligeantes que le Pape lui a souvent dites.

Mgr. de Québec ayant veu la résolution de la Cong. de ne rien accorder sans une information de M. le Nonce a pris tout d'un coup la résolution de revenir en France. Il partit de Rome et fut assez heureux d'en sortir huit jours avant que les tremblemens de terre agitassent cette pauvre ville et la missent à deux doigts d'une ruine entière. Il revint si promptement qu'il fit en quatre jours le chemin de Livourne à Marseilles, que M. l'abbé de Lionne, Evêque de Marseille, n'a fait dans ce temps là, de Marseille à Livourne, qu'en un mois. Nous fûmes tout surpris de le voir arrivé à Paris... Nous luy présentâmes tous les actes sur lesquels l'union a été proposée à Rome, Mgr. le Nonce verbalisa sur ces actes et les envoya à Rome ; mais on n'a pas trouvé cette information suffisante et la Cong. s'étant assemblée en a demandé encore une autre pour terminer l'affaire.

Je voudrais vous envoyer la vie de M. de la Trappe, mais vous êtes si délicat sur le Jansénisme que vous croiriez un livre estre dangereux * parce qu'il parle avantageusement des personnes qui ont passé pour telles, quoiqu'elles aient protesté très hautement ne l'être pas ; il y a assurément de belles choses dans cette vie composée par M. l'abbé Marsollier qui a composé aussi depuis peu la vie de St. François de Sales.

Vous allez voir bien du changement dans le conseil. M. de Lotbinière est premier conseiller. M. de la Martinière † est à sa place ; M. de la Colombière est conseiller clerc, et ainsi vous serez en état d'entrer au Conseil comme Grand Vicaire, outre M. de la Colombière. ‡ M. Hazeur ‖ et M. Monseignat sont conseillers à la place des deux morts et on en a créé quatre nouveaux, M. de la Durantaye, ⊢ de Repentigni, ⊬ Aubert ═ et la Cardonnière. §

---

* M. Glandelet se trouve ainsi bien vengé de l'accusation de Jansénisme portée contre lui par l'historien Garneau.

† M. de la Martinière était vraisemblablement Claude de Bermen de la M., fils de Louis et de Françoise Juchereau, de St. Nicolas de la Ferté Vidam, Evêché de Chartres ; il épousa à Québec en 1664, Anne Desprez, veuve de Jean de Lauzon, grand Sénéchal du Canada.

‡ L'archidiacre.

‖ François Hazeur, de Tours, épousa à Québec, en 1672, Anne Soumande.

⊢ Olivier Morel de la Durantaie, de N. D. du Jaure, Nantes, épousa à Québec en 1670, Françoise Du Lucé.

⊬ J. Bte. Le Gardeur de Repentigny, fils de Pierre (venu en 1636.)

═ Charles Aubert de la Chesnaye, de St. Michel, ville d'Amiens. Il épousa à Québec en 1664, Catherine E. Couillard.

§ Joseph Villeray de la Cardonnière, né à Niagara, et qui fut plus tard chevalier de St. Louis, capitaine commandant au Rég. de la Martinique.

Mgr. de Laval a M. de Denonville. *

A Québec, ce 20 novembre 1690.

Je vous suis bien obligé, Monsieur, de l'intérest que vous prenez à ma santé qui est si inutile en toute manière à ce pays. Il me semble néantmoins que la volonté est bonne; mais je ne suis propre à rien. Vous avez bien raison de qualifier ce pays cy du nom d'un pays de miracles, jamais Dieu n'a fait plus paroistre sa puissance que cette année sur lui. Nous y avons eu depuis votre départ une famine presque universelle, et par sa miséricorde, il n'y est mort personne de faim.

Nous y avons veu en mesme temps une armée navale d'Anglais mettre le siége devant Québec, avec trente-deux voiles, quelques-uns disent trente-quatre. Ils ont sommé la ville de se rendre, et tout le pays; n'ont donné qu'une heure de temps à délibérer, après quoy, ils passeroient tout par le fil de l'espée, et mettroient à feu et à sang tout le reste. Et, en effet, ils commencèrent à vouloir foudroyer la basse et haute ville à coups de canon, dont ils ont tiré, à ce que l'on dit bien deux mille coups. Nous avons eus recours à Dieu, à sa sainte Mère, à tous les bons anges, et à tous les saints patrons de cette pauvre Eglise affligée en toutes façons, et le plus grand déplaisir qu'eurent les ennemis fut d'entendre, pendant le siége, le service divin sonner comme à l'ordinaire, d'où ils inféroient que nous n'avions pas grande peur d'eux, quoy que la plupart fussent fort consternés. Toutes les pelleteries et les meubles de la basse ville estoient presque tous dans le séminaire, et bon nombre de familles qui s'y estoient retirées, jusqu'à celle de M. l'Intendant. Cette maison n'a pas pu refuser dans une nécessité semblable, tous les offices de charité qui estoient possibles au dépens d'une grande partie des provisions que l'on y avoit. Les soldats et autres y ont pris et consommé bien cent cordes de bois, plus de quinze ou seize cents planches qui ont esté bruslées et rompues; bref, en bestiaux et autres dommages, la perte du séminaire va bien à mil escus, mais il faut dans des occasions de cette nature, prendre patience et faire tout le bien que l'on peut, sans avoir esgard aux besoins où l'on est.

Les ennemis firent une descente entre Québec et Beauport de

---

* M. de Denonville était retourné en France l'année précédente 1689, "le roi l'ayant choisi pour gouverneur de 3 princes, Mgr. le duc de Bourgogne, Mgr. le duc d'Anjou et Mgr. le duc de Berry, enfans de Mgr. le Dauphin." (Histoire de l'Hôtel Dieu, page 303.) Il était gouverneur du Canada depuis le mois d'août 1685.

plus de deux milles. Ils ont fait plusieurs efforts pour s'estendre devers Québec, afin de l'enfermer.

Deux gros vaisseaux estaient montés dans la rivière jusqu'à moitié chemin de St. Michel, pour joindre ceux qui l'entouroient par terre et pour favoriser la venue d'une armée qui devoit venir d'Orange et de Manatte, composée d'Anglois et de Sauvages Loups et Iroquois, au nombre, disait-on, de quatre mille, à laquelle armée ils avoient donné rendez-vous pour se trouver dans le temps qu'ils ont assiégé Québec. Si l'armée navale fut venue huit jours plus tost, et que Dieu lui eust permis, elle se seroit infailliblement emparée de Québec, où il n'y avoit pas 150 hommes, y comprenant tout ; vous pouvez bien juger qu'ils n'auroient pas eus de peine, n'estant aucunement fortifiez, comme vous savez. L'on envoya nouvelles sur nouvelles à Montréal où M. de Frontenac, et M. l'Intendant* estoient et toutes les troupes, attendant quoy on ramassa comme l'on put quelques habitans, et enfin mon dit Sr. de Frontenac arriva, et M. l'Intendant avec des soldats. L'on a mis quelques batteries de canon en divers endroits, qui ont assez endommagé les vaisseaux des ennemis qui furent obligéz de s'esloigner de la portée du canon, et ne perdirent pas néantmoins la résolution de continuer leur siege, en sorte que Québec estoit assiégé doublement d'ennemis et de famine ; et sans que les habitans de Beaupré, de Beauport et de l'Isle d'Orléans se sont signaléz en courage, en les attaquant dans leur camp, il y a apparence qu'ils auroient demeuré plus de temps à terre, et qu'ils auroient réduit tout le monde qui estoit dans Québec à la dernière extrémité. Ils les obligèrent à se rembarquer la nuit en confusion, ayant laissez dans leur camp cinq pièces de canon et un drapeau, dont les habitans s'emparèrent à la faveur des coups de fusil qu'ils tirèrent aux ennemis qui n'ozèrent approcher avec leurs chaloupes pour les enlever, et ensuite par une protection particulière de Dieu qui mit la consternation dans leurs esprits. Ils se sont retiréz, à quoy ils ont esté forcez en partie par les mauvais temps qui ont esté fort extraordinaires eu esgard à la saison ; mais en quoy Dieu a fait paroistre une protection plus particulière et toute miraculeuse. Ca esté dans la venue de trois de nos navires qui venoient dans le temps que les ennemis se retiroient à leur rencontre, et n'eust esté qu'ils furent avertis à la baye St. Paul, ils seroient tombéz entre leurs mains. Ils ne purent néantmoins si bien

---

* De Champigny.

faire qu'ils ne fussent apperçus des ennemis qui les virent entrer dans la rivière du Saguenay, n'ayant point d'autre refuge, et comme les ennemis les poursuivoient pour y entrer après eux, le vent qui avoit esté favorable aux nostres, se changea en un moment, et s'estant eslevé une brume et un tourbillon de neige, ils furent rejettez du Saguenay, l'entrée duquel ils tentèrent jusqu'à quatre fois cinq jours durant, sans en pousvoir venir à bout, et enfin une manière de tempeste et foudre de neige survint, qui les obligea de quitter prise et de disparoistre. Ces trois navires sont le St. François-Xavier, le Glorieux et une frégate chargée de farine et de lard, et dans les deux premières estoit tout l'urgent que le roy envoye en ce pays cy, se montant à deux cents tant de mille livres en espèces. L'on estime que la perte de ces trois navires n'auroit esté guères moins d'un million, qui auroit réduit le pays dans la dernière extrémité de misère et de pauvreté. Il y a encore sept navires derrière dont on n'a point eu de nouvelles, et desquels, à moins d'une protection de Dieu, toute semblable à celle de ces trois navires, une partie aura tombé entre les mains des ennemis.

La dissipation de l'armée qui venoit de Manatte, d'Orange et de toute la Nouvelle-Albanie, composée d'Iroquois et d'Anglois, n'est pas moins miraculeuse. Ils sont venus jusqu'au lac du St. Sacrement, où ils ont esté apperçus par de nos Sauvages découvreurs, mais Dieu y a mis la division, les Sauvages prétendant estre meslez avec les Anglois, lorsque l'occasion se présenteroit de se battre avec les François, par une défiance qu'ils avoient que les Anglois ne les abandonnassent dans le combat, et disans que les François en usoient ainsy avec leurs sauvages. Les Anglois, au contraire, prétendans se battre séparément, sur cette contestation, les Sauvages s'en retournèrent, et sur le chemin ayans rencontrez trois magazins où les Anglois avoient cachez tous les vivres nécessaires, en cas qu'ils fussent forcez à se retirer, ils les pillèrent, et furent attaquez en mesme temps de la petite vérole, dont on rapporte qu'il est mort trois cents Sonontouans et cent Onontaguez, et que toutes les nations des Iroquois ayant attribuez cette mortalité aux Anglois qu'ils croyent avoir empoisonné tous ces vivres pour les faire mourir, ils se sont brouillez ensemble. Dieu veuille que le pays fasse un meilleur usage de toutes ces grâces qu'il n'a fait de celles du passé. L'on a fait de continuelles prières icy pendant l'espace de trois mois qui auront sans doute attiré toutes ces bénédictions.

L'on a escrit conformément à ce que vous avez eu la bonté de me mander, et l'on a eu sujet de se persuader que l'on déféreroit au sentiment des personnes qui ont escrit. Mais on a trouvé le moyen d'éluder, et ainsy cette maison ayant été privée de tout secours humain, chargée de vingt et vingt-cinq ecclésiastiques, et présentement jusqu'à trente-quatre, outre toutes les autres charges, est réduite à de grandes extrémités qu'elle porte avec le secours de nostre Seigneur très-patiemment, attendant que la divine Providence y apporte un remède efficace, qui est d'une nécessité absolue....

Mgr. de Québec* passe en France.

La saison cependant est très-rigoureuse pour le froid qui est plus grand que je ne l'ay point encore veu depuis que je suis en Canada. Tout est plein de glaces et beaucoup de neiges sur la terre, ce qui a fait qu'on l'a voulu dissuader de s'embarquer. M. de Frontenac † ne s'y est pas épargné pour l'en destourner; mais il passe par dessus toutes sortes de difficultéez. M. de Grécourt ‡ qui est venu icy il y a un an repasse en France et aura l'honneur de vous voir. Toute cette maison, et moy spécialement, avons bény nostre Seigneur et sa Sainte Mère de vous avoir fait arriver heureusement en France, et de ce que la Providence divine a disposé de vous, et vous a mis dans un poste qui est bien important pour la religion et pour tout le royaume. Nous vous sommes sensiblement obligez des sentimens que vous conservez pour nous. Plus il semble que l'on apporte d'opposition à l'union que vous connaissez estre si utile, et si absolument nécessaire pour le bien de cette Eglise et du salut des âmes, plus il paroist que la grâce de cette union prend un nouvel accroissement, et se fortifie de plus en plus dans le cœur de tous les ecclésiastiqees qui en reconnoissent les avantages et la nécessité.

J'ay une grande confiance que Notre Seigneur et sa sainte Mère continueront à protéger cette pauvre Eglise que vous connoissez bien remplie de son esprit. Je ne doute point que vous n'ayez la charité et la bonté de lui rendre tous les bons offices que vous pourrez selon les ouvertures que la providence de Dieu vous en fournira et les besoins pressans qu'elle en a. Accordez-nous le secours

---

* Mgr. de St. Valier.

† Gouverneur pour la seconde fois.

‡ Le Séminaire de Québec.

de vos prières à cet effet et soyez persuadé qu'il n'y a personne
qui vous honore plus que moy et qui soit plus véritablement en
l'amour de Nostre Seigneur et de sa sainte Mère,

Vostre très humble et très obéissant serviteur,

FRANCOIS, ancien Evesque de Québec.

LE MEME AU MEME.

De St. Joachim au Cap Tourmente, ce 16 avril 1691.

Depuis, Monsieur, que je me suis donné l'honneur de vous escrire
par la frégate qui partit au commencement de décembre de Québec, nous n'avons point eu d'ennemis au dehors, sinon depuis le
commencement de ce mois que l'on craint une armée d'hyrocois.

Il y a plus de deux mois que je me suis retiré icy pour n'estre
pas présent à ce qui se passe de la part de ceux qui se déclarent au
dedans et font beaucoup souffrir cette pauvre Eglise.

N. * qui avoit pris la résolution de passer en France l'automne
dernier a différé jusqu'à ce printemps qu'elle prend l'occasion de
deux vaisseaux qui ont hyverné à Québec * * * * * *

Beaucoup de lieux pour lesquels il y a des suppléments marquez
demeurent abandonnez voulant que des ecclésiastiques entrepren-
nent beaucoup au-delà de leurs forces, lesquels ruinent leur santé
en deux ou trois ans. M. Dubos † par obéissance a été réduit à
manger de la viande en tout temps et à demeurer un pilier d'infirmerie au Séminaire, pour le reste de sa vie. M. Boucher ‡ qui

---

* *Mgr. de St. Valier.* Dans les copies le nom du prélat n'était pas écrit tout au
long.

† M. Nicolas Du Bos, natif de St. Gilles d'Abbeville, fut ordonné prêtre à la Cathédrale de Québec, par Mgr. de Laval, deux jours avant son départ pour la France,
le 11 novembre 1684. Il fut chapelain et secrétaire du Chapitre, tout en étant curé
de Charlebourg. Pendant le siége (1690) il revint au Séminaire.
Mgr. de St. Valier l'employa à faire des missions ; mais sa santé ayant fait défaut,
il revint au Séminaire, fut fait chanoine Grand Pénitencier le 14 août 1698, et mourut l'année suivante à l'âge de 40 ans.

‡ M. Philippe Boucher, fils de Pierre et de Jeanne Crevier, étant né à Québec où
il fut ordonné prêtre le 26 mars 1689. Mgr. de Laval l'avait fait chapelain du Cha-
···· en 1684, lorsqu'il n'était que minoré ; on le dispensa d'assister à cause de ses
···· Aussitôt qu'il fut prêtre, Mgr. de St. Valier le chargea de toute la côte du
En 1694 il se démit de sa chapelleine et fut nommé curé de S. Joseph de la
Lévis.

n'est prestre que depuis deux ans, que N. avoit mis à la coste de Lauzon : pour avoir par le conseil qu'on luy en a donné pour le bien de la paix entrepris, la première année, au-dessus de ses forces et de desservir jusques à la Durantaie en descendant sans l'estendue qu'il y a en montant, il est demeuré depuis six mois comme perclûs, pour avoir passé des eaux froides et des glaces. Il est actuellement dans les remèdes au Séminaire, à l'infirmerie et il y a fort sujet de craindre qu'il n'en aye pour sa vie. * * * * * * * *

Nostre Seigneur, par sa miséricorde, me fait la grâce de jouir d'une grande paix intérieure de cœur et d'esprit, ayant une entière confiance, avec le secours de sa très sainte mère et des SS. Anges et SS. protecteurs de cette Eglise, qu'il fera tout réussir pour sa gloire.

Comme je scay qu'il vous a donné une grande tendresse et affection pour ce pays, je vous conjure, M., de luy offrir tous les besoins de cette Eglise qui sont pressans et venus à une extrémité bien fascheuse. Ayez, je vous supplie, la bonté et charité de me donner aussi quelque part en vos prières, dont j'ay plus de besoin que jamais, y ayant bien de l'apparence que la fin de mes jours est bien proche. Je suis attaqué depuis deux ans d'éblouissemens accompagnés de maux de cœur qui sont très fréquens et augmentent notablement. J'en ay eu tout récemment un icy; le lundy de la passion qui me prist à trois heures du matin et me dura jusques à neuf heures du soir sans pouvoir lever la teste du chevet du lit.

Je suis avec un véritable respect, M., vostre très humble et très obéissant serviteur.

M. DE BRISACIER A MGR. DE LAVAL.

A Baron, diocèse de Senlis en mission, le 20 mai 1689.

Monseigneur,

Je fus bien surpris hier au soir, quand je reçus une lettre de Paris qui m'apprenoit que la Cour ayant pris de nouvelles résolutions, avoit ordonné à M. de Frontenac (qu'elle a nommé pour succéder à M. de Denouville) de se rendre incessamment à la Rochelle pour s'embarquer sans délay.

M. de F. a dit au R. P. de la Chaise qu'il porteroit dans la Nouvelle France des sentimens tous différens de ceux qu'il y a eu autrefois, et qu'il y vivroit de manière que ses pères et tout le monde en seroit content.

Je ferai ménager son esprit par M. et Mad. de Menars de laquelle il a épousé la demi-sœur. Dieu ne permettra pas qu'il nuise à la religion dans une conjoncture où elle va estre violemment attaquée avec la colonie par les sauvages et les anglois. Jamais on a eu plus grand besoin de confiance en Dieu, de courage, de patience et de prières dans vostre chère église qu'à présent. C'est la cause du Seigneur ; il scaura bien la défendre, et pendant que le Roy soutiendra icy tout l'effort de l'Europe entière contre luy, en protégeant luy seul cette même religion, dans la personne du Roy d'Angleterre qui a esté détrosné par le P. d'Orange et qui est maintenant en Irlande, à la teste d'une puissante armée pour remonter sur le throsne et subjuguer, s'il peut, l'Ecosse et l'Angleterre, vous aurés de vostre costé de quoi exercer votre vertu et de quoi occuper toutes les forces de la Colonie en résistant aux ennemis de J. C., dont il ne faut pas craindre les entreprises. Si vous engagés Dieu dans vos intérêts par l'union parfaite de tous les corps qui, en cette occasion, doivent se réunir ensemble par le bien de la plus estroite charité, pour faire teste en même temps aux barbares et aux hérétiques.

La découverte de M. de la Salle, dont nous a parlé M. Cavelier, son frère, doit donner de la joye à toutes les personnes zélées.*

Le retour de M. de Denonville, gouverneur, est une terrible perte pour le Canada, mais Dieu scait bien pourquoy il ordonna ce changement. L'important est de se tenir exactement à tout ce qui a esté réglé. * * * * * * * * * * * * * *

On a délibéré à la Cour si on n'en retireroit pas les troupes pour les faire passer ailleurs, et bien loin de vous envoyer de nouveaux secours on a creu vous faire une grande grâce de vous laisser celuy que vous avez.

Il faut faire prendre quelques mesures douces par M. de Denouville avant son départ de Québec. M. le duc de Beauviliers luy recommande de ne point partir, s'il se peut, qu'il n'aie mis les choses sur le pied d'une parfaite intelligence et il est très important qu'en revenant icy il puisse rendre témoignage qu'il n'a trouvé de résistance en rien de nos Messieurs. Il vaut mieux qu'ils

---

* On trouve le détail des explorations de Lasalle en descendant et en remontant le Mississipi, dans les relations des Pères Zenobe Membré, Chrétien Leclercq, et Anastase Douay, tous trois Récollets.

M. J. G. Shea, de New York, en a donné une traduction anglaise avec des notes très intéressante dans son bel ouvrage intitulé : *Discovery and Exploration of the Mississipi Valley.*

relaschent très considérablement de leurs intérests par un excès de modération, que de faire entrevoir le moindre attachement à leur sens et à leurs petites prétentions en quoique ce puisse estre, de tout ce qui ne sera point évidemment contre Dieu, qui scaura bien les dédommager tost ou tard des pertes qu'ils auront bien voulu faire pour le bien de la paix et pour l'édification de tout le monde dans la Nouvelle et l'Ancienne France.

Vous trouverés dans ce paquet une copie imprimée de l'acte d'association que le Chapitre de S. Martin de Tours nous a accordé. Je vous prie de la ratifier et faire ratifier par nos Messieurs.

J'en envoie autant à Mgr. de Québec, qui, comme j'espère ne nous refusera pas aussi son agrément. Nous avons dressé de nostre part un acte d'association réciproque pour ce célèbre Chapitre qui l'a ainsi désiré de nous.

M. de Frontenac, M. Chevalier de Callières et M. Perrot partent demain de Paris et j'achève aujourd'huy cette lettre le 19e juin 1689.

Je suis avec tout l'attachement et la vénération possible, Mgr., vostre très humble et très obéissant serviteur,

J. C. DE BRISACIER.

M. SOUMANDE A MGR. DE LAVAL.

A S. Joachim, le 9 novembre 1693.

Monseigneur,

Je croy que V. G. ne sera pas faschée de la découverte que j'ay faitte.

J'ay pris avec moy trois habitans et Robert Dufour qui sont des plus expérimentez dans le pays. Nous avons trouvé deux costes chaquune le long d'une rivière.*

Dans le première il y a bien de quoy placer 50 habitants, à trois arpents chaquun et dans la seconde il y a du terrain pour en mettre au moins quarante; le plus beau pays du monde, ou il est facile d'y faire un chemin. J'ay foit pour cinquante francs de despents, car outre les journées des habitants que j'avois mené, il y en retourne encore deux pour plaquer et marquer un chemin, et pour

---

2 Ces côtes *derrière le Cap Tourmente* sont sans doute celles de S Ferréol.

y abattre deux arpents de bois afin d'y pouvoir semer ce printemps pour esprouver la terre. Cette dépense a donné ouverture à plus de 20 personnes sans compter ceux qui se présenteront, si tost que la chose sera esvantée, à me tourmenter pour leur permettre d'y aller prendre une habitation.

Il serait à propos d'envoyer icy M. Buisson * avec un arpenteur. Le Rouge est le plus habile pour y tirer les lignes. Il faut battre le fer pendant qu'il est chaud, il ne faut pas laisser refroidir le monde ; car quoique ce soit de très belles terres, elles ne sont pas des meilleures. Elles sont bonnes, mais non pas des plus fortes ; il est toujours certain, selon le sentiment des habitans que j'avois mené, et de quantité d'autres qui m'en ont parlé, que l'on y recueillera de fort bon bled, il ne faut pas abriter la chose.

Je crois aussi que V. G. sera bien contente d'une autre nouvelle qui est que j'ay fait faire à la petite ferme quatorze arpents de terre neuve, trois semaines devant la Toussaint.

Je n'ay pas sorti de la petite ferme, où j'ay poussé l'affaire vivement et j'ay eu jusqu'à quinze hommes par jour. J'y suis encore actuellement pour la faire labourer d'automne ; J'ay pris Charles Lessard pour cet effet et encore dix hommes pour la nétoyer et brusler le bois qui est sur la terre. Je ne la quitteray pas jusqu'à ce qu'elle soit achevée, si le temps nous le peut permettre.

J'ay fait aussi travailler aux bois que vous savez.

Je suis, avec tout le respect possible, de V. G. Monseigneur, etc.

J. Soumande, P.

Mgr. de St. Valier a Mgr. de Laval.

Paris, 25 mars 1696.

Comme je cognois, Mgr., les bonnes intentions que vous avés pour l'église dont vous avés esté le premier père et pasteur, je n'ay pas eu de peine à croire que ce qui vous a faict avancer de donner l'habit noir à vos jeunes gens a esté le désir de les conserver à l'église du Canada, dont je ne doute pas qu'ils ne soient un jour de bons ministres. Je mettray sur l'estat de distribution des 8000℔

---

* M. Jean Frs. Buisson, prêtre du Séminaire de Québec, était né à Québec. Il y fut ordonné prêtre en 1683, et fut du nombre des premiers chanoines en 1684. Il mourut en 1712, âgé de 51 ans.

destinés à l'entretien des curés et missionnaires une somme 1000℔ si le je puis, pour ayder le Séminaire à les entretenir. J'espère trouver des moyens plus efficaces pour qu'ils ne soient point à charge au Séminaire, quand je seray une fois de retour en Canada. J'avais compté, Monseigneur, que ce seroit cette année, que j'aurois l'honneur de vous y voir, mais la Providence ayant réglé la chose autrement, je me soumets amoureusement à ses ordres...... Je vous crois plus capable que personne de demander et d'obtenir mon retour dans mon diocèse ; ma disposition présente est cependant de me soumettre entièrement aux ordres de Dieu, non seulement pour une année d'absence, mais pour plusieurs années si telle est sa sainte volonté.

J'ay fait cette année l'acquisition de la terre de l'Islets pour l'hôpital général, laquelle m'a coustés 6000℔ de France. Il est vray qu'on m'a donné des termes pour les payer fort commodes, ayant bien voulu diviser le payement en plusieurs années.

Je trouve l'effort que M. le curé de Charlesbourg a fait pour establir son église si admirable qu'il mérite assurément d'estre secondé. J'écris à M. de Montigny * d'engager M. de Villeray à lui donner une bonne partie de ce qui pourra dépendre de moy sur l'estat des 4000℔. Je le prie aussi de vous menager une somme pour le vicaire de Québec dont vous puissiez estre satisfait.

Je recommende à vos prières un frère et un neveu qui me sont morts, comme aussi les principaux fermiers de nos abbayes, ce qui ne doit pas accomoder nos affaires temporelles.

Le Sr. Boucher estait fermier de l'abbaye de Bénévent : Le Sr. Beloche étoit fermier du prieuré de Chezelles ; et l'on m'apprend que M. Dupuis fermier général de l'abbaye de Maubecq est à l'extrémité et compte pour mort.

Je laisse aux autres à vous apprendre la prise de Namur et le bombardement des villes de Bruxelles et Dinant.

Je me borne à vous dire que par crainte de la révolution qui se doit faire en Angleterre pour le rétablissement du Roi Jacques dont on attend tous les jours des nouvelles, le Prince d'Orange a fait arrester et mettre en prison 14 milords.

Comme vous comprené mieux que personne le besoin que j'ay

---

* Ce passage fait comprendre clairement que M. de Montigny était au Séminaire de Québec en 1696 ; c'est delà qu'il partit pour la Louisiane avec deux autres ecclésiastiques du Séminaire, comme le dit le P. Charlevoix dans son Hist. Gén. de Nouv.-France, vol. 3, p 264.

de vos prières et saints sacrifices, je vous prie de ne me les pas refuser et d'estre persuadé du véritable respect avec lequel, etc.,

JEAN, Evesque de Québec.

M. DE DENONVILLE A MGR. DE LAVAL.

A Versailles, le 23 mars 1696.

Dieu soit bény, Monseigneur, de ce que vostre santé parmy vos infirmités ne laisse pas d'estre bonne. Le Sgr. vous visite par les endroits les plus sensibles de vostre cœur, vous avez donné vostre bien, vostre vie et tout vostre travail pour une église que vous aiméz: vous y recevéz des croix mais en vous sanctifiant, elles seront les fondemens et l'appuy de cette mesme église. Je ne voy à faire de vostre costé que de prendre patience avec confiance que Dieu ne détruira pas ce que vous avez commencé pour contribuer à le faire honorer et à donner l'exemple pour le servir.........................

....

Il faut laisser faire le bon Dieu qui aura égard à vos besoins et qui ne délaissera pas ceux qui ont confiance en luy......... ....

Laissez tous les intérais de vostre maison entre les mains de Dieu ....Je finiray en vous demandant la grâce de prier Dieu pour le repos de l'âme de mon père que Dieu a retiré de ce monde à l'âge de 89 ans après douze années de paralisie. Il y a soixante ans que par la miséricorde de Dieu il se convertit par sa propre étude et attira avec lui ma mère en abjurant tous deux l'hérésie. N'oublié pas je vous suplie toute ma famille, la carmélite ma fille ainée est toujours contente de sa vocacion, et aussy gaye que si elle était dans le monde au milieu des plaisirs.

Je suis très touché des maux que j'aprens qui désolent le pauvre Canada, c'est une grande pitié que qui que ce soit icy n'ause parler et en informer les ministres. Vous devez estre très-content du R. P. de la Chaize qui fait très-bien son devoir. Je suis sans réserve et avec bien du respect, Monseigneur,

Vostre-obéissant serviteur,

C. M. DE DENONVILLE.

MGR. DE St. VALIER A M. GLANDELET.

J'ay reçu, Monsieur, les lettres que vous m'avéz fait la grâce de m'escrire. Je vous remercie du soing que vous avés pris de m'informer des choses dont je vous avois parlé dans mes lettres, et particulièrement de l'estat de vostre santé, à laquelle je prends bien de la part, j'ay esté bien ayse aussy de scavoir les employs saincts auxquels vous vous estes occupé. Je souhaite que vous ayés pû résister aux fatigues que vous vous serés données cette année par vos continuelles prédications. Je suis asseuré par avance du fruict qu'elles auront produict. Si le père De la ferté Jésuite passe comme il souhaite, et comme on me la voulu deja faire entendre plusieurs fois il pourra vous solager l'année prochaine dans laquelle je ne doute pas que vous ne continués à travailler dans l'église de la basse-ville, si vostre santé vous le peut permettre. La mienne est si parfaitement rétablie que je me dispose à mon retour en Canada pour continuer à servir une église dans laquelle, comme vous le scavéz très bien, on trouve bien des moyens de sanctification, mais la providence qui scait le besoing que j'ay de prières et de retraite, m'a encore voulu ménager une année de temps pour me mettre en estat de mieux servir mon diocèze. Jeus la consolation l'année passée de faire deux fort belles missions dans les dépendances de l'abbayes de Bénévent. Le bon Dieu me ménagea pour l'une et pour l'autre mission un bon nombre de bons ouvriers, et j'en eus jusqu'à douze, quinze et dix-sept. Jemployeray celle cy a en faire faire deux autres dans les paroisses de la dépendance de celle de Maubecq, dans lesquelles je puis vous assurer qu'il y a d'extrêmes besoings..........

Si la providence continue mon exil une troisième année j'en pourray faire à l'abbaye de L'estrée.

Je crois inutile de vous apprendre la manière dont le Roy m'a faict signifier l'ordre de retarder mon retour ; la cause de mon exil m'a beaucoup plus affligé que l'exil mesme. Quand la Providence voudra que j'y retourne, elle scaura bien employer les moyens les plus efficaces pour m'y ramener.

Comme je ne doute pas que Monseigneur l'ancien ne vous fasse part de ce que je luy écris la dessus, je n'adjouteray rien pour vous engager à demander mon retour, dont je laisse toute la disposition à Nostre Seigneur.

Je vous écris celle cy par le premier vaisseau qui partira plus promptement que nous n'avions espéré : vous voulez bien que cette lettre vous soit commune avec Monsieur de Maizerets, auquel je n'ay pas le temps d'écrire. Je fais aussy de bon cœur dans cette lettre mes complimens à Monsieur le curé de Québec, à Monsieur Dubos, et autres ecclésiastiques qui demeurent dans vostre Séminaire.

Continuez Monsieur à demander pour moy à Nostre Seigneur la grâce d'estre parfaitement conforme à sa sainte volonté. Ne doutés pas que je ne vous offre continuellement à luy dans l'amour duquel je suis parfaitement tout à vous.

(Signé,)   JEAN, Evesque de Québec.

25 mars, 1696.

Mgr. de Laval a la Superieure de la Congrégation de N. D. de Montréal, 1700.

J'ai reçu, ma très chère fille, votre lettre qui m'apprend la mort de la Sœur Bourgeoys. C'était un fruit meur pour le ciel, elle a été d'édification pendant sa vie, elle nous doit servir d'exemple après sa mort. Elle était simple et humble, et Dieu lui a bien fait des grâces ; nous n'aurons pas manqué et nous continuerons de nous souvenir d'elle ; nous avons sujet de croire qu'elle jouira bientost du bonheur des saints, et qu'elle servira auprès de Notre Seigneur d'un grand secours à votre Communauté.

M. de Brisacier a Mgr. Laval.

A Paris 17 Juin 1701.

Nous avons reçue vos trois lettres de 1700, Monseigneur, l'une du 9 Aoust, l'autre du 19 Octob. et la 3e. sans datte.

La 1ère nous a été rendue par le Père Commissaire des Recollets et elle est toute entière sur la mission du Mississipi et sur le present que vous luy avez fait en y envoyant M. Foucault * en qui vous avez trouvé toutes les bonnes qualités d'un missionnaire propre à travailler avec succès. Il faut espérer avec vous, Mgr., qu'estant joint avec ses confrères et agissant de concert avec eux l'œuvre de Dieu s'avancera. Nous joindrons aussy de nostre côté nos prières et nos soins aux vôtres pour obtenir les secours du ciel et de la terre. Jusqu'icy il paroit que Dieu nous accorde les uns et les autres, puisqu'il donne tant de zèle aux premiers missionnaires que vous avés choisis pour cette nouvelle mission et qu'il a inspiré au Roy la bonne volonté de nous continuer cette année les mille écus de gratification dont on nous envoya hier

----

*M. Nicolas Foucault fut ordonné prêtre à Québe cen 1689. Il fut chargé de la cure de Batiscan et des lieux voisins, avant de partir pour les missions du Mississipi. On verra plus loin les circonstances de sa fin tragique.

l'ordonnance, et il y a lieu de croire que si nous sommes fidèles à notre vocation la cour sera constante dans ses bienfaits.

La seconde lettre ajoute que vous avez mis M. Bergier (1) en la place de M. de Montigny (2) qui par parenthèse est parti au commencement de cette année avec M. l'abbé de Cicé Evêque de Sabul, et Vicaire Apostolique de Siam, et qui malgré tous les efforts que nous avons faits très sincerement auprès de luy pour le renvoyer à Mississipi, nous a suppliés de le faire passer dans nos autres missions des Indes Orientales.

Il a remporté du Mississipi une idée si peu avantageuse du bien qu'on pourroit y faire qu'il n'a pu se résourdre a y retourner. Apparamment Dieu ne l'y jugeoit pas propre et les ouvriers évangéliques qu'il y a laissez y travailleront avec plus de bénédiction qu'il n'auroit fait. Entre ces douze jeunes gens dont vous nous parlez, Mgr., qui devoient entrer en théologie et qui vous paroissent si bien disposez, il y en aura sans doute quelques uns qui soutiendront un jour cette mission là, et vous avez bien raison de dire que c'est là votre plus douce et votre plus solide consolation dans le grand âge où vous êtes, et dans la pensée que Dieu vous donne des approches de la mort.

Il est juste de luy demander tous les jours pour nous tous la grâce de bien mourir, mais nous espérons qu'à votre égard ce dernier moment ne viendra pas encore si tost. A la vérité 78 ans complets sont un âge bien avancé, et la foiblesse de vos jambes peut vous oster quelque agrément dans la vie, mais la teste et l'estomach estant bien et la santé paroissant d'ailleurs très forte, il nous semble que nous n'avons rien a craindre de longtemps si vous voulez bien un peu vous ménager.

J'écriray un mot à M. Begon l'Intendant sur l'avis que vous a

---

(1) M. Shea dans son excellent ouvrage, intitulé *Catholic Missions,* paraît croire que M. Bergier n'alla dans ces missions qu'en 1704. L'époque est précisée par cette lettre, c'est-à-dire 1700.

(2) M. de Montigni Grand Vicaire de l'Evesque de Québec s'était rendu au Mississipi en 1699 avec M. Ant. Davion. C'est peut être ce neveu de Mgr. de Laval que Mgr. de St. Valier ordonna prêtre à Paris le 3 Avril 1688. (Voir sa lettre du 2 Avril). M. Shea, d'après M. Noiseux, croit que c'était un autre neveu de Mgr. de Laval ordonné prêtre à Québec le 8 Mars 1693, qui fut un an chargé de la desserte de l'Ange Gardien, et repassa en France en 1694. Il est vraisemblablement celui que M. Tremblay appelle l'*abbé de Laval,* dans sa lettre de 1705 à Mgr. de Québec, " et mort à Paris en 1725," dit Shea. (voir St. Cosme voyage, p. 52.)

donné le Charpentier du Roy qui est à la Baye St. Paul de faire
charger sur ces vaisseaux avec les mats qu'on porte de ce lieu là
en France, du bordage et des planches.

Je suis, etc.,

De Brisacier.

M. Tremblay a Mgr. de Laval.

Monseigneur,

Nous apprismes l'an passé par la voye d'Angleterre la mortalité
qui s'estoit répandue dans le Canada à la fin de 1700, dans laquelle
nous avons perdu M. de Bernières * et M. Doucet. †   C'est assurément une grande perte et je l'ay ressentie vivement..   Dès que
j'en fus seur je l'escrivis à la Supre. des Ursulines de Caen pour
procurer à M. de Bernières des prières de sa famille et nous ne
manquasmes pas d'en faire dans le Séminaire à Paris pour lui coe
nous y sommes obligés.

Du 11 may 1702.

Du meme au meme.

Monseigneur,

Je vous escris celle cy par 'la Perle coe je l'espère, pour vous
apprendre ce que nous avons fait depuis l'arrivée de M. Jonquaire
en France.   Il arriva au Séminaire le 26 avril, et nous apporta la
plus triste nouvelle que nous pussions apprendre.   Cependant
quand on me dit qu'un courrier venoit d'arriver de Canada et
apportait de fâcheuses nouvelles du Séminaire, ‡ j'appréhenday
que nous ne vous eussions perdu et je fus plus disposé à soutenir la

---

* Henri de Bernières, Supérieur du Séminaire de Québec, Grand Vicaire, Official et Doyen du Chapitre de la Cathédrale, mourut le 4 Décembre 1700 à 68 ans.
Son corps enterré dans la chapelle du Séminaire, fut transporté à la cathédrale le
21 Juillet 1728.

† Alexandre Doucet, curé de Charlebourg.

‡ " Quoique les vaisseaux ne fussent pas loin, (le 15 nov. 1701) il fut impossible
de se servir d'eux pour faire savoir en France cet accident; ces Messieurs envoy-
èrent par l'Angleterre un courrier."
(Hist. de l'Hôtel Dieu, p. 397.)

triste nouvelle de l'incendie de notre Séminaire quand je scus que
que V. G. se portait bien et avoit veu en saint la destruction d'un
ouvrage de quarante ans qui avoit rendu tant de gloire à Dieu et
estoit capable de lui en rendre. J'ay été convaincu dans les diverses
réflexions que j'ai faites sur un si grand accident que Dieu voulait de
vous avant votre mort ce grand sacrifice : vous ne lui en pouviez
faire un plus grand. Le feu consumait votre cœur en consumant
ce bâtiment, mais c'estoit un feu bien différent. Vous sacrifiiez
un œuvre de Dieu aux ordres de Dieu et votre sacrifice en cela
alla plus loing que celui du Père des croians en ce que Dieu ne
lui demanda que la préparation du cœur ; vous l'aviez depuis longtemps. Il a demandé de vous la réalité du sacrifice. Ce que vous
m'avez mandé m'a beaucoup fait d'impression : que l'œuvre que
Dieu vous a fait la grâce d'édifier n'est pas un œuvre de pierre et
de bois, mais d'esprit et de grâce qui se conserve encore tout entier et mesme plus parfait depuis que notre Séminaire est bruslé.
Votre courage pendant le sacrifice et votre force après m'ont fortifié moy mesme, tout foible que je sois, et j'ay admiré votre ardeur
à vouloir dès cet hiver travailler au rétablissement de cet œuvre.

Je vous avoue cependant ma foiblesse. Cette nouvelle fit beaucoup d'impression sur moy et me jeta dans un fonds de tristesse
dont j'ay eu bien de la peine à sortir : car tout m'y paroissoit
accablant. Cependant pourveu que Dieu vous ait conservé pour
notre consolation, j'espère tout : car coe je suis industrieux à me
faire de la peine j'en ay ressenti une plus vive de l'apprehension
que jay eu que cet hyver vous ne vous soiez laissé abattre par
l'affliction du renversement d'un si bon œuvre, que de la perte du
Séminaire. Si Dieu vous conserve pour nous, j'espère que nous
nous relèverons et malgré la misère des temps qui est très grande
et le peu de secours qu'il y a à espérer, nous tâcherons peu à peu
à nous remettre.

On peut dire qu'il faut quelquefois que de semblables malheurs
arrivent pour connoistre les sentiments des personnes. Je n'ay
veu aucun de ceux qui connaissent le bien que ce bon œuvre produit, qui n'en ait été très vivement touché. M. le Chancelier, M.
de Pontchartrain nous ont dit que c'estoit la perte du public et
non pas la notre, que ce seroit la ruine de la colonie si cet œuvre
ne se rétablissoit, et que tout le monde y devoit contribuer. Il
seroit à souhaiter que ce rétablissement se pust faire par ces belles
paroles.

M. DE BRISACIER A MGR. DE LAVAL.

A Paris 20 May 1702.

Monseigneur,

Le ton sur lequel vous m'avez fait l'honneur de m'écrire par M. Joncair l'accident arrivé à votre chère maison de Québec * m'a beaucoup moins donné de tristesse que de consolation. La grâce que Dieu vous a faite en cette occasion de luy sacrifier de bon cœur en un moment tout ce qu'il vous avait donné durant tant d'années ; la part sincère que tout le pays a prise à cette disgrâce, qu'il a regardé beaucoup plus comme un mal public que comme une perte particulière pour nos Messieurs ; la soumission parfaite qu'ils ont témoignée aux ordres de la divine Providence, et l'émulation qui a paru entre les puissances, les communautés et les peuples pour vous secourir dans le temps du feu, et pour vous recueillir charitablement après avoir tout perdu, tout cela est un enchaisnement de tant de faveurs que, bien loin de nous affliger, nous ne pensons comme vous, Mgr.,qu'à bénir Dieu, tant de ce qui s'est passé en Canada que de ce qui s'est fait en France. † Mgr. de Québec s'est mis jusqu'au cou pour nous obtenir du Roy de plus grands secours, mais Sa Majesté ne l'a pas voulu, et le maître a eu ses raisons pour borner ses grâces dans un temps où il faut avouer que ses finances sont épuisées par la guerre. Mad. de Maintenon m'a fait l'honneur de me dire qu'elle avait même été surprise que S. M. ne nous avait pas refusé tout secours dans la conjoncture présente. Prenons courage, malgré le mauvais temps où nous sommes. Monseigneur, tout âgé que vous estes, je ne désespère pas que vous ne viviez encore assez longtemps pour voir votre ouvrage réparé ou en tout, ou en plus grande partie. Dieu récompensera par là cet abandon héroïque à sa Divine Providence que

---

* " Le 15 Novembre 1701, le feu prit au Séminaire de Québec et consuma en fort peu de temps cette belle maison pendant l'absence de tous les prêtres qui étaient allés à S. Michel." (Anse S. Michel à Sillery.)
(Histoire de l'Hôtel Dieu, p. 396.)

† " L'on porta aussi à l'Evêché M. de Laval, ancien Evêque que l'on avait fait sortir de chez lui à demi vêtu pour le sauver. Il supporta cette affliction avec une soumission parfaite aux volontés de Dieu sans former aucune plainte. Cela devait lui être d'autant plus sensible que c'était lui qui avait érigé et fait bâtir le Séminaire et qu'il en était le père et le fondateur, et qu'il voyait ruiner en un jour le fruit de ses travaux de plusieurs années."
[Hist. de l'Hôtel Dieu, p. 396.]

nos Mess. pratiquent avec vous en continuant votre charité ordinaire envers ces enfans du Pays que vous élevez en si grand nombre dans vos maisons, et la pluspart gratuitement. J'ose vous dire Mgr., que c'est cette charité qui a fait le plus d'impression à la cour et qui vous attirera peut-être dans la suite plus d'aumônes de notre France.

DE BRISACIER.

Les extraits suivants de plusieurs lettres sont intéressantes sous le rapport des noms de missionnaires qui y sont mentionnés et qui accompagnèrent d'Iberville le héros.

D'Iberville était né à Québec, comme l'atteste l'acte suivant: " Le 8 oct. 1693, Pierre Le Moyne, Sr. d'Iberville, cap- de frégate " du Roi, fils de Chs. Le Moyne, Sr. de Longueuil, Chateau Gué et " de M. Primot, àpousa M. Thérèse Pollet, fille de François Pollet, " Sr. de la Combe, Pocatière, capt. du Régt. de Carignan et de " dame M. Anne Juchereau. En présence de LesMoyne de Céri-"gny, enseigne de vaisseau du Roi, de la Forest, gouvernéur du " fort des Illinois, &c. *François Dupré, curé.*"

Voici en quels termes deux écrivains ont parlé de cet homme dont la réputation aurait droit d'être plus répandue en Europe et surtout en France, à cause de ses glorieux faits d'armes et de ses découvertes. Dans tous les cas le Canada, sa patrie, honore avec raison sa mémoire.

" Lemoine d'Iberville, officier de marine de grande réputation, fut le premier qui entra dans le Mississipi par la mer en 1699. Après avoir foudé la première colonie sous le nom de Biloxi sur la Baie du même nom, il remonta le Mississipi jusqu'à Natchez, lieu qu'il choisit pour la Métropole, et qu'il nomma Rosalie, en l'honneur de l'épouse du Chancelier Pontchartrain." (Warden—Description des Etats Unis. Vol. IV, p. 258.

" En 1697, un gentilhomme canadien nommé d'Iberville, parvint à réveiller sur le pays l'attention du ministère. On le fit partir de Rochefort avec deux vaisseaux et il entra dans le Mississipi, le 2 juillet, 1699· Ce navigateur remonta le fleuve assez haut pour se convaincre lui même de la beauté et de la fertilité de ses rives." (L'Itinéraire des François dans la Louisiane par Dubroca).

M. Tremblay de Paris à M. de Maizerets, 9 Juin 1699.

" M. d'Iberville partit le 30 décembre de St. Domingue pour aller à la découverte de l'embouchure du Mississipi, et on attend tous les jours le retour de quelqu'un des vaisseaux qui nous en apporte des nouvelles. Je suis persuadé que si M. d'Iberville fait cette découverte, il envoiera quelque canadien en remontant le fleuve porter cette nouvelle à Québec, et si ces canadiens trouvent M. de Montigny * il ne manquera pas de descendre aussstôt auprès de M. d'Iberville.

M. Tremblay de Québec à M. Glandelet, 1699.

Le P. Bigot est party pour vous aller rejoindre ; Le P. Rafeix était parti longtemps avant lui : M. Fredin est aussi parti le lundy de Pasques.

Il se hastent de se rendre à la Rochelle avant le vingt, parce que M. d'Iberville espère partir avec deux vaisseaux seulement dans la fin de ce mois, et la flotte sera retardée à six semaine après·

Je crains bien qu'il n'en parte plus du tout, car nous n'aurons point cette année d'armée navale en mers sur l'océan. C'est pourquoy nos ennemis en seront les maîtres et empescheront qu'il ne sorte un seul vaisseau de France ; cela rompt et renverse toutes nos mesures. Je fais ce que je puis pour faire embarquer dans ces derniers vaisseaux tout ce qui est prêt pour nous à la Rochelle.

Le meme au meme, 7 mai 1700.

M. d'Iberville n'a pas encore trouvé une belle embouchure du Mississipi, † ni une belle rade.

---

* François Jolliet de Montigny, chef de la mission, était né à Paris, et fut ordonné à Québec, le 8 mars, 1693. Après avoir été curé de l'Ange Gardien et directeur des Ursulines de Québec, il partit pour le Mississipi avec le titre de Vicaire Général de son Evêque, et accompagné de MM. Davion et St. Cosme. Les frais d'installation ne coûtèrent pas moins de 10,800 livres. La première mission fondée fut celle des Tamarois.

M. de Montigny retourna en France, se consacra aux missions de la Chine devint le secrétaire du Cardinal de Tournon, partagea son exil, et l'assista à la mort dans sa prison de Macaò. Il revint au Séminaire des Missions Etrangères de Paris et y mourut en 1725 à 64 ans.

† "Les anciens navigateurs avaient toujours évités les Isles qui remplissent l'espace qui est depuis la Baie de l'Ascension jusqu'à la Baie St. Louis, d'Iberville plus hardi, hasarda de les reconnaitre et y trouva des canaux aboutissans au Mississipi, jusqu'à lors ignorés à cause des dangers qui se trouvent à son embouchure. (De Vergennes, Mémoire sur la Louisiane.)

Une barre qui règne tout le long de cette coste, plus de 800 lieues, empêche les vaisseaux d'approcher de terre de deux lieues, et il n'y a que de petits vaissaux qui ne tirent que quinze pieds d'eau, qui puissent passer par dessus les endroits. M. d'Iberville a rapporté que le pays lui avait paru en remontant le fleuve près de 80 lieues ou très marécageux ou très sablonneux et ingrat, très peu peuplé de sauvages, peu de chasse et de pesche, en un mot il en a fait un portrait si différent de ce qu'en ont rapporté ceux qui ont esté avec M. de la Salle, que c'est le jour et la nuit, On l'y a renvoié pour parcourir toute la coste, pour visiter le lieu mesme où M. de la Salle a fait naufrage, et s'il ne trouvait pas l'établissement avantageux, l'abandonner; s'il le trouvoit bon. s'y fortifier. J'ay mis dans le vaisseau pour 3 ou 400 livres de poudre, plomb, haches, etc., pour nos Messieurs, dont M. d'Iberville s'est chargé avec plaisir. Nous attendons son retour dans ce mois cy ou dans le prochain. On a bien grossi les objets quand on vous a dit que M. d'Iberville avait laissé au bas du Mississipi 250 français ; il n'y en a que 50 avec son frère qui les commande.

M. Tremblay à M. De Maizerets, 1703.

Peu avant que je partisse pour le Berri, M. d'Iberville estoit arrivé à la Rochelle, et M. le Sueur estoit venu devant lui à Paris.

M. d'Iberville devait partir vers Juillet ou Août de cette année avec une petite escadre pour establir cette colonie. Le dessein de M. d'Iberville est de rassembler les nations sauvages et les réunir afin de les rendre susceptibles d'instruction et de discipline.

M. De Lorme de Paris, à son frère à Québec.

Juillet, 1704.

M. de la Vente est arrivé heureusement à la Mobile avec M. Huvé et ses filles, vers le mois de Juin ou Juillet ; mais ils ont pris la maladie des Iles en passant à St. Domingue et l'ont portée à la Mobile. M. de la Vente se plaint fort des coureurs de bois et des canadiens qui sont à la Mobile : mais il espère beaucoup des missions aux sauvages. Il prétend que les missionnaires aux Chakta et aux Chicacha, trouveraient de quoi s'occuper et auraient lieu de beaucoup espérer de fruit. J'ai envoyé ses lettres à M. Gervaise qui me manda que si l'on partait cet été et surtout si l'on avait la paix, il s'y destinerait encore quoiqu'il soit déjà un peu âgé.

M. de la Vente se plaint du choix que M. Bouteville * a fait d'un emplacement à la Mobile pour le Séminaire, et il prétend qu'il faut passer un lieu inaccessible pendant les pluies pour y venir. Il expose que M. Le Sueur † étant mort et ayant un emplacement sur la place publique près le fort, il y faudrait mettre la paroisse.

M. de la Vente a acheté une vache à la Havane et l'a amenée avec lui : elle lui sera très-utile pour subsister.

Il prétend que ces pays noyés de la Louisiane le long de la Mobile et du Mississipi seraient excellents à y faire du riz et à en recueillir de grandes quantités, si on si appliquait. Il a aussi acheté à la Havane un noir.

M. Tremblay a Mgr. de Laval.

Paris, 18 juin 1706.

Monseigneur,

Nous avons appris par vos lettres et par celles de tout le monde votre grande foiblesse et la privation où vous estes à présent de dire la sainte messe. Vous avez la consolation du moins de l'entendre.

J'ay escrit à Mgr. de Québec sur ce que vous me proposiez, Mgr. si ayant près de votre chambre une chapelle bien ornée, vous n'y pouviez pas avoir le St. Sacrement, pour votre consolation ne pouvant plus aller à l'Eglise ; ce prélat trouve très-bon, Mgr., que vous l'y aiez, et on convient que cela se peut en une pareille occasion pour un Evesque comme vous. Je souhaite que le bon Dieu vous veuille conserver encore plusieurs années pour que vous aiez la consolation de voir rétablir notre Séminaire.

M. le Maire est parti le 19 janvier avec l'escadre de M. d'Iberville qui a 6 ou 7 vaisseaux armez avec lui. ‡ C'est une entreprise de 800,000 livres pour laquelle il est, dit-on, pour un quart.

----

* Balthazar Michel Bouteville, ordonné prêtre en 1696. Il revint à Québec et y mourut à 39 ans en 1711.

† C'est de lui qu'il est parlé dans la lettre précédente de M. Tremblay : on croit qu'il fut Sulpicien et mourut à Montréal en 1752. Il était remarquable pour l'austérité et la simplicité de sa vie.

‡ " D'Iberville tira la Louisiane de l'oubli en s'offrant pour son second fondateur : on ne lui refusa rien de ce qui pouvait être utile à ses desseins, et personne n'était plus propre que lui à faire fleurir la province qu'on lui confiait : mais il ne vécut pas assez pour remplir les idées que l'on avait à justes titres de son expérience et de son courage " (De Vergennes, Mémoire sur la Louisiane.)

Il faut qu'il soit bieu seur de son fait. Nous avons appris que son dessein estoit de piller les Isles Anglaises. Il a trouvé en arrivant à la Martinique que M. de Cabanac avoit déjà pillé St. Christophe. Ils se sont joints ensemble et ont pillé l'Isle de Nièves le jour de Pasques. J'ay receu de M. Le Maire une lettre de la rade de Nièves qui me mande tout ce pillage.

M. le Maire * croyoit que M. de Sevigni iroit avec lui à la Louisiane. Il me mande que le dessein est changé et que c'est un autre Capitaine. Sans doute que M. d'Iberville a besoin de son frère pour quelque autre entreprise, mais enfin nous n'avons aucune nouvelle de l'arrivée de M. le Maire à la Louisiane ni d'aucun de nos Messrs qui y sont.

J'ay appris par les lettres de M. Bergier que le P. Marais, Jésuite † estoit descendu au fort Louis de la Mobile pour y prendre la place du P. Dongé.

Vous nous demandez, Mgr., dans toutes vos lettres de demander pour vous à N.S. la grâce d'une bonne mort. Nous avons sujet d'espérer que Dieu vous l'accordera, mais nous ne scaurions nous empescher de demander votre conservation pour la consolation et le soutien de nos enfans. Il faut espérer que Dieu qui a voulu accroistre votre couronne en vous faisant passer par le feu deux fois, ‡ l'œuvre qui vous est le plus cher, vous donnera le temps d'en voir le rétablissement avancé avant que de vous appeler à lui. Je me recommande très particulièrement à vos prières et à vos souffrances, puisque je ne puis plus me recommander à vos saints sacrifices.

---

* "Premier Chapelain sur l'Ile Dauphin." Charlevoix. Docum. de Paris sur le Canada, ii, 640.

† Le nom du P. Marais ne se trouve pas dans la liste des missionnaires de la Louisiane donné dans *Hist. of Cath. Missions.* La présente lettre remplit encore cette lacune.

C'est ce même Jésuite qui alla à la Baie d'Hudson et dont deux relations sont publiées dans les *Lettres édifiantes.* Il y raconte les circonstances édifiantes de la mort de Mgr. Bergier, c'était en 1712.

‡ "Depuis 4 ans on travaillait à remettre le Séminaire ; on n'épargnait rien pour le faire avancer, on achevait le dedans avec de grandes dépenses quand, par la négligeance d'un ouvrier qui fumait, le feu prit dans une chambre ou étaient les menuisiers. Il éventa le feu au lieu de l'éteindre......M. de Laval, ancien Evêque, eut en cette occasion un grand sacrifice à faire parce qu'il voyait encore détruire son ouvrage. Il prit cette affliction en saint. On le porta chez les Jésuites ou il demeura quelques jours pendant qu'on lui dressait un petit appartement dans l endroit du Séminaire que les flammes avoient épargné."
(Hist. de l'Hotel-Dieu, p. 423.)

Le meme au meme.

1703, Juin 15.

Cette année il n'y aura pas un seul marchand qui aille au Canada, et il n'y aura d'autre vaisseau que celui du Roi qui encore sera équipé par M. de la Chenaye-Aubert pour aller chercher les mats et les apporter en France.

Je plains beaucoup le Canada; dans l'état où il se trouve, quel secours peut-il tirer d'un seul vaisseau comme la Seine qui encore court bien risque d'estre pris et par conséquent le pais d'estre privé de tout secours? J'ay longtemps balancé si je vous envoierais nos ballots par ce vaisseau, mais quand je considère l'embarras où vous seriez si ce vaisseau arrivait à bon port, lorsque vous ne recevriez rien par lui, je m'abandonne à la divine providence. Je crains seulement que Dieu ne punisse mes peschez par ce malheur qui me seroit très sensible dans le triste estat où est notre Séminaire et acheveroit de nous accabler. Mon Dieu! que je crains que la Seine ne soit prise!

J'ay receu, Monseigneur, de vous une petite lettre du Montréal qui me surprit de vous voir entreprendre ce voyage dans un âge si avancé. Mgr. de Québec m'a dit qu'il vous estoit très-obligé d'avoir été confirmer dans ce voiage, et que cela le met en repos sur le séjour qu'il est obligé de faire en France pour les unions.

Je vous avoue que je ne suis pas sans crainte sur votre santé après la maladie que vous avez eue cet automne et ces faiblesses de jambes qu'on me marque que vous avez. Rien ne m'inquiète d'avantage, Mgr. que la crainte de vous perdre; vous nous estes trop nécessaire dans l'estat où nous nous trouvons. J'espère que Dieu aura égard à nos besoins et au prières que nous lui en faisons et vous conservera comme le St. homme Job pour voir le rétablissement de votre œuvre dont Il a voulu de vous le sacrifice, afin de vous eslever par la grâce au-dessus de tout ce qui est sur la terre.

Vous apprendrez la triste mort de notre cher M. Foucault que des sauvages d'une nation au-dessous des Akansas nommez Coulois * qu'il avait pris pour le descendre aux français avec trois autres

---

1 M. Shea nomme ces sauvages *Koroas*: Il place la mort de M. Faucault au mois d'oct. 1702. Cet excellent prêtre avait été ordonné à Québec le 3 décembre 1689, et fut plusieurs années curé de Batiscan avant de partir pour la Louisiane. " De la Louisiane, écrivait plus tard M. Tremblay à Mgr. de Laval, M. Bergier me mande que quand M. Foucault a esté tué il avoit pour plus de 1000 escus d'effets avec lui Quelle perte outre celle de la personne qui est inestimable."

français malades qu'il avait aux Akansas, ont massacrés pour avoir sans doute leur butin ou poussez peut-estre par les Akansas de dépit de ce qu'il les abandonnoit. Nous nous attendons que le jeune M. St. Cosme sera revenu cet esté à Québec et aura été ordonné par vous et sera renvoié aux missions du Mississipi et, si M. Bergier quittoit les Tamaroa et descendait plus bas, ce seroit un bon second pour M. Davion, ou pour M. St. Cosme son frère.

Nous attendons cet hiver M. Bouteville * en France, et il retournera en Canada l'année prochaine. Je crois qu'il faut tascher à laisser Mrs. Gaulin † et Rageot ‡ dans les missions de Pentagoet; ce qui m'en fait le plus de peine, c'est qu'on ne donne pas à ces missionnaires de quoi subsister, car asseurement pour 300lb chacun il leur est impossible d'y vivre.

M. l'abbé de Laval se fait toujours fort estimer à Tournay où il est chanoine et official, mais il est toujours malade et l'air de Flandre ne luy vaut rien. Il est cependant obligé de rester.

Je n'ay point adressé à M. Bonnet l'attestation que vous avez envoié sur feu M. Vincent. J'en ay gardé un exemplaire et j'ay envoié l'autre directement à St Lazare, de quoy ces messieurs vous sont fort obligez.

Vous apprendrez la mort du bon M. Boudon dont M. Thomas a fait graver le portrait et vous en envoie des estampes par M. Glandelet.

Je suis obligé, Mgr. de finir celle-cy qui est déjà assez longue et de vous conjurer auparavant de me donner votre bénédiction comme les patriarches la donnoient à leurs enfans et de m'obtenir par vos prières cette force intérieure dont j'ay besoin pour vivre comme un bon prêtre au milieu de tous mes embarras.

TREMBLAY.

---

* M. Bouteville qui avait été ordonné prêtre à Québec en 1696, passa en France et fut destiné aux Missions de la Louisiane, mais il tomba malade avant de s'embarquer. Il paroit être revenu bientôt en Canada ou il mourut en 1711 à 39 ans, et fut inhumé á la cathédrale.

† M. Gaulin natif de la Ste. Famille, Isle d'Orléans, fut ordonné le 21 décembre, 1697. Il desservit Beaumont en 1698 et fut envoyé à la mission de Pentagoët. En 1700 il se rendit à la Louisiane : Il revint en 1702, fit naufrage sur les cotes du Maine; ce qui lui donna occasion de travailler à la mission Abenakise, et après plusieurs années, il revint à Québec où il mourut le 6 mars 1740 à 67 ans, et fut inhumé dans la cathédrale.

‡ Philippe Rageot fils de Gilles, fut ordonné à Québec en 1701, il desservit Pentagoet jusqu'en 1704, et fit des missions au Cap St. Ignace et à l'Islet de 1704 à 1707, à Kamouraska de 1709 à 1711. Il paroit être mort dans cette année.

Le Meme au Meme.

L'année dernière, Monseigneur a esté bien malheureux pour notre Séminaire qui a tout perdu, pour le Canada dont tant de vaisseaux ont été pris, et pour la France toute entière par la perte de la bataille d'Hochtet, qui nous a réduit bien bas.

J'avais mis dans le vaisseau la Seine, toutes les provisions pour le Séminaire, ce qui vous fait tort de plus de 20,000 lb. Nos bonnes Religieuses de l'Hotel Dieu y perdent aussy plus de 3000 lb. *

Vous apprendrez cette année qu'outre la Seine prise par les Anglois le jour de Ste. Anne, le vaisseau du Nord a esté pris et tout le castor et les pelleteries qui estoient dedans, que de plus le vaisseau de M. Pascault a esté pris en revenant de Bilbao en Espagne où il avoit deschargé ses castors, en France où il revenoit chargé de fer, et qu'on ne scait encore ce qu'est devenu un vaisseau parti de Québec cet automne dans lequel on prétend qu'il y a encore pour 200,000 livres de castor, et où sont par malheur les enfans de M. de Longueil, ce qui m'afflige fort.

Nous avons un nouvel Intendant ou plus tost deux pour un : car comme M. de Pontchartrain a donné à M. de Beauharnois l'Intendance générale de la marine vacante par la mort de M. d'Hervieux, il a nommé à sa place pour intendant du Canada le jeune M. Rodot qui n'a pas plus de 28 ans et qui estoit inspecteur de la marine à Dunkerque; il a engagé M. son père qui est un ancien conseiller de la cour des Aydes d'aller avec lui au moins pour trois ans. Le ministre a eu en cela plusieurs veues; la première d'avancer ce jeune homme qui est son parent; la seconde, de faire du bien à cette famille que l'on dit n'estre pas aisée; la troisième, de faire donner par un magistrat stilé depuis longtemps à rendre la justice quelque forme au Conseil souverain de Québec. Tous les deux, le père et le fils, me paraissent de fort honnêtes gens.

Le fils n'est pas marié; le père laissera madame son épouse en

----

4 avril, 1705.

* "Les vaisseaux marchands laissèrent la Seine aux prises avec l'ennemi et comme c'était une grosse flute très richement chargée et que les passagers qui y étoient en grand nombre se trouvoient intéressés aux marchandises qui embarrassoient entre deux ponts, par une compassion mal réglée pour quelques particuliers, on n'osa jeter à la mer ce qui empêchoit qu'on put se servir de plusieurs canons. Ainsi ne pouvant quasi se remuer, ils se virent bientot hors d'état de se défendre. On vint à l'abordage et en fort peu d'heures les Anglois se rendirent maitres de ce gros vaisseau qui portait presque toutes les richesses du Canada."

(Hist. de l'Hotel Dieu, p. 416.)

France prendre soin de leurs affaires, et pourra mener Mlle sa fille qui n'a que 17 ou 18 ans avec lui pour prendre soin de leur maison à Québec.   On dit que cette demoiselle est fort sage.

Je n'ay reçu de M. de St. Cosme * qu'une petite lettre des Natchez du 4 may 1704; il souhaite qu'on ne fasse pas de nouveaux établissemens jusqu'à ce qu'on ayt payé toutes les dépenses faites, et qu'on imite en cela les Jésuites.   Il ajoute que le fruit qu'il a fait ne lui paroist pas encore bien grand, qu'il fait consister à avoir sauvé quelques petits enfants.   Il faudroit d'abord rassembler les sauvages, et rendre ces barbares hommes avant que d'en faire des chrétiens. Les Jésuites voyant le peu de fruit et les grands frais ont abandonné les Oumas.

La lettre de M. Davion est du 10 sept. 1704.   En voicy le précis. Que le pais où il est un fort bon climat et qu'il s'y trouve de très-belles contrées de terres.   Que l'essentiel est de bien establir la colonie, et pour cela y bien envoier du monde, et du bestail : qu'on ne manque pas de lui envoier cette année un confrère qui ayt de la disposition à apprendre les langues.

Quand à M. de la Vente et Huvé, † nous en avons reçu trois lettres. Ils nous mandent que leur voiage a été plus heureux qu'ils ne pensoient et que la conduite de ces filles a esté plus facile qu'ils n'avoient appréhendé. ‡ Ils se louent fort des officiers du vaisseau qui ont esté fort sages et modestes et fort charitables.   Que le 10

----

* Deux St. Cosme ont été au Mississipi.

1o. Jean-François Buisson, fils de Gervais et de M. Léreau, né à Québec 9 novembre 1660, ordonné prêtre le 30 nov. 1683, nommé chanoine le 8 nov 1684.

2o. Son frère Michel, ordonné en 1703.

Le premier se noya dans le Mississipi en 1707.   Le dernier s'y rendit avant sa prêtrise. (Voir la lettre ci-dessus du 15 juin 1703), et vint se faire ordonner prêtre en 1703 à Québec par Mgr. de Laval.

Il retourna à la Louisiane, suivant quelques uns, mais M. Shea ne donne pas son nom dans son ouvrage sur les missions.   Il mourut à Québec le 18 févr. 1712, âgé d'environ 30 ans, et fut inhumé dans la cathédrale.

† Les noms de ces missionnaires ne sont pas mentionnés dans la *liste du clergé* : L'*Hist. des Missions* parle d'eux pour la première fois.   Ce sont autant de membres des missions étrangères dont les travaux serainet restés inconnus.

‡ "Pour peupler ce pays (la Louisiane) on y transporta de France un certain nombre de jeunes femmes et des soldats bien portans qui furent mariés avec elles et dispensés du service militaire ; on leur donna quelques acres de terre, une vache un veau, un coq et des poules, une petite quantité de grains pour semer, un fusil, une demi livre de poudre et deux livres de plomb qui leur furent délivrés chaque mois et des provisions pour l'espace de trois ans."

(Bossu, nouveaux voyages aux Indes Occidentales, vol. 1, p. 23.)

juin 1704, ils prirent terre au Cap François à St. Domingue, et le 7 juillet à la Havane en l'Isle Cuba où l'Evesque Espagnol les reçut parfaitement bien, logea les filles dans un conservador, et les y fit rafraîchir. Qu'ils en partirent le 14 juillet, et ne laissèrent pas en 8 jours d'y prendre le mauvais air des Isles, qui a fait mourir plusieurs de leur équipage, que le 20 juillet ils arrivèrent à l'entrée de la Mobile et au fort Louis le 1er jour d'aoust. Qu'ils ont trouvé M. Davion * logé dans une maison neuve, mais sans porte ni fenêtres : qu'ils y ont trouvé le R. P. Dongé, Jésuite, † qui les a reçus avec cordialité et dont ils se louent fort. Qu'ils ont fait en arrivant 15 ou 20 mariages de ces filles dont 3 ou 4 moururent peu après estre arrivez. Que le 20 aoust ils tombèrent malades cinq ou six qu'ils étoient n'ayant que du lard pour faire des bouillons. Qu'ils n'ont point trouvé d'Eglise pour la paroisse, que M. de Pontchartrain a ordonné qu'on en bastist une et qu'on y fasse contribuer les habitans, mais qu'on ne s'en servira pas si tost, et qu'ils se servent de la chapelle du fort trop petite pour tout le monde. Qu'ils ont trouvé M. Davion fort cassé, résolu cependant de retourner à la mission. Que par toutes les perquisitions qu'il a fait du bien à faire parmi les sauvages, il a trouvé qu'il y en a peu de fait, mais beaucoup à espérer, et qu'il croit qu'il y a plus de fonds à faire sur ces missions que sur celles de la Chine et des Indes. Qu'il y a surtout beaucoup à espérer de la nation des Chatta à sept jours au-dessus d'eux sur la Mobile qui est de 7 à 800 familles qui composent 8 à 10 mille âmes où la poligamie est plus rare, et qu'il seroit facile de rassembler en deux ou trois villages. M. de la Vente croit que ce pays là peut devenir très-bon et que si on pouvoit y envoier bien du monde et des hommes surtout qui travaillassent à la terre on en tireroit du profit. Il prétend que ces basses terres qui sont tous les ans inondées par les eaux seroient excellentes à y cultiver des ris qui y viendroient en abondance. Il se loue fort de M. Huvé,

---

* D'après Shea, Davion étoit chez les Tonicas. Après le meurtre de Foucault, il se retira à Mobile, mais revint à son poste en 1704 et y demeura plus de 12 ans.

"Sept missionaires du Séminaire de Québec furent employés à la conversion des Indiens du Mississipi. Le plus distingué d'entre eux étoit Montigny, Grand Vicaire de De la Val le premier Evêque de la Nouvelle France qui visita le fort de la Sale pendant la guerre des Natchez avec les Indiens du Nord."

(Warden, Tableau des Etats-Unis, vol. 4, p. 259.)

† "M. d'Iberville y mena les PP. Dongé et du Ru, Jésuites, et le P. Limoges y vint du Canada."

(Charlevoix, vol. 2, p. 244.)

son confrère, qui aurait accompagué M. Davion aux Tonicas si le P.
Dongé ne s'en fuet pas allé. Il nous apprend qu'ils sont surchargez
de travail quoique infirmes, et surtout par plus de 200 Apalaches
chrétiens espagnols que les Anglois avec 15 ou 1600 sauvages ont
fait fuir de leur pays; que ces pauvres sauvages leur demandent
les sacremens et leur donnent tous les signes de bons chrétiens,
mais qu'ils sont fort embarrassez, n'ayant aucun interprète et ne
pouvans les entendre.

Comme le vaisseau le Pelican est parti à la fin de septembre de
ce pays là, il est revenu à la Havane où il s'est fait carenner; et
ayant appris que deux frégates angloises devaient aller attaquer
le fort Louis à la Mobile et Pensacola, M. DeCoudray envoia un
brigantin à M. de Bienville * lui en donner avis, ce qui nous a
procuré encore une lettre de M. de la Vente du 2 janvier 1705.

Il m'apprend qu'ils ont presque toujours esté malades de fièvres et autres maladies dont il croit qu'il aura peine à revenir. Il
nous apprend aussi la mort du P. Dongé Jésuite arrivée à la Havane, † ce qui est une perte pour ces missions.

M. Davion emmène les deux petits garçons que je luy ay donnés et espère en garder un et envoier l'autre à M. Bergier. Il me
mande que les sauvages de M. Davion doivent descendre le Mississipi à 80 lieues plus près de la mer dans un lieu où il y a de belles
terres, et se rassembler tous ensemble. Ils promettent beaucoup
aux officiers et aux missionnaires. Il ajoute qu'il faudrait scavoir
si les Jésuites abandonnent les Nomas; que cette mission est belle,
bien ramassée et qu'il faudrait ne la pas laisser sans missionnaire,
les sauvages estans bien disposez. Il continue à estre si infirme
qu'il craint que sa machine n'aille pas loing. Il exhorte fort
M. Gervaise à le venir joindre. Il dit qu'ils ressentent la rigueur de l'hiver, comme on le fait en France.

Je vis hier, dernier mars, M. d'Hiberville qui est toujours malade et n'a pas encore reçeu ses lettres. ‡ Il ne croit pas qu'on
puisse envoier de vaisseau là de plus de trois mois, parce que le
Roy n'en a point.

---

* "M. de Bienville frère cadet de M. d'Hiberville, qui a le premier établi nos affaires
à la Louisiane, y commandait alors comme Lieutenant du Roi en l'absence de son
frère qui en était Gouverneur" (*Relation de la Louisiane*, vol. 5 du Recueil de voyages au Nord.)

† En 1704.—M. Shea dit que le bon père mourut à la Mobile.

‡ "D'Iberville se préparait à un troisième voyage, lorsqu'il mourut après avoir
rempli une carrière spacieuse pour lui, mais trop limitée pour sa patrie."
(De Vergennes, mémoire sur la Louisiane.)

Nous devons le voir et raisonner sur tout cela avec lui. Vous voyez, Monseigneur, qu'il y a quelque espérance de faire du bien en ces pays.

Après midi 1er Avril, j'ay rendu visite à Mrs. Riverin et Macart anciens députés de la colonie.

Ils m'ont appris des choses bien affligeantes et qui vont à la ruine de la colonie entière et de chaque communauté en particulier. Ils prétendent que le ministre souhaite qu'on trouve à lever dans le pays mesme de quoy payer l'état du pays qui monte à près de 80,000 ou à retrancher ce qui y est porté et comme ce sont les communautés qui y ont les plus fortes parties, vous jugez quel effet cela fera.

On parle de lever sur tout le pays une capitation. J'ay fort représenté les inconvéniens et le foible secours qu'on en retirera, car pour lever 15,000 lbs, il faudra escorcher 5,000 familles bonnes et mauvaises l'une portant l'autre, et il n'y en a pas 5,000 dans tout le pays. *

Je prévois qu'on pourra bien en venir à un entier retranchement.

M. l'abbé de Laval † a resigné son canonicat de Tournay contre un de Cambray, et cet archevesque, qui comme vous scavez vous est allié, ‡ l'a appelé auprès de lui pour en faire son Grand Vicaire. Il loge, est nourri à l'archevesché, et ce prélat l'estime et le chérit.

------

19 Juin 1705.

Monseigneur,

Vous scaurez quand vous recevrez celle-cy que tous ceux saisis sur la Seine par les ennemis et qui estaient prisonniers en Angleterre ont esté relaschés hors Mgr. de Québec et ses ecclésiastiques. Et ce qu'il y a de fâcheux c'est que ce prélat et ses ecclésiastiques pourront bien n'estre rendus qu'à la paix, car l'Em-

------

(*) D'après le recensement de 1706 il n'y avait en effet dans le pays que 17321 habitants.

(†) Charles François Gui de Laval de Montmorency, neveu de l'Evêque de Québec, que Fénélon proposa à la Daterie pour l'archidiaconé de Cambrai, en alléguant ses services dans les diocèses de Tournay et de Cambrai dont il était chanoine, sa haute naissance et ses qualités personnelles. Il fut nommé à l'Evêché d'Ypres en 1713, mais ne le garda que 3 mois, étant mort au mois d'août de la même année.

(‡) La fille du Marquis de Fénélon avait épousé le Marquis de Montmorency Laval. Voir l'Histoire de Fénélon par le card. Bausset. T. 1, p. 15.

pereur a prié la Reine d'Angleterre et les Hollandois de ne pas
rendre Mgr. de Q. qu'on ne leur rendist M. Mean, Doyen du chapitre de Liége, ennemy personnel du Roy, créature du feu Prince
d'Orange, et pensionnaire des Etats, que M. l'Electeur de Cologne
comme Evesque de Liége tient prisonnier d'estat et est résolu de ne
le relascher jamais. On demande encore pour les Ecclésiastiques certains ministres français pris avec les camizards dans les
Sevennes, et condamnés aux galères. Nous plaignons le prélat
qui mesne une vie fort triste et qui n'a pas beaucoup de consolation. * M. de Langeon, trois prêtres de St. Sulpice, et M. Bouteville entre autres partagent sa captivité.

Le P. VATIER, Récollet, à MGR. DE LAVAL.

A Versailles Avril, 1702.

Monseigneur,

Je souhaite que cette lettre vous trouve dans une santé aussy
parfaite que je la demande tous les jours pour vostre Grandeur,
vostre conservation est d'autant plus prétieuse qu'elle est utile à
vostre Eglise. Vous m'avés fait l'honneur de me confier vos
sentimens sur vostre démission, la providence vous remet en place
par l'absence de vostre successeur que l'on croit icy devoir estre
longue. Il se flatte cependant de repasser l'année prochaine.

Depuis le 9 Décembre que je suis débarqué, j'ay esté occupé
dans l'Anjou à faire des missions de l'ordre de Monseigneur d'Angers. Je ne suis arrivé icy que depuis six jours, n'ayant presque
point séjourné à Paris. L'on m'a appelé à Versailles en diligence pour y travailler pendant le Jubilé de l'année sainte qui durera jusques à l'occasion.

Il y icy plus qu'ailleurs de quoy exercer son zèle. Je n'aurais
pas encore veu Monseigneur, s'il n'étoit venu icy ou par occasion.
Je l'ay rencontré, je ne luy ay parlé qu'un moment en présence de
mon Provincial à qui il a demandé de me reconduire en Canada,
lorsqu'il y repasseroit, rien ne s'est conclu. Cette espérance me

---

* " Pendant ce temps là il s'employa avec un grand zèle à consoler les catholiques, à administrer les Sacremens à recevoir les visites des prêtres et des religieux
cachés dans ce Royaume, et celles que lui firent les premières personnes de la Cour,
qui le traitèrent toujours avec des marques d'une singulière estime."
[Hist. de l'Hotel-Dieu, d. 419]

M

consoleroit dans le chagrin que je ressens encor d'avoir esté arraché d'auprès de vous, Monseigneur. Je ne m'en console que parce que je n'ay point eu de part à mon retour. Mes supérieurs ne l'ont voulu si ardemment que pour m'engager dans les missions de l'armée. J'ay desjà ordre de me tenir prest à partir pour la fin du mois. Falloit-il que la guerre des princes sur la terre m'empeschat de la faire au démon. Quoy qu'il arrive, je ne perdray que par la mort l'inclination et la volonté de retourner au Canada. Je ne doute pas mesme que la Providence ne conduise les choses d'une manière qui facilitera l'accomplissement de mes désirs...

Je suis sensiblement mortifié de n'avoir pu encore aller au Séminaire des Missions Etrangères y rendre mes devoirs à Messieurs les Supérieurs. Vous m'avés permis, Monseigneur, de me regarder comme membre de ce St. corps. Je m'en glorifie et par ce droit d'association dont l'on m'a honoré, j'en partageray volontiers les travaux du Canada qui est le seul endroit où je puisse avoir cette relation; n'ayant point ailleurs d'établissement de mon ordre.

J'espère au retour des vaisseaux recevoir des nouvelles conformes aux vœux que je fais sans interruption à Dieu pour vostre conservation utile à la pauvre église dont vous avés jetté les fondemens... Essayés avant votre mort de placer des prestres séculiers dans toutes les missions des costes. J'ay souvent entretenu nos Messieurs de l'importance dont cela étoit. Je sens plus de vocation à entretenir les domestiques de la foy.

Je suis avec un profond respect et une reconnoissance parfaite, Monseigneur,

Votre très-humble et très- obéissant serviteur,

* F. Laurent Vatier.

---

* Laurent Vatier, natif de Liesse en Picardie, vint à Québec en Juillet 1696.

Il desservit St. Nicolas pendant quatre ans, passa quelques semaines à Beauport et à Charlebourg en 1701, et fut envoyé en France comme on le voit par sa lettre.

D'après M. Noiseux, il en revint dans la même année 1702, et fut chargé de la garnison de Cataraquoi pendant quelques années. En 1705, il passa par le Détroit pour aller à Michellimakinac, et gagna de là chez les Renards et les Sioux. Il y prêcha l'Evangile avec zèle et succès.

Un sauvage le tua en Février 1713; le bon Père n'avait que 43 ans.

M. Tremblay à M. Glandelet. *

Ce 20 juin 1705.

Monsieur,

Je crois inutile de vous mander l'accident arrivé à la Seine et la manière dont tout s'est passé. Comme plusieurs séculiers, qui sont revenus d'Angleterre, passeront à Québec avec cette lettre, ils vous apprendront la témérité et l'envie de piller de nos Canadiens.

La Ronde et Tilly, qui ont conseillé à M. Maupeou d'aller attaquer une flotte présumant que ce n'estoient que de petits vaisseaux et vous scaurez par eux la manière dont on a eschangé les prisonniers, hors le prélat et ses ecclésiastiques. On a mesme renvoyé une Ursuline de Quimper, que Mgr. de Québec menoit au Canada pour les 3 Rivières, et dont on dit du bien, et une autre fille séculière qu'il destinoit pour l'hôpital général, parce qu'elle scait soigner et panser les malades et qu'elle se mesle un peu de pharmacie.

Lui seul est donc resté en Angleterre avec ses ecclésiastiques. Je n'ay pas cependant encore veu M. D'Esgly, capitaine, et je ne scais pourquoy il est retenu, mais pour le prélat, c'est l'empereur qui en a été la cause, et comme Dieu vient de l'appeler à lui, il a présentement rendu compte à Dieu s'il a eu raison ou non, mais son prétexte a été de prier la reine de ne pas renvoyer M. l'Evêque de Québec qu'on ne rendit M. Mean, doyen de Liége † que M. l'Electeur de Cologne, comme Evêque et Prince de Liége, tient prisonnier; car ce M. Mean est l'ennemy personnel du Roy, qui a toujours esté lié avec le Prince d'Orange et les Hollandois et qui a engagé Liége contre la France. Mgr. de Québec a protesté que tant qu'on demanderoit pour lui, prisonnier de guerre, un prisonnier d'Estat, il ne pouvoit estre délivré. Quant à ses ecclésiastiques, qui sont au nombre de 16 ou 18, ils sont tous avec lui dans une petite ville ou un village qui est à six lieues de Londres, où ils sont

---

* Quoique cette lettre ne soit pas adressée à Mgr. de Laval, on l'a placée à la suite de la précédente, parce qu'elle la complète, et ensuite parce que les lettres étaient pour ainsi dire communes entre Mgr. de Laval et les prêtres du Séminaire, et que la lettre adressée à l'un était censée destinée à tous les autres.

† " Ce fut de la part de Louis XIV, que l'on enleva le Baron de Mehan en habit de chœur, lorsqu'il sortait de l'Eglise, sans lui donner le temps d'entrer chez lui pour y prendre ses papiers : il fut conduit dans un château."

Hist. de l'Hôtel-Dieu, p. 419.

logés chacun dans des maisons particulières, et Mgr. de Québec est logé avec trois ou 4 qu'il a retenus avec lui.

Il y a 2 sulpitiens pour Montréal, fort honnestes gens, et M. Boutteville. Il y faut joindre M. de Langeon, prestre de très bonne famille, de la maison de Beauveau, qui est un saint prestre, et un autre prestre de mesme qualité qui demeuroit à St. Sulpice, avec Mgr. de Québec. M. Ollivier qui, depuis, a voyagé à Rome en est un ; et un autre qui a demeuré au Séminaire, il y a 10 ou 12 ans.

Il y a quatre jeunes gens qui ne sont pas dans les ordres sacrés et qu'on m'a dit estre fort modestes et fort sages. Voilà ce que j'en connois. J'ay appris que Mess. de Langeon et de Fraize s'estoient encore séparés d'eux, mesme de lui, en prenant une chambre à part, ce qui fait qui doit actuellement avoir peu ou point de ses ecclésiastiques avec lui.

La Reine d'Angleterre donne pour chaque ecclésiastique 12 sols, et 24 sols pour Mgr. *

---

* "Le peu de vaisseaux qui vinrent en 1709 nous apprirent que Mgr. de Québec étoit sorti d'Angleterre dès le printemps. Il fut rendu pour le Baron de Méan, Doyen de Liége, après une captivité d'environ 5 ans.

(En 1713) "M. l'Evêque qui bruloit de zèle de revenir dans son diocèse, d'où il étoit absent depuis 13 ans, s'embarqua sur un très petit vaisseau marchand, nommé le *Manon*, qui arriva ici heureusement le 18 août...... ; il amena plusieurs ecclésiastiques qu'il ordonna prêtres."

(Hist. de l'Hotel-Dieu.)

1o. La terre et Seigneurie de Beaupré, depuis la Rivière Montmorency jusqu'à celle du Gouffre qui se décharge dans la Baie St. Paul.

2o. La maison, appelée le petit séminaire, bâtie par Mgr. de Laval, près de l'église du Château-Richer.

3o. L'Isle Jésus.

4o. La seigneurie de la Petite Nation, de cinq lieues de front sur cinq de profondeur, au dessus de Montréal.

5o. Tous ses meubles, livres, ornements, arrérages de rentes qui se trouveraient en sa possession au moment de sa mort.

NOTES HISTORIQUES

SUR LE

CHAPITRE DE LA CATHEDRALE

DE

QUEBEC.

——oo——

1684-1794.

TABLE DES MATIERES.

noines—Mgr. de Pontbriand meurt à Montréal, 1760—M. Briand nommé Vicaire Capitulaire—Différents mandements—M. Montgolfier élu Evêque résigne —M. Briand élu Evêque et proposé au S. Siége—Le Chapitre fait un accommodement avec M. des Cars—Mort du dernier chanoine—Réponse de Rome au sujet du Chapitre à Mgr. Plessis—Réponse de Mgr. Baillargeon sur le même sujet.

NOTICES BIOGRAPHIQUES : — Pierre de Francheville—Philippe Boucher, Henri de Bernières—Jean Guyon—Louis Ango de Maizerets—Charles Glandelet—Jean Dudouït—Benoit Duplein—François Saturnin—Lascaris d'Urfé—Pierre de Caumont—Charles Amador Martin—Guillaume Gauthier—Nicolas Du Bos—Germain Morin—Louis Soumande—Jean Frs. Buisson de St. Cosme—Thomas Morel—Pierre Pocquet—Nicolas Deleuze—Etienne Le Vallet—Guillaume Séré de la Colombière—Joseph Séré de la Colombière—Jean Pinguet—Jean Leblond—Pierre Le Picart—Pierre de Miniac—Goulvin Calvarin—Pierre Girard de Vorlay—Louis Lepage de Ste. Claire—J. Bte. Gauthier de Varennes—Etienne Boullard—Charles Deschamps de la Bouteillerie—Jean Gautier de Bruslou—Guillaume Gautier—Bertrand de la Tour—Yves Leriche—Charles Plante—J. Bte. Gosselin—Jean Olivier Briand—Joseph François Perreault—Thomas Thibault—Joseph Resche—Pierre Boucault—Jean Félix Rêcher—Joseph Marie de la Corne—Joseph Ambroise Gaillard—Jean de Cabanac Taffanel—Pierre St. Onge.

L'Abbaye de Meaubec—L'Abbaye de L'Estrées—L'abbaye de Bénévent.

NOTES HISTORIQUES

SUR LE CHAPITRE DE LA CATHEDRALE DE QUEBEC.

1684–1794.

———

La fondation d'un Chapitre est une entreprise considérable, qui demande des ressources matérielles et un personnel plus ou moins nombreux : deux éléments qui manquent nécessairement à l'origine des Eglises. Dans la vieille Europe, les princes, en embrassant la foi, signalèrent leur piété par leurs dons et leur libéralité envers l'Eglise ; les riches seigneurs et les fidèles opulents tinrent longtemps à honneur de contribuer par leurs largesses à la splendeur du culte et au service des temples. Non contents de pourvoir à ce que demandait leur zèle pour la propagation de la foi catholique, on les vit rivaliser dans l'établissement de maisons religieuses et de couvents de différents ordres, tant pour les hommes que pour les femmes. Ces preuves de foi devinrent néanmoins bien plus rares, à mesure que les peuples s'adonnèrent davantage aux intérêts matériels et aux calculs purement humains. Il est vrai qu'ils devaient se reposer après tant d'efforts qui excitent encore la juste admiration de ceux qui en voient les résultats subsistants. Le voyageur qui parcourt l'Europe aperçoit à chaque pas le travail des siècles, et des nations qui jouissent du labeur de leurs devancières ; et s'il se transporte dans les grands centres, dans les capitales des premiers empires, il y trouve toutes choses organisées et chaque établissement doté soit par l'état, soit par la charité individuelle. Pour ce qui concerne les Eglises en particulier, il n'est pas rare de rencontrer des hommes qui, à cause de cette prospérité et de cette abondance, ne soupçonnent pas même qu'il existe des positions plus précaires.

Quels sentiments ne doivent pas naître dans le cœur de ce voyageur, s'il parcourt le monde, lorsque traversant la mer il met le pied sur les nouveaux continents où tout est à créer sans le secours de la foi primitive et sans les largesses des princes ?

Fonder une chrétienté au milieu de ces forêts encore à peine visitées par les hommes civilisés, et procurer à quelques chrétiens épars les secours de la religion sans ressource temporelle bien abondante, et ordinairement avec un nombre très-limité d'ouvriers évangéliques, telle est la tâche des Evêques missionnaires, surtout en Amérique. Les relations des Apôtres du Nouveau-Monde sont remplies de ces considérations et de la confiance qu'ils mettaient dans la Providence Divine pour le succès de leur mission. Ils voyaient clairement tout le bien à opérer, ils entendaient les infidèles et les chrétiens reclamer leurs secours de toutes parts, sans pouvoir satisfaire leur empressement. Bien plus, les choses les plus nécessaires leur manquaient et ils étaient obligés de les réclamer constamment au-delà de l'Atlantique. Souvent dans les intervalles de la prédication et de toutes les œuvres du ministère, leurs mains s'exerçaient aux plus rudes travaux, tant pour la culture de la terre que pour la construction des édifices religieux. Les annales de la Propagation de la foi abondent en détails de ce genre précieux pour l'histoire future de ces nouvelles églises et bien capables d'encourager ceux qui s'alarment de positions moins pénibles.

Telle était la situation faite par les circonstances à Mgr. de Laval, par rapport à l'établissement de l'Eglise du Canada. Il jetait les fondements de cette Eglise, mais à une époque où l'on ne fondait plus guères, et où les gouvernements se préoccupaient d'autres soins que de la dotation des institutions religieuses. Il s'était fait autoriser par le Saint Siége à établir un chapitre dans sa cathédrale ; mais quel serait le revenu des chanoines et leur moyen de vivre ? N'en trouvant pas à l'extérieur, Mgr. de Laval consulta ses propres ressources ; il était abbé commandataire de Maubec*, et de Lestrées comme on le voit par la

LETTRE DE LOUIS XIV AU PAPE ALEXANDRE VII.

Très-saint Père, nous sommes informez que le choix que votre sainteté a faict de la personne de notre amé et féal le Sr. de Laval, Evesque de Pétrée, pour aller en qualité de vicaire apostolique faire les fonctions épiscopales en Canada, a esté suivy de beaucoup d'avantage pour cette église naissante, et comme nous avons lieu de nous en promettre encore de plus grands succez, s'il plaist à

---

* Voir *Gallia Christiana*.

Vre Steté de luy permettre d'y continuer à l'advenir les mesmes fonctions en qualité d'évesque du lieu luy establissant à cette fin un siége épiscopal dans Québec, qui soit dépendant et relevé du siége archiépiscopal de Rouen. Nous espérons que Vre Steté y sera d'autant mieux disposée que nous avons desjà pourveu à l'entretien du dit évesque et de ses chanoines consentant à l'union et incorporation perpétuelle de l'abbaye de Meobec, ordre de St. Benoist, diocèse de Bourges au dit evesché. C'est pourquoy nous le supplions que son bon plaisir soit à notre nomination, prière et requeste accorder au dit Sr. Evesque de Pétrée, le tittre d'évesque de Québec avec pouvoir de faire en cette qualité les fonctions épiscopales dans tout le Canada, comme suffrageant, néanmoins, du dit evesché de Rouen, luy en faisant à cette fin expédier toutes bulles et provisions apostoliques, requises et nécessaires.

Cette grâce sera instamment poursuivye par nostre très-cher et bien-aymé cousin, le duc de Créquy, Pair de France, Commandeur de nos Ordres, et notre Ambassadeur extraordinaire auprès de Vostre Steté auquel nous remettant de tout ce que nous pourrons adjouster à la présente, Nous prions Dieu qu'il vous conserve très-Saint Père longuement et heureusement, au régime et gouvernement de nostre mère sainte Eglise. Escript à Fontainebleau, le 28 juin 1664.

Votre dévot fils,

le Roy de France et de Navarre,
LOUIS.

D'un autre côté, le Vicaire Apostolique du Tonquin écrivait la lettre suivante quinze ans plus tard à Mgr. de Québec.

A Rome, ce 23 de mars 1679.

Je croiois, Monseigneur, que vostre affaire auroit une issue plus prompte que celle qu'on nous fait espérer. Nous ne doutois pas néantmoins, M. l'Ambassadeur et moy, qu'elle ne soit enfin favorable, mais nous avons de la peine qu'on nous la fasse tant aupter. Comme vous avés esprouvé beaucoup de difficultés dans l'errection de vostre evesché, vous ne devés pas estre surpris si on vous en fait pour l'extinction de deux abbayes en sa faveur. Et parce qu'on ne veut pas ouvrir le chemin à ces sortes de grâces, on se rend un peu difficile à celles qu'on ne peut pas refuser, vous chercherés des causes et des raisons qui ne se trouvent pas ordinairement ailleurs, afin qu'elles ne puissent servir d'exemple. Nos députés ont ordonné dans leur congrégation qu'on fourniroit des articles pour faire des informations juridiques qui seroient soumises aux évesques les plus proches des abbayes, M. Le Bin les dressera pour les remettre es mains de M. l'abbé Favoriti, et je tascheré de faire en sorte qu'il en envoit de huitaine, et s'il le peut, je scauré les noms des commissaires pour vous en donner avis. Je suis, Monseigneur, vostre très-humble et très-obéissant serviteur et frère.

* FRANCOIS,

Evesque d'Héliopolis, Vicaire apostolique du Tonquin.

Mgr. de Laval ne prévoyait pas toutes ces difficultés et son parti fut bien vite pris. Il renonça à ses bénéfices en faveur de son chapitre et fit confirmer cette donation par le Roi, tout en demandant au Saint Siége d'en approuver l'union à son chapitre. Cette transaction éprouva beaucoup de traverses, malgré l'influence légitime qu'il exerçait † Mgr. de Laval ne se contenta pas de ces mesures, et songea à créer un revenu additionnel au chapitre pour l'époque où son personnel et ses dépenses peut-être augmenteraient. C'est pourquoi, par le décret d'institution, il lui donna une partie de la seigneurie de la Petite Nation, dont il laissa l'autre partie à son séminaire, acquérant ainsi le titre de bienfaiteur de l'un et de l'autre.

---

* Ce fut ce même évêque d'Héliopolis qui fit don de reliques si remarquables à Mgr. de Laval, qui en enrichit lui-même son séminaire et sa cathédrale. En voici les noms : SS. Victor, Sabine, Urhain, Euphémie, Boniface, Célestin, Rémy et Antyme. Les corps de ces saints martyrs étaient extraits du cimetière de S. Cyriaque.

Mgr. l'Ev. d'Héliopolis s'appelait *Pallu*, c'est lui qui a donné aussi les reliques de saint Flavien et celles de sainte Félicité, qui étaient associées à d'autres, saint Marcellin et saint Flavien, sainte Félicité et sainte Victoire.

† M. Dudouyt écrivait de Paris à Mgr. de Laval en 1681 :

" Je crois qu'il ne faut pas cesser d'établir 'e chapitre et toutes les autres choses qui regardent votre Eglise, quoyque l'on prévoyt des difficultés et que l'on n'ayt pas toute la sûreté que l'ou pourrait désirer pour leur affermissement. Après tout les choses étant une fois établies, on ne les défait pas facilement. "

PREMIERE PARTIE.

La S. Cong. de la Propagande existait lorsqu'il fut question de la nomination de Mgr. de Laval, déjà Vicaire Apostolique, au Siége de Québec, et de la création d'un Chapitre pour sa cathédrale. C'était à cette Congrégation qu'il appartenait de décider la question préalable, c'est-à-dire s'il était à propos pour le bien de la religion de former un Chapitre dans cette nouvelle église, et la réponse fut favorable : *à S. Cong. de prop. fide de justissimis causis decretum fuerat.**

L'examen et la discussion de ce précieux projet fut continué par la *Congrégation préposée aux affaires consistoriales*, qui se déclara également en faveur de l'érection de la *ville* de Québec en *cité*, et de l'église *paroissiale* sous l'invocation de St. Louis, en *cathédrale* ; recommandant d'omettre la forme et la solennité ordinaire pour l'érection des cathédrales ; et d'incorporer l'abbaye de Meaubec, déjà possédée en commande par Mgr. de Laval, Evêque de Pétrée, à la mense épiscopale pour le soutien de l'Evêque, avec le consentement du Roi auquel la nomination appartenait en vertu du concordat.

La Congrégation recommande de plus, qu'une fois les limites de l'église et du diocèse de Québec fixées par le Roi et approuvées par Sa Sainteté, "cet Evêché soit soumis immédiatement au Siége Apostolique pour tout ce qui concerne l'ordre et la jurisdiction et avec la jouissance de tous les priviléges et honneurs qui appartiennent de droit commun à tous les Evêques." L'avis de la Congrégation est que l'Evêque soit tenu "d'ériger au plus tôt dans son Eglise des dignités, des canonicats et des prébendes qui composent ordinairement le Chapitre et le clergé des autres cathédrales et que le revenu n'en soit pas moindre que de 24 ducats d'or. Que la charge des âmes de la *paroisse* (qui devra être supprimée) soit exercée par le curé actuel tant qu'il vivra, et après sa mort, par un chanoine ou un autre prébendier de la même église, ou par les chanoines, prébendiers et dignités comme dans les autres chapitres suivant que l'Evêque l'aimera mieux."

La Congrégation entrait ensuite dans ce qui concernait les statuts, les insignes des chanoines, et la présentation des sujets au Pape par le Roi ou par les fondateurs et bienfaiteurs qui en auraient obtenu le privilége du St. Siége.

Enfin elle proposait Mgr. de Laval pour être le nouvel Evêque. Ce rapport très-circonstancié fut soumis au Souverain Pontife,

Erectionis in Cathedralem in Nova Francia. Archives de l'Archevêché de Québec.

qui, le 9 octobre 1670, donna son approbation â tout ce qui était
suggéré.

Cette résolution fut formulée dans une bulle du 1er octobre
1674, renfermant toutes les clauses de droit, et stipulant expressément que l'Evêché *dépendra immédiatement du St. Siége Apostolique.*

Les mêmes expressions *Cathedralem Ecclesiam Sedi Apostolicæ
immediate subjectam,* sont répétées dans la Bulle du même jour par
laquelle Mgr. de Laval est nommé Evêque de Québec. C'est un
titre d'honneur pour la métropole de cette province ecclé
siastique.

Ce prélat, si attaché aux règles canoniques et ne voulant se guider que par les lumières du St. Siége, représenta qu'il était prêt à
observer l'ordre de créer son Chapitre, mais qu'aucun ecclésiastique de son diocèse n'avait pris les degrés dans les facultés de droit
canonique et de théologie, requis pour être pourvus des dignités
d'un chapitre, et demanda dispense de cette condition. Le Pape
Innocent XI, qui venait de monter sur le trône pontifical, accorda
cette dispense le 23 août 1677. *

Il s'écoula encore sept ans avant que Mgr. de Laval organisât son
chapitre, et, le 6 novembre 1684 seulement, il put donner une ordonnance à cet effet. Il y rappelle d'abord en termes magnifiques
l'origine des chapitres dans l'Eglise, et, après un exposé rapide de
l'état du diocèse, de l'érection de l'Evêché par le Souverain Pontife
à la demande du Roi de France, il constate que ce Prince lui a
donné les Abbayes de Meaubec et de Lestrées pour le soutien de
l'Evêché et du Chapitre. Il règle qu'il y aura pour le présent cinq
Dignités seulement, savoir le Doyen, le Chantre, l'Archidiacre, le
Théologal et le Pénitencier, douze chanoines, et quatre chapelains
ou Vicaires pour remplir les offices de maîtres de cérémonies, de
sacristain, de chantres, et les autres fonctions inférieures, puis
douze enfants de chœur pour servir à l'Eglise.

Il peut être utile de dire ce que l'on appelle *dignité.* A proprement parler, ce titre n'appartient qu'à *l'archidiacre* et à *l'archiprê-
tre,* qui ont une certaine part dans l'administration accompagnée
d'une jurisdiction et de prérogatives propres à leurs charges.

Néanmoins, dans les chapitres, on appelle aussi *dignités,* les
fonctions qui donnent une préséance à ceux qui en sont
revêtus.

---

* Les difficultés matérielles étaient grandes. Il fallut emprunter pour les habits
et les aumusses des chanoines, que l'on faisait confectionner en France. C'est ce
que l'on voit par la correspondance entre M. Dudouyt et Mgr. de Laval, 11
mars 1684.

La première *dignité* dans un chapitre est tantôt qualifié de *doyen*, tantôt de président, de *prévost*. C'est son droit d'officier dans les fêtes plus solennelles de l'année, lorsque l'Evêque en est empêché : la liste de ces fêtes est donnée dans un décret du 3 déc. 1672.

C'est à lui qu'il appartient de convoquer le chapitre, de donner le signal pour le commencement de l'office, de présider le chapitre en toute occasion, de faire prêtre-assistant aux fonctions épiscopales.

Lui-même est assisté d'un prêtre en chape, lorsqu'il célèbre à la place de l'Evêque.

L'archidiacre juge les difficultés temporelles des ecclésiastiques et des églises : il fait les installations, doit empêcher les désordres, visiter le diocèse tous les trois ans au défaut de l'Evêque.

Quant à la jurisdiction qu'ils avaient avant le Concile de Trente, elle ne leur est plus reconnue.

Le théologal est chargé de l'explication de l'Ecriture Sainte dans la cathédrale.

Le pénitencier est chargé d'entendre les confessions de tous ceux qui se présentent dans l'étendue du diocèse, et doit se tenir à son tribunal régulièrement et à jours fixes.

Le Chantre ou primicier a la haute direction du chant, des cérémonies et de ce qui regarde le culte extérieur.

La succession des chanoines est réglée par le décret d'érection ; les manses des Abbayes divisées entre l'Evêché et le Chapitre, et les trois cinquièmes de la seigneurie de la Petite Nation donnés au Chapitre à certaines conditions. L'Evêque s'engage à donner des statuts pour la direction du Chapitre et nomme les titulaires aux Canonicats, suivant le pouvoir que lui en donne la Bulle.

Leur installation eut lieu le 12 du même mois et fut faite par l'Evêque, en présence de M. de la Barre, gouverneur, de M. de Meulles, intendant, de Messieurs de Monthoré, d'Esnos, du Rivaut, Huet, Ruette d'Auteuil, Provost de Comporté, Chalons, Juchereau de la Ferté, tous mentionnés dans l'acte et qui représentaient, en cette occasion solennelle, toute la noblesse du pays. Messieurs Henri de Bernières, nommé doyen, Louis Ango, archidiacre, Charles Glandelet, théologal, Thomas Morel, alors curé de St. Thomas et du Cap, Amador Martin, alors desservant de Beauport, Jean Guyon et Jean François Buisson, tous deux prêtres du Séminaire furent installés en personnes ; mais Messieurs Jean Dudouyt, nommé grand chantre et déjà Grand Vicaire, Jean Gaultier de

N

Bruslon, curé des Trois-Rivières, nommé pénitencier, Pierre de Caumont, curé de Boucherville, Benoit Duplein, curé de Contre-cœur, Louis Soumande, curé dans la côte de Beaupré, et Jean Pinguet, curé de la Pointe aux-Trembles, tous nommés chanoines, furent représentés par M. Pierre Francheville, promoteur général de l'officialité, qui était alors curé de St. Jean, St. Pierre et St. Laurent, en l'Isle d'Orléans.

L'acte de prise de possession porte l'obligation pour les absents (excepté pour M. Dudouyt, *demeurant à Paris pour les affaires du diocèse,*) de se présenter dans le cours de l'année.

Les chapelains installés en personne furent Messieurs Nicolas Du Bos, prêtre François Grouard, sous-diacre, et Philippe Boucher, acolyte. M. Paul Vachon, alors missionnaire des Grondines, Ste Anne et Batiscan était le seul chapelain absent.

Voici le cérémonial qui fut observé en cette circonstance solennelle.

L'hymne *Veni Creator* ayant été chantée, M. Pierre de Francheville, promoteur général, fit lecture des lettres d'érection du Chapitre et chacun des titulaires vint prononcer devant l'Evêque, la profession publique de la foi catholique, puis s'étant agenouillé et ayant reçu des mains de l'Evêque le livre des SS. Canons répondit *Amen* en s'inclinant.

Ensuite tous, demeurant à genoux et ayant touché les SS. Evangiles, prononcèrent séparément la formule du serment prescrit.*

L'Evêque les revêtit alors de l'habit canonial, c'est-à-dire du surplis et de la cape noire avec le bonnet de même couleur. Après la récitation du Pater, de quelques versets et d'une oraison, l'Evêque leur fit toucher le psautier, et après qu'ils eurent baisé sa main, il les embrassa tous, les conduisit au chœur, où il assigna à chacun sa place suivant son grade et sa dignité, et le tout se termina par le chant du *Te Deum* et la sonnerie des cloches.

Un *mémoire concernant l'érection de l'Evêché, de la Cathédrale et du Chapitre de Québec* rend compte de cette fête.

----

* Elle était dans les termes suivantes :

Ego N. insignis Ecclesiæ Quebecensis canonicus juro et promitto in eadem Ecclesia residentiam canonicam, necnon Rmo D.D. N. Episcopo Venerabilibusque Dnis, Decano, Canonicis et Capitulo reverentiam obedientiam et fidem : quæ omnia et eorum singula juxta ejusdem Ecclesiæ Statuta et decreta fideliter observabo.

Ita me Deus adjuvet et hæc sacrosancta Evangelia.

" Le 6 Novembre 1684, le Sieur de Laval nommé par le Roy à l'Evêché de Québec donne son décret pour l'érection du Chapitre conformément aux dispositions de la Bulle et aux pieuses intentions de Sa Majesté Louis XIV, et le 12 du même mois, il prit lui-même possession et y mit les dignités et chanoines et chapelains qu'il avait choisis, et auxquels il avait donné des lettres. Cette cérémonie se fit en présence du général, du corps des officiers de la garnison, de l'intendant, des conseillers et autre magistrats. Cette pompeuse et nouvelle cérémonie qui dura une demi-journée fut terminée par un *Te Deum* solennellement chanté au son des cloches, des instruments de musique, au bruit de l'artillerie de la ville, les troupes et les milices étant sous les armes, et le plus grand nombre des citoyens y étant accouru, y ayant été invité et n'y ayant fait aucune opposition, mais au contraire s'en retournèrent, témoignant leur joie et contentement."

Le jour même de son installation le chapitre s'assembla, à l'issue des vêpres, sous la présidence de l'Evêque, pour tenir le premier chapitre général. Après l'élection d'un syndic ou trésorier et d'un secrétaire, l'Evêque conjointement avec les chanoines, commença à dresser quelques statuts qui furent continuées dans les assemblées suivantes et finalement approuvés et confirmés par le prélat [le 13 Nov.]

Par la Bulle de l'érection de l'Evêché, la paroisse avait été supprimée, et le chapitre était chargé de la cure des âmes. Plusieurs le trouvèrent mauvais : Mgr. de Laval érigea la paroisse de Québec à l'autel de la Ste. Famille dans la cathédrale en 1670.

Au procès-verbal de l'assemblée du 13, Nov. 1684, on lit ce qui suit :

" Mrs. les chanoines ayant fait réflexion sur la charge et obligation qu'ils ont d'administrer la cure de Québec conformément à ce qui est porté dans les bulles de Clément X, et après avoir mûrement considéré l'incompatibilité du soin de la cure avec les assistances qu'ils sont obligés d'avoir aux offices et autres fonctions de la cathédrale n'étant comme ils sont qu'un très petit nombre, ils ont très humblement supplié Monseigneur de faire en sorte auprès de Sa Sainteté d'à présent que cette charge et obligation d'administrer la cure de Québec leur fût entièrement ôtée, estant tout-à-fait déterminés et résolus autant qu'il était en eux de se démettre de la dite cure, ainsi qu'ils s'en sont démis aujourd'hui entre les mains de mon dit Seigneur." Cette délibération ne fut pas signée par tous les chanoines.

Le lendemain 14, l'Evêque érigea de nouveau la cure de Qué.

bec, supprimée comme il a été dit ci-dessus, par la Bulle du Souverain Pontife, et l'unit au Séminaire de Québec * lui donnant le droit de présentation : c'était ramener les choses à-peu-près à leur premier état.

C'était le St. Siége qui avait supprimé la paroisse, et cependant l'Evêque l'érigeait de nouveau. On sentit que ce n'était pas régulier. Mgr. de St. Valier qui passait en Europe et se rendait à Rome, fut prié de demander la ratification de ces procédés.

L'année suivante Mgr. de St. Valier étant arrivé, sans apporter l'approbation du St. Siége qu'il avait été chargé de demander, le chapitre ne voulut pas prendre la responsabilité entière d'un ordre de choses qui, dans la pensée de l'Evêque et de ses chanoines, ne pouvait être que provisoire, et le 29 Nov.(1685), il passa la résolution suivante :

Sur ce qui a esté représenté à la compagnie " qu'à raison des différences qui sont présentement entre Rome et la France, le chapitre ne pouvait commodément avoir recours à Rome pour obtenir la démission du soin et administration de la cure de Québec dont il était chargé, ainsy qu'il avait suppliée Mgr. l'Evêque avant son départ pour la France de s'y employer auprès de Sa Sainteté, il a été conclu que le Chapitre qui se démit alors de la dite cure entre les mains de Monseigneur l'Evesque pour qu'il en disposât en la manière qu'il le iugerait à propos ainsy qu'il a fait depuis en faveur du Séminaire des missions Etrangères de Québec, n'aura point son recours à Rome, si cela n'est jugé nécessaire, et que pour cela il envoiera sa ratification en France à Monseigneur de la donation de la dite cure faite au dit Séminaire."

Il était donc resté des doutes sur la question de savoir si le Chapitre pouvait renoncer à la cure de Québec sans l'intervention du St. Père qui l'avait unie au Chapitre. Et en effet la règle touchant l'union des bénéfices est que celui seul qui l'a faite peut la dissoudre, (cap. *omnis res. 1. de regul. juris*) et que l'Evêque ne peut dissoudre les unions prononcées par le Souverain Pontife *ex plenitudine potestatis.* On trouve aussi dans Pignatelli (t IX. *conclus,* 81. n. 141) une décision de la S. Cong. du 12 février 1622, qui défend l'union des cures aux Séminaires : *Neque Seminario uniri possunt beneficia curata, nequidem habitu tantum.*

---

* C'était la troisième union faite de cette cure au Sémin. de Q., car Mgr. de Laval avait donné un nouveau décret d'union à l'époque de l'union du Séminaire de Québec à celui de Paris en 1676.

Quoiqu'il en soit, on s'en tint à ce qui était fait ; le Séminaire présentait des sujets pour la cure de Québec, et l'Evêque leur donnait des lettres. Cet ordre de choses subsista jusqu'en 1768, comme on le verra par la suite de ce récit.

Comme le principal but de l'Eglise en créant les chapitres est de pourvoir à la jurisdiction après la mort de l'Evêque il est à propos de rapporter ce qu'elle a réglé à ce sujet.

Ses intentions se trouvent exprimées dans un Bref de la S. Cong. de la Propagande sous la date de 1743 ; lequel détermine les facultés plus amples que le Vicaire capitulaire *sede vacante* peut exercer en sus de la jurisdiction dans les pays de missions, lorsque l'Evêque en mourant n'a pas nommé un administrateur. Ce bref veut que si l'Evêque a communiqué à des prêtres idoines de leur diocèse les pouvoirs qui ne requièrent pas l'ordre épiscopal ni l'usage des SS. huiles, le vicaire capitulaire s'abstienne de l'administration et se borne à la jurisdiction.

Lors de la démission de Mgr. de Laval, le chapitre n'eut pas à pourvoir à l'administration, parce que l'ancien Evêque ne fut pas déchargé de suite par le St. Siége. Du 3 juin 1688, date de l'arrivée de Mgr. de Laval à Québec au 1er août suivant, où Mgr. de St. Valier débarqua à Québec, il est probable que le chapitre fut dispensé encore de pourvoir à la jurisdiction, parce que le nouvel Evêque était consacré quand son prédécesseur quitta la France.

Presque immédiatement après avoir organisé son chapitre, Mgr. de Laval se rendit en France ; il était accompagné de M. Jean Guyon l'un de ses chanoines, tout jeune prêtre du pays, qu'il avait ordonné le 21 Novembre 1683 ; celui-ci, après avoir passé quelques mois à l'Acadie, était revenu malade à Québec, et alla mourir à Paris le 10 janvier 1686.

Par une délibération du 26 Octobre 1685, l'on voit que le chapitre créa bientôt des chanoines honoraires. M. l'abbé d'Urfé avait quitté le doyenné du chapitre du Puy, pour venir servir l'église du Canada, et M. Trouvé avait pareillement renoncé à un bénéfice considérable dans son diocèse. Le chapitre leur accorda une place au chœur après les dignités et immédiatement avant les autres chanoines. La cure de Québec était occupée par M. de Bernières chanoine ; mais l'Evêque ayant nommé, en 1687, M. François Dupré pour lui succéder, le chapitre crut devoir accorder aussi à celui-ci une place de chanoine honoraire parmi les chanoines prébendés, selon l'ordre et le temps de sa réception. La prise de possession se fit solennellement le 22 mars, à certaines conditions mentionnées dans l'acte qui en fut dressé.

Le 30 Décembre 1689, Mgr. de St. Valier nomma M. Jean François Buisson chapelain du chapitre : d'autres chapelains ne paraissent pas avoir été nommés après lui. *

Il fallut bientôt remplir des vuides parmi les chanoines titulaires ; en l'absence de l'Evêque, les Grands Vicaires de Bernières et de Maizerets crurent avoir le pouvoir de donner à M. Guillaume Gauthier, curé du Château Richer, le canonicat vacant par la mort de M. Guyon. L'installation eut lieu le 3 octobre 1687.

Un mois après, M. Thomas Morel mourait à Québec, âgé de 51 ans ; sa place resta vacante jusqu'à l'année suivante (30 Déc. 1688,) et fut alors remplie par M. Jean Foucques que Mgr. de St. Valier venait d'ordonner prêtre et de faire promoteur de l'officialité diocésaine ; mais il passa en France en 1691, et donna sa démission à Abbeville le 15 Mai 1694. On apprit aussi en 1688, la mort du grand chantre M. Dudouyt, retenu à Paris pour les affaires du chapitre depuis 11 ou 12 ans. Il était Grand Vicaire de l'Evêque depuis 17 ans ; et ce prélat lui témoigna son affection, en apportant son cœur qui fut inhumé le 26 juin, dans la cathédrale sous le marchepied de l'autel de Ste. Anne. Le chapitre perdit aussi M. Duplein, dont on trouve la signature au registre du chapitre jusqu'au 10 octobre 1687.

Ce fut vraisemblablement M. de Merlac qui fut reçu chanoine le premier après cette mort (1690). Arrivé avec Mgr. de St. Valier au commencement de 1689, en qualité de son grand vicaire, il demanda la première place et séance au chœur dans la cathédrale en l'absence de l'évêque, et celle d'après le doyen, lorsque l'évêque serait présent. Le chapitre étonné de la proposition, désira retarder sa décision jusqu'à plus amples éclaircissements de France sur l'usage suivi. Il aurait mieux fait de s'appuyer sur le droit commun. On consulta de part et d'autre en France et, pour éviter de plus longs débats : le chapitre admit M. de Merlac en qualité de grand chantre, en remplacement de M. Dudouyt ; mais ce ne fut qu'au bout de quinze jours de nouvelles délibérations fondées sur ce que cette dignité avait vaqué en régale, et sous le bon *plaisir du Roi.* Cette clause ne fut pas admise par l'évêque, et la prise de possession fut différée jusqu'au 22 août 1692. L'évêque lui-même installa son protégé ; mais les difficultés ne s'arrêtèrent pas là. Le 6 décembre M. de la Colombière, sulpicien d'un grand mérite, fut attiré à Québec,

---

* Voir Reg. du chapitre de Québec, page 203 vo.

et installé chanoine par le *doyen*. M. de Merlac prétendit que cette prérogative d'installer les chanoines lui appartenait en sa qualité de *grand chantre*; et fut soutenu par une ordonnance de l'évêque déclarant qu'a l'avenir, l'installation des chanoines serait faite par le grand chantre (24 avril 1692). Le chapitre ne put se soumettre à cet acte d'autorité fait contre le droit; mais, au lieu d'en appeler au Saint Siége, il suivit la coutume française, et en appela comme d'abus de cette ordonnance auprès du conseil supérieur. C'était se mettre dans son tort; aussi M. de Merlac profitant de cette faute, ne parut-il devant le conseil que pour décliner sa jurisdiction; et le lendemain l'évêque (suivant son droit incontestable en pareil cas), adressa à M. de Bernières, de Maizerets et Glandelet, chefs du chapitre, une lettre pour leur interdire le ministère de la prédication et de la confession dans son diocèse. Le 20 cet interdit fut signifié à ces hommes, très-estimables d'ailleurs, et que toute la colonie respectait.

Ce débat était d'autant plus fâcheux que l'on savait le *Conseil* disposé à revendiquer une jurisdiction absolue sur les ecclésiastiques, même en matières purement sacrées, à l'exemple des parlements de France. On crut qu'il fallait nécessairement en venir à un accommodement; c'est à quoi Mgr. l'ancien et le supérieur de Jésuites travaillèrent de concert; mais ils ne purent fléchir l'évêque. Des lettres de la cour qui arrivèrent sur ces entrefaites (et qui renvoyaient par devant les commisssaires à Paris les difficultés qui pourraient survenir entre l'évêque, le chapitre et le séminaire, *toutes choses demeurant en même état en attendant*) purent seules calmer les esprits, et décidèrent le chapitre à se désister de son appel. L'évêque n'eut plus qu'à lever son interdit, et fut obligé de passer en France au sujet de ces difficultés, l'archevêque de Paris lui ayant écrit : " que le Roi approuvait qu'il fit un voyage en France cette année, et que son intention était qu'il ne différât pas son départ. "

Ces ordres chagrinèrent beaucoup le prélat qui n'était à Québec que depuis cinq ans. M. de Merlac demeura seul grand vicaire jusqu'à son départ du Canada (1698). La petite tempête soulevée à son occasion s'apaisa peu-à-peu; M. Glandelet fut alors rétabli dans cette charge de grand vicaire qu'il était capable de remplir avec honneur, et M. de Maizerets nommé grand chantre, à la place de M. de Merlac qui s'était démis. L'évêque rendit à M. de Maizerets, quelques jours après, son titre de vicaire-général.

Les rangs du chapitre s'éclaircissaient rapidement ; M. de Caumont mourait au séminaire vers 1693, M. Guillaume Gauthier résigna le 7 novembre 1692, pour prendre la cure du Château Richer, M. Charles-Amador Martin également, mais sans avoir aucune cure. Ils furent remplacés par MM. Le Valet*, Deleuze, et Germain Morin, prêtre résident au séminaire ; M. de la Colombière fut nommé archidiacre à la place de M. de Maizerets promu à la chanterie. Ces nominations furent faites par les grands vicaires Glandelet et Ango.

En 1687 M. François Dupré, qui n'était pas du corps du chapitre, fut nommé curé de Québec et en remplit les fonctions jusqu'en 1707. Il se démit alors et fut remplacé par M. Pierre Poquet, qui était chanoine depuis 1698. La mort vint l'enlever en 1711 à l'âge de quarante-quatre ans seulement.

L'Evêque était passé en France et s'était rendu à Rome pour tâcher d'obtenir l'union finale des trois abbayes ; il obtint une partie de ce qu'il demandait, mais la Congrégation, prévenue contre le plan de mettre les trois abbayes entre les mains du Chapitre, donna à la Bulle qui prononçait l'union une forme conditionnelle, en l'adressant à l'official de Paris et en faisant dépendre son exécution de certaines formalités qui ne furent jamais remplies. Par acte passé pardevant notaires à Paris le 16 août 1697, il avait été fait un partage de tous les revenus des trois abbayes "entre le Sieur Evêque pour soutenir sa dignité et pour subvenir à tous les besoins qui se présentaient, et le Chapitre pour faire subsister ceux qui le composaient." Le Chapitre eut l'abbaye de l'Estrée. Ce partage était approuvé par le Roi. Les prieurés unis au Séminaire de Québec étiaent : dans le diocèse de Bourges, ceux de Bénévent (St. Barthélemi,) d'Habilly (St. Sébastien,) de Buzençais (Notre Dame de St. Honoré,) dans le diocèse de Tours, ceux de Pereux (St. Pierre) et de l'Ile (St. Ambroise.)

L'Archevêque de Tours consentit à cette union par décrets du 6 octobre et du 16 de novembre 1674, et l'Archevêque de Bourges donna un décret d'acquiescement le 29 Xbre 1689.

Le tout fut confirmé par Lettres Patentes du Roi en date de Juillet 1696.

Mais ce qui n'était pas aussi facile, c'était d'obtenir l'approbation du St. Siége. Ce fut l'objet du voyage de Mgr. de St. Valier

---

* Jeune prêtre qui venait d'être ordonné. Il passa en France avec l'évêque et y mourut en 1711.

à Rome ; on lui proposa des modifications considérables exprimées dans la Bulle du 7 Septembre 1704. Le Séminaire de Québec devait entrer en partage de ces biens, et le Chapitre être réduit à *une dignité* élue par les chanoines, et à six canonicats et prébendes à la nommation de l'Evêque. Les trois autres dignités et les six canonicats et prébendes qui vaqueraient les premiers, devaient être supprimés.

Cette proposition ne fut agréée ni du Chapitre ni de l'Evêque ; le Conseil du Roi s'opposa à ce que l'official de Paris la mît à effet, et elle demeura une lettre morte. Mgr. de St. Valier voulant revenir en Canada, fut fait prisonnier par les Anglais et retenu à la tour de Londres de 1704 à 1711.

Le 17 Octobre 1712 on apprit à Québec que la paix était faite entre la France et l'Angleterre. Le Conseil s'assembla aussitôt et délibéra que le dimanche suivant, jour de la solennité de N. D. des Victoires, il assisterait au *Te Deum* qui serait chanté à l'issue des Vêpres en l'Eglise Cathédrale de cette ville en action de grâces de la délivrance de ce pays, par le naufrage des ennemis dans la Rivière St. Laurent l'année dernière 1711......qu'en mémoire de la dite délivrance, il se rendrait à l'avenir tous les ans en la même église " à pareil jour et heure et à même fin, où les officiers de la Prévosté de cette ville seront avertis de se trouver."

Le Gouverneur était convenu de tout cela avec le Chapitre, et en conséquence tous les ans ce *Te Deum* fut chanté avec la même solennité jusqu'au renouvellement des hostilités et à la cession du pays.

Le diocèse fut administré par le Grand Vicaire de l'Evêque, et le chapitre ne se réunit guères dans l'intervalle. Rendu à la liberté à la fin de la guerre, l'Evêque passa en France et s'occupa des intérêts de son chapitre. Il rendit compte de ses mouvements dans une lettre du 25 Juin, qui ne parvint à Québec qu'en Octobre. Quoiqu'il lui restât quelqu'espérance d'obtenir une nouvelle Bulle plus conforme à ses désirs, il demanda et obtint de la *Cour* des lettres patentes confirmant la Bulle primitive d'établissement de l'Evêché et du Chapitre en date du 1er Octobre 1674. Le Roi les signa à Fontainebleau en Septembre 1713. Par ces Lettres Patentes le Roi donnait au Chapitre la somme de " 3000 lbs par chacun an sur le domaine qu'il possédait en la Nouvelle-France pour être employées année par années à commencer du 1er Janvier 1714, sur l'état des charges du dit pays sous le nom du dit chapitre à perpétuité."

" Comme fondateur de ces bénéfices, le Roi se réservait à perpétuité la nomination du doyen et du grand chantre, et réglait que dans aucun cas les canonicats ne devaient être possédés par des individus attachés à des communautés séculières ou régulières de quelque nature qu'elle fût, ni aux séminaires établis dans la Nouvelle-France."

Le Chapitre était alors bien réduit. M. Louis Soumande était mort le 19 avril 1706, M. Pierre Poquet, le 16 avril 1711, M. Charles Amador Martin mourut le 19 juin suivant et M. Jean François Buisson, le 15 mars 1712. M. Guillaume de la Colombière avait été nommé Grand Pénitencier le 26 novembre 1712, en remplacement de M. Du Bos, mais il mourut avant d'avoir pris possession, le 22 oct. 1713. M. Le Vallet était mort en France en 1711. M. de Leuze résigna pour aller curé à Ste. Anne de la Pérade en 1712.

Des remplaçants furent nommés sans délai: M. Goulvin Calvarin, vicaire de la cathédrale, M. Ignace Hamel, procureur du Séminaire, M. Charles de la Bouteillerie, curé de St. Augustin, M. Jacques Leblond, curé de St. Antoine, M. Pierre Le Picart, et M. Charles Plante, curé de Beaumont; M. Thiboult fut créé pénitencier, (1713).

A l'arrivée de Mgr. de St. Valier, en octobre 1714, le Chapitre était ainsi composé, plus les anciens chanoines au nombre de six : Messieurs Glandelet, Ango, Pinguet, de Varennes, de la Colombière, archidiacre, éloigné de 60 lieues de Québec, et Boulard, théologal, infirme.

Au sujet de M. Thiboult, il est à propos de rapporter ici la difficulté que le Chapitre eut avec Mgr. de St. Valier, par ce qu'il donna un canonicat honoraire à M. Thiboult, sans en parler à l'Evêque.

Celui-ci fit remettre une ordonnance en date du 9 décembre 1716 à M. Glandelet, doyen du Chapitre : elle était dan les termes suivants.

" Nous, Jean, Evêque de Québec, sur la nouvelle qui nous a été apprise par l'un des M. Chanoines de notre cathédrale, de la place de chanoine honoraire, devant tous les autres chanoines, qui a été demandée par le Sr. Thiboult, curé de Québec, sans nous en avoir parlé, et qui a été accordée par ceux du Chapitre qui demeurent dans le Séminaire, sans notre participation, quoiqu'il soit porté expressément par le Règlement du Roy que l'on n'innovera rien dans le dit Chapitre, sans le consentement de l'Evêque, ce qui est conforme aux Canons de l'Eglise, surtout à l'égard des chapitres entièrement soumis à l'Evêque comme est celui de Québec, établi par Mgr. de Laval, notre prédécesseur : Nous déclarons que nous nous opposons à la dite place, comme demandée et obtenue sans notre aveu et consentement, et que nous nous opposons de plus à toutes les délibérations qui ont été faites jusqu'icy touchant le règlement du revenu qui doit être donné en gros à chaque chanoine et en distributions pour les assistances du chœur et à la nomination qu'ils ont fait de quatre enfants de chœur pour remplir la place de chantres et à ce qui a été réglé aussy pour la sacristie.

Ce que nous ne trouvons pas avoir été assez proportionné et n'avoir pas deub être fait sans notre participation ; lesquels délibérations, comme non compétentes, nous déclarons nulles deffendant à nos dits chanoines d'y avoir égard, et de faire dans les suittes aucuns règlements généraux concernant l'office divin, la manière de chanter le dit office, le temps de les dire, et la part qu'ils doivent mettre en distribution, pour les assistances, sans notre participation.

Donné à l'Hôpital Général, sous notre sein, celuy de notre secrétaire et scellé du sceau de nos armes, ce 9e décembre 1716.

Jean, Evêque de Québec,

Par Monseigneur,

Armand, Ecc."

" La présente opposition sera signifiée au Chapitre de Québec, en la personne de M. le doyen, par le Sr. Armand, l'un de nos ecclésiastiques enregistrée dans notre secrétariat et dans le greffe de notre officialité.

Jean, Evêque de Québec."

"Je, soussigné, Ecclésiastique de ce diocèse de Québec, ai signifié par ordre de Monseigneur l'illustrissime et Révérendissime, Jean Baptiste de la Croix de St. Valier, Evêque de Québec, la présente opposition, pour les raisons en icelle contenues au Chapitre de sa cathédrale, en la personne de Monsieur Glandelet, le doyen à qui j'en ai laissé copie suivant l'ordonnance, ce dixième décembre mil sept cent seize.

Armand, Ecc."

Voici la réponse que fit le Chapitre, le 11 du même mois sous le titre d'*humble remontrance*.

"Monseigneur, permettez-moi qu'avec tout le respect que je dois à V. G., je lui représente ce qui suit :—Pour répondre à l'article qui regarde M. Thiboult, touchant la place qu'il occupe dans le chœur, je vous dirai, Mgr., qu'il n'y a eu de sa part aucune demande au Chapitre, ni aucune délibération de la part du Chapitre qui s'en est tenu à ce qui fut réglé aussitot après l'installation du chap. en l'année 1664 par Monseigneur votre Prédecesseur et ses chanoines à l'égard de celui qui administreroit la cure, ce qui s'est toujours observé depuis. Ainsi on n'a rien innové à cet égard dans la dernière assemblée qui s'est tenue comme on l'a mal fait entendre à votre Grandeur.

On n'a rien fait non plus, Monseigneur, sans votre participation dans les assemblées capitulaires qui se sont tenues depuis deux mois touchant les points énoncés dans l'ordonnance de votre Grandeur qui concernent les devoirs du Chap. et l'application qui s'en est faite par provision seulement et sans conséquence pour l'avenir, ainsi que Votre Grandeur nous le reproche.

Et pour l'en convaincre, je le supplie humblement de se souve- de la visite que j'eus l'honneur de lui rendre aussitô après l'assemblée capitulaire où l'on parla de cette affaire par manière de projet seulement pour sçavoir ce qu'on exposeroit à Votre Grandeur à cet égard, afin de sçavoir son sentiment, ne voulant rien arrêter sans cela. Quand on se comporte de la sorte, l'on est bien éloigné de vouloir faire les choses à sa tête.

J'eus donc l'honneur, Monseigneur, de vous faire présenter ce projet afin de sçavoir si vous l'agrériez, je vous invitay à vouloir bien nous honorer de votre présence dans l'assemblée suivante qui devait se tenir pour régler la chose de concert avec Votre Grandeur et vous me le fîtes espérer.

Ce jour même, Votre Grandeur étant venue à Québec pour assister au service du feu Roy de glorieuse mémoire, je luy demandai si elle nous feroit l'honneur de se trouver au Chapitre, elle me répondit qu'elle en seroit empêchée par des affaires, que nous pouvions le tenir sans elle, vu que ce n'étoit que par provision qu'on devait régler les choses.

Nous tinmes donc notre assemblée, et nous arrêtâmes les choses par provision seulement. Ce qui après toutes les démarches dont je viens de parler ne doit pas passer pour avoir été fait sans votre participation.

A l'égard du temps de chanter la messe du Chapitre les jours ouvriers, l'on n'a pareillement rien innové en reprenant la coutume de la dire sur les neuf heures, comme on m'a dit que Votre Grandeur l'a souhaité et qu'il fut réglé par Monseigneur votre prédécesseur, conjointement avec ses chanoines lors de l'installation du Chapitre, ce que l'on avait seulement interrompu pour des raisons qui ne subsistent plus.

Après cela, Monseigneur, je supplie très humblement Votre Grandeur d'avoir pour son Chapitre et pour les sujets qui le composent, les sentiments d'estime et de bienveillance, dont ils ne croient pas s'être rendus indignes par tout ce qui s'est passé, touchant les points énoncés dans votre ordonnance, et qu'ils tâcheront de mériter de plus en plus par leur profond respect et leur parfaite soumission.—le 11e décembre 1716.

GLANDELET, doyen.

On a cru devoir mettre le détail de cette affaire pour faire voir qu'après tout la difficulté dont on a tant parlé s'arrangea assez facilement.

Sur les informations apportées d'Europe, par l'Evêque, le Chapitre délégua le pénitencier en France, principalement pour recevoir les comptes de son procureur, M. Tremblay, prêtre du Séminaire. Après 21 mois d'absence, il revint et se démit de sa dignité de pénitentier, qui fut accordée à M. de Varennes. M. Thiboult mourut bientôt (1724,) à la fleur de l'âge (43 ans), comme son prédécesseur, M. Poquet. Le Chapitre nomma M. Boulard, curé de la Cathédrale, malgré ses 68 ans.

M. Leblond, chanoine, qui était curé de la Baie St. Paul, y mourut le 29 juillet 1715 ; M. Jean Pinguet mourut au Séminaire le 20 mars 1715, âgé de 60 ans. Ces deux pertes dans la même année donnèrent lieu à la nomination de Messieurs Pierre Girard de Vorlay et Thierry Hazeur ; M. Paul Armand Ubric, reçut deux ans après, le canonicat vacant par la promotion de M. de Varennes. Il n'était alors que *diacre*, mais ses lettres portaient la clause " in anni curriculo presbyteri." Mgr. l'ordonna en effet le 5 décembre 1717, et le chargea d'une mission à 60 lieues de Québec.

Dans ce même automne, M. Le Picart fut député en France pour recevoir les comptes d'un M. Pepin, avocat, ci-devant procureur du Chapitre à Paris ; mais il y mourut au bout d'un an, le 20 septembre 1718. Malgré les dépenses que ces voyages causaient, le Chapitre persista dans ce système et nomma un nouveau procureur chargé de résider à l'abbaye de Meaubec. Ce fut M. Hazeur De Lorme, qui représenta le Chapitre en France pendant 30 ans.

Voici comment M. Hazeur De l'Orme, dans une lettre au Chapitre, datée de Paris le 8 juin 1723, raconte la réception qui lui avait été faite à l'abbaye de Meaubec :

" Notre vaisseau, aussi bien que tous les autres, partis du Canada l'automne dernière, sont tous arrivez à bon port à la Rochelle, et tous les passagers en bonne santé.

" Après 8 ou 10 jours de repos à la Rochelle, je fus sur le point d'aller droit à Paris avant que de passer par l'abbaye de Meaubec, ne trouvant personne qui sçut les routes et qui pût, par conséquent me les indiquer ; la providence qui conduit toutes choses me suscita heureusement une personne qui allait jusque sur les confins du Berry, ce qui me donna occasion, après lui avoir parlé de mon dessein pour Paris, qu'il n'approuvait en aucune manière, de suivre son avis qui était de me guider dans les chemins et même de m'accompagner jusque dans notre abbaye, ce qu'il a fait de la meilleure grâce du monde. Nous arrivâmes heureusement chez M. de Bienassez, auquel Mgr. de St. Valier avait, il y a longtemps, donné des provisions de Bailly de Meaubecq, comme le croyant plus propre pour exercer cet employ, lequel charmé de voir une personne députée du Chapitre de Québec, que luy et tous les tenanciers de l'abbaye attendaient depuis la mort de M. le Picard, en 1719, avec impatience, me reçut avec d'autant plus de plaisir que les procureurs et les fermiers de l'abbaye l'avaient fort chagriné et molesté, jusqu'à le vouloir déposséder de sa charge de bailly, sans avoir eu aucun fondement ny raison pour le faire, suivant ce que j'ay découvert et que je le découvre encore tous les jours ; mon arrivée a causé une joye universelle parmy tous ces pauvres habitants de Maubecq, lesquels me reçurent (le jour de St. Thomas, 21 décembre, sans que je leur eusse donné aucun ordre) sous les armes, tirant à mon arrivée dans le bourg une quantité de décharges de coups de fusil, ce que faisaient les femmes et filles comme les hommes, criant hautement, voici Monsieur l'Abbé de Maubecq. Je vous avoue, Messieurs, que toutes ces acclamations ne laissaient pas que de me donner beaucoup à penser, et me firent dès lors connaître qu'il fallait nécessairement que ces gens-là eussent été molestez. Car les Evêques autres qui sont passé icy n'ont jamais été reçeus comme je l'ay été ; mon idée ne s'est pas trouvée fausse, comme vous le remarquerez ci-après ; le curé du Bourg vint au devant de moy, me mena à l'église et y chanta un *Te Deum*, pour remercier

Dieu de mon arrivée; quelque temps après le Te Deum chanté, ils firent un grand feu de joie, où ils tirèrent encore une quantité de décharges de fusil; la cérémonie finie, ils vinrent tous me saluer et me témoigner la joye qu'ils avaient de voir une personne du Chapitre en ce pays, et me comptèrent les sujets de peine contre notre procureur et nos fermiers; je vis plusieurs curez auxquels M. Pepin a fait des procez sans beaucoup de raisons qui me dirent hautement que si je n'étais pas venu, de concert avec les autres personnes qui sont dans les dépendances de l'abbaye, auraient envoyé à leurs frais et dépens un exprès en Canada, avertir de ce qui se passoit icy."

Ses rapports avec la Cour lui obtinrent la dignité de Grand Chantre vers 1724; ce titre joint à la qualité d'abbé de Meaubec, qu'on lui donnait volontiers, l'attachèrent au Berry. Ses infirmités rendaient aussi son retour difficile. Le Chapitre délégua M. Joachim Fornel en 1728, pour examiner ses comptes, et reçut son rapport l'année suivante; mais il semblait que l'éclaircissement n'était pas parfait. En 1731, M. de la Tour, doyen du Chapitre, fut député à son tour pour tirer le bon agent d'embarras.

Il s'y employa de son mieux, et rendit compte de sa mission dans le plus grand détail. La correspondance de ce savant chanoine mérite d'être lue; elle dénote un homme d'esprit, attaché à la justice et respectant les droits d'autrui, comme il voulait faire respecter les siens.

La composition du Chapitre était déjà bien changée depuis quelques années. M. Jas. Leblond s'était démis, M. Girard de Vorlay le remplaça et M. Lepage succéda à M. Le Picart. Tous deux se démirent pour entrer dans le ministère. M. de Maizerets, grand chantre, mourut le 23 avril 1721. M. Joachim Fornel dont il a été question comme agent en France, et M. Chs. God. de Tonnancourt devinrent Chanoines le 4 janvier 1724. Deux autres vacances furent remplies, le 2 octobre 1725 par M. Michel Poulin, nouveau curé de Laprairie, et le 9 octobre 1729 par M. Bernardin Joseph Boulanger, Secrétaire de Mgr. Dosquet, qui n'était que tonsuré. M. Calvarin était mort vers 1721, MM. de Varennes et de la Bouteillerie en 1726, ils furent remplacés par MM. Maufils, Pierre Leclerc et Eustache Chartier de Lotbinière, nommé archidiacre par le Roi. M. de Lotbinière parait avoir contribué activement à faire signer par le Chapitre et le Clergé, le Formulaire exigé par le St. Siége. En 1719, Mgr. de St. Valier avait bien publié la Bulle *Unigenitus* (Voir son Mandement), mais l'on avait omis d'exiger l'acceptation du Formulaire par tous ceux qui recevaient quelque charge ecclésiastique. Le Chapitre, voulant se conformer aux injonctions du St. Père, passa une résolution en forme le 30 Novembre 1730. Tous les Chanoines pour donner l'exemple en signèrent l'acte solennel.

Mgr. de St. Valier décéda à l'Hôpital Général le 26 décembre 1727. Voici l'éloge que fait de lui un contemporain : " Tout le Canada lui a des obligations pour l'éducation de la jeunesse à quoi il a été appliqué pendant près de 50 ans. Dieu a donné bénédiction à ses travaux par le grand nombre de prêtres et d'autres qui ont pris parti dans le monde selon leur naissance et qui se sont comportés en bons chrétiens, tous sortant du Petit Séminaire qu'il a institué et soutenu malgré toutes les contradictions, avec une affection et un zèle tout particulier, ayant eu pour tous les enfants une tendresse de mère. Nous avons été témoins de toute l'estime que le peuple a fait paraître de sa vertu et de sa sainteté, par le grand convoi qu'il y a eu à son enterrement, un chacun désirant avoir quelque chose qui lui eût appartenu, et faire toucher à son corps, chapelets, croix, etc., preuve de l'estime qu'on a de sa sainteté. Le Séminaire perd un digne Supérieur, les enfants un véritable père."

M. Dupuy, l'intendant, était exécuteur testameutaire de Mgr. de St. Valier ; sa gestion de ses affaires ne fut pas heureuse.

Le Chapitre avait député Mess. de Lotbinière, archidiacre, et Fornel, chanoine, auprès de l'Evêque, malade, pour l'assister, leur donna ordre après la mort du dit Seigneur, de requérir exécuteur testamentaire de vouloir au nom du Chapitre, apposer les scellés sur le cabinet du dit Seigneur où étaient les papiers du diocèse et de leur remettre les sceaux et registres du diocèse.

M. Dupuy fit ce qui lui était demandé et dans son procès-verbal reconnut la vacance du siége.

Le jour même de sa mort (26 déc.) le Chapitre s'assembla à 9 heures du matin, et après avoir chanté la messe du St. Esprit, élut tous par scrutin d'une voix, M. Boulard (curé de Québec et official) Hazeur (pénitencier) et Plante (chanoine) pour 1er, 2nd, et 3e Vicaires Généraux dans le gouvernement de Québec, et Messieurs de Belmont (Sup. du Sem. de S. Sulp. de Montréal), La Godalie et Courtois, (prêtres du Séminaire,) vicaires dans le gouvernement de Montréal, le tout sous la présidence de M. de Lotbinière.

M. Boulard fut informé de l'élection, chanta la messe et le *Te Deum* à la suite.

Le 31, le Chapitre s'assembla de nouveau sous la présidence de M. de Lotbinière et les actes furent signés, l'élection ayant été faite de nouveau, suivant le procès verbal suivant.

" Aujourd'hui 31 décembre 1727 sur les huit heures du matin le Chapitre s'est assemblé au son de la cloche suivant la forme ordinaire où ont assistez Messrs. les dignitez et Chanoines du Chapitre de l'Eglise Cathédrale de Québec, Monsr. de Lotbinière, archidiacre président par la vacance du doyenné auquel le Roy n'a pas encore nommé, et par l'absence de M. Hazeur de Lorme, grand chantre député pour les affaires du Chapitre en France, Monsr. Hazeur grand pénitencier, tenant la seconde dans l'assemblée par la vacance du théologat, Messrs. Hamel, Plante, Maufils, Fornel, Tonnancourt et LeClair, tous chanoines présents, Mrs. Lepage et Poulin absents et occupez dans les missions du gouvernement de Montréal qui n'ont pu être avertis à raison de l'éloignement et de la saison, de la vacance du siége épiscopal; lesquelles dignités et chanoines se sont fait représenter le procès-verbal de l'assemblée capitulaire qui s'est tenue le vingt-six de ce mois, jour du décès de Mgr. Jean Bapte. de la Croix de St. Valier, Evesque de Québec, par lequel il paraît que M. de Lotbinière, Archidiacre et Fornel, Chanoine, avaient été députés par le d. Chapitre pour assister mon d. Seigneur Evesque jusqu'à l'instant de son décès et se saisir après le d. décès des Registres et papiers concernant l'évesché et les rapporter au dit Chapitre avec les sceaux lesquels les d. Sieurs députez estant de retour de l'Hopital Général (dont il était le fondateur et dans lequel est mort mon d. Seigr. Evesque) ont par le son de la cloche du Chapitre averti les d. Chanoines du d. décès arrivé le vingt-six du présent mois, lesquels à l'instant se sont transportés dans le cœur où ils ont chanté le *De Profundis*, après lequel la messe du St. Esprit a esté célébrée au commencement de laquelle on a chanté le *Veni Creator* aux fins de procéder à l'élection du Vicaire-Général attendu la vacance du Siége Episcopal, après laquelle le Chapitre s'étant assemblé au son de la cloche suivant les formes ordinaires les d. Sieurs Chanoines auroient éleu d'une voix unanime Monsr. Boulard, curé de Québec et Grand Vicaire de feu mon d. Sgr. Evêque, pour Vicaire Général du diocèse à l'issue de laquelle élection le *Te Deum* aurait été chanté solennellement. Mais comme le d. procès verbal n'a pas été finy ny signé le d. jour vingt-six de ce mois et devenant nul de plein droit

---

* Extrait du Reg. B. p. 271.

manque et faute de cette formalité, le Chapitre après avoir demandé les lumières du St. Esprit suivant les formes ordinaires et ayant
colligez les voix a nommé et confirmé le d. Sieur Boulard pour
Vicaire Général du diocèse, lequel Vicaire Général gouvernera le
diocèse en la d. qualité avec tous les droits, priviléges et prérogatives que le d. Chapitre peut luy donner pour l'administration
générale du diocèse, tant que la dite vacance du siége épiscopal
aura lieu et pour cet effet le Chapitre luy en expédiera la commission suivant la teneur du dit put procès-verbal, se réservant le d.
Chapitre de pouvoir nommer seul aux Bénéfices vacants tant simples qu'à charge d'âmes, comme aussy de nommer les official, vice
gérant, promoteur de la justice ecclésiastique et tel nombre de
grands vicaires qu'il jugera nécessaire, lesquels auront pendant la
vacance du d. siége la même jurisdiction et jouiront des mêmes
droits sous mon d. S. vicaire général qu'avoient auparavant les
grands vicaires du vivant de mon d. Seigr. Evêque dont il leur
sera délivré des commissions par le d. Chapitre, lequel a été conclu,
arrêté et signé par les d. S. dignités et Chanoines susd. et soussignés
à Québec le jonr et an que dessus. Ainsy signé. Chartier de Lotbinière, archid., Hazeur, grand pénitencier, Hamel, Plante, Maufils,
J. Fornel, G. Tonnancourt et Leclerc.

Dans la même assemblée MM. Plante, Hazeur, de Belmont, de
la Goudalie et Courtois, déjà Grands Vicaires sous l'Evêque défunt, reçurent des pouvoirs du Chapitre.

Cependant un des chanoines qui avait pris part à cette élection,
l'archidiacre Chartier de Lotbinière, en contesta la légitimité. Il
prétendit d'abord que le siége n'était pas vacant, parceque Mgr. de
Mornay, Coadjuteur *cum futura successione*, était vivant. Il ne voulait pas comprendre que ce prélat pouvait être mort même avant
son titulaire, qu'il pouvait avoir résigné, comme il en avait été fortement question ; et que d'ailleurs il ne pouvait se faire représenter par un vicaire général et prendre possession de son siége avant
un temps considérable.

M. de Lotbinière qui demeurait à l'Hôpital, fit la sépulture à la
réquisition de M. Dupuy, le 5 Janvier, (1728).

Le 2 Janvier, le Chan. Leclerc avait été député aux Religieuses
pour leur dire qu'il n'avait pas l'intention d'inhumer le corps de
l'Evêque dans la cathédrale, ni de s'emparer de sa crosse, de sa
mitre, etc., comme on l'en accusait.

M. de Lotbinière était chapelain de l'Hôpital Général, et se prétendait curé de N. D. des Anges.

M. Leclerc était présent à l'inhumation, mais protesta au nom du Chapitre, dont il demanda acte qui lui fut refusé.

Ce même jour à 3 heures P. M., se croyant froissé par ce procédé de l'archidiacre, le Chapitre chargea Messieurs Boulard, Hazeur et Fornel, de se transporter à l'Hôpital Général, ce qu'ils firent avec M. Chase, curé de Beaumont, et dressèrent procès-verbal, dont ils laissèrent aux Religieuses une copie portant interdiction de l'église et de la Supérieure, ce qui semble un procédé un peu rigoureux.

L'intendant sur requête de M. de Lotbinière, ordonna que les vicaires généraux lui exhibâssent leurs lettres.

Ce qui fut fait le 4. L'Intendant parapha les lettres *ne varie-tur*.

Le même jour le Chapitre annonça au peuple un service solennel pour le lendemain. (1)

De cette difficulté entre M. Dupuys et M. De Lotbinière d'une part, et le chapitre appuyé du gouverneur de l'autre part, il s'ensuivit une espèce de procès devant le Conseil Supérieur par suite d'un appel comme d'abus. Il ne fallut rien moins que l'intervention publique du gouverneur pour arrêter le scandale que l'Intendant donnait à toute la Colonie depuis plusieurs mois ; suivant l'ordonnance fut affichée partout et montra les bonnes intentions dont M. de Beauharnois était animé, comme on le voit par cette pièce.

DE PAR LE ROY.

"Charles Mis. de Beauharnois," Chevalier de l'ordre Militaire de St. Louis, Gouverneur Particulier des Villes et Château de Québec, Gouverneur et Lieutenant Général pour le Roy en toute la Nouvelle France.

Nous avons veu avec un extrême déplaisir ce qui s'est passé en cette Colonie depuis la perte qu'elle a faite de M. l'Evéque ds Québec, nous avons été très surpris d'apprendre par des voyes indirectes que le Conseil Supérieur de cette ville se fut attribué le droit de connoître et décider souverainement de matières d'autant plus délicates et dangereuses qu'elle interessent tout le corps ecclésiastique de ce pays, sans avoir sçu de nous qui occupons pour le Roy la première place de cette Compagnie, quel est notre sentiment sur la conduite qu'elle avoit à tenir et sur les mesures qu'il convenoit prendre dans les affaires de cette importance. Le Conseil ne pouvait ignorer les ordres de Sa Majesté qui y ont été enregistrés par lesquels il luy est défendu de faire aucuns règlemens généraux qn'en présence du Gouverneur Général et de l'intendant, nous avions lieu de nous flatter que dans des matières aussi importantes et aussi extraordinaires que le sont celles dont il est question, il n'auroit pas pris des résolutions aussi vives que celles qu'il a prises sans nous avoir demandé auparavant notre avis.

Nous espérions aussi que cette Compagnie informée du mauvais effet que ses arrêts multipliés faisoient dans tous les esprits, se porteroit à cesser toutes ses poursuites et à attendre la décision de Sa Majesté sur des *matières aussi douteuses et aussi contestées* (comme le pense seul le Conseil Supérieur qui agit en conséquence), ainsi que le Conseil Supérieur a fait du temps de nos prédécesseurs dans des affaires moins importantes et moins délicates, Cette Compagnie si sage et si soumise aux ordres du Roy voudroit-elle aujourd'huy les ignorer pour nous dérober la connoissance du parti qu'elle a pris de continuer ses procédures et de soutenir un ouvrage qu'elle se repent peut-être d'avoir commencé. Enfin nous apprenons que lundy dernier, premier de ce mois, elle a rendu un arrest contre le Sieur Boullard, curé de Québec, (que le Chapitre de cette ville a nommé vicaire général du diocèse) et que cet arrêt (qui ne tend pas à moins qu'à attenter à la personne du Sieur Boullard) jette un trouble général dans la Colonie et y excite des murmures dont nous ne sentons que trop les dangereuses conséquences, et comme il est de notre devoir de prévenir les suites fâcheuses qui pourroient s'ensuivre et d'employer à cet effet toute l'autorité qu'il a plu à Sa Majesté de nous confier, pour arrêter le cours d'une procédure aussi contraire au repos public et au bien de la Colonie ;

Nous deffendons de la part du Roy aux officiers du Conseil Supérieur de Québec de recevoir dès à présent aucune requeste ou requisitoire, ny aucunes réponses de la part des parties citées, et de rendre directement ou indirectement aucuns arrêts sur les matières en question, et nous suspendons de la même autorité, l'exécution de toutes les ordonnances ou arrests ci-devant rendus sur cette matière, jusqu'à ce qu'il aye plu à Sa Majesté d'en ordonner, deffendons pareillement au greffier d'en écrire et expédier, et aux huissiers, archers et autres d'en signifier, publier, ny afficher aucuns de ceux qui ont été cy-devant rendus à ce sujet sous peine de désobéissance.

Nous imposons silence sur toutes ces matières au Sieur de

Lanouiller, Conseiller, faisant les fonctions de procureur général depuis le décès du Sieur Collet, jusqu'à ce qu'il ait plu à Sa Majesté de faire savoir ses intentions.

Sur le tout, voulons que notre présent ordre soit porté au Conseil Supérieur au premier jour d'assemblée pour y être lu par l'un de nos secrétaires à haute et intelligible voix, et en suitte publié à son du tambour, et affiché en tous lieux où besoin sera, tant dans cette ville de Québec, qu'en celle des Trois-Rivières et Montréal, et partout ailleurs où nous le jugerons nécessaire, à ce que personne n'en prétende cause d'ignorance. En foy de quoy nous avons signé le présent ordre, à iceluy fait apposer le sceau de nos armes et contresigner par l'un de nos secrétaires. Fait à Québec le huit Mars, mil sept cent vingt-huit.

(Signé,)

BEAUHARNOIS.

Le ministre informé de ce qui s'était passé, écrivit à M. de Beauharnois le 3 Juin, 1728.

" Sa Majesté a été très surprise que le Chapitre ait ignoré le droit de l'Archidiacre d'officier à l'inhumation du corps et aux grandes fêtes, prérogative à laquelle seule il s'est fixé et dont le refus a donné occasion à tout ce qui s'est passé dans la suite.

Les termes dont M. Dupuy s'est servy dans les Ord. qu'il a rendus sont si peu mesurés et il paraît tant de passion dans sa conduite, que Sa Majesté qui n'avait pas lieu d'ailleurs d'en être satisfaite, s'est déterminée à le révoquer... Sa majesté lui marque que son intention est qu'il ne fasse plus les fonctions d'intendant du C. et de remettre les papiers de l'Intendance à M. d'Aigremont."

Sur la question de la vacance du siége M. de Lotbinière s'était trompé.

Il se trouva en effet qu'au mois de mars 1728, et avant d'avoir appris la mort de Mgr. de St. Valier, Mgr. de Mornay donna sa démission de la Coadjutorerie, et le roi nomma l'abbé Machuco de Presnaux. Mais bientôt de son côté la cour fut informée que le siége même de Québec était vacant depuis plus d'un an, et par conséquent que la nomination d'un coadjuteur était nulle. * Mgr. de Mornay se trouvant réellement Evêque de Québec, et apprenant

______

* Pour les difficultés suscitées au vicaire capitulaire par M. de Lotbinière et les mesures violentes prises par le conseil supérieur pour s'opposer à l'exercice de sa jurldiction légitime, voir chap. 28, *Cours d'hist. du Canada.*

les difficultés que causait son éloignement, adressa une procuration à M. de Lotbinière pour prendre possession du siége en son nom. Il le fit le 15 septembre 1728 avec le titre de grand vicaire.

Les fonctions de M. Boulard cessaient par là-même, et M. de Lotbinière gouverna jusqu'à l'arrivée de l'Evêque de Samos, nouveau coadjuteur (23 août 1729).

M. Boulard qui était toujours curé de Québee et Théologal, avait subi en grande partie le désagrément des difficultés du temps et les reproches des ennemis du Chapitre. Il était âgé et n'avait peut-être pas l'esprit de conciliation si précieux dans les circonstances épineuses.

Sa santé s'altéra profondément, il se fit transporter à l'Hôtel Dieu et y mourut le 28 septembre 1733. M. Valier le remplaça comme théologal. Mgr. Mornay bien décidé à ne pas traverser la mer, obtint pour coadjuteur M. Dosquet, tout-à-fait étranger à ce qui s'était passé en Canada, et peu préparé à remédier aux maux véritables qui divisaient la petite église dont Mgr. de Mornay était d'ailleurs encore chargé. L'Evêque de Samos sentit le danger de suivre les vues de M. de Lotbinière très impliqué dans les différends et qui n'avait pas les mêmes idées que lui sur les lois canoniques. *

Il s'appuya d'avantage sur M. de La Tour qu'il avait amené avec lui et qui était bien disposé à le seconder. Malheureusement, il n'avait que 28 ans, et on reprochait sourdement à l'Evêque " de lui renvoyer tout le détail du diocèse." †

Ce fut lui que l'Evêque revêtit de la fonction d'official vacante par la résignation de M. Dufournel, curé de l'Ange Gardien, et très âgé, qui tenait cette charge du chapitre durant la vacance. Il le fit aussi nommer doyen du chapitre par le Roi, en remplacement de M. Glandelet mort en 1725 : de manière que la présidence du chapitre qui appartenait depuis la mort de M. de Varennes (décédé en 1726), à M. de Lotbinière en qualité d'Archidiacre, passa entre les mains de M. de la Tour le nouveau doyen. La visite des communautés religieuses lui fut confiée et il s'en acquitta avec un grand zèle. Il rencontra des difficultés nombreuses, qui le firent renoncer à la pensée de se fixer en Canada. Le chapitre qui ne

* Michel Eustache Gaspard, le plus jeune de ses fils, resta seul pour perpétuer son nom. Il fut fait chevalier de St. Louis, et créé Marquis. Etant à New-York en 1799, il y mourut de la fièvre jaune. Cette famille est éteinte.

† Lettre de M. Delorme, 23 Octobre 1730.

pouvait le retenir, le chargea de sa procuration en France (15 oct. 1731). On essaya plus tard de le rappeler dans ce nouveau diocèse qui aurait eu un si grand besoin de ses lumières, et on le nomma à la cure de Québec, mais il ne put se déterminer à l'accepter. On doit à M. de la Tour la publication des annales de l'Hotel Dieu de Québec. Voici comment une religieuse de cette communauté en parlait dans une lettre du 3 nov. 1752:

" Je ne veux pas finir cette lettre, sans vous dire que M. l'abbé de la Tour doyen de Montauban, qui a été autrefois Grand Vicaire en Canada, a fait imprimer nos annales sous le nom d'*Histoire de l'Hotel-Dieu de Québec*. J'espère que vous ne les lirez pas sans plaisir, et sans être édifié, quoiqu'il y ait bien des fautes d'impression. Il y est rapporté bien des événements qui regardent l'établissement du pays. Je tâche d'engager un libraire de Paris à en faire venir quelques exemplaires."

M. Latour est aussi l'auteur de la Vie de Mgr. de Laval dont le premier volume seulement a été publié.

Nommé conseiller clerc le 17 mai 1720, il avait une position dans l'état civil comme dans l'église.

Mgr. Dosquet sentit aussi son courage faillir. Les principales difficutés roulaient sur la fixation des cures, sur la jurisdiction des biens ecclésiastiques, sur l'interprétation du droit canonique touchant les chapitres, sur l'état des communautés religieuses et en général sur les attributions des différentes dignités ecclésiastiques.

Il résulte de l'ensemble des faits que l'Evêque ne réussit pas à concilier les esprits; il repassa en France au bout de deux ans. (1730)

Il obtint, avant de partir, la renonciation de M. Voyer à la cure de Ste Anne, qui lui avait été accordée en 1728, après une érection en forme par le Chapitre *sede vacante*. Cette nomination et les prétentions du Chapitre basées uniquement sur des arrêts du Parlement et du Conseil privé du Roi * étaient insoutenables au point de vue canonique. Mais quoique non fondées en droit, elles donnèrent lieu à une procédure devant l'officialité diocésaine, et à un appel devant le Conseil Supérieur. Le brave curé finit par lâcher prise après bien des débats, et en fut quitte pour accepter par accommodement la paroisse des Grondines voisine de celle de Ste Anne, à laquelle fut ajoutée celle du Cap Santé.

---

* Arrêts du Parlement de Paris, 6 sept. 1642 et 25 juin 1683.
Arrêt du Conseil privé du Roi, mars 1688.

La cure de Québec menaçait de causer des difficultés ; M. de la Tour ayant refusé d'accepter, fut obligé de faire un acte de résignation. * Le Séminaire proposa M. Lyon de St. Ferréol son Supérieur, et Mgr. lui donna des lettres en forme ; mais la prise de possession n'eut pas lieu sans opposition. Le Séminaire avait cessé de dominer par le nombre dans le Chapitre. M. Hamel, procureur du Séminaire, était mort, † et avait été remplacé par M. Pierre de Gannes Falaise ; le Chapitre força M. Leclair, curé de St. Valier, à résigner son canonicat et le remplaça par M. Yves Leriche, alors curé de St Laurent.

Le nouveau curé de Québec n'étant pas chanoine titulaire, le canonicat resté vacant par la mort de M. Boulard fut donné à M. Jean-Pierre Miniac. Quelques jours après, à l'occasion de l'installation du curé de Notre Dame, Mess. Valier, Plante, Leriche et Falaise protestèrent de la part du Chapitre, mais ce fut tout. Cependant sur les instances de tout le clergé et du Roi, Mgr. de Mornay résigna le siége de Québec ; M. de Lotbinière chargé de procuration du nouvel Evêque Mgr. Dosquet, prit possession en son nom le 8 août 1734. Le prélat arriva bientôt pour administrer son diocèse, mais se voyant entouré de difficultés inextricables, il ne demeura qu'un an, fit deux voyages à Rome et résigna son évêché. Au mois d'octobre 1737 il fut décidé dans un chapitre général que l'indépendance nécessaire au chapitre exigeait que les chanoines n'appartinssent pas à des communautés ; cette mesure n'eut pas cependant d'effet rétroactif, et Messrs Valier et Plante ne furent pas exclus, quoique membres du Séminaire ; ils furent les derniers de cette maison admis dans le chapitre.

En 1738 le Séminaire des Missions Etrangères de Paris voulut nommer un curé de Québec, et jeta les yeux sur M. Jacq. Dartigue du diocèse de Lescar en Béarn. Mais il ne se trouva pas propre à cette charge, comme le marquait M. Delorme à son frère Hazeur (le 14 mai 1739). Il s'en démit le 27 nov. 1738, demanda à aller à la Chine, ce qui lui fut accordé ; et M. Chs. Plante qui desservait la cure de la cathédrale depuis longtemps en qualité de vicaire fut nommé curé en titre. Il résigna son canonicat en 1740 et mourut curé de Québec le 20 mars 1744.

Le 28 février 1735, Mgr. Dosquet adressa un mandement à tous les prêtres séculiers et réguliers leur prescrivant de s'adresser à ses

---

* 8 mai 1734.

† 5 sept 1732.

Grands Vicaires pour demander la renovation par écrit des pouvoirs de jurisdiction qui leur avaient été confiés, et révoquant à cet effet tous ceux qu'ils tenaient de lui, de ses prédécesseurs, de ses grands Vicaires et de ceux du chapitre le siége vacant, cette révocation devant avoir lieu 3 mois après que le mandement serait parvenu à leur connaissance. Le promoteur était chargé d'en envoyer dans les paroisses, et le mandement devait être lu dans une assemblée capitulaire du vénérable chapitre et dans les communautés. Les Supérieurs étaient chargés d'en faire tenir des copies aux missionnaires de leur corps.

Cette mesure indisposa le clergé ; mais elle remédia à la faute du chapitre qui avait érigé des paroisses et des bénéfices et les avait conférés, mais sans le désigner trop ouvertement.

Mgr. Dosquet montrait un grand zèle : ne pouvant faire lui-même la visite du diocèse, il chargea M. de Lotbinière par mandement du 17 février 1735, de visiter la côte sud, comme il l'y avait autorisé pour tout le diocèse en 1730. *

Quoique M. de Lotbinière fût devenu Grand Vicaire, il n'y avait pas eu de racommodement complet entre lui et le chapitre. Le Chapitre députa pourtant M. Lepage auprès de Mgr. Dosquet pour savoir son sentiment sur les contestations au sujet du revenu de sa prébende. La réponse fut favorable à M. de Lotbinière.

Celui-ci parut disposé à faire la paix, alla trouver le général et lui demanda d'adresser aux chanoines un écrit ainsi conçu :

" M. l'Archidiacre m'a proposé de le mener à Mess. du Chapitre et que je dirois : Messieurs, voilà M. l'Archidiacre qui est fâché de ce qui s'est passé ; et si Messieurs vous avez fait quelque chose "contre luy que vous en estes fâchés."

Le Général ayant écrit cette note de sa propre main, l'envoya au chapitre qui ne voulut pas l'agréer, mais dressa lui-même des propositions qui furent remises au général. Celui-ci en fit part à M. de Lotbinière, mais sans résultat.

De retour à Paris après son premier voyage de Rome, Mgr. Dosquet avait nommé M. Miniac archidiacre ; il le chargea de ses pouvoirs avec M. Normand. Ce furent aussi ces deux Grands Vicaires qui reçurent du chapitre les pouvoirs nécessaires, lorsque l'on apprit à Québec la résignation de Mgr. Dosquet et la nomination de son successeur. Mgr. de l'Auberivière ayant reçu ses Bul-

---

* Le fils de M. de Lotbinière passa en France en 1741, se fit ordonner prêtre et revint en 1746. Il mourut le 17 octobre 1786.

les fut consacré à Paris par Mgr. de Mornay. En sorte qu'il y eut en France dans ce moment trois Evêques de Québe c. Le nouvel élu adressa sa procuration à M. Thierry Hazeur qui prit possession en son nom le 20 juin 1740. La joie causée par la nouvelle de son arrivée quelques semaines après, se changea bientôt en deuil. Enlevé par une épidémie, ce jeune Evêque laissa l'Eglise de Québec encore veuve : voici le détail de ce malheur.

Mgr. de l'Auberivière s'embarqua pour le Canada sur un vaisseau du Roi, accompagné de plusieurs ecclésiastiques. La fièvre se déclara à bord et fit bien des victimes, entre autres M. Masson de Montbrac, prêtre de St. Sulpice que l'on débarqua en passant à Kamouraska et qui y mourut le 6 août. Le vaisseau arriva à Québec le 7, et Mgr. l'Evêque déjà malade, fit son entrée, au milieu des craintes les plus alarmantes ; en effet, après avoir été tant désiré il mourut de la contagion le 20 et fut enterré le même jour par le doyen du chapitre, en conséquence des représentations du Gouverneur et de l'Intendant. D'après l'acte de sépul- "ture, le prélat avait 29 ans, et avait donné de grandes preuves de "vertu et de sainteté, ayant gagné la maladie à soigner les mala- "des au service desquels il s'était sacrifié avec un grand zèle."

M. Pierre Paris, son Secrétaire et aumônier, retourna en France presque aussitôt.

La jurisdiction tombait de nouveau entre les mains du chapitre qui dut attendre patiemment et non sans inquiétude, le choix d'un nouvel Evêque qui serait fait par le Roi. Le 20 août, le chapitre nomma (Vicaire Capitulaire), non M. de Lotbinière son doyen, mais M. de Miniac, archidiacre, qui passa en Europe quelque temps après à cause du mauvais état de sa santé. Il demeura quelque temps à l'Acadie comme missionnaire.

Par une lettre de M. Delorme de 1762, on voit que M. de Miniac était encore vivant alors. Il habitait Paris, ses infirmités s'aggravaient surtout son mal d'yeux ; il en envoya un certificat du Médecin

De là nouvelle élection d'un Vicaire Capitulaire dans la personne de M. Hazeur, Grand Pénitencier, qui demeura en charge près d'une année.

L'acte de son élection renferme des détails intéressants, quoiqu'il s'y trouve des clauses qui ne sont pas conformes au droit canonique, en voici la teneur.

" Aujourd'huy vingt-troisième aoust mil sept cent quarante, le chapitre s'est assemblé au son de la cloche et selon la forme ordinaire, après avoir célébré la messe du Saint-Esprit, où se

sont trouvés M. de Lotbinière, doyen ; M. Miniac, archidiacre ;
M. Hazeur, pénitencier ; MM. Plante, Maufils, Fornel, Tonnancour, Falaise, chanoines ; M. Poulin absent à cause de la paroisse
qu'il dessert, au sujet du décès de Monseigneur François-Louis
Pourroy de l'Auberivière, Evêque de Québec, qui est mort ce
matin à sept heures, et comme il est nécessaire de pourvoir à la
jurisdiction et de nommer des grands vicaires pour avoir la
conduite du diocèse, le chapitre a déclaré le siége vacant, et a
procédé à l'élection des dits grands vicaires, et à la pluralité des
voix on a nommé M. Miniac, archidiacre du chapitre, pour vicaire
général de tout le diocèse, M. Courtois prestre, pour grand vicaire
dans le gouvernement de Montréal, et on a remis à nommer les
grands vicaires pour la Louisiane, Louisbourg et l'Acadie avant le
départ des vaisseaux, attendu qu'on ne scait pas si ceux qui
avoient été nommés cy-devant y sont actuellement résidents ou
non. On a ensuite procédé à la nomination des supérieurs des
communautés religieuses auxquels le chapitre attribue les pouvoirs de grands vicaires chacun dans la communauté dont ils
seront chargés, et l'on a nommé à la pluralité des voix M. Miniac
supérieur des Ursulines de Québec et des Trois-Rivières, M. Plante,
supérieur de l'hôpital général, et M. Tonnancour, supérieur de
l'Hôtel Dieu, auxquels grands vicaires et supérieurs des communautés le chapitre donnera des provisions qui seront enregistrées
sur les registres du chapitre. L'on a aussy nommé pour official
M. Miniac, et M. Fornel promoteur auxquels le chapitre donnera
des provisions. Le chapitre se réserve pendant la vacance de
pourvoir aux cures qui sont vacantes dans le diocèse et de leur
nommer des titulaires. Fait les jour et an que dessus. Ainsy
signé: Chartier de Lotbinière, doyen. Miniac, Arch. ; Hazeur,
Pe.; Plante, Maufils, Pte. Che.; J. Fornel, Pte.; G. de Tonnancour,
Chan-secrét. *ad hoc.* De Gannes de Falaise, Ptre Chan."
Il est à remarquer que d'après le droit canonique, le chapitre
ne doit se réserver aucun de ses droits d'administration pendant
la vacance, qui appartiennent au vicaire capitulaire.
Cette observation s'applique également à l'acte suivant:
" Le septiesme novembre mil sept cent quarante, le chapitre
s'étant assemblé extraordinairement après vêpres, ainsy qu'il
avoit été indiqué au son de la cloche avec les cérémonies ordinaires, où se sont trouvés MM. de Lotbinière, doyen ; M. Haz.,
Pénit. MM. Mauf., For., Ton., Fal. et Poulin, Chan., pour procéder à l'élection d'un Vic. Gén. du Ch. *sede vac*, au lieu et place et

en l'absence de M. Miniac, archidiacre, parti pour France, sans l'agrément et consentement du chapitre qui a jugé à propos de luy révoquer les pouvoirs de G. V. à luy cy devant donnés depuis la vacance, laq. révocation luy sera signifiée à Paris à la requête du dit chap. par M. Hazeur de Lorme Grand Chantre et agent du chapitre La d. élection a été faite à la pluralité des voix et l'on a élu M. Hazeur pénitencier, pour Grand Vicaire dans toute l'étendue du diocèse, aux réserves de ne rien faire de considérable dans les paroisses pour le changement des curés et missionnaires sans l'agrément du chapitre, se réservant le dit chapitre de faire chaque année la distribution des suppléments, les visites des monastères et des paroisses, si le cas y échet, et le dit Sr. Hazeur a été élu supérieur du monastère des Ursulines de cette ville et de celle des Trois-Rivières. Fait à Québec en l'assemblée capitulaire les jour et an que dessus.

Chartier de Lotbinière doyen du chapitre ;

Tonnancour Chan. Hazeur.

Maufils, Ptre Chan. J. Fornel, secrét.

De Gannes Falaise Chan."

Le 28 novembre M. Fornel fut élu official à la place de M. Miniac, le chapitre reçut son serment en la dite qualité.

On lira avec intérêt le mandement par lequel le Vicaire Capitulaire s'efforça de raviver la dévotion en la très-sainte Vierge Marie.

" Mandement de Mr. Hazeur, nommé Vicaire Général par le Chapitre de Québec, le Siége vacant.

Joseph Thierry Hazeur, Grand Pénitencier, Vicaire Général du Diocèse, le siége vacant.

A tous ceux qui les présentes verront Salut en Notre Seigneur,

Nous ayant été représenté que dans la pratique anciennement observée dans ce diocèse, on avait sagement établi que pour les nécessités et besoins particuliers et publiques du pays, on disait à la fin de la messe les litanies de la Ste. Vierge, ce qui ne s'est point pratiqué depuis quelques années pour y avoir suppléé par d'autres prières, mais afin de ne point laisser tomber plus longtemps un si saint usage, rendre solide, stable et permanent une si louable coutume, même augmenter la dévotion à l'Immaculée Mère de Dieu pour obtenir par son moyen et son crédit la conversion des pécheurs et des infidèles, l'augmentation et la conservation de la religion, l'union et la paix entre les princes chrétiens, l'avantageux départ et l'heureuse arrivée de nos vaisseaux, généralement tous les besoins spirituels et corporels, particulièrement afin que cette mère de miséricorde prie et intercède pour nous auprès de son fils N. S. J. C. qui, par son sang précieux répandu sur la croix pour le salut de tous les hommes dont le Saint Sacrifice de la messe nous renouvèle tous les jours la mémoire, sera pour nous un puissant avocat auprès de Dieu son père pour obtenir ce que nous demandons, surtout la grâce de la persévérance finale, pour vivre et mourir dans son saint amour. Nous avons cru ne pouvoir mieux faire de l'avis et consentement du Chapitre, que de rétablir et mettre en vigueur un si ancien et si saint usage.

A ces causes ordonnons à tous prêtres séculiers et réguliers de réciter les litanies de la très Ste. Vierge, ensuite le *Sub tuum*, le verset *Ora pro nobis*, l'oraison *Concede*, celle des Anges et *Deus refugium*, à la fin de la messe, depuis le lundy inclusivement de la *Quasimodo* jusqu'à la veille de Noël inclusivement, excepté aux messes des fidèles trépassés, à commencer de ce jour douzième de Novembre. Exhortons tous les fidèles de l'un et de l'autre sexe à se joindre aux prêtres et assister aux litanies que le public demande avec instance.

Sera notre présent mandement lu et publié le jour de la Quasimodo au prône et enrégistré aux Registres des paroisses et missions du diocèse pour être exécuté selon sa forme et sa teneur.

Donné à Québec le 12 Novembre 1740, scellé du sceau du diocèse et contresigné par notre Secrétaire.

(Signé,) Hazeur, Vicaire Général.

Par Monsieur le Vicaire Général,

Beaudoin, Ecclésiastique."

L'Abbé de Pontbriand désigné par le Cour pour remplir le siége, fut préconisé le 6 mars 1741 et consacré le 9 avril suivant dans la chapelle de l'Archevêque de Paris. Il arriva à Québec dans le mois d'août et prit possession le 30. M. René Allenou de la Villangevin, qui l'accompagnait comme son grand Vicaire, reçut des lettres de chanoine du Roi à la demande de l'Evêque, qui l'installa luimême le lendemain, avec Mess. Briand et Gosselin pourvus chacun d'un canonicat.

Informé dea troubles suscités par la fixation des cures et mis en demeure de se prononcer par les plaintes de quelques curés, le nouvel Evêque en écrivit au ministre. M. de Maurepas lui répondit le 20 avril 1741 :

" On ne peut que beaucoup louer votre façon de penser sur le parti que le chapitre de Québec a pris de fixer, depuis la mort de Mgr. de l'Auberivière, quelques cures du diocèse. L'intention du Roi n'est pas que cette fixation irrégulière subsiste et j'écris par ordre de Sa Majesté, à Messieurs de Beauharnois et Hocquart d'engager le chapitre à retirer les lettres des curés qu'il a fixés.. Si cependant il y avait quelques difficultés du côté du chapitre ou de la part des curés, Sa Majesté désire que vous fassiez valoir vos droits, qu'elle est toujours disposée à soutenir, sauf à pourvoir dans la suite à la fixation des cures qui vous paraîtront devoir être mises sur ce pied."

C'était un malheur que de ne pouvoir rien régler sans avoir recours aux séculiers ; mais les concordats donnant une certaine autorité à la Couronne pour les Evêchés de France, les Evêques de Québec, quoique dépendants seulement du St. Siége en vertu de leurs bulles, étaient forcés pour éviter de plus grands maux de consulter les ministres et ceux-ci saisissaient l'occasion de prendre le ton de maîtres absolus surtout lorsqu'ils croyaient apercevoir des dispositions obséquieuses.

Du reste la régularité était parfaite. Aussi est-il à propos de citer ici le témoignage que le nouvel Evêque crut devoir rendre au chapitre en pleine séance le 13 oct. 1741. Sa Grandeur déclara " qu'elle n'avait que lieu de se louer de l'assiduité de MM. du chapitre à l'office divin et de la manière dont se font les cérémonies, du bon exemple qu'ils donnent tous dans cette ville, et qu'il espérait qu'ils continueraient avec la même ferveur et la même édification."

Dès le mois de décembre, le nouvel Evêque annonça par mandement qu'il ferait la visite de la Cathédrale et du Chapitre.

Cette visite eut lieu dans toutes les formes l'année suivante.

Le Chapitre compléta son organisation.

M. Gosselin fut nommé Trésorier en remplacement de M. de Miniac absent et M. Falaise reçut la permission de passer en France pour sa santé. Il s'agit de le remplacer: ce qui souffrit quelque retard, vû qu'il fallait une résignation.

Mgr. de Pontbriand avait amené avec lui un jeune ecclésiastique, du nom de Pierre Boucault, en qualité de son Secrétaire : il lui donna (l'année suivante) les ordres et le premier canonicat qui vaqua, le 8 avril 1743 par la mort de |M. Maufils. Le chapitre perdit dans la même année, le sous-diacre Grouard l'un de ses chapelains; et se trouva réduit à 6 chanoines qui, ne pouvant chanter l'office, se contentaient de le réciter en commun.

En hiver on tenait le chœur à la sacristie et l'on y observait quelques cérémonies autant que possible. La cathédrale toute délabrée tombait en ruines. En 1744 l'on commença à en bâtir une nouvelle et le chapitre bien pauvre pourtant y contribua de ses deniers 200 lbs en 1745 et 672 lbs en 1748. Il y eut une interruption dans les travaux en 1745, provenant de la crainte d'être attaqué par les anglais. Les maçons étant rares furent tous employés aux fortifications qui avaient besoin de réparations. Cependant l'édifice fut livré au culte en 1749, et on y chanta le 16 juillet un *Te Deum* pour la paix d'Aix-la-Chapelle, et un service solennel pour le repos de l'âme de ceux qui étaient morts à la guerre. Pendant sept mois les offices du chapitre s'étaient faits dans l'église des PP. Récollets.

M. Boucault résigna son canonicat et entra au Séminaire : M. Gaillard le remplaça dans le chapitre en 1749.

Le dernier chanoine appartenant au Séminaire était M. Valier, homme d'un grand mérite : déjà revêtu quoique jeune de la dignité de Théologal et de la charge de Conseiller Clerc. *

Ses confrères l'avaient choisi pour leur Supérieur, malgré sa faible santé qui l'avait obligé à passer deux ans à Paris et à Marseilles. Il revint à son poste et s'y consuma par l'exercice de la plus pure charité ; il mourut, le 17 janvier 1747, âgé d'environ 39 ans. Le Registre du chapitre lui rend le plus beau témoignage.

" Il était doué de toutes les vertus et avait toutes les bonnes qualités et les talents qu'on peut désirer dans un parfait ministre de J.-C. Il était doux et affable, avec un esprit vif et pénétrant, un grand jugement et une prudence sans pareille qui le rendait toujours égal et tranquille. Il joignait surtout une profonde humilité à une grande et très étendue érudition, une vraye mortification, et un mépris de soy-même à un entier détachement, une charité sans bornes envers tous les affligés à un zèle infatigable de la gloire de Dieu, et du salut des âmes, qui fut toujours réglé par l'obéissance. Sa dévotion envers la très sainte Vierge, qu'il appelait sa bonne mère, était solide et tendre. Il est mort dans une pleine confiance en Dieu et une résignation parfaite."

---

* Ses provisions de Conseiller-Clerc étaient datées de Versailles le 1 avril 1743. Il était théologal depuis le 18 février 1732.

M. Valier faisait les fonctions de curé à Québec. Dans l'automne de 1746, M. de Ramezay employé au service du Roi dans l'Acadie, renvoya à Québec une partie de ses canadiens avec les prisonniers que lui avait remis M. de Vignan, commandant de vaisseau. Malheureusement les uns et les autres avaient contracté des fièvres à Chibouctou, * et furent mis à l'Hôpital en arrivant à Québec. La maladie contagieuse se propagea dans la ville, et le curé se livra au service des malades avec un zèle admirable. Il se dévoua surtout à l'instruction de quelques uns des soldats protestants qui voulaient mourir dans le sein de l'Eglise. Ceux qui savaient la langue anglaise étaient rares, et la connaissance que M. Valier en avait acquise dans le but de travailler plus efficacement au salut de ces âmes, lui fournit l'occasion de s'employer tout entier et même de sacrifier sa vie pour eux.

Mgr. Dosquet en proposant M. Valier au Roi comme Théologal, faisait son éloge ; "C'est" disait-il, "le meilleur sujet que je connaisse, il a un esprit supérieur, des talents extraordinaires pour les sciences et justement celui de se faire aimer de tout le monde ; Il a fait sa philosophie à 12 ans, et a enseigné dès son enfance.''

Le rédacteur des notes sur le *Célébration du 200e. anniversaire de la fondation du Séminaire de Québec* (1863), après avoir cité ces paroles, ajoute : " Son mérite était bien au-dessus de ces éloges. Le Séminaire dut 'en grande partie le bon ordre de son temporel à l'activité et à la sage administration de cet homme vraiment supérieur. Par sa sagesse et sa piété la régularité la plus parfaite y régna."

Il était en France pour sa santé déjà bien délicate, lorsque Mgr. de Pontbriand fut nommé à l'Evêché de Québec, et l'acccompagna. " Il a vécu peu, dit un chroniqueur, mais il a rempli par ses im-
" portans et continuels travaux du confessionnal, de la chaire et
" des leçons de théologie, beaucoup d'années ;—et sa vie pure et
" sainte lui tient lieu d'une vieillesse vénérable et consommée
" que nous espérons que le Seigneur juste juge, mais aussi père
" de miséricordes, aura couronnées de la gloire immortelle." †

L'Evêque de Québec voulut lui administrer lui-même les derniers sacrements. L'Intendant et tout le Conseil Supérieur assistèrent à ses funérailles qui eurent lieu à la Cathédrale.

---

* Cours d'histoire du Canada Ferland , t. 2 p. 480.

† Registre du Chapitre de Québec.

Au milieu de l'affliction que lui causait la perte d'un sujet si précieux, Mgr. de Pontbriand songea à le remplacer sans délai comme théologal, et le 10 juillet il choisit M. de la Villangevin. Quant à la prébende et au canonicat vacants, ils furent donnés à M. Jos. M. de la Corne, le 12 du même mois (1747). Ce jeune Canadien * avait été tonsuré par Mgr. Dosquet en 1735; peu de temps avant son départ définitif pour la France, ne sachant quand il pourrait être ordonné, il était passé en France lui-même dans l'automne de 1738, avec MM. Mercereau et Guillory, séminaristes comme lui. Ils furent tous trois ordonnés à Rennes.

Le 1er mai 1749, M. de la Corne fut aussi nommé conseiller-clerc en remplacement de M. Valier, et dès le mois d'Octobre 1750, le Chapitre le députa en France comme son agent.

La charge de doyen du Chapitre devait aussi lui écheoir bientôt en partage. M. de la Tour ayant résigné, le Roi avait nommé M. de Lotbinière doyen du Chapitre en 1738. Lorsque le siége vaqua, il (M. de Lotbinière) eut la mortification de n'être pas chargé d'exercer les fonctions de vicaire capitulaire dont il avait contesté les prérogatives à son prédécesseur à l'époque de Mgr. de St. Valier. Comme pour lui faire une leçon, ou plutôt afin de rendre tout conflit impossible, l'Archidiacre fut élu Vicaire Capitulaire deux fois. M. de Lotbinière remplit dignement sa fonction de président jusqu'à sa mort. C'était le 14 février 1749; ses infirmités l'avaient obligé de se retirer à l'Hôpital Général quoiqu'il n'eût que 60 ans. Le Roi qui s'était réservé la nomination du doyen, donna la préférence à M. Cabanac Taffanel, neveu de M. le marquis de la Jonquière, alors gouverneur. Mais à la mort de ce fonctionnaire (en 1752) M. de Cabanac, chargé des affaires de la succession, passa en France, donna sa démission et ne revint pas en Canada.

C'est alors que M. de la Corne fut nommé doyen, sans néanmoins quitter son poste d'agent du Chapitre en France (1755). Nous verrons plus tard la part importante que le chef du Chapitre prit même en ce qui concernait la perpétuité de l'épiscopat dans l'église de Québec.

Le Secrétaire du Chapitre, M. Boucault, qui était en même temps Secrétaire de l'Evêché, ayant donné sa démission de chanoine pour entrer au Séminaire, l'Evêque conféra son canonicat, le 12 oct. 1749, à M. Jos. Ambroise Gaillard, prêtre canadien.†

---

* Fils de Jean Louis de la Corne et de Dame Marie de Contrecœur.

† Il est qualifié, dans un acte de vente de 1744, de *Seigneur de l'Ile et Comté St. Laurent.* (aujourd'hui, Ile d'Orléans.)

Le nom de M. le chanoine Charles Plante n'a été guère prononcé jusqu'à présent ; il est à propos de rapporter ici ce qui le concerne. Il était aussi né dans le pays (à Beauport) ; de 1718 à 1739, il desservit la cure de Québec en qualité de Vicaire ; le 25 avril 1739, l'Evêque lui donna le titre de curé, dont il aurait pu se passer et qui ne lui valut que le désagrément d'une contestation. Il était déjà assez usé et ne remplit cette charge que 5 ans, étant mort le 20 mars 1744, à l'âge d'environ 64 ans.

La cure continua à être administrée par des vicaires jusqu'au 3 novembre 1749 ; l'Evêque nomma alors curé en titre M. Rêcher, qui prit possession, le lendemain, à l'autel de la chapelle Ste. Famille ; le ehapitre le reçut comme chanoine honoraire. Le nouveau curé voulut prendre l'étole pour faire ses prônes et Mgr. de Pontbriand décida qu'il ne la porterait pas.

Ici se placent quelques difficultés entre le curé de Québec, le chapitre et le Séminaire. M. Rêcher qui avait besoin d'un presbytère entreprit de le faire bâtir sur un terrain appartenant au chapitre et où il est encore aujourd'hui. Les chanoines se proposaient d'y placer des maisons prébendales pour s'y loger eux-mêmes. Ces détails n'auraient aucun intérêt aujourd'hui.

M. de la Villangevin était théologal et prenait ses fonctions au sérieux ; il demanda à l'Evêque d'être admis à donner des leçons d'Ecriture Sainte dans la Cathédrale. L'Evêque y consentit volontiers et limita à certains jours son droit de prêcher.

C'était un homme d'un grand mérite : i l avait fondé les filles du St. Esprit de la maison et école charitable de Plérin, diocèse de St. Brieuc, en Bretagne. Son dévouement seul pour M. Briand qu'il avait baptisé et qui suivit Mgr. de Pontbriand, l'engagea à laisser sa paroisse. Il était infirme depuis assez longtemps : le chapitre lui donna un infirmier. Il succomba le 16 novembre 1753, et l'Evêque pour lui montrer son estime jusqu'au bout se réserva de l'administrer lui-même. Dans l'acte de sépulture les chanoines déclarent qu'il les a autant édifiés par sa conduite et ses rares vertus qu'il a honoré le ministère par son zèle apostolique, sa patience, son humilité, sa justice, sa science et sa prédication.

Le 29 novembre, 1757, Mgr. de Pontbriand déclara aux chanoines réunis " qu'il avait été très édifié du zéle que MM. du Chapitre avaient fait paraître pour aller assister les moribonds qui étaient à l'Hôpital Général, attaqués d'une maladie très contagieuse qui avait déjà enlevé des confesseurs qui s'y étaient prêtés avec le même zèle, * et qu'il espérait trouver dans le Chapitre le même secours, si malheureusement il était obligé de prendre les mêmes mesures."

Aussi le 31 mai, 1759, l'Evêque ayant demandé au Chapitre si, dans la supposition d'un siége en forme, il resterait à Québec et se prêterait au ministère, les chanoines répondirent qu'ils resteraient et travailleraient selon le désir de Monseigneur.

Le prélat qui était malade, se retira à Charlesbourg pendant le siége, et adressa de là, le 13 Septembre 1759, des lettres de Grand Vicaire à M. le Chanoine Briand, qui était à l'Hôpital-Général. " Connaissant, lui dit-il, combien vous êtes capable de nous aider dans notre état d'infirmité et dans la situation présente de cette colonie à supporter le fardeau de ce diocèse, dont la Providence nous a chargé, nous vous nommons notre Vicaire Général, etc." Puis il l'autorise à exercer ses pouvoirs " même en le cas où il serait absent du diocèse."

Les prévisions de l'Evêque se réalisèrent: les calamités du siége furent grandes et le ministère des ecclésiastiques fut amplement requis de tous côtés.

Le chapitre eut une large part dans les œuvres de zèle, surtout après les engagements, et en particulier, à la suite de la bataille décisive.

C'est ainsi que la sépulture du général Montcalm fut faite par les soins de deux chanoines. L'acte qui fut dressé trouve naturellement sa place ici :

" L'an mil sept cent cinquante-neuf le quatorzième du mois de Septembre, a été inhumé dans l'église des religieuses Ursulines de Québec, haut et puissant Seigneur, Louis Joseph, Marquis de Montcalm, Lieutenant Général des armées du Roi, commandeur de l'Ordre Royal et Militaire de St. Louis, commandant en chef des

---

* Les prêtres qui succombèrent en cette circonstance méritent une mention ; voici leurs noms :

25 Janvier,   Jean Marie Mathias Duruman,
               Pierre Michel Guignas,
               Pierre Elie Dupéret,
17 Avril,   Jean Maurice Breul,
2 Avril   Thierry Hazeur,
Septembre,   J. Bte. Rousseau,
30 Septembre, Chs. God. de Tonnancour,
7 Octobre, Franc. Lamiq,
8 Novembre,   Gélase de L estage,
               Michel Claude Poulin de Courval

troupes de terres de l'Amérique Septentrionale, décédé le même jour de ses blessures au combat de la veille, muni des sacrements qu'il a reçus avec beaucoup de piété et de religion. Etaient présents à son inhumation Messieurs Resche, Cugnet et Collet, chanoines de la cathédrale, M. de Ramzay, commandant de la place et tout le corps des officiers.

(Signé,) RESCHE, Ptr. Chanoine.

COLLET, Chanoine."

Aussitôt après le siége, l'Evêque se hâta de s'éloigner de la scène du désastre, qui rendait inutiles les sacrifices et les travaux de tant d'années.

La cathédrale, son Evêché, les Eglises des communautés, tout était ruiné. Sa santé déjà compromise reçut le dernier coup, lorsqu'il contempla ces décombres de ses propres yeux. Il partit pour Montréal, emportant avec lui le germe de la mort.

Il ne négligea pas pour cela ce que les circonstances requéraient de lui, il écrivit une lettre remarqable qui est comme son testament. Il la confia à M, Montgolfier, Supérieur du Séminaire de St. Sulpice de Montréal, pour être lue après sa mort. Lorsqu'il mourut le 8 Juin, 1760, l'infortuné prélat était non seulement affecté de la pensée que la conquête avait couvert le pays de désolation, mais encore qu'elle causerait la perte de la religion dans la colonie.

Ses yeux, quoique exercés à deviner les vues de la Providence, ne pouvaient pénétrer le sombre voile qui lui cachait l'avenir.

C'est le sentiment qui perce dans la lettre datée du 19 mai, dont nous donnons des extraits et qui ne fut remise aux Chanoines que longtemps après la nomination du Vicaire Capitulaire et des Vicaires Généraux des trois gouvernements :

Messieurs,

Depuis plus d'un an et demi vous me voyez attaqué d'une maladie mortelle, et moi-même je me persuadais que chaque mois serait la fin de ma carrière. Dispersés que vous êtes par ma permission et la nécessité du temps, je crois devoir comme en qualité de père, d'Evêque, j'ose dire d'ami, vous communiquer mes sentiments J'ai toujours été et je le suis, pénétré d'une amitié sincère pour vous en général et en particulier ....
Quoique vous soyez tous séparés et qu'il paraît que vous ne fassiez

plus un corps, quoique j'aie donné à mes Grands-Vicaires, suivant les
priviléges du Pape, des pouvoirs qu'ils peuvent exercer après ma
mort, comme je vous ai autorisé à cette ,dispersion, je crois que,
quand vous apprendrez ma mort, vous devrez vous réunir dans
l'endroit le plus facile et pourvoir à la vacance du siége, en nommant des Grands-Vicaires ; sur quoi je vous prie d'avoir attention :
1o. de continuer mes grands vicaires, parce qu'ils ont des connaissances essentielles et presque toutes celles que j'ai. Par ce moyen
on ne pourra faire la moindre difficulté sur votre nomination, sauf
à vous d'en nommer d'autres ; 2o. de ne multiplier pas les charges de promoteurs et d'officiaux : tout cela comporterait quelque
confusion.

La nomination faite, ... comme les Chapitres ne peuvent
rien que par les Grands-Vicaires, je crois que vous pourrez vous
disperser, étant presque impossible dans les circonstances présentes
que vous vous réunissiez, et j'ose dire que *propter difficilem recursum*
à cause des circonstances présentes, j'ai pouvoir de vous y autoriser jusqu'à ce qu'il en soit ordonné autrement par qui il appar-
tiendra.

Je me recommande, Messieurs, à vos prières, avec la même instance qu'un Evêque moribond a coutume de le faire et avec une
confiance toute particulière ; étant avec le plus tendre et parfait
attachement, Messieurs, votre très-humble et très-obéissant serviteur.

(Signé)   † H. M., Evêque de Québec."

A Montréal, ce 19 mai 1760.

SECONDE PARTIE.

———

Le 13 septembre 1760, M. Montgolfier écrivit au Comte de Pont-briand, frère du prélat défunt, une lettre qui a été conservée :

"Cet illustre prélat, lui mandait-il, est mort en saint entre mes mains, et j'ai eu l'honneur de lui fermer les yeux et de recevoir ses dernières paroles.

" De son vivant, il m'avait honoré de sa confiance et de la qualité de son Grand-Vicaire. Obligé de fuir de Québec, après la destruction et la prise de cette ville infortunée, il nous avait fait l'honneur de choisir notre maison pour venir y terminer ses jours languissants, qui lui annonçaient une fin prochaine, mais qui étaient cependant encore bien précieux à un peuple qu'il aimait tendrement et dont il était infiniment chéri et respecté.— Je suis chargé de sa part de vous envoyer un paquet cacheté dans lequel sont renfermées ses bulles et autres papiers concernant sa nomination à l'Evêché de Québec.

"Je dois envoyer à M. l'abbé Lamothe Piquet un anneau qu'il estimait et sur la pierre de laquelle est l'empreinte du crucifix. Je dois envoyer deux croix pectorales, l'une d'or et l'autre d'argent doré avec six autres anneaux à Mesdames ses sœurs, les religieuses de la Visitation, à Rennes."

M. Montgolfier, qui avait appris d'avance de la bouche même de l'Evêque, la teneur de la lettre qu'il destinait au chapitre, en avait donné connaissance à M. Briand, et celui-ci aux chanoines résidants à Québec.

Lors donc que MM. Briand et Rigauville, retirés à l'Hôpital-Général depuis un an, purent profiter de la permission d'entrer dans la ville, ils se hatèrent de se réunir à MM. Poulin et Resche, qui étaient toujours demeurés dans la ville.

Le procès-verbal officiel de leurs réunions donne tous les détails désirables :

L'an mil sept cent soixante, le second jour de juillet, M. Murray, gouverneur de Québec, pour le Roy d'Angleterre, ayant donné une permission générale aux habitans de Québec, d'entrer dans la ville pour retirer les effets qu'ils y auraient et qui leur seroient nécessaires, MM. Briand et Rigauville, chanoines résidants à l'hôpital général depuis le mois de juillet de l'année dernière, s'y sont transportés dans le dessein d'y tenir, avec Mrs. Poulin, président du Chapitre, et Resche, chanoines qui sont toujours demeurés dans la ville jusqu'à ce jour ; une assemblée au sujet de la vacance du Siége arrivée le huit de juin dernier par la mort d'Illustrisime et Révérendissime Henry Marie Du Breil de Pont-Briand, décédé le dit jour à Montréal, les susdits chanoines assemblés dans la chambre que les Religieuses Ursulines de Québec ont eu la bonté de céder par la permission du Grand Vicaire, lors existant dans l'intérieur de leur maison, et qui étoit cy-devant le Noviciat, à MM. Resche, chanoine, et Rêcher, curé, pour y faire leur demeure. M. Briand, ci-devant grand vicaire de feu Monseigneur l'Evêque, a représenté qu'il avait reçu du feu Seigneur Evêque, une prorogation de ses pouvoirs par une lettre en date du 30 avril dernier, par laquelle le dit feu Seigneur Evêque, en conséquence d'un bref de Sa Sainteté donnant pouvoir aux Evêques de Québec de nommer les grands vicaires, pour exercer même après leur mort, prévoiant les difficultés qu'auroient les chanoines de se rassembler pour pourvoir à le nomination des grands vicaires et autres officiers nécessaires à l'administration du diocèse, ainsi qu'il leur appartient de droit, établissait de nouveau le dit Sr. Briand et le Sieur Montgolfier, Supérieur du Séminaire de Montréal, déjà ses grands vîcaires également grands vicaires pour exercer les pouvoirs conformément au dit bref de Sa Sainteté et ce jusqu'au temps où le Chapitre et ses membres dispersés pourroient se réunir ; le dit Sieur Briand continuant ses représentations a adjouté qu'il lui étoit parvenu, par voie confuse qu'on doutoit dans les parties supérieures de la colonie de la validité des susdites nominations de Grands Vicaires faites par le dit Seigneur Evêque et qu'il croioit nécessaire qu'on remédiât au plutôt et autant qu'il seroit possible aux inconvénients qui pourroient naître de cette incertitude, que le seul moien présent étoit de profiter de l'occasion que la providence sembloit avoir ménagée à dessein aux quatre chanoines résidents dans la partie de Québec, de se réunir pour ce jour-cy seulement, pour procéder selon la forme à l'élection de grands vicaires, adjoutant que la plus grande partie du chapitre qui soit en Canada, se trouvant à Québec, et dans l'église désignée dès le mois d'octobre dernier, par le Grand Vicaire de feu Monseigneur l'Evêque, pour y célébrer les offices canonicaux et de paroisse, choix confirmé et approuvé par le dit Seigneur Evêque, lors demeurant à Montréal ;

il pensoit qu'ils étoient seuls suffisants pour une élection valide et canonique et qu'ils pourroient y procéder sans convoquer Messieurs Gaillard, Perrault et St. Onge, chanoines demeurant dans les parties supérieures de la colonie soumises aux français, avec lesquels toute communication est deffendue sous les plus grièves peines par le gouverneur anglais ; sur quoy il prioit la compagnie de délibérer et d'adviser ce qu'elle jugeroit convenable et les voix ayant été recueillies il a été conclu qu'on procèderoit à la nomination de grands vicaires, et le dit Sieur Briant ayant de suite représenté à l'assemblée qu'il s'étoit réservé en cas de besoin pour célébrer la messe, les dits chanoines se sont transportés à l'église du dit monastère des dittes religieuses Ursulines de Québec, servant de paroisse et désignée pour y faire les offices canonicaux où le dit Sieur Briand a célébré ainsi qu'il est de coutume la messe du Saint Esprit avec *Gloria* et *Credo* comme chose grave après laquelle on a récité le *Veni Creator,* après tout quoy, ayant fait sonner la cloche servant aux dits offices, s'est assemblé dans le lieu-icy dessus énoncé où se sont trouvés M. Poulin, président le plus ancien et le premier chanoine après les dignités, Mrs. Briand, Resche et Rigauville Mrs. La Corne, doyen en France pour nos affaires, Hazeur De Lorme, grand Chantre et Mignac, Archidiacre en France, pareillement par infirmité, les Sieurs Gaillard, Perrault, et St. Onge, résidents dans la partie du Canada qui reste sous la domination française, et hors d'état de pouvoir se rendre et être convoqués à la présente assemblée pour les raisons cy-dessus exprimées, les Sieurs Cugnet et Collet, chanoines, passés en France l'automne dernier par un vaisseau anglais, les dignités de théologal et pénitencier vacantes par le décès de Mrs. Tonnancour, cy-devant théologal, et Hazeur, pénitencier, duquel dernier la prébende a été conférée au Sieur Collet et non la dignité, non plus que la prébende et la dignité du Sieur Tonnancour.

M. Briand a représenté que M. Cugnet, syndic, et Saint Onge, secrétaire, étant absents, il étoit nécessaire de procéder à la nomination de syndic, et secrétaire, ce qui a été exécuté et ont nommé d'une voix unanime M. Resche, syndic, et M. Rigauville, secrétaire, et sur le champ le dit Sieur Resche, suivant sa fonction, a proposé qu'il lui paraissoit nécessaire de nommer un Grand Vicaire, résidant aux Trois Rivières, vu que les habitans du gouvernement de Québec, qui restent soumis aux François, ne pouvant recourir à Québec se trouveroient trop éloignés de Montréal, ce qui aiant paru convenable à la Compagnie, elle a conclu d'une voix unanime à la nomination d'un grand vicaire résidant aux Trois Rivières, et a observé en même temps que nous avions deux chanoines qui y demeuroient ; il a encore fait observer qu'il seroit peut-être nécessaire de nommer les Grands Vicaires pour la Louisiane, les Illinois et l'Acadie, et l'assemblée a conclu pareillement à la nomination de grands vicaires pour les lieux susdits, et ce observé l'assemblée a incontinent procédé aux susdites élections et nominations, et ont été élus et nommés vicaires généraux du diocèse, Mrs. Briand et Perrault, chanoines, et Montgolfier ; M. Briand, spécialement chargé de la partie dépendante du gouvernement anglais ; M. Perrault, chanoine, spécialement chargé du gouvernement des Trois Rivières et de la partie du gouvernement de Québec soumise aux français, et M. Montgolfier, supérieur du Séminaire de Montréal, du gouvernement de Montréal et de tous les forts et postes qui sont dans la partie supérieure de cette colonie ; M. Maillard, grand Vicaire dans l'Acadie, Isle Royale, de St. Jean, et pays adjacents ; M. Forget pour les Illinois ; le révérend Père Beaudoin, Jésuite, pour la Louisiane et pays en dépendants, et les dits Grands Vicaires ont été élus, M. Briand avec trois voix, et les autres d'une voix unanime, et l'assemblée a conclu incontinent que le secrétaire expédieroit des lettres au plutôt aux dits grands vicaires, et envoieroit aux Chanoines qui sont aux Trois Rivières et Montréal, une copie de la présente délibération.

M. le Syndic a représenté à l'assemblée qu'il seroit nécessaire de nommer des Supérieures des communautés religieuses ; sur quoy la chose mise en délibération, l'assemblée a conclu d'une voix unanime que les grands vicaires seroient chargés de la conduitte des communautés chaquun respectivement dans la partie qui leur est spécialement confiée.

M. le Syndic a encore représenté à l'assemblée qu'elle avoit à nommer un official, promoteur et autres officiers nécessaires à l'exercice de la jurisdiction ecclésiastique contentieuse ; la chose mise en délibération et débattue, on a conclu qu'il n'étoit pas possible, dans les présentes conjonctures de rien statuer sur cet article et on a remis l'affaire au temps où tous les membres du chapitre pourroient se réunir, qui seront pareillement libres d'adviser sur toutes les susdittes élections, nominations et règlemens ; ce à quoy l'assemblée s'est d'autant plus volontiers déterminé qu'elle est persuadée que la prudence des Grands Vicaires qu'elle a élus et nommés leur fera prendre tous les moiens de pacifier les affaires de telle sorte qu'il ne sera point nécessaire de recourir au for extérieur et contentieux.   Fait au lieu susdit dans la ditte assemblée jour et an que dessus.

(Signé),   Poulin, Chan., présid.
Briand, Chan., Vic. Général,

Resche, prêtre Chan., Syndic,

Rigauville, prêtre chan., Secr., *adhoc.*

Trois mois après, le chapitre reprit ses délibérations, afin de pourvoir aux besoins des parties les plus éloignées du diocèse : ce qu'il n'avait pu faire dans sa première assemblée.

" Le vingt-troisième Septembre 1760, le Chapitre assemblé chez M. Poulin, chanoine, président dans une chambre de l'Hôtel Dieu de Québec, où demeure le dit Sieur Poulin, où se sont trouvés présents Mrs. Poulin, premier chanoine et président, Briand, Resche et Rigauville, chanoines, M. de la Corne, doyen en France pour les affaires du Chapitre, Mrs. de la Rive, Hazeur, grand chantre, et Miniac, archidiacre aussi en France, par raison d'infirmité, M. Gaillard à Lanoray, au gouvernement de Montréal, où il fait les fonctions curialles, M. Perrault, chanoine aux Trois Rivières, en qualité de grand vicaire, Mrs. Cugnet et Collet, chanoine en France, depuis la prise de Québec et la cessation de l'office canonial, M. Saint Onge, chanoine à Batiscan des Trois Rivières, où il fait les fonctions curialles, les dignité et prébende de théologal vacantes, la dignité de pénitencier vacante, sa prébende possédée par M. Collet; M. Resche, syndic, a représenté qu'il seroit expédient de nommer un grand vicaire résident à Paris pour les parties de la Louisiane et Mississipi.   La chose mise en délibération, l'assemblée a conclu d'une voix unanime pour l'affirmation, et nommé aussi d'une voix unanime M. de la Rue, abbé de l'Isle Dieu, cy-devant grand vicaire du feu Evêque Monseigneur de Pontbriand, et on a chargé le Secrétaire du Chapitre d'en expédier les lettres pour luy être envoiées cette automne.   Dans les pouvoirs accordés au dit Sieur de la Rue, en qualité de Grand Vicaire, le Chapitre y a compris celuy de nommer des grand vicaires aux dits lieux de la Louisiane et Mississipi, et de changer ceux qui y seroient déjà établis, comme il l'avisera utile à l'église de Dieu, et autant de fois qu'il le jugera à propos...

Briand, chan., Vic. Gén.

Rigauville, chan., Secrét. *ad-hoc.*"

Un an après, des délibérations du chapitre eurent pour objet le soin de pourvoir au siége vacant en recourant du Souverain-Pontife.

" L'an mil sept cent soixante et un, le vingt quatre aoust, le chapitre assemblé aux Ursulines, où se sont trouvés les mêmes qu'à la précédente délibération (Briand, Resche et Rigauville) les autres dignités et chanoines absents comme dit est en la délibération du 237me de l'année 1760, M. Poulin mort le 10 d'octobre dernier, M. Resche, syndic, a représenté qu'il seroit expédient qu'il se fit l'automne prochaine une assemblée générale de tous les chanoines existants en Canada pour traiter des affaires du chapitre et du diocèse : la chose mise en délibération, la compagnie a conclu à la dite assemblée, et a enjoint au Secrétaire d'écrire sur le champ à Messrs les chanoines qui sont dans les parties de Montréal et des Trois-Rivières pour les convoquer en 7bre prochain. Fait et passé en l'assemblée capitulaire les jours et an que dessus. Ainsi signé
Briand, chan.-présid. Vic.-Gl.
Rigauville, ptre chan. secret. *ad hoc.*

Au bout d'un mois cinq chanoines se trouvèrent réunis à Québec.

" L'an mil sept cent soixante et un, le trente septembre en conséquence de la convocation des chanoines ordonnée par la délibération du 24 aoust dernier, Messrs Perrault chan. Vicaire Gl. résidant aux Trois-Rivières et Saint Onge chanoine desservant la paroisse de Batiscan, étant arrivés à Québec, M. Briand, chanoine aussi vicaire général et président du chapitre, aiant indiqué pour la première assemblée le présent jour 30e 7bre, le chapitre s'est assemblé à l'hopital général dans la chambre du chapelain, ainsi que l'on en étoit convenu unanimement le jour précédent, comme le seul lieu commode à cet effet dans les circonstances présentes ; à laquelle assemblée après la messe du St. Esprit célébrée dans l'église du dit hopital général par M. Briand et après le *Veni Creator* récité, la cloche sonnée, ont été présents Messrs Briand, chanoine, président et vicaire général, Perrault, chanoine aussi vicaire général, Resche, Rigauville et Saint-Onge, chanoines, M. de la Corne, doyen en France pour les affaires du chapitre, Messrs Delorme, Hazeur et Miniac archidiacre aussi en France pour raison d'infirmité, M. Gaillard, chanoine absent desservant la mission de Lanoray, lequel convoqué par M. Perrault chargé de la commission du chapitre à cet effet n'a pu descendre à Québec pour les raisons déduites dans une lettre qu'il a écritte à ce sujet au d. Sr. Perrault, dont lecture a été faite en la présente assemblée, en date du 21 du présent mois de la présente année, Messrs Cugnet et Collet en France depuis la prise de Québec, et la suspension de l'office cano-

nial, les dignité et prébende de théologal vacantes, la dignité dc
pénitencier vacante, sa prébende possédée par M. Collet, une prébende vacante par la mort de M. Poulin arrivée le dix octobre
dernier ; M. Resche syndic a proposé à la Compagnie qu'avant de
traitter d'aucune affaire on fit la lecture de toutes les délibérations
prises depuis le 6 Xbre 1758, jour de la cloture du dernier chapitre général jusqu'à ce jour ; lecture faite de touttes les dites délibérations, la compagnie les a toutes approuvées et spécialement la
nomination de tous Messrs les Grands Vicaires qu'elle confirme et
rattifie de nouveau en tant que de besoin, enjoignant au secrétaire
d'expédier dc nouvelles lettres à Messrs Perrault et de Montgolfier à cause de cette clause insérée dans celles que le chapitre leur
a expédiées en 1760 : *præsentibus valituris quoadusque omnes canonici in colonia degentes tranquillitate reddita convenerint.* La Compagnie a pareillement approuvé tous les arrangements pris pour
le temporel du chapitre, et les distributions des revenus à chaque
particulier du dit chapitre. On a aussi continué pour syndic et
trésorier, M. Resche, pour secrétaire, M. de Rigauville ; après
quoy :

M. le Syndic commençant ses représentations sur les affaires du
diocèse et du chapitre a proposé à la compagnie d'aviser : 1o sur ce
qui regarde la nomination des officiers de la justice ecclésiastique
et la fixation des curés, quoyqu'il en ait déjà été avisé et arrêté depuis la vacance ; 2o si l'on s'assembleroit pour reprendre l'office
canonial interrompu à cause des circonstances de la guerre ; 3o si
l'on satisferoit aux messes du chapitre tant pour le passé, c'est-à-
dire depuis le 1er 9bre 1759 qu'on a cessé de les acquitter que pour
l'avenir ; 4o si l'on accorderoit au Sr. Resche deservant la paroisse
de Québec quelques ornements,et la croix d'argent pour la desserte
de la paroisse : tous ces différents articles débattus et mûrement
examinés, la compagnie a répondu d'une voix unanime : ad 1. qu'on
s'en tiendroit à ce qui a été arrêté à ce sujet dans les délibérations
précédentes, savoir que l'on ne nommeroit point actuellement d'officier pour exercer la justice ecclésiastique, et que l'on ne fixeroit
point Messrs les curés ; ad 2m. qu'il n'était pas possible de reprendre l'office publique canonial avant la paix et qu'aussitôt que
la nouvelle en arriveroit, il sera fait par les chanoines résidants à
Québec une convocation des chanoines existants dans la colonie
pour aviser plus sûrement sur cet article ; ad 3m. que quoyque
la compagnie à la pluralité des voix ait été du sentiment que dans
le cas présent l'office canonial ne se faisant point, et les chanoines
étant légitimement dispersés, l'on n'étoit point obligé à acquitter les

messes du chapitre, cependant on consulteroit en France à ce sujet, et qu'on attendroit cette décision à laquelle on se conformeroit;
ad 4m. que l'on accordera au Sr. Resche desservant la paroisse de
Québec quelques ornements et la croix d'argent, et que le Sr. Resche
donneroit un mémoire des linges, ornements et autres ustensiles
appartenants à la sacristie qu'il a présentement entre les mains, et
de ce qu'on lui livreroit, et que M. Perrault chanoine résidant aux
Trois Rivières, et dépositaire des effets de la sacristie du chapitre
envoieroit au dit Sr. Resche ce que le chapitre conviendra de luy
livrer.........

"Et avenant le 1er 8bre 1761, le chapitre continuant ses assem-
blées ....

M. le Syndic dit qu'il pensoit que pour mettre M. de la Corne,
notre doyen et agent général en France, en état de travailler plus
efficacement au bien du diocèse, chapitre et clergé du Canada, il seroit à propos de luy donner des titres de vicaire général. La chose
mise en délibération, la compagnie a approuvé la réflexion de M. le
Syndic, a nommé d'une voix unanime le Sr. de la Corne vicaire général du diocèse avec pouvoir de changer les Grands Vicaires déjà
établis à la Louisiane, et d'en nommer autant et quand il jugeroit
à propos et a enjoint au secrétaire de lui en expédier et envoier les
lettres."

"Et avenant le 13 du mois de Septembre de l'an 1763, le chapitre
continuant.................................... ....

ad 4m. la compagnie a décidé qu'il falloit procéder à la nomination
et élection d'un Grand Vicaire au lieu et place du Sr. Montgolfier,
ce qu'elle a fait sur l'heure en nommant d'une voix unanime vicaire
général du diocèse et supérieur des religieuses de Montréal seulement, jusqu'au retour du dit Sr. de Montgolfier, M. Peigné, prêtre,
directeur au séminaire de Montréal."

L'absence de six chanoines qui se trouvaient en France et qui
formaient la moitié du chapitre empêcha probablement cette
assemblée de proposer au S. Siége le nom d'un sujet pour remplacer
Mgr. de Pontbrian.

"Cette année (1661) M. Perrault publia un mandement que nous
reproduisons. Mandement de M. le grand vicaire du diocèse de
Québec au sujet de l'abstinence et du jeûne du carême.

Joseph-François Perrault, chanoine de l'église cathédrale, vicaire
général de ce diocèse de Québec, au clergé séculier et régulier et à
tous les fidèles du diocèse résidants dans le gouvernement des
Trois-Rivières, salut en notre Seigneur.

La Pénitence, nos très-chers frères, est une des obligations les plus essentielles du christianisme et un des caractères les moins équivoques des vrais serviteurs de Dieu. Rien ne nous est plus expressément recommandé dans les diverses Ecritures, et rien n'a été plus exactement pratiqué par les saints dans tous les siècles, et Jésus-Christ, le saint des saints et le grand modèle de tous les prédestinés, nous en ayant donné de rares exemples, peut-on se refuser à marcher sur ses traces et à l'imiter.

Dans cette vue l'Eglise toujours dirigée par le même Esprit qui l'a formée, non contente d'exhorter en général ses enfants à la pénitence par la bouche de ses ministres, a eu soin dans tous les siècles de leur en assigner des temps propres, et de leur prescrire la manière de la faire ; afin que, marquée au coin de la religion et de l'obéissance, elle leur devienne plus utile et plus méritoire.

De là l'institution du Carême, temps de grâce et de bénédiction dans lequel, par la mortification du corps, les vrais fidèles ont l'avantage et la consolation de réprimer efficacement leurs passions et leurs vices ; de s'élever en esprit au-dessus des foiblesses humaines ; et de se disposer à recevoir avec abondance l'effet des promesses et les fruits de la Résurrection du Sauveur du monde.

Nous y touchons de près, mes très-chers frères, à cette sainte Quarantaine, et outre les motifs généraux et ordinaires qui ont coutume de vous engager à l'observer fidèlement, nous en avons de particuliers et de bien pressants, capables d'exciter votre zèle et soutenir votre ferveur.

L'Europe presque entière agitée depuis longtemps par une guerre également ruineuse et meurtrière dans laquelle nous sommes aussi tous intéressés. Cette colonie affligée par différentes calamités qui se sont succédées les unes aux autres, et qui nous laissent encore chargés d'un poids de misères que nous avons peine à soutenir : l'incertitude du sort qui, selon les desseins de Dieu, doit être plus avantageux pour sa gloire et notre salut, et mille besoins personnels qu'il n'est pas nécessaire de vous retracer, parce qu'ils se font assez sentir tous les jours à chacun de nous.

Tout cela nous annonce que nous devons aujourd'hui plus que jamais travailler à fléchir la colère de Dieu et à désarmer son bras vengeur en satisfaisant à sa justice par la pénitence.

Pénétré de ces idées et dans le dessein où vous êtes de remplir, dans toute son étendue, le commandement de l'Eglise, il me semble que je vous vois inquiets. Les vivres maigres sont rares ; les provisions extrêmement chères ; l'argent manque presqu'à tout le monde. Comment accorder son zèle avec ses facultés ? Vous attendez de nous quelques éclaircissements, une règle qui vous fixe et qui calme vos inquiétudes. De notre part nous nous faisons un devoir d'entrer dans vos vues si justes et si raisonnables.

A ces causes, après en avoir conféré avec nos vénérables confrères les chanoines et chapitre de l'Eglise cathédrale de Québec, nous avons statué et ordonné, statuons et ordonnons ce qui suit :

1. Nous exhortons tous les fidèles de ce gouvernement à observer à la lettre et autant qu'ils le pourront l'abstinence et le jeûne du Carême. **Vu** néanmoins la rareté de l'argent, et des vivres maigres, nous leur permettons de manger gras les dimanches, lundi, mardi et jeudi de chaque semaine du Carême, excepté les quatre jours qui les précèdent et la semaine sainte.

2. Nous permettons aussi en général l'usage de la graisse pour les apprêts de tous les aliments maigres de leur nature, à tous ceux qui ne pourront se procurer du beurre et de l'huile les autres jours du Carême.

3. Nous voulons que tous ceux qui, faute de moyens ou de santé, seront obligés d'user des dispenses cy-dessus, y suppléent en y ajoutant tous les jours à la prière du soir les actes de Foi, d'Espérance, de Charité et de Contrition de leurs péchés, et que ceux qui en useront, faute de trouver des provisions convenables fassent, en outre, une aumône aux pauvres, au moins de ce que leur en auroit coûté de plus, s'ils eussent pu trouver des vivres maigres, afin que l'indigent profite de leur épargne.

4. Nous déclarons enfin que la dispense de l'abstinence n'emporte pas la dispense du jeûne pour ceux à qui leur santé et leurs travaux n'en fournissent pas une excuse légitime. Au contraire les aliments gras étant plus nourrissant, ils donnent plus de facilité à soutenir le jeûne, et la dispense d'une partie de la loy doit estre un nouveau motif pour en accomplir le reste avec plus d'exactitude et de fidélité.

Sera le présent mandement lu et publié au prône de la messe paroissiale dans toutes les paroisses d e ce Gouvernement le dimanche qui précède immédiatement le carême.

Donné sous notre signature, le sceau ordinaire du Chapitre de Québec, et le contresing de notre secrétaire aux Trois-Rivières, le 25ème Janvier, 1761.

(Signé,)   PERRAULT, Chan. V. Gl.

L. S.   Par M. le Grand Vicaire,

DUMONT, Secrétaire."

De son côté M. Briand, chargé du gouvernement de Québec au spirituel, avait une position très difficile à remplir. On lui avait demandé des prières publiques pour le jeune roi d'Angleterre qui venait d'épouser une princesse allemande ; mais la conquête était si récente qu'il y avait des personnes disposées à murmurer contre un acte qui semblait une adhésion volontaire au nouvel ordre de choses. Le Vicaire Capitulaire ne balança pas et traita la question avec la dignité qui convenait. Ce mandement est une pièce historique importante.

" Jean Olivier Briand, Chanoine de l'Eglise Cathédrale de Québec, et Vicaire Général pendant la vacance.

Au clergé séculier et régulier et aux fidèles du Gouvernement de Québec, salut.

Le Dieu des armées qui dispose à son gré des couronnes, et qui étend ou restreint selon son bon plaisir les limites des empires, nous ayant fait passer selon ses decrets éternels sous la domination de Sa Majesté Britannique, il est de notre devoir fondé dans la loy naturelle même de nous intéresser à tout ce qui peut la regarder. Nous venons d'apprendre son mariage avec la Princesse Charlotte Mecklenbourg Strelitz, et il est juste qu'en sujets fidèles nous prenions part à la joye des peuples qui le reconnaissent desjà pour souverain, et que nous unissions nos vœux à ceux qu'ils adressent au Ciel pour le bonheur de leurs Majestés.

La religion que nous professons nous instruit d'une manière particulière de ce devoir enseigné par Jésus-Christ lui-même, et que ses disciples ont si fort recommandé aux premiers chrétiens. St. Pierre le prince des apôtres dans sa première Epitre ordonne d'être soumis au Roy et à tous ceux qui participent à son autorité. *Subjecti estote.........sive Regi quasi præcellenti sive ducibus tanquam ab eo misssi.*

Il nous prescrit de luy rendre toutes sortes d'honneurs et de respect, *Regem honorificate.* L'Apôtre St. Paul descend encore dans un plus grand détail de ces mêmes devoirs. Je vous conure, dit-il dans sa première Epitre à Timothée, par dessus toutes choses de faire des supplications, des prières, des demandes pour les Roys et tous ceux qui sont élevés en dignité, de rendre au Souverain Maître de l'Univers qui nous les a donnés des actions de grâces, afin que sous leur protection nous menions une vie douce et tranquille ; et il adjoute que c'est une chose excellente et agréable à notre Dieu Sauveur *hoc enim bonum est et acceptum coram Salvatore nostro Deo.* Il n'est aucuns des plus anciens Pères de l'Eglise qui ne nous rappellent et ne nous expliquent dane les termes les plus forts, cette même doctrine. Après des ordres si clairs et des autorités si formelles, ne serions-nous pas très condamnables, nos très chers frères, nous qui nous glorifions de suivre selon la vérité et dans toute sa pureté la Religion chrétienne, si nous ne nous acquittions pas avec toute la fidélité et le zèle possible d'une obligation que Jésus-Christ a pris tant de soin de faire connaître à ses adorateurs.

A ces causes nous ordonnons :

1. Au curé de la ville et paroisse de Québec, de chanter le *Te Deum* le 1er dimanche de Carême en action de grâce du mariage du Roy George troisième, avec la princesse Charlotte de Mecklen. bourg Strelitz, et pour demander à Dieu qu'il répande sur cette illustre alliance ses plus abondantes bénédictions. Cette cérémonie se fera à l'issue des vêpres à laquelle assistera tout le clergé séculier et régulier de la ville de Québec. La même chose sera observée dans toutes les paroisses de ce gouvernement le premier dimanche après la réception de notre présent mandement.

2. A la messe à l'endroit du canon où l'on prie pour le Roi, on adjoutera *Georgio*. Dans les saluts à l'Oraison pour le Roy, on suivra la même règle également qu'à la bénédiction du cierge paschal, le Samedi Saint.

L'annonce qui est marquée dans le Rituel, page 387, sera changée en celle qui suit :

"Nous vous prions aussi, mon Dieu, pour George, notre Roy très-débonnaire, Charlotte, notre Reine très débonnaire, son altesse Royale la princesse Douarière de Galles et toute la famille royale.

"Pour son Excellence Mr. notre Gouverneur et tous ceux qui nous administrent la justice."

3. Nous continuerons les prières ordonnées par le dernier mandement de feu notre Evêque Monseigneur de Pontbriant, afin d'obtenir du Tout Puissant une prompte et durable paix.

Sera notre présent mandement lu et publié aux prônes des messes paroissiales, le premier dimanche après sa réception.

Donné à l'hôpital Général sous notre seing, celuy de notre secrétaire et le sceau du diocèse, le 14 février, 1762.

(Signé,)   BRIAND, Chan. Vic. Gl.

L. S. Par Monseigneur le Vicaire Général.

RIGAUVILLE, Ptr. Chan. pro. Sec.

Q

Les vicaires capitulaires des gouvernement de Montréal et des Trois-Rivières, suivirent la même règle de conduite que M. Briand. Leur mandement mérite d'être rapporté.

Mandement de M. le Vicaire Général du diocèse de Québec, pour faire chanter le *Te Deum* dans toutes les paroisses du Gouvernement de Montréal à l'occasion du couronnement et du mariage de Sa Majesté Britannique le Roy George 3e et pour ordonner des prières pour Sa Majesté et pour toute la famille royale.

Etienne Montgolfier,

Vicaire Général du diocèse de Québec, au clergé séculier et régulier et à tous les fidèles de ce diocèse spécialement à ceux qui résident dans le gouvernement de Montréal—Salut.

C'est le Seigneur, Vous le savez, Nos très chers Frères, qui est le Dieu des armées, le Roy des Roys, le Seigneur des Seigneurs ; et le maître absolu du Ciel et de la Terre.

Arbitre souverain du sort de tous les hommes, il dispose à son gré des trônes et des empires, et il donne les couronnes à qui il lui plaît. Heureux les peuples à qui dans sa miséricorde il réserve des princes, nés pour le bonheur de leurs sujets et ornés de toutes les qualités qui forment les grands roys.

C'est cette attention de la divine providence que nous avons constamment ressentie dans toutes les révolutions auxquelles nous avons été exposés par les événements de la guerre présente. Après avoir éprouvé pendant longtemps les douceurs du gouvernement français sous un prince chéri de ses sujets, et qui avait si souvent honoré cette colonie des témoignages et des marques de sa prédilection ; réduits par les armes victorieuses de la Grande Bretagne, sous la domination du Roy George 2d ; son général vainqueur de ce païs, aussi bien que celuy qui a été établi pour nous gouverner en entrant dans les vues du maître commun, semblent n'avoir rien eu plus à cœur que de faire disparaître à nos yeux les horreurs de la guerre et de nous dérober en quelque façon jusques à la connaissance de la révolution ; qui ne nous est demeurée sensible que par leurs bienfaits ; et par leur attention à procurer le bonheur et la tranquillité des peuples.

La gloire et la grandeur des plus grands hommes ont un terme : celles de ce monarque avaient été portées à un point qui semblait effacer celles des plus grands conquérants, et ne laisser plus rien à désirer. Il n'est plus et nous l'avons pleuré. Le sérénissime

Prince de Galles était digne de lui succéder, et de soutenir l'honneur de cette illustre couronne : elle a été imposée sur sa tête avec le plus pompeux appareil à Londres le 22 sept. 1761.

Il s'est trouvé dans la personne de Madame Charlotte de Mcklembourg Strelitz une princesse digne de son choix et avec laquelle il a bien voulu partager l'éclat du diadême.

Ce sont ces derniers événements, que je suis chargé de vous annoncer aujourd'hui, N. T. C. F., et pour lesquels nous ne scaurions assez faire éclater notre joye, mais une joye toute sainte, qui nous engage à demander à Dieu par de ferventes prières que tous ces événements deviennent des sources de salut pour tous ceux qui y sont intéressés.

A ces causes, après en avoir conféré avec les vénérables doyen, chanoines et chapitre de l'église cathédrale de Québec, nous avons ordonné et ordonnons ce qui suit :

1o. Que dimanche prochain, 7me. de ce mois, le *Te Deum* sera chanté solennellement et en la manière ordinaire, dans l'église paroissiale de Montréal immédiatement après vêpres.

2o. Que la même chose s'observera dans toutes les autres églises de ce gouvernement le premier Dimanche après la réception du présent mandement.

3o. Que dans la paroisse de Montréal et dans toutes les autres du dit gouvernement, en la formule du prône, dans l'endroit où il est dit : *Nous prierons...... pour le Roy N.*, l'on substituera ces paroles : *nous prierons pour notre très gracieux souverain Seigneur Roy George, notre très gracieuse Reine Charlotte, la princesse douairière de Galles et toute la famille royale.*

Sera le présent mandement lu et publié dans toutes les paroisses de ce gouvernement, au prône de la messe paroissiale, le premier dimanche après sa réception.

Donné sous notre seing et notre sceau ordinaire et la souscription de notre Secrétaire à Montréal, le premier février 1762.

M. le Vicaire capitulaire Perrault avait été plus laconique :

MANDEMENT

de M. le grand vicaire du diocèse de Québec, le siége vacant, pour les paroisses et missions du gouvernement des Trois-Rivières. Au clergé séculier et régulier et à tous les fidèles de ce gouvernement, salut.

Très-vigilants pasteurs et nos très-chers frères,

Son Excellence M. le Gouverneur des Trois-Rivières nous ayant ait part de la lettre qu'il vient de recevoir de la Cour d'Angleterre, par laquelle il lui est enjoint de faire faire des prières pour la conservation et prospérité du très-gracieux Roy de la Grande-Bretagne Georges III et de la très-gracieuse Reine Charlotte, pour son Altesse Royale la princesse douairière de Galles, et pour toute la famille Royale ; comme aussi de faire chanter un *Te Deum* en action de grâces de leur mariage et de leur couronnement : il est de notre devoir de répondre à des désirs si justes.

Remplis vous-mêmes de la plus haute estime pour leurs Majestés et pénétrés de la plus vive reconnaissance pour tant de bienfaits qui vous sont toujours présens, vous désirez, sans doute, N. T. C. F., donner en cette occasion des témoignages publics de votre attachement et de votre joye.

A ces causes nous avons ordonné et ordonnons ce qui suit, savoir :

1. Au prône des dimanches on priera à l'avenir pour le Roy Georges IIIe, sa Reine Charlotte, son Altesse Royale la princesse douairière de Galles, et pour toute la famille Royale, suivant la forme ordinaire du rituel, en ajoutant et exprimant ainsi leurs noms.

2. Dimanche prochain, à l'issue des Vêpres, il sera chanté un *Te Deum* en action de grâces du mariage et du couronnement de leurs Majestés Britanniques.

Sera notre présent Mandement lu et publié dimanche prochain, immédiatement avant le prône de la messe paroissiale.

Donné aux Trois-Rivières à notre hôtel, sous notre signature, le sceau ordinaire du chapitre de Québec, et le contre-seing de notre secrétaire le 3me février 1762.

(Signé) Perrault, chanoine, V. Gl.

Par M. le Grand Vicaire,

L. † S.   Dumont, secrétaire.

Lorsque la paix fut signée, M. Briand n'hésita pas à faire chanter un *Te Deum* pour ce bienfait, et à recommander l'obéissance et la fidélité envers le nouveau gouvernement. Voici son mandement.

Jean-Olivier Briand, chanoine de l'Eglise cathédrale de Québec, et vicaire général du diocèse pendant la vacance.

Au clergé séculier et régulier et aux fidèles du gouvernement de Québec. Salut en notre Seigneur J.-C.

Rendons, N. T. C. F., de solennelles actions de grâces au Dieu tout-puissant que nous adorons et servons suivant l'Evangile de Jésus-Christ son Fils unique, et bénissons son saint nom avec les sentiments d'une parfaite soumission.

La paix signée à Paris le 10e de février dernier et ratifiée le 10e du mois suivant, vient enfin de terminer une cruelle guerre qui ayant divisé entre elles presque toutes les puissances de l'Europe, avoit allumé un feu, qui s'est communiqué aux quatre parties du monde et y a fait les plus affreux ravages ; vous en avez éprouvé vous-mêmes de funestes suites que je ne vous rappelerai pas dans ce jour consacré à la reconnaissance, et où il ne s'agit que de rendre à Dieu de sincères actions de grâces de nous avoir accordé la paix, bienfait inestimable que nous désirions avec tant d'ardeur et que nous ne cessions, depuis tant d'années, de lui demander par des prières publiques et des vœux continuels: Ils n'ont peut-être pas été exaucés ces vœux dans toute leur étendue : le Canada avec toutes ses dépendances ayant été irrévocablement cédé à la couronne de la Grande-Bretagne ; mais rapportez-vous en, N. T. C. F., aux soins de l'adorable Providence, dont la conduite est très-souvent d'autant plus miséricordieuse qu'elle est moins conforme à nos désirs et flatte moins nos inclinations. N'en avons-nous pas une preuve manifeste dans la conduite que nos vainqueurs ont tenue à notre égard depuis la conquête de la colonie.

La reddition de Québec vous laissait à la disposition d'une armée victorieuse ; vous fûtes sans doute d'abord alarmés, effrayés, consternés. Vos alarmes étaient fondées ; vous scaviez ce qui se passait en Allemagne, et vous crûtes voir déjà fondre sur vous les mêmes malheurs. Vous ignoriez que l'aimable et toujours attentive Providence vous avait préparé un gouverneur qui, par sa modération, son exacte justice, ses généreux sentiments d'humanité, sa tendre compassion pour le pauvre et le malheureux, et une rigide discipline à l'égard de ses troupes devait faire disparaître toutes les horreurs de la guerre. Où sont en effet les vexations, les concussions, les pillages, les onéreuses contributions qui marchent ordinairement à la suite de la victoire ? Ces nobles vainqueurs ne vous parurent-ils pas, dès qu'ils furent nos maîtres, oublier qu'ils avaient été nos ennemis, pour ne s'occuper que de nos besoins et des moyens d'y subvenir ? Vous n'avez sûrement pas perdu le souvenir des mouvements que s'est donné Son Excellence l'illustre et charitable général Murray, et des aumônes

considérables qu'il a procurées pour la subsistance des pauvres!
Vous n'avez pas oublié ses sages et efficaces précautions pour
empêcher la disette dans son gouvernement.

Après de pareils traits, ne devons-nous pas être convaincus que
Dieu n'a point cessé de nous aimer et qu'il ne tiendra qu'à nous
de goûter sous ce nouveau gouvernement les douceurs d'une paix
heureuse et durable ? Soyez exacts à remplir les devoirs de sujets
fidèles et attachés à leur prince ; Et vous aurez la consolation de
trouver un Roy débonnaire, bienfaisant, appliqué à vous rendre
heureux, et favorable à votre religion à laquelle nous vous voyons
avec une joye inexprimable si fortement attachés.

Au reste, N. T. C. F., ce ne sont pas vos seuls intérêts temporels
qui exigent de vous cette entière et parfaite fidélité, c'est un devoir
que la foy vous prescrit.

L'Apôtre St. Paul répète en plusieurs endroits cette obligation
indispensable et en devenant prévaricateurs non seulement vous
encourriez l'indignation de notre légitime souverain, vous per-
driez sa protection, vous seriez dépouillés de tous les priviléges
qu'il a eu la bonté de vous accorder, mais encore vous vous ren-
driez très coupables aux yeux de Dieu ; et d'autant plus criminels
que vous nous exposeriez à être privés du titre et plein exercice
de notre très sainte et seule véritable religion, qui nous est permis
et accordé par le traité de paix. Considérez donc attentivement
N. T. C. F., combien il vous importe d'être soumis et fidèles, et
que rien ne peut vous dispenser d'une parfaite obéissance, d'une
scrupuleuse et exacte fidélité, et d'un inviolable et sincère attachement à notre nouveau Monarque et aux intérêts de la nation à
laquelle nous venons d'être aggrégés.

A ces causes et selon les ordres à nous communiqués par Son
Excellence le Général Murray, nous avons ordonné et ordonnons.

1er. Que le mardy 15 Juin, vers les dix heures du matin, il sera
chanté solennellement dans l'église des Ursulines de Québec, servant
actuellement de cathédrale et de paroisse un *Te Deum* en action de
grâces auquel assistera le clergé séculier, et régulier de la ville ;
la même chose sera observée par les Religieuses de ce Gouvernement.

2nd. Que dans les paroisses de la campagne le *Te Deum* sera
pareillement chanté solennellement à l'issue des vespres le dimanche après la publication du présent mandement.

3èm. Nous avertissons Messieurs les curés de l'étroite obligation où ils sont d'expliquer à leurs peuples les motifs qui doivent les porter à l'obéissance et à la fidélité envers le nouveau gouvernement, et de leur faire comprendre que leur bonheur, leur tranquillité, l'exercice de leur religion et leur salut en dépendent.

4èm. Quoique nous terminions les prières publiques, nous vous exhortons à ne point cesser de lever les mains vers le ciel pour le besoin de cette Eglise.

Sera notre présent mandement lu et publié au prône des messes paroissiales, le premier dimanche après sa réception.

Donné à l'Hôpital Général, sous notre seing, celui de notre Secrétaire et le sceau du diocèse, le 4 Juin, 1763.

BRIAND, Chan. Vic. Gl.

Par Monsieur le Vicaire Général,

L. S.   HUBERT, Ecclésiastique,

Secrétaire.

On ne connut que plus tard le mandement que M. Montgolfier avait donné dans le gouvernement de Montréal à l'occasion du mariage : il trouve sa place ici ; on n'en connaît pas la date exacte. mais il portait le titre suivant.

Mandement de M. le Grand Vicaire, à l'occasion de la naissance de son Altesse Royale le prince de Galles.

ETIENNE MONTGOLFIER, etc.

Nous nous sommes réjouis l'année dernière, N. T. C. F., au sujet de l'heureuse alliance de notre très gracieux Souverain Seigneur Roy George avec la Gracieuse princesse Charlotte de Mecklenburg Strelitz qu'il a choisie pour son épouse et associée aux honneurs de sa couronne.

Cette année cy nous offre un nouveau sujet de joye à la vue des bénedictions que Dieu a répandu sur leur mariage.

La fécondité de notre glorieuse Reine vient de donner un nouveau lustre à la maison de Brunswick, en lui donnant un illustre rejeton, dans la personne du prince de Galles dont nous avons appris la naissance.

Cette nouvelle faveur que le ciel vient d'accorder aux vœux de la Grande Bretagne et à la gloire du souverain qui la gouverne, nous touche de trop près pour ne point y prendre part. Le devoir et la reconnaissance nous y portent également.

Nous avons déjà fait éclater notre joye en mêlant nos voix aux acclamations publiques qui ont accompagné la naissance de cet auguste enfant. Mais la religion exige encore de nous quelque chose de plus. C'est en nous élevant au-dessus des vues purement humaines et politiques, de remonter jusques à l'auteur de tous les biens; de qui seul, comme parle l'Apôtre, viennent tous les noms et les titres de père dans le ciel et sur la terre. C'est en remerciant le Seigneur du don précieux qu'il nous a fait, et de le prier avec ferveur de vouloir bien luy même couronner son ouvrage, en conservant cet auguste enfant dans sa grâce; et répandant sur luy ses plus abondantes bénédictions qui en feront le bonheur de sa nation, le digne appui de la couronne de ses pères et l'héritier de leurs vertus.

C'est dans cette vue, ainsi que pour nous conformer aux intentions du Roy et de l'illustre général qui le représente si dignement dans cette colonie, que nous avons ordonné et ordonnons que dans l'endroit du prône où il est de coutume de prier pour le Roy et la famille royale; au lieu de la formule dont on se servait cydevant, l'on substitue la suivante.

"Nous prions pour notre très gracieux Souverain Seigneur Roy George, notre glorieuse Reine Charlotte: Son Altesse Royale le Prince; Son Altesse Royale la Princesse Douairière de Galles; et toute la famille Royale."

Sera le présent, etc.

Le dernier document que nous allons reproduire n'est pas sans intérêt, puisqu'il émane des trois vicaires capitulaires réunis et a pour objet de réclamer l'exécution fidèle du traité de paix et des clauses favorables aux catholiques, en favorisant les moyens matériels d'envoyer des députés en Angleterre.

Mandement de Messieurs les vicaires généraux du diocèse de Québec, le siége vacant.

A Messieurs les curés des paroisses des trois gouvernements de cette colonie, salut en Notre Seigneur.

Très vigilants Pasteurs,

Nous vous donnons avis que sur les représentations qui nous auroient été faites, en la Requeste du 22 Septembre de la présente année, par Mrs. Charest et Amiote, au nom et comme chargés des marguilliers anciens et nouveaux de la fabrique de l'Eglise cathédrale de Québec qu'il aurait été arresté de député vers la cour d'Angleterre pour demander et poursuivre conjointement avec

Mrs. les Grands Vicaires de ce diocèse, lors à Londres l'exéqution du 4e article du traité de paix concernant le libre exercice de la religion catholique selon le Rit Romain en Canada ; aux fins des Requestes adressées à sa Majesté le Roy de la Grande Bretagne par les différents gouvernements de cette colonie, mais qu'ils tente roient inutilement de faire une queste pour subvenir aux frais de la dite députation, que le temps étoit trop court pour se flatter de réussir avant le départ des vaisseaux pour l'Europe, et que d'ailleurs les peuples avoient été pour la plupart ruinés par l'événement de la guerre.

Pourquoy ils auroient conclu et requis qu'il nous plût 1o. autoriser le marguiller en charge de la fabrique de l'église cathédrale de Québec à faire l'emprunt de la somme de six mille livres dont pour toute cotisation elle payeroit l'intérêt d'une année ; 2o autoriser aussy toutes les fabriques des églises des trois gouvernements à faire le remboursement dans le cours de l'année prochaine de la dite somme de six mille livres à la fabrique de Québec chacun pour ce qu'elle seroit employée sur l'état de répartition qu'il nous plairoit d'arrêter.

Nous approuvant les démarches qui se font pour voir dans tous les temps le Siége Episcopal rempli, et désirant autant qu'il est en nous aider les fidèles de ce diocèce dans une entreprise si raisonnable en même temps si pleine de religion, et après en avoir conféré avec nos vénérables confrères les chanoines de l'église cathédrale capitulairement assemblés : Avons autorisé et autorisons :—

1o Le marguillier en charge de la fabrique de l'église cathédrale de Québec à faire l'emprunt de la somme de six mille livres pour frais de la dite députation et dont pour toute cotisation, la dite fabrique paiera l'intérêt d'une année ; 2o avons autorisé et autorisons pareillement toutes les fabriques des paroisses des trois gouvernements à faire le remboursement dans le cours de l'année prochaine de la dite somme de six mille livres à la dite fabrique de l'église cathédrale de Québec ; observant néanmoins que celles dans le gouvernement de Québec contribuent et remboursent pour la somme de deux mille livres ;—que celles dans le gouvernement de Montréal contribuent et remboursent pour la somme de deux mille huit cents livres et que celles dans le gouvernement des Trois-Rivières contribuent et remboursent pour la somme de douze cents livres : —chacune d'ailleurs pour ce qu'elles seront employées sur l'état de répartition qui sera arresté par Messieurs les Vicaires Généraux résidants dans chaque Gouvernement et sur les reçus de Messrs les

Marguilliers en charge des villes qui demeureront spécialement chargés du remboursement du capital attribué au gouvernement.

C'est dans des vues si justes, N. T. C. F., que certains de vos dispositions et de votre zèle, nous vous invitons de tout notre cœur à donner votre attention pour que les marguilliers en charge de vos églises soient exacts à remettre aux marguilliers des villes du gouvernement dont ils dépendent leur quote part de cette contribution et que cette dépense leur soit allouée sur le reçu qu'ils en produiront.

Seront les copies collationnées du présent mandement envoyées à tous messieurs les curés des paroisses des trois gouvernements avec la note de ce que leur église doit contribuer, pour être lu en la première assemblée de fabrique, et sur ce délibéré au désir de la répartition.

Donné à Québec dans la chambre capitulaire sous notre signature, le sceau ordinaire du diocèse et contresigné par M. le prosécretaire ce 26me 7bre 1763.

(Signé,)

Montgolfier,

Vic. Gén.

Briand,

Chne. Vic. Gén.

Perrault,

Chne. Vic. Gén.

Les réponses qui vinrent d'Angleterre à la suite des démarches faites par les députés ne furent pas très-encourageants : néanmoins on ne se découragea pas.

On sentait la nécessité de se hâter et de ne négliger aucun des moyens même extraordinaires pour assurer aux Canadiens le libre exercice de leur religion. Parmi ces moyens se présentait en première ligne la nomination d'un Evêque pour succéder à celui que l'on venait de perdre.

Le chapitre se réunit le 15 septembre 1763 : il croyait sous les circonstances avoir le droit d'élire un Evêque et de demander au St. Siége de l'approuver. Il appuyait cette prétention : " 1o sur ce que les concordats et pragmatiques sanctions entre les Rois de France et les Souverains Pontifes n'avaient plus lieu en Canada depuis la conquête, et 2o sur ce que le Canada, étant passé sous la domination d'un prince protestant, l'église de ce pays semblait rentrer dans l'ancien droit, d'après lequel le choix, l'élection et la nomination à l'Evêché vacant appartenaient au clergé, c'est-à-dire au chapitre de l'église cathédrale."

En conséquence le chapitre réuni dans l'église de l'hôpital-général, après la messe du St. Esprit célébrée par M. Briand, choisit d'une voix unanime M. Montgolfier pour Evêque. Et, comme il avait pris depuis quelques jours logement à l'hôpital, en attendant son départ pour l'Europe, M. St. Onge fut député pour lui annoncer sa nomination. Sur l'heure il se transporta en personne en l'assemblée capitulaire et déclara que, quoique indigne d'une si éminente dignité, il acceptait le fardeau qu'on lui proposait.

M. Montgolfier se rendit en Angleterre au commencement d'octobre; il y rencontra des difficultés suscitées probablement par une lettre du gouverneur Murray au comte de Shelburne, premier Lord Commissaire de commerce, datée le 14 septembre : en voici un extrait :

" A cette occasion le Vicaire Général de Montréal, M. Montgolfier part bientôt pour l'Angleterre. Je ne comprends pas entièrement quels sont ses plans qu'il ne m'a jamais communiqués.

" Il est certainement très-probable qu'il vise à la mître. Votre Seigneurie jugera facilement combien il est peu propre à remplir ce poste par la copie que je vous envoie d'une lettre qu'il a eue l'assurance d'écrire à un M. Houdin, alors chapelain du 48e régiment de Sa Majesté et auparavant Récollet dans le pays. Il a poussé les choses au point de faire déterrer les cadavres de plusieurs soldats parce que, étant hérétiques, ils ne devaient pas être enterrés dans une terre bénite. Une telle conduite n'a pas manqué d'indisposer les sujets de Sa Majesté dans cette partie. Si un prêtre si hautain et impérieux bien connu en France, est placé à la tête de cette église, il peut plus tard causer beaucoup de désagrément, s'il trouve une occasion favorable d'exercer sa malice et sa rancune."

Le général jugeait de ces choses à son point de vue protestant, et devait produire un grand effet sur des esprits absolument disposés comme le sien.

Rencontrant donc une très-grande hostilité parmi les autorités civiles, l'évêque élu par le chapitre ne crut pas prudent d'aller plus loin. Il résigna tout de suite et de grand cœur, pour mettre le chapitre en état de désigner un autre sujet au choix du St. Siége : cet acte porte la date du 9 septembre 1764.

Le 11 du même mois, le chapitre procéda à une nouvelle élection, qui eut lieu comme la première, et était motivée "sur ce que le Siége était vacant depuis 4 ans, et que le gouvernement qui avait déjà refusé d'agréer M. Montgolfier, ne s'opposait pas à M. Briand."

En 1764, le chapitre écrivit à M. de la Corne son agent à Paris pour lui annoncer qu'il proposait M. Briand au Souverain Pontife:

"M. Briand est aujourd'hui notre unique ressource pour avoir un Evêque en Canada, puisqu'il se trouve avoir l'agrément du gouvernement: ce qui n'a pas peu contribué à le déterminer à se rendre à nos pressantes sollicitations à celles de tout le clergé et du peuple...... .... Quoique M. Briand soit très recommandable par lui-même et que vous ayez pour lui toute l'estime et toute l'amitié qu'il mérite, nous lui devons cette marque de notre attachement et de notre attention de vous prier de lui rendre commune la protection que vous avez su vous ménager tant en Angleterre qu'en France, afin qu'il réussisse dans son entreprise d'où dépendra la perpétuité du sacerdoce en Canada. Il en aura besoin sans doute encore pour se procurer les moyens de subsister en Evêque. Car nous ne lui connaissons actuellement d'autre ressource que sa prébende que nous lui offrirons toujours de grand cœur."

Le nouvel élu partit pour l'Europe en novembre, et le chapitre nomma M. Perrault vicaire général pour le remplacer à Québec, M. St. Onge aux Trois Rivières, et M. Etienne Marchand, l'ainé, curé de Boucherville, pour Montréal. Ces élections furent faites à l'hôpital-général, dans la chambre de l'aumônier désignée pour chambre capitulaire depuis la prise de Québec.

Le chapitre, dans une lettre qu'il écrivit à M. de la Corne son agent à Paris, lui annonça qu'avec l'acte d'élection il avait remis à M. Briand un acte séparé de simple présentation. "Il nous a semblé, disent les chanoines, que l'acte d'élection ne pouvait avoir aucun inconvénient pour la réussite, puisque du moins il sera regardé par la Sacrée Congrégation de la Propagande comme une simple présentation, et que cet acte d'élection paraissait plus précisément demander un Evêque titulaire et ainsi assurer l'état du chapitre, si nécessaire pour aider l'Evêque et pourvoir à ce que le Siége soit plus promptement et plus sûrement rempli et ainsi le perpétuer à l'avenir en Canada."

M. Briand fut en effet préconisé, mais ses bulles ne furent expédiées que le 21 jan. 1766: elles portaient la suscription suivante: *Dilecto filio*

Ji Olivario, Briand, presbytero seculari, Electo Quebecensi. Les bulles exprimaient qu'elles avaient été accordées, *capitulo clero ac populo civitatis prædictæ maxime desiderantibus et à nobis humiliter enixis precibus supplicantibus.* Et en effet, le chapitre, le clergé et le peuple n'avaient rien épargné pour obtenir que le choix proposé fût ratifié.

M. Briand se fit consacrer à Paris dans la chapelle de Ste. Marie de Merry, paroisse de Surenne, par l'Evêque de Blois autorisé expressément par l'Archevêque Paris. Le nouvel Evêque consacré le 16 mars, fut rendu à Québec le 28 juin. Le 11 Juillet le chapitre fut convoqué pour recevoir l'information officielle. Avant même sa prise de possession et de l'agrément du chapitre, Mgr. Briand conféra le sous-diaconat et le diaconat à M. Jean François Hubert, qui fut son second successur, de son vivant, sur le siége de Québec. Il l'ordonna prêtre le lendemain de sa prise de possession.

L'installation du prélat eut lieu le 19 Juillet dans la chapelle du Séminaire, servant de cathédrale, et M. Perrault, au nom du chapitre, témoigna au nouvel Evêque la joie et la satisfaction que ses collègues avaient ressentie en voyant que le Souverain Pontife avait eu égard à son choix.

Le 25 eut lieu une assemblée du chapitre, chez M. Resche, chapelain des Ursulines, à laquelle l'Evêque voulut bien se trouver. Le Président commença par témoigner à Sa Grandeur la joie que le chapitre ressentait d'avoir pour son chef celui qu'il avait eu depuis bien des années le bonheur de posséder comme un de ses membres ; puis il lui adressa les félicitations convenables.

Avant de s'embarquer pour le Canada, M. Briand avait écrit à la Sac. Cong. de la Propagande pour lui exposer la position précaire du chapitre ; et il reçut une réponse le 9 avril 1766. * L'éminent Préfet Castelli s'exprimait ainsi : " Pour enlever toute difficulté touchant la subsistance et l'existence du chapitre, malgré les malheurs qu'il a éprouvés, un Bref Pontifical que vous recevrez déclarera positivement qu'il n'a pas cessé d'exister et ne peut s'éteindre à cause du manque de revenu, mais qu'il doit être maintenu dans l'état où il est maintenant, sauf seulement le service des chanoines et leur assistance à quelques unes des fêtes les plus solennelles de l'église cathédrale ou d'une autre par vous désignée. Quant au nombre des chanoines Sa Sainteté paraît d'avis qu'il n'est pas à propos de rien changer pour le moment."

____

* Bullaire de la Propagande, t. 4 p. 104

En conséquence, le 19 octobre 1767, le chapitre demanda à l'Evêque de remplacer les chanoines défunts et d'accélérer la reconstruction de la cathédrale.

Ce vœu ne put être exaucé pour différentes raisons; et le chapitre s'éteignit en peu d'années. En 1796, Son Em. le cardinal Gerdil, écrivant à Mgr. Hubert, alors Evêque de Québec, constate que ce corps n'existait plus. Le dernier chanoine résidant en Canada, était mort le 22 septembre 1795, c'était M. St. Onge. Les autres moururent en France.

En 1753 le canonicat vacant par la mort de M. de la Villangevin avait été confié à M. de Tonnancour et un autre en 1754 à M. Gilles Cugnet, qui venait d'être ordonné prêtre; ce jeune homme était né à Québec de Sr. Etienne Cugnet, premier conseiller, et de Dame Louise du Sautoir. M. Chs. Ange Collet fut le dernier pourvu (1758). L'Evêque l'affectionnait et le prit chez lui plus tard (1759) avec M. St. Onge qui était chanoine depuis 1755. Mais dans l'automne de 1759 MM. Cugnet et Collet, voyant que le pays allait définitivement passer entre les mains des Anglais, quittèrent le Canada pour demeurer en France.*

Clément XIII, qui était Pape, lorsque le Canada fut cédé à l'Angleterre, conseilla à Mgr. Briand, dans un bref du 9 avril 1766,† de maintenir son chapitre, quoique ses biens temporels fussent ruinés. Il exhortait les chanoines à continuer leurs réunions et à chanter l'office dans les fêtes solennelles, soit à la cathédrale ou dans quelque autre église que l'Evêque leur assignerait.

Mais on ne crut pas pouvoir satisfaire aux représentations que le chapitre adressa à cet égard le 19 octobre 1767 à Mgr. Briand, en lui demandant de rebâtir la cathédrale. Le gouvernement en fut probablement cause, car on lit le passage suivant dans une lettre du Lieutenant Gouverneur Carleton à lord Shelburne (30 octobre 1767) : " On m'a demandé de compléter le chapitre, et j'ai fait des difficultés à le permettre. "

C'est ainsi que, tout en admettant la liberté en principe, ceux qui avaient l'autorité civile en mains en profitaient pour y mettre des entraves.‡

----

* Le *répertoire général* dit que les Anglais l'obligèrent à retourner en France en 1760.

† Bullaire de la propagande, tome 4, p. 1004.

‡ Christie, *History of Canada.*

En 1819, Mgr. Plessis consulta la Cong. de la Propagande pour savoir si ou lui conseillait de rétablir le chapitre de la cathédrale, et Son Em. le Cardinal Pédicini lui répondit, " de le rétablir en donnant le titre de chanoines aux membres du clergé qui pourraient en remplir les fonctions, sauf les obstacles qui s'y opposeraient et que la Sac. Cong. ignorerait."

Enfin en 1865, la Sacrée Congrégation ayant exprimé le désir de voir rétablir le chapitre de la cathédrale de Québec et d'en voir ériger dans les autres cathédrales comme dans celle de Montréal, Mgr. Baillargeon, alors administrateur et devenu depuis archevêque de Québec, répondit que plusieurs causes très-graves s'y opposaient." *

Tant qu'il exista, le chapitre eut des rapports de prières avec le chapitre métropolitain de Tours : l'Evêque de Québec était chanoine honoraire.—Mgr. Hubert en parle dans une lettre de 1792, adressée à Mgr. Carroll ; nous la reproduisons.

Chambly, 24 juin 1792.

Monseigneur,

J'ai reçu l'honneur de votre lettre du 4 mai, quelques jours avant de recevoir la visite de l'abbé de Lavau. Le portrait que vous me faites, Monseigneur, de ce respectable ecclésiastique a beaucoup augmenté le désir que j'avais de voir dans sa personne un de mes confrères du Chapitre de St. Martin de Tours. Il serait difficile d'exprimer combien j'ai ressenti de consolation dans le court intervalle que ce Monsieur a passé auprès de moi, et, j'ai vu avec bien du plaisir que sa présence faisait une sensation aussi agréable sur le peu de prêtres qui m'accompagnaient. M. de Lavau a vu un échantillon de la manière dont se fait la visite pastorale de ce diocèse. J'ai entendu, Mgr., avec édification le récit qu'il m'a fait des mesures que vous prenez pour étendre le royaume de J.-C., dans cette partie du monde et des grands succès que vous y avez. Puisse le Dieu des miséricordes favoriser toujours vos conquêtes apostoliques et répandre dans votre diocèse un esprit de régularité, de ferveur, d'amour pour la discipline qui excite l'émulation de mon clergé...........................
Tous les renseignements contenus dans les notes ci-dessus ont

* Actes du 3e Concile Provincial de Québec p. 116.

été puisés à des sources authentiques, et assez souvent dans des documents imprimés.

La nation française avait confisqué, parmi les biens ecclésiastiques, ceux du chapitre de Québec. Et ce corps qui s'éteignait, s'efforça de retirer du naufrage quelque débris. En 1783, les derniers représentants du chapitre, c'est-à-dire Mgr. Briand et M. Pierre St. Onge, Vicaire général et seul chanoine survivant, firent un accommodement avec très-haut et très-puissant Seigneur Jean François de Pérusse Descars premier maître-d'hôtel de Sa Majesté, mestre des camps, commandant du régiment de Dragons de Mgr. le Comte d'Artois, qui jouissait par arrêt du Conseil de l'abbaye de Maubec depuis 3 ans. On eut bien soin d'exprimer que cet accord était fait "sans aucune approbation du contenu des arrêts, et que le chapitre réservait tous ses droits." *

---

* Acte passé devant Demanoir et Bonnomer, conseillers du roi, Notaires au Châtelet de Paris, 13 mai 1784.

TROISIEME PARTIE.

———

Plusieurs chanoines n'ont été mentionnés qu'en passant, dans les pages qui précèdent, soit qu'ils n'aient pas rempli longtemps cette fonction, soit qu'ils n'aient pas joué un rôle marquant. Le lecteur aimera cependant à trouver ici une notice biographique sur chacun d'eux.

———

PIERRE DE FRANCHEVILLE.

Il était fils de Marin de Repentigny, sieur de Francheville et de Jeanne Jallant, et naquit aux Trois-Rivières le 14 Juillet 1849. Ses parents le firent instruire, et le Journal des Jésuites le mentionnait au 15 Juillet 1667, (il avait alors dix-huit ans,) comme ayant soutenu avec le jeune Martin une thèse sur toute la philosophie, avec honneur et en bonne compagnie. Il entra au Grand Séminaire, fut nommé Secrétaire du diocèse, le 10 Septembre 1675, ordonné prêtre un an après, et fait promoteur de l'officialité dans le mois suivant. En cette dernière qualité il fut sommé de comparaître devant le Conseil Supérieur, au sujet d'un procès que l'on faisait à M. de Fénélon, prêtre de St. Sulpice du Montréal. Comme l'official ne reconnaissait pas au Conseil le droit de prendre connaissance des affaires concernant les ecclésiastiques, le nouveau promoteur refusa de se présenter et fut condamné à une amende de 37 lbs.

Mgr. de Laval l'avait chargé de desservir Beauport; mais en 1683, il le plaça dans l'Ile d'Orléans pour avoir soin des deux paroisses de St. Jean et de St. Laurent, et en 1688 à St. Pierre.

En 1690, il était curé de la Rivière-Ouelle; "les Anglais qui remontaient le fleuve sur une flotte, se mirent en devoir de débarquer; mais le curé, dit l'Histoire de l'Hôtel-Dieu, rassembla ses paroissiens, leur représenta vivement qu'il y allait de leur bien spirituel et temporel, leur fit prendre à tous les armes, et les commanda si heureusement qu'ayant dressé son ambuscade dans l'endroit où les ennemis pouvaient faire leur débarquement, ils atten-

dirent les chaloupes qui venaient bien remplies. Dès que la première fut à la portée du mousquet, il fit faire une décharge qui tua
tous les hommes dont elle était chargée, à la réserve de deux qui
s'enfuirent bien vite. Les autres chaloupes ne jugèrent pas à propos de s'exposer au même danger ; ils tentèrent encore plusieurs
autres fois de descendre sur les côtes ; mais ce fut toujours sans
succès."

M. Tanguay dit * qu'il fut nommé en 1698 curé du Cap St.Ignace;
on trouve ses actes dans cette paroisse de 1692 à 1698, et à St.
Thomas de 1693 à 1695. Il mourut à Montréal le 16 août 1713, à
l'âge de 62 ans ; c'était, d'après M. Noiseux, un ecclésiastique d'une
grande activité et d'une piété exemplaire.

Il ne fit pas, à proprement parler, partie du Chapitre, mais sa
qualité de promoteur de l'officialité lui donna de grands rapports
avec ce corps ; ce fut même lui qui prit possession au nom de plusieurs des absents, lors de la première érection, après avoir lu publiquement les lettres patentes de l'Evêque.

Philippe Boucher.

Comme M. Francheville, il était natif des Trois-Rivières. Son
père Pierre Boucher, était gouverneur de cette ville, et avait reçu
ses lettres de noblesse du Roi. Son épouse, Jeanne Crevier, lui
donna 15 enfants, neuf fils et six filles. Philippe naquit le 19
décembre 1665, et comme il montra de l'intelligence, son père
l'envoya au Séminaire. Il se décida pour l'état ecclésiastique et
fut remarqué par Mgr. de Laval, qui, après lui avoir donné les
ordres moindres, le fit chapelain du Chapitre de la cathédrale en
1684 ; il n'avait que 19 ans. A cause de ses études, il fut dispensé
d'assister à l'office canonial ; et reçut la prêtrise en 1689.

Le Séminaire se l'aggrégea, et l'Evêque le chargea d'abord du
Cap St. Ignace : mais dès l'année suivante, il fut nommé curé de
la Pointe-Lévis et y demeura toute sa vie.

Son père l'affectionnait tendrement, comme on le voit par son
testament. Il y charge une de ses filles de mander à son frère
Boucher prêtre du Séminaire de Québec, qu'il lui dit *adieu ;* qu'il
lui donne sa bénédiction. "Qu'il prie Dieu pour moi, ajoute-t-il,

---

* *Répertoire.*

surtout au Saint Sacrifice de la messe. Je ne lui donne aucune instruction, parce qu'il en sait assez et plus que moi. Qu'il continue comme il a commencé, et qu'il contribue à faire régner la paix et l'union dans la famille."

La prière du patriarche fut exaucée; son fils se montra digne de lui. On trouve son éloge consigné en quelques mots au Registre paroissial. "Son zèle pour la gloire de Dieu et le salut des âmes surtout de celles de ses paroissiens, mettront sa mémoire en béné. diction auprès de tous ceux qui en auront la connaissance." Il mourut à l'âge de 55 ans seulement et fut inhumé dans le sanctuaire de son église, du côté de l'Evangile. Il fit don à l'Eglise de sa bibliothèque et d'une terre, sur laquelle l'on voit aujourd'hui le monument de tempérance. L'acte de sépulture est du 10 avril 1721.

Henri de Bernières.

Il était né à St. Jean de Caën, diocèse de Bayeux.

Neveu de M. de Bernières-Louvigny pour lequel Mgr. de Laval avait une si grande vénération, le jeune Henri avait reçu la tonsure en France. Il devait consoler son Evêque de la perte qu'il avait faite de son frère après son arrivée à Québec, et de son oncle pendant qu'il traversait l'océan en 1659. Dès le mois de Septembre Mgr. de Laval désira que l'on fît partout le service du vénérable défunt. *

"Un neveu de M. deBernières," dit la Mère de l'Incarnation, "l'a voulu suivre. C'est un jeune gentilhomme qui ravit tout le monde par sa modestie. Il se veut donner tout à Dieu à l'imitation de son oncle et se consacrer au service de cette nouvelle église, et afin d'y réussir il se dispose à recevoir l'ordre de prêtrise. Ses vœux furent bientôt exaucés, car il fut le premier ordonné à Québec, dans l'église paroissiale." (13 mars 1660.)

Le 19, jour de St. Joseph, il dit sa première messe chez les Ursulines, assisté de Mr. de Charny. Il n'avait que 28 ans, et cependant la confiance de Mgr. de Laval en lui était telle qu'avant de partir pour la France en 1662, celui-ci le nomma son Grand-Vicaire conjointement avec M. de Charny qui avait 6 ans de plus que lui, et qui avait administré le gouvernement de la Nouvelle-France.

----

* Journal de Jésuites.

Dès le mois d'octobre 1660, M. de Bernières fut chargé de la cure de Québec, vacante par le départ de M. de Torcapel. Mgr. de Laval lui donna aussi la supériorité du monastère de l'Hôtel-Dieu, où il logea avec lui pendant quelque temps.

Un peu plus tard, il prit une maison à loyer, et au mois de nov. 1661, reçut l'hospitalité chez les Jésuites. Son but était vraisemblablement d'apprendre la langue sauvage, afin de leur rendre plus de services, et d'entrer dans les vues de son Evêque. La Mère de l'Incarnation, parlant de Mgr. de Laval, * dit : " Il a même fait apprendre la langue à M. de Bernières, pour les aller instruire." Il fit bâtir un presbytère en 1664.

Il étoit plus fait pour ces œuvres de zèle et pour contribuer à la création du Séminaire et du Chapitre que pour le ministère. Il devint en 1665, le premier Supérieur du Séminaire et le fut alternativement avec M. De Maizerets, jusqu'à sa mort en 1700. En 1675, il fut nommé official, et en 1684, doyen du Chapitre de la Cathédrale. Il siégea pendant quelque temps au Conseil Supérieur, † mais se fit remplacer en 1684, par M. de Maizerets. Les infirmités l'assiégèrent de bonne heure, et il mourut à l'âge de 68 ans, le 21 juillet 1728, aimé de tout le monde. " Ii servit l'Eglise, dit l'Histoire de l'Hôtel Dieu, avec un grand zèle et d'une manière très édifiante ; c'était un homme pacifique, désintéressé et qui ne cherchait que la gloire de Dieu."

Son corps fut enterré dans la chapelle du Séminaire, et plus tard transporté dans le chœur de l'église cathédrale.

Jean Guyon.

Mgr. de Laval avait pris ce jeune homme en affection. Il était né au Château Richer, le 5 octobre 1659, l'année de l'arrivée du prélat en Canada.

Son père était Simon Guyon et sa mère Louise Racine. Ayant fait ses études au Séminaire, il fut ordonné par Mgr. de Québec, qui en fit son secrétaire particulier et lui donna un canonicat. Mais il était délicat de santé, et passa en France avec Mgr. de Laval. Sa santé continua à décliner et il mourut d'une fièvre cérébrale, le 10 janvier 1687, n'étant âgé que de 28 ans. On peut voir son éloge dans une lettre de Mgr. de Laval.

* Lettre 59.

† C'étoit à l'occasion de l'absence de Mgr. de Québec en 1678. M. de B. y fut installé le 5 déc. après avoir pris le serment requis.

Louis Ango de Maizerets.

M. de la Tour dit qu'il eut part à tous les événements de la vie de l'Evêque.

Né vers 1636, il était plus jeune que Mgr. de Laval, qui se lia étroitement avec lui chez les Jésuites de Laflèche.

Pendant les guerres civiles de 1652, il se réfugia à Argenton, dans un château de sa famille, avec plusieurs membres de la communauté que M. de Meurs avait formée au faubourg St. Marceau de Paris, dans le mois de septembre précédent. Ils y continuèrent pendant plusieurs mois leurs mêmes exercices et conférences.

Puis malgré leur famille, ils eurent le courage de quitter cette riche maison, où ils avaient été si bien reçus, pour retourner à Paris. Ils continuèrent le même genre de vie, auquel on ajouta la récitation du Bréviaire en commun, quoique sans obligation, et le soin des églises des campagnes des environs, qu'on allait balayer et orner, et où même quelquefois l'on passait la nuit devant le St. Sacrement. On fit encore le pèlerinage à N. D. de la Délivrance, éloignée de 15 lieues.

En passant à Caen, les pèlerins firent la connaissance de M. de Bernières-Louvigny, dans son hermitage, bâti au milieu de la ville, où il vivait en solitaire avec quelques amis choisis et édifiait tout le monde par la vie la plus chrétienne. M. de Maizerets goûta beaucoup cette vie, fit à l'hermitage une retraite de 8 à 10 jours, et s'y retira tout à fait en 1653.

Après avoir fait son Séminaire aux Bons-Enfants, il reçut les ordres sacrés des mains de Mgr. d'Héliopolis, et revint à son cher hermitage.

Mgr. de Laval le décida, en 1663, à faire partie de son Séminaire et l'emmena avec lui. Il lui accorda toute sa confiance.

Pendant 31 ans, Supérieur du Séminaire, à diverses reprises il conduisit les grand travaux, et fut l'âme de toutes les affaires. Il fut fait Grand-Vicaire, et lors de la création du Chapitre, archidiacre, puis grand chantre en 1698. Il fut aussi nommé Supérieur des Religieuses de l'Hôtel-Dieu, et mourut au Séminaire le 23 avril 1721, à l'âge 85 ans: il fut enterré le 25 dans la cathédrale.

Par son testament, il laissa ce qu'il possédait à la maison dont il était encore le Supérieur.

" Tout le Canada, " dit un contemporain, " lui a toutes les obligations pour l'éducation de la jeunesse à quoi il a été appliqué depuis près de 50 ans."

Le 29 septembre 1712, il avait célébré sa cinquantième année de sacerdoce, et les Séminaristes, au nombre de 19, qui passaient leurs vacances à St. Joachim, selon la coutume, vinrent à Québec, pour cette fête.

CHARLES GLANDELET.

Quand un homme a été calomnié et que son innocence est reconnue, il en rejaillit un certain éclat sur son nom ; M. Glandelet fut de ce nombre. Un historien du Canada a dit : * "M. Glandelet doyen du Chapitre, eut le malheur de penser comme l'auteur des lettres provinciales." Et cette accusation est répétée dans des termes à peu près identiques dans sa troisième édition, en l'empruntant à quelque écrivain de l'époque.

Or elle est complètement fausse, comme on peut s'en convaincre : ce sont les lettres de M. Tremblay, du Séminaire de Paris, qui nous en fournissent la preuve. "Parlant d'abord d'un M. Boucher, docteur de Sorbonne, qui était aveugle, il écrivait : "M. Boucher est aveugle, et cependant il voit tout le monde Janséniste. Il nous rend cependant cette justice de penser que nous ne le sommes pas, et je lui ai dit que si je voulais guérir un homme de jansénisme, je l'enverrais à Québec, dans notre Séminaire. Ce M. Boucher vous connaît." En 1713, M. Tremblay écrivait encore à M. Glandelet : "Je voudrais vous envoyer la vie de M. de la Trappe : mais vous êtes si délicat sur le jansénisme que vous croiriez un livre être dangereux, parce qu'il parle avantageusement des personnes qui ont passé pour telles, quoiqu'elles aient protesté très hautement ne l'être pas."

Voici comment de son côté M. de la Tour le justifie de l'accusation de jansénisme : " M. Glandelet, doyen du Chapitre, homme habile, vertueux et zélé, qui avait longtemps exercé les fonctions de grand vicaire, un des plus anciens ecclésiastiques du diocèse, fut soupçonné, je crois, mal à propos...... J'ai vu dans un grand nombre d'écrits de toute espèce, qu'il a laissés, un sincère attachement à l'Eglise et au Pape, beaucoup d'estime et de respect pour la société de Jésus, une extrême vivacité à se défendre du soupçon de jansénisme, et surtout une profonde vénération pour Mgr. de Laval, après la mort duquel il fit des procès-verbaux sur plusieurs miracles opérés à son tombeau, et sur la vie duquel il a laissé bien des mémoires dont je me suis servi."

M. Glandelet, natif de Vannes, vint en Canada en 1675 ; il fut le premier théologal du Chapitre de la cathédrale, et doyen de ce corps par élection après la mort de M. de Bernières. Il était Supérieur et confesseur des Religieuses Ursulines de Québec, et Supérieur du Séminaire.

L'Evêque lui confia la desserte de l'église succursale, appelée l'église de la Basse-Ville.

Il monta aux Trois-Rivières en 1714, et y mourut en 1725, âgé de 80 ans.

"J'ai appris avec douleur, écrivait de France M. Delorme, la mort de M. Glandelet, que l'on pouvait regarder comme un parfait homme de bien. Je ne doute pas qu'il n'ait déjà recueilli dans le Ciel le fruit de ses travaux sur la terre."

Jean Dudouyt.

M. de la Tour "l'appelle un des plus grands ecclésiastiques que Mgr. de Laval ait employés en Canada."

Mgr. de Laval fit sa conquête dans la communauté du faubourg St. Marceau, à Paris. Les frères Dudouyt, passant par Caën, allèrent visiter M. de Bernières et formèrent la résolution qu'ils exécutèrent après leurs études de s'y retirer avec lui. L'un d'eux, Jean, rejoignit en 1662, Mgr. de Laval en Canada, après avoir reçu les SS. ordres, et remplit les fonctions de son secrétaire.

En 1660, étant bien malade en France, il avait refusé de recevoir le St. viatique de la main de son curé, qui était soupçonné de jansénisme.

En 1665, son zèle lui fit prendre les fièvres pestilentielles, et on lui donna les derniers sacrements.

En 1671, l'Evêque le nomma son Grand Vicaire, avec M. de Bernières ; il avait été promoteur de l'officialité depuis son arrivée, ce qui lui avait causé quelques démêlés avec le Conseil Supérieur à l'occasion d'un procès fait à M. Morel.

M. de Frontenac lui fit aussi de la peine à cause des avertissements réitérés que lui attiraient les dérèglements de ses domestiques et les scandales extrêmes qu'ils donnaient à la colonie. Il les ignorait apparemment, ou ne les croyait pas, du moins il y paraissait indifférent. Enfin il se lassa et se brouilla sans retour avec le clergé. "M. Dudouyt, homme du plus grand mérite et l'un des grands vicaires, dit M. de la Tour, crut ne pouvoir mieux

---

* Mémoires sur la vie de M. de Laval.

s'adresser qu'à son confesseur pour arrêter le désordre. Il lui ouvrit son cœur et le pria de se servir de la confiance qu'on avait en lui pour ouvrir les yeux à son pénitent... Mais M. de Frontenac se déclara ouvertement contre M. Dudouit, et enveloppa dans la disgrâce l'Evêque et le clergé, et ne cessa de les persécuter."

Il passa presque immédiatement après en France, où il demeura jusqu'à sa mort pour les affaires du diocèse et du Chapitre, dont il fut nommé grand chantre en 1684.

Quatre ans après, il mourut (le 15 janvier) ; et Mgr. de Laval rapporta son cœur qui fut inhumé sous le marchepied de l'autel Ste. Anne de la cathédrale, le 26 juin 1688.

Benoît Duplein.

S'il était arrivé en 1671, comme le dit le *Répertoire général*, il aurait été âgé de 62 ans. D'après la version du *tableau chronologique*, en 1631 il aurait été ordonné prêtre, et la même année, apprenant le besoin de prêtres qu'il y avait en Canada, il se serait embarqué à Dieppe sur un bateau pêcheur. De l'île de Terre-Neuve où ces bonnes gens le laissèrent, il se rendit à Québec sur une barque anglaise. Il était natif de Caen et parlait très-bien la langue anglaise. Il faut se rappeler que les Jésuites et les Récollets étaient partis de Québec en 1629, et que les Jésuites ne revinrent qu'en 1632. Mais ce qui laisse une difficulté, c'est que le 20 décembre 1633 le père de Brébœuf suppléa les cérémonies du baptême à une enfant baptisée par un Anglais en 1631. Si M. Duplein avait été à Québec, il aurait sans doute suppléé les cérémonies dans l'intervalle : mais il est possible qu'on ne lui eût pas présenté l'enfant. Quoiqu'il en soit, M. Noiseux rapporte positivement que M. Duplein s'insinua auprès du commandant anglais, obtint ses bonnes grâces et se fit connaître à lui pour un prêtre. Il prit possession de l'église des Récollets et desservit les catholiques. Le pays ayant été rendu à la France, M. Duplein quitta Québec. On n'a pas son registre, s'il fit des actes.

On retrouve son nom pour la première fois ensuite dans la paroisse de la Ste. Famille de 1671 à 1676. Il fut chargé en 1681 des missions du Fort St. Louis, St. Ours, Contrecœur, la seigneurie de Pierre Boisseau et la Valtrie qui avait 18 lieues d'étendue.

Il fut nommé chanoine de la cathédrale le 8 novembre 1684 ; prit possession par procureur le 12 et personnellement le 5 mai 1685.

La même année on trouve son nom, de juin à novembre, dans le registre du Cap St. Ignace. D'après M. Noiseux, il aurait fait des missions jusque dans ses dernières années, et aurait été arrêté par la maladie à Boucherville. On le transporta à Montréal et il y mourut le 3 octobre 1689, âgé de 84 ans.

Rene Saturnin Lascaris d'Urfé.

C'est un des ecclésiastiques les plus distingués qui soient venus en Canada. Il était doyen du chapitre du Puy, et frère de Louis Lascaris d'Urfé, comte de Somaviva. Lui-même portait le titre du marquis de Beauzé et avait été abbé d'Urzèche. Son dévouement à Mgr. de Laval et le désir de procurer le bien des âmes l'avaient attiré en Amérique. L'Evêque de Québec lui accorda en 1685 une place d'honneur au chœur après les dignités, en sorte qu'il était considéré comme chanoine honoraire.

L'héritière de la maison d'Allègre ayant épousé le fils de Colbert, M. d'Urfé devint l'allié fort proche du ministre, étant cousin-germain de sa belle-fille. En conséquence, M. de Frontenac qui avait usé de procédés durs et injustes envers M. d'Urfé fut averti de s'amender et dut dévorer son dépit.

Mais M. d'Urfé partit en 1687 et mourut à Paris le 30 juin 1701.

Pierre de Caumont.

Prêtre parisien, qui appartenait au séminaire des missions étrangères, arriva à Québec le 16 mai 1669. Il fut curé de Boucherville de 1670 à 1678. En 1679 on trouve son nom sur le registre du Cap St. Ignace. De 1680 à 1688 on voit son nom de nouveau à Boucherville avec le titre de prêtre missionnaire ou faisant les fonctions curiales. En 1680 il fit un baptême à l'île aux Oies chez le seigneur Dupuis.

Le 8 novembre 1684, il fut fait chanoine, prit possession par procureur le 12, et personnellement le 5 mai 1685.

Le *Répertoire général* donne le 16 février 1694 comme la date de sa mort, probablement, d'après M. Noiseux ; mais les lettres du 16 avril 1693 (nommant M. De Leuze chanoine), mentionnent M. de Caumont comme mort, et son canonicat comme vacant.

CHARLES-AMADOR MARTIN.

Fils d'Abraham Martin (qui a donné son nom aux plaines qui avoisinent Québec d'un côté) et de Marguerite Langlois, Charles-Amador fut baptisé le 7 mars 1648 par le Père Lejeune. Il eut pour parrain le fameux La Tour, que sa bravoure et sa fidélité à la France en Acadie a rendu célèbre. Il se distingua dans ses études classiques et soutint en 1667 avec le jeune Francheville, d'une manière honorable et en bonne compagnie, dit le journal des Jésuites, une thèse de toute la philosophie.

Il fut ordonné prêtre à Québec le 14 mars 1671. Dès 1672, on le trouve à Beauport, occupé à la construction de la première chapelle en pierre pour remplacer celle qui était en bois.

De 1677 à 79, il desservit la paroisse de la Ste. Famille, et prit la cure du Château-Richer en 1685. Nommé chanoine le 8 novembre 1684, il prit possession personnellement et en garda le titre jusqu'en 1697. Il donna alors sa démission sans prendre de cure. En 1698, il devint curé de Notre-Dame de Foye, et y demeura jusqu'à sa mort, arrivée le 19 juin 1711. Il avait 63 ans : c'était lui qui avait composé le chant de la messe et de l'office de la Ste. Famille ; il chantait très bien.

GUILLAUME GAUTHIER.

Il vint en Canada probablement avec Mgr. Laval, en 1675. Il était de St. Martin de Clenchamps, Evêché de Coutance, en Normandie, et n'avait pas encore reçu les ordres sacrés.

Il fut ordonné prêtre le 21 décembre, 1677, à Québec par Mgr. de Laval, qui lui confia les paroisses du Château-Richer et de l'Ange-Gardien. Il fut aussi chargé de Ste. Anne de Beaupré.

En 1683 et 1684, il fit des missions à la Baie St. Paul. Le Séminaire lui donna des lettres de curé du Château-Richer, le 8 mars, 1685 ; et l'Evêque le nomma chanoine le 1er juillet, 1687. Le sept novembre, 1692, il se démit de son canonicat et fut nommé curé du Château-Richer par Mgr. de St. Valier le même jour ; il y demeura jusqu'à sa mort, étant âgé de 70 ans, et fut enterré dans l'église paroissiale, le 5 avril, 1720.

Nicolas Dubos.

Il était fils de Nicolas Dubos et d'Antoinette Caron, de St. Gilles d'Abbeville. Il reçut tous les ordres à Québec, dans l'espace de huit jours, en 1684. Sa prêtrise coïncida avec l'installation du Chapitre, dont il fut nommé le secrétaire. Le 9 novembre, 1687, il fut choisi pour maître des cérémonies.

Il desservit Charlesbourg en qualité de missionnaire, et fut quelques mois avant sa mort Chapelain des Religieuses Ursulines.

En 1699, il y eut une épidémie à Québec, comme on le voit par une lettre de M. de Maizerets à Mgr. de Laval, 9 avril :

" M. de Grandpré est mort aux Trois-Rivières. Je crois que M. Boucher le saura déjà, car ces sortes de nouvelles courent promptement.

"Laviolette avec un de ses cordonniers et l'Archevêque, sont morts du *mal courant* ; on fait des saluts cette semaine eu toutes les églises pour prévenir le mal."—M. Dubos en mourut le 3 mai ; il n'avait que 40 ans.

Germain Morin.

Il était de Québec, fils de Noël Morin, charron, et d'Hélène Desportes (veuve de Guillaume Hébert.)

Il fut ordonné prêtre à Québec, le 19 septembre, 1665. L'Evêque l'avait nommé, lorsqu'il n'était que sous-diacre, promoteur de l'officialité et greffier du chapitre.

Il desservit la Pointe-aux-Trembles, le Château-Richer, et Ste-Anne de Beaupré, et fut fait chanoine vers 1698. Il fut chargé de St. Michel de la Durantaie à la même époque ; on trouve aussi son nom à Ste. Anne du Nord, après 1700.

Il fut quelque temps malade à l'Hôtel-Dieu, et mourut le 19 août 1702, à 60½ ans.

Il eut l'honneur d'être le premier prêtre canadien, comme sa sœur Marie, qui entra à l'Hôtel-Dieu de Montréal, en 1662, fut la première Religieuse d'origine canadienne.

Elle fut tenue sur les fonts-baptismaux par le gouverneur Louis d'Ailleboust de Coulonge, et devint Supérieure de son monastère. Elle mourut à 82 ans.

Louis Soumande.

Né à Québec, le 14 mai, 1652, il était fils de Pierre Soumande et de Simone Côté. Il fut tonsuré à 15 ans, et ordonné prêtre à

Québec, le 21 décembre, 1677. Il fut un des membres les plus dévoués et l'un des bienfaiteurs du Séminaire de Québec. On lui donna la direction, assisté de M. Denis, de la ferme du Cap Tourmente, où les jeunes gens s'exerçaient à des métiers. Il fonda trois pensions à perpétuité ; il avait établi l'office de l'Immaculée Conception parmi les élèves, et donné deux sommes très libérales pour favoriser l'éducation.

Il faisait des missions dans la côte de Beaupré et jusqu'à la Baie St. Paul. Il y était quand Mgr. de Laval le fit chanoine, et ne vint prendre possession qu'en janvier, 1685. Il tomba malade en 1706, se fit transporter à l'Hôtel-Dieu et y mourut le 19 avril.

Sa sœur Marie Louise fut la première Supérieure de l'Hôpital Général de Québec.

Jean François Buisson de Saint Cosme.

Mgr. de Laval l'ordonna à 23 ans et lui donna un canonicat l'année suivante, 1684.

Il était né à Québec, le 26 septembre, 1660, de Gervais Buisson et de Marie Lereau. Il fut curé de St. François de Sales et de là desservait Sorel, l'Isle du Pads et Berthier.

Il mourut à Québec, le 15 mars 1712, âgé d'environ 51 ans, et fut inhumé le même jour à la cathédrale, un mois après son cousin Michel, curé de Ste. Foye et de St. Augustin, qui n'avait que 30 ans.

Un autre de ses cousins, frère de Michel, et qui portait les mêmes noms que le chanoine, fut missionnaire aux Tamarois, et fut massacré en 1707 par un parti de Sitimaches, en descendant le Mississipi.

Une traduction anglaise d'une de ses lettres adressées à l'Evêque de Québec, a été publiée à Albany, en 1861, par John Gilmary Shea.

Thomas Morel.

Quoique M. Morel n'ait pas été longtemps chanoine de Québec, un fait de sa vie mérite cependant d'être rapporté. Il fut accusé 1675 devant le conseil d'avoir voulu empêcher un huissier de poser une affiche le jour de pâques sur son église paroissiale de Lauzon, et sur l'assignation qui lui fut signifiée, il en appella à l'official le 27 mai.

Le 10 de juin, le Conseil enjoignit à M. de Bernières d'obliger M. Morel à comparaître, et à l'official de remettre au greffe du conseil les interrogations, charges et informations par lui faites. Le 15, le curé fut cité par devant M. de Peyras, nommé commissaire par le conseil. Quant à ce qui regardait l'official lui-même, le Conseil sursit de prononcer. Cependant il ordonna la contrainte par corps "pour faire rendre le prêtre Morel," et signifia à Romain Becquet, greffier de l'officialité, d'apporter au greffe les informations et interrogations sous peine de contrainte par corps. M. Morel se laissa appréhender et conduire au Château St. Louis. Alors M. Jean Dudouyt, promoteur de l'officialité, présenta requête pour que M. Morel fût rendu à son juge ecclésiastique, avec les informations et procédures du commissaire de Peyras, pour être s'il y avait cas privilégié par le juge ecclésiastique et le dit commissaire ou autre, procédé conjointement dans le tribunal ecclésiastique. Cette proposition fut rejetée, ainsi que celle de Romain Becquet qui demandait d'être élargi sur sa caution juratoire des prisons du Conseil offrant de remettre au greffe les copies demandées.

Le 22 juillet, M. Dudouyt présenta une nouvelle requête au Conseil, annonçant qu'il avait mis au greffe des copies des lettres patentes du Roi, du 27 mars, 1659, sur les Bulles de Mgr. de Laval, et de la lettre de cachet du 14 Mai, à M. d'Argenson, registrée suivant la loi, la déclaration à la jurisdiction souveraine, le 26 septembre, et la lettre de cachet au greffe de la jurisdiction ordinaire le 14 octobre.

Le conseil sursit de prononcer sur les titres produits par M. Dudouyt, et en attendant ordonna de l'élargir à la caution de M. de Bernières et de lui-même.

On résolut ensuite pour la forme qu'il serait incessamment vaqué à la continuation de l'instruction du procès, et l'affaire en resta là.

Pour bien saisir l'esprit du temps, il faut se rappeler qu'un démêlé à peu près semblable avait eu lieu un an auparavant au sujet d'un sermon prêché à Montréal par M. de Fénélon, Sulpicien.(*)

Le 21 août 1674, M. l'abbé de Fénélon assigné après deux défauts, avait été mandé devant le Conseil supérieur. Il s'y rendit, mais

____

*. M. Fénélon arriva le 27 Juin 1667.

comme il voulait prendre un siége pour s'asseoir, le gouverneur dit qu'il devait être debout et entendre en cette posture ce que le Conseil avait à lui demander. L'abbé s'étant néanmoins assis au bout de la table, dit qu'il ne voulait pas déroger aux priviléges que le Roi donnait aux ecclésiastiques de parler assis et couverts. Il demanda de plus que le gouverneur se retirât par ce qu'il était sa partie.

Là dessus le conseil ordonne que l'abbé sera contraint par saisie de son temporel et de répondre le jeudi suivant, et attendu son irrévérence et les termes irrespectueux dont il s'est servi, ordonne qu'il demeurera à la garde d'un huissier à la maison de la Brasserie où il est logé, que le Conseil lui donne pour prison.

Le jeudi (23 août) l'abbé comparaît et déclare qu'il en a appelé à l'officialité.

Le conseil fait alors mander l'official M. de Bernières, mais celui-ci refuse deux fois de se rendre.

Sur une troisième sommation, il consent à s'y rendre, pourvu qu'on le reçoive selon sa qualité de Grand Vicaire et de représentant de l'Evêque.

En conséquence il refuse de prendre place à côté du substitut du procureur général, et même, le 27, il ne veut prendre aucune place déterminée pour sauvegarder les droits de l'Evêque, et promet en même temps de répondre par écrit.

Deux jours après (le 29) le conseil ordonna à l'abbé de F. de fournir copie du sermon qu'il prêcha le jour de Pâque et l'original des déclarations et signatures par lui tirées des divers habitans de l'Isle de Montréal. La liberté lui est rendue.

Une correspondance est engagée entre le Secrétaire du Conseil et M. de Bernières.

M. Pierre de Repentigny Francheville, diacre, est condamné à une amende de dix livres pour n'avoir pas paru devant le Conseil sur l'ordre qui lui en avait été donné.

M. de Fénélon récuse plusieurs des conseillers; puis finalement est condamné le 22 octobre, à payer 37 livres à l'huissier qui l'a gardé 10 jours. Il refuse de s'exécuter; ordre est donné de le forcer à payer.

Mais l'affaire étant évoquée en France n'eut pas d'autre suites que la défense faite par le ministre à l'abbé de revenir en Canada.

Le Roi blâma M. de Frontenac (avril 1675) dans les termes suivants: " Je dois vous dire qu'il fallait remettre l'abbé de Fénélon entre les mains de son Evêque ou du Grand Vicaire pour le punir par les peines ecclésiastiques."

M. Morel travailla beaucoup aux ministère.

Il fut nommé secrétaire du diocèse le 10 septembre 1675, et Promoteur en octobre 1676.

M. Thomas Morel fut curé de Ste. Anne de Beaupré dès 1666 et à la Ste. Famille, de 1666 à 1671, à St. Thomas de 1679 à 1687, du Cap St. Ignace de 1680 à 1683 (octobre) ; y passa quelque temps en 1684 jusqu'au 10 octobre 1685 et aussi en 1686, jusqu'en octobre.

Son dernier acte à l'Islet est du 3 janvier 1683.

Il étoit allé en mission à Champlain en 1687, redescendit bien malade et mourut le 23 novembre 1687, à 51 ans.

PIERRE POCQUET.

M. de Brisacier écrivait en 1690 à Mgr. de Laval qu'il faisait passer à Québec M. Pocquet clerc. " Il vous est donné, disait-il, à vous pour en faire avec le temps un soutien de votre séminaire où vous achèveriez de le façonner à vos manières. C'est celui de tous nos jeunes messieurs qui a le plus de bon sens et qui a mieux pris l'esprit de grâce de feu M. Dudouyt, dont on vous marque même qu'il a quelque chose de l'air et des manières extérieures. Il est studieux, humble, dévot, docile, reconnaissant et prêt à tout."

Mgr. de Laval le fit chanoine en 1698. Il desservit l'ancienne Lorette et Charlebourg, mais fut surtout employé à la cure de Québec, et pendant ce temps dirigea l'Hôtel-Dieu.

Il mourut le 16 avril 1711, âgé d'environ 44 ans et fut inhumé le lendemain dans la cathédrale. Six prêtres moururent cette année là à Québec.

NICOLAS DELEUZE.

M. Noiseux le dit natif de Toul en Lorraine. Il reçut tous les ordres sacrés à Québec. Il fut fait chanoine un mois après sa prêtrise le 16 avril 1693 et prit possession le 16 octobre.

Il fut toujours employé dans la desserte des Grondines et de Ste Anne de la Pérade. En 1712 il vint se démettre, et M. Jacques Bizard lui succéda comme curé en 1714. Il passa en France pour intenter un procès au chapitre et obtint un jugement favorable le 22 juillet 1718.

Etienne LeVallet.

Il était de Lisieux en Normandie, et vint diacre à Québec en
1692. Le *Répertoire Général* donne le nom de ses parents qui étaient
Philippe LeVallet et Blanche Lecours. Il fut ordonné prêtre en
1693 et fait chanoine seize jours après. Il resta à Québec jusqu'en
1710, et passa en France sans doute pour sa santé. Il mourut au
bout d'un an (mai 1711).

Guillaume Sere de la Colombiere.

N'était que sous diacre quand il vint de Grenoble à Québec. Il
reçut le diaconat dans la chapelle du Séminaire et la prêtrise le 16
février 1698. Il fut nommé chapelain de l'Hôpital-Général, devint
grand pénitencier le 26 novembre 1712 ; mais il était malade, et
mourut le 22 octobre suivant, sans avoir pris possession de sa
dignité. Il n'avait que 39 ans. On l'inhuma dans l'église.

Joseph Seré de la Colombiere.

Il était de Rouen et Sulpicien. M. Tremblay écrivait à Mgr. de
Laval à son sujet : "Il faut tâcher de soutenir M. de la Colombière
dans le Canada. Nos messieurs sont bien dans le dessein, s'il y a
du changement, de prévenir la personne que l'on destinera pour
remplir la place (d'Evêque) et pour lui faire connaître le mérite de
mon dit Sieur de la Colombière. S'il était obligé par quelque accident de revenir en France et que vous pussiez l'engager à venir
au Séminaire des Missions Etrangères, nos messieurs l'y rece-
vraient à bras ouverts et, il y serait d'une très-grande utilité pour
y former de jeunes ecclésiastiques. Il pourrait même prendre soin
de nos affaires beaucoup mieux que moi. Je retournerai au Canada
passer le reste de mes jours dans quelque petit coin de mission."

Il arriva à Montréal en 1782 : Mgr. de St. Valier se l'attacha.

Le 1er déc. 1692 il fut nommé chanoine, devint archidiacre le 14
août 1698, grand chantre en 1722, et vicaire général en 1698. Il
passa 2 ans en France pendant la captivité de Mgr. de St. Valier.
La charge de conseiller clerc lui fut donnée en 1704. Il était Supérieur de l'Hôtel Dieu. A la mort de Mgr. de Laval, il prononça
son oraison funèbre. Il vécut jusqu'à 72 ans, mourut à l'Hôtel
Dieu le 18 juillet 1723, et fut inhumé dans le chœur de la cathédrale.

Jean Pinguet.

Il était fils de Jean Pinguet et de Magdeleine Dupont de Québec: il naquit le 8 déc. 1655. Dans son titre clérical son père est appelé " *Noel habitant d St. Jean les Québecq.*" Mgr. de Laval l'ordonna prêtre le 21 dec, 1680, et le fit chanoine en 1684. Il fut constamment employé au ministère paroissial, et desservit l'Ange Gardien, la Pointe-aux-Trembles, la Pointe-Lévis, St. Thomas, le Cap et l'Ilet. Il visita St. Pierre de l'Ile, fut curé de Beaumont de 1698 à 1704 ; puis revint au Séminaire. Il avait 60 ans quand il mourut le 20 mars 1715, et fut inhumé dans le chœur de la cathédrale.

Jacques Leblond.

Il vint en Canada en 1690 avec M. Davions. Ses parents Antoine Leblond de la Tour et Marie Magdeleine Roblin étaient de St. André de Tours. Il fut ordonné en Canada et envoyé à l'Acadie. Les Anglais l'en chassèrent en 1706. Il fut alors nommé missionnaire de la Baie St. Paul, puis chanoine, tout en conservant sa paroisse, où il mourut le 29 juillet 1715. L'acte de sa sépulture le loue de ce que, par son grand zèle pour soulager les pauvres malades, il alla à Tadousac pour administrer plusieurs personnes à la mort. Il y baptisa 27 petits enfants sauvages, et s'en retournant à sa paroisse fut attaqué du même mal que ses paroissiens. Le Seigneur, pour récompenser ses travaux permit qu'il trouvât dans sa paroisse plusieurs prêtres qui lui donnèrent les derniers sacrements. " Fortifié par cette viande céleste, dit dans le même acte M. Glandelet, doyen de la cathédrale qui fit la sépulture, il s'est, comme il est marqué de St. Etienne dans les actes des Apôtres, endormi dans le Seigneur, non pas sans beaucoup de regrets de la part de ses chers enfants qui ont fait paraître en cette dernière occasion qu'ils perdaient un père."

Il fut inhumé dans la chapelle de St. Pierre et de St. Paul; on l'a transporté dans l'église actuelle en 1772.

Aidé des élèves de la grande ferme de St. Joachim, il avait fait vers 1703 le tabernacle de Ste. Anne de Beaupré.

Pierre LePicart.

Il fut ordonné prêtre en 1702 par Mgr. de Laval qui était heureux de favoriser les vocations parmi les jeunes gens du pays. Il était

S

de Québec et ses parents s'appelaient Jean LePicart et M. Magdeleine Gagnon.

Il fut chargé des paroisses de St. Antoine et de St. Nicolas en 1706. En 1712 il fut nommé chanoine. Après avoir été quelque temps à l'Hôpital, il prit la cure de Ste. Anne de la Pérade. En 1717 du consentement de l'Evêque présent, il fut député en France par le Chapitre pour ses affaires temporelles. Mais sa santé qui était mauvaise se gâta tout à fait, et il mourut au bout d'un an n'ayant pas encore 40 ans.

Pierre de Miniac.

Il était Sulpicien, natif de Rennes et licencié en droit.

Le *Répert, Général* a fait erreur en le faisant venir en Canada dès 1722 et le plaçant à St. Laurent. Il paraît être venu avec Mgr. Dosquet en 1729, en qualité de son Grand-Vicaire : mais ses premières lettres lui donnant ce titre portent la date du 4 septembre 1732. Mgr. Dosquet était alors coadjuteur de Mgr. de Mornay depuis deux ans. Il fut fait chanoine le 7 septembre 1734, mais ne prit possession que dans le mois de Janvier suivant ; dans la même année il fut fait official. Le 5 février 1739 il fut nommé archidiacre, et, dans la même année Mgr. Dosquet se démit de son Evêché aux instances de M. de Miniac lui-même, qui était passé en France. A son retour en Canada le Chapitre, informé de la résignation de Mgr. Dosquet, nomma M. de Miniac Vicaire Capitulaire, le 14 juin 1740. Quelques jours après la nouvelle de la nomination de M. de l'Auberivière comme Evêque de Québec et la prise de possession en son nom par M. Thierry Hazeur, son procureur fit espérer un long épiscopat, puisque le nouvel Evêque n'avait que 28 ans. Mais la mort inopinée du chef de cette malheureuse église la plongea dans le deuil, et fit tomber de nouveau la juridiction entre les mains du Chapitre. M. de Miniac, qui avait succédé à M. de la Tour dans ses principales dignités, fut encore nommé Vicaire Capitulaire (28 août 1740). Mais le 3 Nov. suivant il s'embarqua pour la France, et le Chapitre, après avoir révoqué sa nomination, élut M. Hazeur pour le remplacer.

Mgr. de Pontbriand en arrivant lui donna des lettres de Grand Vicaire, afin qu'il allât faire la visite dans l'Isle Royale et l'Acadie.

Il retourna ensuite en France, et finit par perdre la vue.

En 1753, il était en Bretagne. En 1762, M. de la Corne écrivait à ses confrères du Chapitre que M. de Miniac était encore bien.

Goulven Calvarin.

Il arriva à Québec en 1701 : il était de Vincennes.

De 1705 à 1708 il desservit St. Thomas. Resta à Québec de 1708 à 1718, puis fut envoyé à l'Acadie. Il avait été nommé chanoine en 1712.

Les Anglais le firent prisonnier et le renvoyèrent en Europe.

Il mourut avant le 17 Septembre 1722.

Pierre Girard de Vorlay.

Il fut ordonné à Québec le 27 août 1713 ; il était du diocèse de Bordeaux, fut fait Chanoine en 1715, et desservit temporairement Beaumont. Il fut curé de la Ste. Famille de 1716 à 1732.

Louis Lepage de Ste. Claire.

Il était fils de Réné Lepage, seigneur de Rimouski, et de Marie Gagnon ;—il naquit à St. François, Isle d'Orléans, le 25 août 1690. Il reçut un canonicat le 9 juin 1720 et desservit dès 1724 la mission de Lesbois aujourd'hui St. Louis de Terrebonne. Son père avait obtenu la concession de cette seigneurie le 14 Nov. 1696, et le 7 mai suivant une augmentation. Le fils en obtint la confirmation pour lui-même le 10 avril 1781. Il bâtit une église et demanda le patronage, ayant donné aussi en 1734, 6 arpents de terre à la fabrique. Il mourut à Terrebonne le 1 décembre 1762 à 72 ans, et fut inhumé dans l'église.

J.-Bte. Gauthier de Varennes.

Son père était Messire René Gauthier de Varennes, Gouverneur des Trois-Rivières, et sa mère Marie Boucher dont le père avait aussi occupé le poste de Gouverneur. Il naquit aux Trois-Rivières le 30 Nov. 1677 et fut ordonné prêtre à Québec le 3 déc. 1709. Il fut fait chanoine en 1702, pénitencier en 1716, archidiacre en 1722, conseiller-clerc en 1724; mais il mourut à 48 ans le 30 mars 1726, et fut inhumé le 1 avril dans le chœur de la cathédrale proche le sanctuaire vers la fenêtre du côté du Séminaire.

Etienne Boullard.

Il naquit à Château-du-Loir, dans le Maine, et arriva à Québec en 1682. Il fut employé dans la côte de Beaupré, et demeura curé à Beauport jusqu'en 1719. Etant tombé malade en 1712 il eut pendant deux ans des prêtres pour le suppléer. Il fut nommé curé de Québec en 1724, et Supérieur du Séminaire de 1724 à 1726. Il fut successivement chanoine, théologal, official, vicaire capitulaire. Il mourut âgé de 75 ans le 28 sept. 1733 à l'Hôtel-Dieu de Québec, et fut inhumé à la cathédrale, le long des escabeaux des chantres, du côté de l'Evangile. Des déboires qu'il éprouva dans son administration comme Vicaire Capitulaire contribuèrent à assombrir ses dernières années. Il lui en coûtait surtout de voir sa jurisdiction contestée par un Jésuite qui avait des lettres de Grand Vicaire du coadjuteur de l'Evêque défunt. Sa fermeté pour soutenir son droit lui assure une belle page dans l'histoire du Chapitre.

CHARLES DESCHAMPS DE LA BOUTEILLERIE.

Il fut originaire de la Rivière-Ouelle, son père se nommait J. Bte. Frs, et sa mère Catherine Gertrude Macard.

Mgr. de Laval l'ordonna en 1702 et l'employa à la desserte de l'Islet, de St. Augustin et de St. Joachim. En 1712 il le nomma chanoine.

Etant tombé malade en 1726, M. de la Bouteillerie se fit transporter à l'Hôtel-Dieu, où il mourut le 24 février à 52 ans. Il fut inhumé le lendemain dans la cathédrale au milieu du chœur.

JEAN GAUTHIER DE BRUSTON.

Il était de St. Laurent, Evêché d'Angers, et fut ordonné à Québec le 22 déc. 1675. Il fut successivement curé de la Pointe aux Trembles, puis de Boucherville de 1678 à 1680. Mgr. de Laval le nomma chanoine Grand Pénitencier, et il prit possession personnellement le 5 mai 1685. Il se démit le 3 avril 1698.

Il ne faut pas le confondre avec M. Guillaume Gauthier qui fut curé du Château-Richer, et aussi chanoine.

D'après le *Répert, Général*, M. Jean mourut le 7 avril 1726.

GUILLAUME GAUTHIER.

Natif de Coutance fut ordonné prêtre à Québec le 21 déc. 1677, Il fut curé du Château Richer, de l'Ange Gardien et de Ste. Anne. Il fut nommé chanoine en 1686 et se démit en 1692.

Il mourut dans sa paroisse à 70 ans, et y fut inhumé le 5 avril 1720.

Yves Leriche.

Il vint en Canada en 1701, et desservit la Baie St. Paul jusqu'en 1706. Il fut ensuite chargé de l'Ilet jusqu'en 1712, et de St. Laurent jusqu'en 1729. Il fut fait chanoine en Nov. 1729 ; ayant pris part dans les difficultés de la vacance du siége, ses désagréments l'obligèrent à cesser d'appartenir au Séminaire. Il mourut à 61 ans le 16 décembre 1755, et fut inhumé dans la cathédrale.

Bertrand de La Tour.

En venant en Canada, Mgr. Dosquet avait choisi, pour mettre en lui sa confiance et pour lui confier ses pouvoirs, Bertrand de La Tour, Docteur de Sorbonne et prêtre du diocèse de Montauban.

Il naquit à Toulouse vers 1700, d'une famille ancienne. Après s'être engagé dans l'état ecclésiastique, il ne tarda pas à se consacrer aux missions.

Pendant son séjour en Canada, qui fut assez court, il fut nommé doyen du chapitre de la cathédrale de Québec et conseiller-clerc au Conseil Supérieur. En France il jouit de la réputation d'un prédicateur et d'un écrivain fécond. Migne a publié ses œuvres en 7 gros volumes. "De La Tour, dit cet éditeur, est le prêtre du monde entier qui a le plus fait pour la Liturgie romaine. Si la cause de cette liturgie est aujourd'hui * gagnée en France, c'est surtout à lui qu'on le doit ; il a été le principal athlète, bien qu'athlète caché. Malgré son style souvent diffus et incorrect, cet écrivain est le plus original et le plus piquant, le plus courageux et le plus vigoureux qui se puisse imaginer."

On lui attribue 70 volumes, parmi lesquels des *mémoires* sur M. de Laval, imprimés à Montauban en 1672. Les autres parurent à Tulle, à Avignon, et à Cologne entre 1762 et 1778.

Après avoir quitté le Canada, il remplit en France les fonctions d'official dans le diocèse de Tours, fut curé de St. Jacques à Montauban, et membre distingué de l'Académie de cette ville. M. de Verthamon, ancien Evêque de Montauban, avait fondé un prix de 250 livres pour un discours de morale ; l'abbé de La Tour y ajouta 100 livres. Il avait une grande générosité de cœur, et ses abondantes aumônes le firent surnommer le père des pauvres.

Il fut fait doyen du chapitre de Montauban, et mourut dans cette charge le 19 janvier 1780.

Une institution de Frères, qui existe encore à Montauban, a été

---

* 1855.

fondée par lui et doit être la dépositaire d'une partie de ses précieux manuscrits.

CHARLES PLANTE.

Il était fils de Claude et de Marie Patenotre. Il fut ordonné
prêtre à Québec, par Mgr. de Laval, le 22 décembre 1703, et
placé à Beaumont, d'où il desservait St. Michel ; son poste suivant fut à St. Pierre en 1713.

Nommé chanoine le 26 nov. 1712, il monta à l'Isle-Jésus. Il fut
secrétaire du Chapitre pendant de longues années.

Il fit construire l'église de St. Michel, en 1734–5. Il fut longtemps
vicaire de Québec, Supérieur de l'Hôpital-Général en 1740, et
vicaire général depuis 1728. En 1739, il fut nommé curé de Québec. Un M. Jacques Dartigue, du diocèse de Lescar, en Bearn,
avait été nommé, mais il résigna le 27 novembre 1738, et s'en
alla à la Chine. (Lettre de M. Hazeur, à son frère, Paris, 10 mai
1739.)

J. BTE. GOSSELIN.

Il fut ordonné prêtre à Québec, le 18 octobre 1734, et fut fait
chanoine en 1741. D'après une lettre de M. Delorme, on voit que
le Roi lui accorda ce bénéfice à cause des services qu'il avait rendus aux matelots des vaisseaux du gouvernement.

Il visita en goëlette, avec M. Cugnet, les terres du domaine,
étant chargé de voir s'il ne trouverait pas quelques plantes particulières ; il eut le bonheur d'en rencontrer qui furent estimées et
reçues au jardin du Roi, à Paris.

Il mourut en France en 1759.

JEAN OLIVIER BRIAND.

Fils de François Briand et de Jeanne Burel, naquit le 23 janvier
1715, au village de St. Eloi, diocèse de St. Brieuc. Il fut protégé
particulièrement par le curé qui l'avait baptisé, M. René Jean
Allenou de Lavillangevin, et par son oncle, Jean Joseph Briand,
recteur de Pléven. Il fut ordonné prêtre le 16 mars 1739 ; au bout
de deux ans, il se décida à suivre en Canada, le curé de sa paroisse
dont il était devenu le vicaire. Ils allèrent s'embarquer avec Mgr.
de Pontbriand, qui nomma le jeune Briand chanoine de sa cathédrale, en arrivant à Québec.

Le jeune breton demeura avec son Evêque et fut honoré de toute
sa confiance jusqu'à sa mort.

Pour connaître les raisons qui déterminèrent plus tard ses collègues à le choisir pour Evêque, lisons ce qu'en a raconté son biographe.*

" Tous les regards se tournèrent alors vers M. Briand, qui s'était fait connaître de la manière la plus honorable pendant le siége de Québec, où il se multiplia pour donner des soins aux malades et aux blessés et leur procurer tous les secours qui étaient en son pouvoir. Les hôpitaux de Québec, dont il était le directeur spirituel, étaient encombrés d'infirmes, tant français qu'anglais. Ceux-ci voyant son courage, sa droiture, ses soins et sa sollicitude envers tous, sans distinction de personnes, furent frappés d'admiration et conçurent pour lui une grande estime. Lorsque la population catholique toute entière eut exprimé le vœu de le voir monter sur le siége épiscopal, le gouvernement britannique, [qui exerçait le despotisme militaire,] n'y mit aucun obstacle. Mais ces hautes fonctions ne séduisaient pas M. Briand ; il répondait à tous qu'il était indigne de les occuper. S'il se décida à occuper la dignité qui lui était offerte unanimement, ce fut sur les instances réitérées de ses amis qui lui représentèrent que, dans cette affaire, les intérêts les plus chers des catholiques étaient en jeu et qu'il devait profiter des circonstances favorables qui se présentaient pour obtenir le libre exercice de leur religion, en même temps que la continuation du siége épiscopal, dont son refus compromettrait l'existence."

Pour lui seul, la préférence dont il était l'objet demeurait inexplicable. " Quelle chûte horrible, " écrivait-il de Londres aux Demoiselles de Pontbriand, le 12 février 1765, " après Mgr. de Pontbriand, me voici à Londres, occupé à poursuivre sa dignité ; j'ai fui, j'ai résisté tant qu'il m'a été possible sans exposer la religion."

Sa respectable mère était encore vivante quand il reçut la consécration. " Je ne vois rien de plus cruel que les adieux éternels, écrivait M. de la Corne au Chapitre, le samedi saint 1766 ; "jugez, Messieurs, des assauts que le pauvre malheureux (son ancien collègue) a eu à essuyer en laissant sa famille où il a été passer environ un mois. Sa respectable mère qui est une vraie sainte, en a été malade, et ses frères et sœurs qui sont les plus recommandables par leur probité et leurs belles qualités, sont inconsolables. Il faut en vérité, autant de vertu qu'il en a et de fermeté, pour avoir

---

* Im. Gaultier du Mottay, à Plerin, près St. Brieuc.

résisté et n'y avoir pas succombé. Vous avez un saint, Messieurs ; prions le Tout-puissant de le conserver en Canada. Il ne se ménage pas assez ; je crains pour sa santé qui n'est pas forte. C'est à vous d'y veiller et à l'obliger de se ménager."

Mais le nouvel Evêque n'était pas de cet avis. Il entreprit, en 1669, la visite de son diocèse, et pendant 39 jours consécutifs, il ne prit pas un seul moment de repos, prêchant et confessant sans relâche ; mais sa fatigue fut telle qu'il tomba malade et passa 14 jours à l'Hospice de Montréal. Il continua sa visite ensuite. Il fit une seconde visite du diocèse en 1772.

Pendant le siége de Québec, le palais épiscopal avait été détruit ; à la paix il s'occupa de le reconstruire. Ses ressources étaient minimes et ne lui permirent de compléter cet ouvrage que bien des années après. Il y employa une somme de 11,000 francs et fit un emprunt de 15,000 autres, qui lui permirent le moyen d'achever. Mais il n'occupa jamais cette maison : il logeait au Séminaire.

Il était fatigué de l'asthme, et cette incommodité lui fit abandonner l'administration du diocèse en 1784, entre les mains de Mgr. Desgly, qui était son co-adjuteur depuis 14 ans. Il vit mourir successivement ce prélat, qui était très âgé, Mgr. Hubert, qui avait été coadjuteur à son tour dès 1786, et Mgr. Bailly qui ne fut jamais Evêque de Québec.

Enfin lui-même, rendu à l'âge de 79 ans, et vivant toujours au milieu des prêtres de son Séminaire, mourut le 25 juin 1794.

Son esprit conciliant le porta à ne pas entrer dans sa cathédrale après qu'elle fut réédifiée. Il faisait son office dans l'église de son Séminaire, veillant lui-même sur ses Séminaristes.

En 1774, le gouverneur Cramahé pria très instamment Mgr. Briand d'entrer dans son église, lui déclarant que c'était le vrai et unique moyen d'y établir la paix. " C'est dans cette vue, disait cet officier protestant, que je m'y suis intéressé, et je ne doute point, vous connaissant comme je le fais, que vous ne fassiez tout ce qui dépendra de vous pour l'accomplissement d'un bien si désirable." Le vénérable M. Dosque, curé de Québec, avait aussi préparé les voies, mais ne vécut pas pour voir la prise de possession qui eut lieu néanmoins l'année de sa mort, 1774.

"M. Plessis," dit M. Ferland, * "fut chargé de prononcer l'oraison

---

* Notice biographique de Mgr. Plessis, dans le Foyer canadien, t. I, p. 97.

funèbre du vertueux prélat, dont, mieux que tout autre, il connaissait le mérite et il sut s'acquitter dignement de cette tâche.

" A propos des deux siéges qu'avait soutenus Québec dans l'espace de seize ans, il s'étendit assez longuement sur les maux qui affligèrent le pays, pendant plusieurs années avant la conquête ; il montra la providence divine punissant les coupables par les horreurs de la guerre et de la famine et préservant la colonie des malheurs qui assaillaient alors la France...........................

"Après avoir loué la libéralité et l'humanité de la nation anglaise, qui venait d'accueillir si généreusement les ecclésiastiques français chassés de l'ancienne mère-patrie du Canada, par la démagogie et le philosophisme, l'orateur explique les idées du défunt Evêque touchant les résultats de la cession du pays à l'Angleterre.

" Bien éloigné de donner dans ces erreurs," continue-t-il, " Mgr. Briand vit à peine les armes britanniques placées sur nos portes de ville qu'il conçut en un instant que Dieu avait transféré à l'Angleterre le domaine de ce pays ; qu'avec le changement de possesseur nos devoirs avaient changé d'objet ; que les liens qui nous avaient jusqu'alors unis à la France étaient rompus ; que nos capitulations, ainsi que le traité de paix de 1763, étaient autant de nœuds qui nous attachaient à la Grande Bretagne en nous soumettant à son souverain ; il aperçut ce que personne ne soupçonnait, que la religion elle-même pouvait gagner à ce changement de domination."..........

"Enfin, après avoir exposé la doctrine de l'Eglise sur l'obéissance aux autorités constituées, il continue en ces termes à développer la théorie et la pratique de Mgr. Briand, à l'égard du gouvernement établi :

" Mgr. Briand avait pour maxime qu'il n'y a de vrais chrétiens, de catholiques sincères, que les sujets soumis à leur souverain légitime.   Il avait appris de Jésus-Christ qu'il faut rendre à César ce qui appartient à César ; de St. Paul que toute âme doit être soumise aux autorités établies........."

" Lors de l'invasion de 1775, notre illustre prélat connaissait déjà la délicatesse ou plutôt l'illusion d'une partie du peuple...... Mais il aurait cessé d'être grand, si une telle considération l'avait fait varier dans ses principes ou dérangé dans l'exécution.   Sans donc s'inquiéter des suites, il se hâte de prescrire à tous les curés de son diocèse, la conduite qu'ils doivent tenir dans cette circonstance délicate.   Tous reçoivent ses ordres avec respect et en font part à leurs ouailles.   Le prélat prêche d'exemple, en s'enfermant dans la capitale assiégée, Dieu bénit cette résolution ; le peuple, après quelque incertitude, reste enfin dans son devoir ; les citoyens se défendent avec zèle et courage. Au bout de quelques mois un vent favorable dissipe la tempête ; les Assyriens confus se retirent en désordre ; Béthulie est délivrée, la province préservée, et nos temples retentissent de chants de victoire et d'actions de grâces.........''

"De ma vie je n'ai craint homme,'' écrivait-il durant sa dernière maladie à Lord Dorchester : "Je me reproche même, à présent que je suis aux portes de la mort, de ne pas assez craindre Dieu, mon redoutable juge ; je sais aimer, mais non craindre. Les bontés me rendent faible et mou ; les grossièretés et les duretés me trouvent homme et ferme.''

Le général Murray avait une grande estime pour M. Briand, et l'exprimait dans une lettre à Lord Shelburne : "Je dois prendre ici, disait-il, la liberté de répéter ce dont j'ai eu l'honneur d'informer V. S., que M. Briand a constamment agi avec une candeur, une modération, un désintéressement qui le proclament un digne et honnête homme, et que je ne connais personne de sa robe qui mérite aussi justement la faveur royale.''

La loyauté de Mgr. Briand était à toute épreuve : aussi lors de l'invasion des Américains en Canada, en 1775, l'Angleterre dut la conservation de la colonie à ce prélat et à son clergé. Mgr. Briand en fit la confidence à une de ses sœurs : "Ces pauvres peuples,'' écrivait-il, le 26 septembre 1776, " avaient été séduits : ils le voient bien à présent. On s'était surtout attaché à les prévenir contre leurs curés, leur disant qu'il ne fallait pas les écouter, qu'ils n'avaient point à se mêler de la guerre, que ce n'était pas leur métier. Par ces discours nos instructions sont devenues inutiles, d'où est venu le malheur des habitants. On peut dire que la conservation de la colonie au Roi d'Angleterre est le fruit de la fermeté du clergé et de sa fidélité : car, quoique les peuples ne se soient point opposés aux Bostonnais, ils ne se sont pas joints à eux, et on n'en compte pas 500 qui aient suivi l'armée : et encore le plus grand nombre n'était que des malheureux, des gueux et des voyageurs.''

"Mais on peut dire que presque toute la colonie désirait que Québec fut pris ; Marie a conservé cette ville qui restait seule fidèle, puisque les faubourgs eux-mêmes étaient nos ennemis. Aussi, ont-ils été brûlés, soit par la ville, soit par les Bostonnais ; ce qui a fait bien des misérables. Ils portent la peine de leur désobéissance.''

Le souvenir de Mgr. Briand n'est pas perdu en Bretagne. Lors qu'on se rend de St. Brieux aux grèves de Tournemine, pour gagner la pointe de Pordic, on quitte à la hauteur du château de la ville-Rault la route vicinale suivie jusque là, et prenant à droite on arrive au bout de dix minutes, au village de St. Eloi que protège une chapelle dédiée à cet heureux conseiller du roi Dagobert. Au chevet de cette chapelle le chemin que l'on suit commence à se creuser et à prendre une assez forte déclivité à mesure qu'on s'approche de la mer. Vers le milieu de ce chemin et dans la partie la plus encaissée, se trouve à gauche une maison de cultivateurs assez peu remarquable du reste, mais portant dans sa construction tous les caractères des édifices de ce genre bâtis au XVIIe. siècle. Si l'on traverse la cour qui précède cette maison et si l'on y entre, on est tout surpris de voir auprès d'un crucifix et de la *bonne Vierge* en plâtre, un beau portrait peint au pastel, représentant en buste un vénérable Evêque : c'est Jean Olivier Briand. Il est encore vivant au milieu de sa famille.

On y conserve parmi les papiers précieux les lettres de cet Evêque canadien à ses sœurs, et aussi un journal que l'une d'elles tenait régulièrement. Dans ce Journal, Catherine Briand raconte quelques-uns des événements de la révolution. On y lit ces lignes :

"1790—On s'empare des biens ecclésiastiques : Evesque, prestres peu respectés, châteaux brulez, volez, nobles méprisés et anéantis; sy on le pouvoit. La religion peu consultée ni suivie par l'assemblée, qu'on dit nationale. Les pensions sur le clergé et les Etats menacés de n'estre plus payées. Ah! le triste siècle ; le clergé jusqu'à présent ne peut parler : ceux qui parlent bien sont peu écoutés. On veut pour plus grand mal se séparer du St. Siége : plus de soumission à N. St. Père le Pape ; par conséquent on devient schismatique ; et il n'y a pourtant qu'une seule et vraie église, sans laquelle il n'y a point de salut. C'est dans cette communion que je veux vivre et mourir. Je voudrois le signer de mon sang, moi Catherine Anne Marie Briand, fille du St. Esprit de la maison et école charitable de Plerin très indigne.

Plerin, 8 déc. 1790."

Quelle naïveté ! Quel esprit de foi et de religion dans ces simples paroles !

EXTRAIT DE LA RELATION DU SIEGE DE QUÉBEC EN 1759 PAR UNE RELIGIEUSE.

Tout ce qui était resté de familles et de personnes de distinction suivirent l'armée à Montréal après la capitulation. Mgr. notre St. Evêque fut forcé de prendre ce parti, n'ayant plus où se retirer.

Avant son départ, il mit ordre à tout ce qui regardait son District: il nomma pour Vic.-Génl. M. Briand un des premiers membres de son chap. et que l'on pouvoit appeler l'homme de la droite de Dieu, et d'un mérite si prouvé et si connu que nos ennemis n'ont pu lui refuser leur approbation, et je puis ajouter leur vénération. Depuis qu'il gouverne une partie du diocèse, il a sçu maintenir ses droits et ceux de ses curés, sans jamais trouver d'obstacles de leur part. La religion n'a rien perdu par sa vigilance et son attention.

Il fut encore chargé des trois communautés de filles en qualité de Supérieur. Mgr. qui depuis son arrivée dans ce pays nous avoit toujours protégées, je pourrais dire préférées, le chargea plus particulièrement de notre maison et l'engagea à y fixer sa demeure. Il nous voyoit chargées d'un peuple infini et sans ressources : exposées à tous les dangers ; il ne nous crut eu sûreté que sous ses yeux ; il ne se trompait pas. La suite de ma narration vous apprendra tout ce que nous lui devons..

Comme notre maison était encore pleine de malades. M. le Gd· Vic. qui veillait de près à nos intérêts, renvoya un grand nombre d'aumôniers qui ne pouvaient que nous être à charge par la cherté et la rareté des vivres. Il se chargea avec M. de Rigauville, chan. du chap. de Q., et aumônier de notre maison, prêtre d'un mérite et d'une vertu distinguée, d'administrer les sacrements aux malades et de veiller jour et nuit auprès des moribonds. Ils avoient encore tous les habitants des environs à confesser et à assister dans le besoin. Ce qui occupait et affligeait infiniment M. notre Gd. Vicaire était de ne pouvoir remettre la cloture...

Le choc (la bataille de Ste. Foye) se donna à quelques pas de Québec, sur une hauteur vis-à-vis de notre maison.........M. notre Gd. Vic. (auj. notre Eveque) qui ne souffrait pas moins que nous, nous exhortait à soutenir cet assaut avec résignation et soumission aux ordres de Dieu ; après quoi il alla se renfermer dans l'église, pénétré de la plus vive douleur, où comme le Gd. prêtre Aaron, il courut au pied des autels.........Il se leva plein d'espé· rances au milieu de l'action, pour se transporter sur le champ de bataille, malgré notre opposition qui n'était pas sans raison : car il y courut das risques. Ce qui lui fit prendre ce parti étoit, nous disoit·il, qu'il n'y eût pas assez d'aumôniers pour assister les mourants qu'il croyait être en grand nombre.

M. de Rigauville notre aumônier, plein de zèle, l'y voulut suivre. Il n'était pas sans inquiétude. M. son unique frère et plusieurs de ses proches étaient dans l'armée.............. ....

Vous aurez sans doute appris, mes chères mères, que l'Anglois touché et lassé de nos poursuites, accorde un Evêque à cet infortunée colonie; et leur choix ainsi que celui des François est tombé sur un sujet qui a pris naissance dans notre Province de Bretagne. Cela ne doit pas vous être indifférent : puis le seul mérite d'un homme a fait quelquefois le bonheur et la gloire de sa patrie.........

M. Briand ayant été choisi par feu Mgr. de Pontbriand qui le connaissait parfaitement, l'ayant toujours eu auprès de lui, il le chargea de la conduite de son diocèse pendant sa maladie. Il s'en acquitta si dignement qu'à la mort de ce saint Evêque, le chapitre le nomma Vic. Gén. à la satisfaction des François et de l'Anglois, qui l'ont fait passer l'année dernière à Londres pour le faire sacrer dans quelque Province, et revenir prendre possession de son Diocèse. Joignez donc, M. T. R. M. vos prières aux nôtres pour avancer son retour. Nous nous flattions que son absence ne durerait que 7 à huit mois, et voilà bientôt l'année expirée sans savoir le temps que la Providence a destiné pour combler nos vœux et assurer le salut de ce pauvre peuple qui n'a d'assurance que dans son Evêque, pour le renouvellement et la continuation de ses mystères. Pour nous autres, l'intérêt général, outre que nous en avons un particulier la perte de ce pays auroit entraîné la nôtre sans sa charité et sa protection qui nous a mérité celle des Anglois. Notre monastère et nos biens seraient vendus pour payer les dettes que nous ont fait contracter les troupes du Roi de France, et nos créanciers n'ont arrêté leurs poursuites que par ordre du gouverneur à qui notre maison est redevable de subsister encore.

Pour M. Briand nous lui devons d'avoir sçu nous maintenir dans notre cloture; ce qu'il nous aurait été impossible de faire, s'il n'avait pourvu par sa charité et par des moyens que la Providence lui fournissait pour subvenir à notre indigence, se refusant son nécessaire pour subvenir au nôtre. Nous lui faisions d'autant plus de pitié qu'il était témoin que le dérangement de notre temporel ne venait pas de notre faute, mais bien de la part de la Cour."

L'acte de la démission de Mr. de Montgolfier qui est peu connu, renferme un éloge de Mr. Briand qu'il est utile de consigner ici :

"Je soussigné, prêtre missionnaire en Canada, élu par le chapitre de Québec, le 15 septembre 1763 pour remplir le siége épiscopal de cette ville et de tout le Canada vacant depuis plusieurs années par la mort de feu Monseigneur de Pontbriand déclare que je n'avais consenti à cette élection qu'en vue du plus grand bien de l'Eglise et sous le bon plaisir des supérieurs civils et ecclésiastiques ; et que vu aujourd'hui l'état des choses et la disposition des puissances temporelles, je renonce librement, purement et parfaitement autant que de besoin à la dite élection et certifie en même temps que je ne connais personne dans cette colonie plus en état de remplir cette place que M. Olivier de Briand ptre. chan. et Gd. Vicaire du diocèse, qui, à la pureté de foi, au zèle, à la science, à la prudence et à la piété la plus distinguée que je connaisse dans cette colonie, joint en sa faveur le suffrage du clergé et des peuples et la protection la plus marquée du gouvernement politique.

En foi de quoi j'ai signé la présente déclaration à Québec le neuf Septembre 1764.

(Signé,)   Montgolfier, Ptre."

Joseph Francois Perrault.

Fut ordonné prêtre dans l'église des Ursulines de Québec, par Mgr. de Pontbriand le 20 septembre 1742, et envoyé comme curé à l'Ile du Pads. Peu de temps après il fut nommé curé de Terrebonne. Il demeura plusieurs années aux Trois-Rivières, et fut vicaire capitulaire pour son gouvernement à la mort de Mgr. de Pontbriand. En 1760, quand M. Briand eût été élu Evêque de Québec, la charge de Vicaire Capitulaire fut confiée à M. Perrault qui alla résider à Québec. A son retour d'Europe, Mgr. Briand le fit son Grand-Vicaire : il avait 47 ans. Il mourut au bout de 8 ans, et fut inhumé dans la chapelle de l'Hôtel-Dieu, au bas des degrés du maître-autel. Il était chanoine depuis 24 ans. Son père était un marchand de Québec, il avait des parents à Dunkerque et à l'Ile St. Domingue.

Tant qu'il vécut, on conserva l'espoir de voir le chapitre se soutenir : mais sa mort réduisit ce corps à deux membres infirmes, MM. de Rigauville et St. Onge : les autres étaient en France, sans aucune intention de revenir.

Thomas Thiboult.

Ce prêtre du Séminaire de Québec arriva à Québec en 1710. Il fut nommé pénitencier du chapitre et son procureur en France.

pendant 2 ans : mais la mort inopinée de M. Pocquet, curé de Québec, le fit choisir pour remplir cette charge, et il résigna sa fonction de Pénitencier (1716). Il devint Supérieur du Séminaire de Québec et le fut jusqu'à sa mort (1724). Il n'avait que 43 ans : il fut inhumé à la cathédrale le 13 avril.

Joseph Resche.

Il est mentionné parmi ceux qui terminèrent leurs études au Petit Séminaire de Québec en 1716 et fut ordonné prêtre le 18 août 1720. L'Evêque le plaça dans la cure de St. Antoine de Tilly où il demeura jusqu'en 1733. Le 28 septembre 1752, il fut fait chanoine de la cathédrale. Sur la fin de sa vie, il se retira à l'Hôpital-Général et y mourut à 76 ans, le 2 avril 1770.

Pierre Boucault.

Il était de Rennes et fut ordonné prêtre dans l'église des Ursulines de Québec le 22 septembre 1742. A la première vacance d'un canonicat, (1744), il fut placé dans le chapitre. Il en était le secrétaire en 1747, mais se démit au bout de deux ans, et retourna en France en 1754.

Jean Felix Recher.

Plusieurs des curés de Québec sous le Chapitre moururent avant 50 ans, à cause sans doute de la lourde charge qui pesait sur eux. M. Rêcher fut de ce nombre. Il arriva en 1747, et appartenait au Séminaire. Pendant le Siége il demeurait chez les Ursulines. Il fut enlevé à l'âge de 44 ans, le 16 mars 1768, et inhumé dans la chapelle du Séminaire. Ses funestes contestations lors de la prise de possession de la cathédrale par Mgr. Briand lui créèrent des embarras et des déboires qu'il aurait pu éviter. Voici dans quels termes le prélat parle de lui : "Ce prêtre d'ailleurs zélé et très capable et que j'avais comblé d'honneur pendant que j'étais auprès de l'ancien Evêque et pendant les cinq années que j'avais été Vicaire Capitulaire avait pendant mon voyage à Londres soulevé l'esprit des marguilliers et d'une partie du peuple."

A sa mort l'Evêque lui donna pour successeur un tout jeune prêtre comme curé d'office : puis M. Dosque au bout de 18 mois. M. Rêcher fut le dernier curé de Québec revêtu de la qualité de chanoine honoraire.

Joseph Marie de la Corne.

Ce chanoine est un de ceux dont l'influence s'est fait le plus sentir. Il était canadien, fils de Jean de la Corne et de Marie de Contrecœur. Il fut tonsuré en 1735 ; mais il alla en 1738 se faire ordonner prêtre à Rennes avec les jeunes Mercereau et Guillory. L'Evêque les reçut parfaitement et sachant que Mgr. Dosquet était en France depuis trois ans à cause de sa mauvaise santé, il les plaça lui-même dans le Grand Séminaire, avec ordre au Supérieur de leur donner tout ce qui leur serait nécessaire, alla les y voir souvent et les fit dîner chez lui. (Lettre écrite de Paris, 21 mars 1739). Il y avait déjà deux ans, le gouverneur Beauharnois informait le ministre qu'il y avait au Grand Séminaire de Québec ou dans les communautés religieuses une vingtaine de sujets qui pourraient être ordonnés et qui seraient utilement employés dans les différentes paroisses de la colonie qui manquaient de prêtres.

M. de la Corne revenu en Canada, fut nommé curé de St Michel. L'influence de sa famille le fit nommer conseiller-clerc au Conseil Supérieur de Québec.

En 1747 il fut nommé chanoine de la cathédrale, et dès 1750 député en France comme procureur du chapitre. Dans une lettre de l'année suivante il informait ses confrères qu'il était allé à Maubec, dont l'abbaye leur appartenait. " J'achetai, dit-il, un cheval, une selle et des bottes, étant obligé de passer par des chemins de traverse où il n'y va ni carosse ni messager. Il me fallut prendre un guide pour me conduire ; c'est un pays affreux pour les chemins que six mois de pluies consécutives avaient rendus impraticables, au point que je fus obligé une fois d'envoyer chercher du monde pour tirer mon cheval du bourbier. Il est malheureux pour nous que cette abbaye soit si éloignée des villes, et que les denrées n'aient point de débouchés ; elle nous donnerait au moins moitié plus. Nous avons trente-deux étangs superbes : le poisson y est excellent."

M. de la Corne reçut du Roi la dignité de doyen du chapitre en 1755, et bientôt fut nommé Abbé de Maubec. Il rendit des services inappréciables à ses confrères, et fut utile à la religion de différentes manières. Les derniers chanoines correspondirent constamment avec lui, et lui durent les faibles pensions qu'ils purent retirer jusqu'à leur mort. Mgr. Briand lui-même y participait comme ancien chanoine. M. de la Corne s'était démis du doyenné et mourut à Paris le 8 décembre 1779.

Joseph Ambroise Gaillard.

Il était fils de Pierre Rey Gaillard de St. Pierre d'Angoulême et de Françoise Cailleteau de Québec. Il fut ordonné prêtre le 16 juin 1726 à l'Hôpital-Général par Mgr. de St. Valier qui le nomma l'année suivante curé d'Autray, avec la desserte de Berthier en haut et l'Ile du Pads. * Il était seigneur de l'Ile et comté de St. Laurent. En 1749, il fut fait chanoine, mais continua à être curé. En 1760 il fut quelques mois curé de Varennes. Il mourut à Lanoraie le 2 avril 1771, à l'âge de 70 ans.

Jean de Cabanac Taffanel.

C'était le neveu du marquis de la Jonquière. Il était du diocèse d'Alby, et curé de St. Jean de Boutarie.

A la mort de M. de Lotbinière, le Roi lui conféra le doyenné (1749) ; le nouveau chanoine se rendit à Québec en 1750 et fut installé par Mgr. de Pontbriand. Lorsque son oncle le gouverneur mourut, il passa en France pour régler les affaires de la succession alléguant en même temps le mauvais état de sa santé. Il ne revint plus ; mais le général Carleton écrivait ce qui suit le 3 oct. 1767, au comte de Shelburne à son sujet : "J'ai raison de croire que l'abbé de Jonquière n'est pas exempt de l'ambition de porter la mître comme co-adjuteur, si le gouvernement y consentait, comme on nous en presse ; ce qui aurait l'avantage de le faire consacrer ici." Ce projet n'eut pas de suite.

Pierre St. Onge.

Il avait été ordonné le 18 décembre 1745 : fut envoyé vicaire à Beaumont en 1747 ; puis curé de St. Anne du Petit Cap en 1749 ; il était curé de Batiscan lorsqu'il fut nommé chanoine le 6 nov. 1755. Il devint secrétaire du chapitre le 27 sept. 1756. Le 11 sept. 1764, Grand Vicaire *sede vacante*, aux Trois-Rivières. En 1766 Mgr. Briand devenu Evêque de Québec nomma M. St. Onge son Grand Vicaire pour les Trois-Rivières. Il devint doyen du chapitre. Quant à sa mort, le *Repertoire* la met au 22 sept. 1795 à 74½ ans. Il ne faut pas le confondre avec un autre St. Onge mort le 24 juillet 1794 à 70 ans et inhumé dans l'église de St. Valier.

* Voir l'Annuaire de Ville-Marie.

Extrait du Journal Badeaux.

1777, sept. 2. Au commencement de ce mois nous fûmes plusieurs personnes chez M. St. Onge, grand vicaire pour le prier de nous accorder quelques prières publiques, ce qu'il fit très volontiers. Il ordonna même que les reliques de St. Clément et de St. Modeste qui reposaient dans notre église seraient descendues, vû qu'on avait plusieurs fois reçu des preuves évidentes du crédit que ces grands saints ont auprès du Seigneur. Ainsi elles furent descendues, et on fit une procession où elles furent portées par M. le Grand Vicaire et le Rev. P. Isidore, curé de cette ville. Nous partîmes de la paroisse en chantant l'hymne *Sanctorum meritis,* nous nous rendîmes chez les PP. Récollets, de là nous fûmes chez les Dames Ursulines, où après que les religieuses eurent chanté quelques motets, M. le Grand Vicaire entonna le *Te Deum* que nous chantâmes en retournant à la paroisse. Y étant arrivés nous reçumes la bénédiction du Très St. Sacrement, et nous fûmes avertis que l'on ferait une neuvaine dont cette procession était l'ouverture. Pendant toute la neuvaine le monde a été fort assidu à la messe et aux saluts : il s'y trouvait de très bons chrétiens ; mais combien y en avaient-ils d'autres ? J'ai ouï dire moi-même à plusieurs personnes qu'elles y allaient, mais c'était pour prier Dieu que les Bostonnais gagnassent. Voilà le point où l'on a poussé l'irréligion, et puis doit-on être étonné si Dieu appesantit sa main sur cette misérable province ! Après la neuvaine finie, nous fûmes remercier M. le Grand Vicaire qui nous reçut très bien.

1778, mars 10. Nous avons eu ici aujourd'hui un sermon prêché par M. le Grand Vicaire. Au commencement de son discours, il a donné sur le nez de quelques Congréganistes * qui avaient tourné en ridicule quelques expressions dont il s'était servi dans un sermon qu'il nous donna le mardi gras.

16. Les troupes ont demandé la charité dans toutes les maisons de la ville disant qu'ils crevaient de faim .... M. le Grand Vicaire en ayant rassasié quelques uns et ne se croyant pas obligé de nourrir toute la garnison fut contraint de faire fermer la porte pour pouvoir manger tranquillement.

Avril 2. J'ai été aujourd'hui chez M. le Commandant pour lui demander de la part des Dames Ursulines le paiement des malades qui ont été à l'Hôpital depuis l'automne dernier : il m'a fait réponse qu'il n'y avait point d'argent d'arrivé, etc.

---

* Expression employée à cette époque pour désigner les amis du Congrès.

Avril 25. M. St. Onge, vicaire-général, a annoncé ce matin une neuvaine pour demander à Dieu sa sainte bénédiction sur cette province, et la conservation de notre religion : cette neuvaine doit commencer dimanche, 28 courant, les Dames Religieuses doivent s'y joindre par une neuvaine de communions.

Les amis de la cause commune se moquent et se raillent de nos prières, mais nous nous en soucions fort peu ; nous espérons que Dieu les écoutera et qu'il favorisera les armes du Roy : si toutefois il ne lui plaît pas de le faire, nous aurons toujours l'honneur et la gloire de dire que nous avons été fidèles sujets de Sa Majesté jusqu'à la fin et que nous n'avons point donné notre âme au Diable en devenant rebelles à notre Roy sous un faux prétexte d'oppression comme ont fait une quantité de nos concitoyens.

QUATREIEME PARTIE.

MAUBEC.

L'histoire de l'abbaye de Maubec est peu connue ; comme elle se rattache à l'épiscopat de Mgr. de Laval, nous la résumons dans ce chapitre.

Les vieux dictionnaires disent bien que Maubec en vieux français signifiait *mauvaise langue* ; mais vraisemblablement l'on peut assigner une origine plus noble à ce nom donné avant même la fondation de l'abbaye par Dagobert. La charte en a été conservée et on y lit certains passages très-curieux. Après un préambule très-solennel, la charte donne la description des lieux dans les termes suivants : " Est etenim locus non longe a confini-
" bus pictavensis seu turonensis pagi uberrimus pascuis pecorum
" et pimentorum, irriguus de cursibus aquarum atque amœnus
" venationi ferarum, quo fuit mihi animus sæpius commorari,
" qui etiam ob frequentiam Regum delectandi gratia longoretus
" a commanentibus vocatur. " Puis vers la fin parlant d'un lieu propre pour y construire une basilique en l'honneur de St. Pierre il dit que son parent Sigirran l'a aussi appelé *millepecum*, nom tiré sans doute de l'abondance des troupeaux et des bestiaux, ainsi que du gibier que l'on y trouvait à cette époque, qui est, comme l'on sait, le ixe siècle. Dagobert en fait don à Sigirran qui venait de s'associer quelques moines pour y établir une maison religieuse, et l'autorise à y faire les constructions nécessaires aux frais du Trésor royal. Il le place sous la protection de la sainte Mère de Dieu, Marie toujours Vierge, en l'honneur de laquelle il veut que l'on érige un autel dans son palais pour y célébrer le saint sacrifice, en attendant qu'on élève une église spacieuse. Il recommande à son fils de fournir ce qui sera nécessaire lorsque le nombre des religieux sera devenu plus considérable ; et pour engager le peuple fidèle à y prier pour la famille Royale, il fait don à l'Eglise d'une partie de la vraie croix, d'une relique du vêtement de la sainte Vierge et du manteau de saint Jean-Baptiste, ainsi que d'autres saints. Il fait don au monastère de toutes

les Eglises construites ou à construire dans l'étendue de terre, · comprise *a decursu Andriæ usque trans cursum closæ circa fines biturigensis ac pictavensis confinii*, de tout ce territoires, de ses dîmes, revenus, etc., les exemptant de toute charge et redevance quelconque.

D'un autre côté, on lit dans l'histoire de l'Eglise de France, par l'abbé Guetté, que " le maire du palais de Burgundie Flaocate " donna à Sigirran les deux terres de Maubec et de Lonrei pour " y établir de pieuses communautés. "

Quoiqu'il en soit, les détails donnés sur ce premier abbé dans la même *histoire* intéresseront le lecteur :

" Sigirran, vulgairement nommé saint Ciran, était né au dio-
" cèse de Bourges. Flaocate l'avait fait entrer à l'école du palais
" de Neustrie et il était devenu échanson du roi. Sigilaïk son
" père étant dévenu Evêque de Tours, voulut le marier à la fille
" d'un riche seigneur nommé Adoal : mais Sigirran avait résolu
" de garder la continence et n'aspirait qu'à sortir du palais pour
" se consacrer tout entier à Dieu. Après la mort de son père,
" il se rendit à Tours ; Modegisil, le nouvel Evêque, l'admit
" dans son clergé et le fit même son archidiacre. Sigirran
" s'acquitta de sa charge avec beaucoup de fermeté, de vigilance
" et une si tendre charité pour les pauvres qu'il leur distribuait
" ses propres biens avec une sorte de prodigalité. "

Ces détails sont confirmés par la Charte, qui fait connaître la démission volontaire de Sigirran de son archidiaconé de Tours pour embrasser la vie religieuse : " qui ab archidiaconatu Tu-
" ronensium se feliciore vita frui desiderans removens sub mona-
" chali norma cum jam sibi junctis fratribus existentem vitam
" transigere inibi profitetur. " Rohrbacher fait connaître que les
" saintes profusions qu'il faisait de ses biens en faveur des pauvres
" avaient été traitées de folie par Etienne comte de Tours qui
" l'avait fait mettre en prison. La patience et les vertus de Cyran*
" furent sa justification. Ayant été bientôt mis en liberté, il
" donna le reste de son patrimoine aux pauvres, et fit le
" pèlerinage de Rome avec un saint Evêque irlandais nommé
" Falvius. " C'est à son retour de ce voyage qu'il embrassa la vie monastique ; et pour seconder cette sainte disposition le Roi lui donna Maubec : confirmo regali poâ et dignitate Sigir-rano Sigelaici filio comitis ac Turonorum Epi qtenus qui sæcula-

---

* Mort en 655.

ribus pompis biturigensis comitis filius abrenuncians castitate custode virtutum Deo placere gestiens inibi ex meis propriis rebus ac facultatibus cœnobate monasterium ut animo concipit construere liceat.

Voici quelques autres détails sur le même personnage.

St. Cyran* ou Sigirran fonda deux monastères dans le Berri. Il était né en cette province d'une illustre famille. Ses parents lui ayant donné une éducation convenable à sa naissance, le mirent auprès d'un seigneur nommé Flaocate qui le produisit à la Cour. Cyran s'y fit estimer par sa modestie et par sa sagesse : et il y exerça la charge d'échanson du Roi. Pendant ce temps là Sigilaïc son père étant devenu Evêque de Tours, voulut le marier avec la fille d'un riche seigneur nommé Adoal ; mais le jeune courtisan parut plus détrompé du monde qu'un Evêque déjà avancé en âge. Il avait résolu de garder la continence, et il vivait à la Cour sans autre ambition que d'en sortir pour se consacrer à Dieu, quand la volonté de ses parents ne l'y retiendrait plus. Dès que son père fut mort, il alla à Tours, moins pour en recueillir la succession, que pour se donner lui-même à Dieu sous les auspices de saint Martin. Modegisile qui avait succédé à Sigilaïc dans le siége de Tours, l'adopta dans son clergé. Cyran exerça la charge d'archidiacre avec une fermeté et une vigilance qui lui attirèrent peut-être les mauvais traitements qu'il eut à souffrir, quoiqu'on les colorât d'un autre prétexte. Etienne, comte de Tours, le fit mettre en prison, l'accusant de folie, à cause des saintes profusions qu'il faisait de ses biens en faveur des pauvres. C'est ainsi que les prétendus sages du monde traitent la sagesse de l'Evangile. Ayant été bientôt mis en liberté, il donna le reste de son patrimoine aux pauvres, et fit le pèlerinage de Rome avec un saint Evêque irlandais nommé Flavius.

A son retour, il alla trouver Flaocate son ancien protecteur qui était devenu maire du palais pour le royaume de Bourgogne, l'an 641, et qui lui donna deux terres dans le diocèse de Bourges, sur les confins du Berri et de la Tourraine. † Cyran y bâtit deux monastères ; savoir celui de Maubec et celui de Lonrei qui a pris le nom de St. Cyran. L'abbaye de Maubec a été uni à l'Evêché de Québec et celle de St. Cyran à celui de Nevers.

---

* Ext. de l'Hist. de l'Egl. Gall., t. 3, p. 481-2.

† Comme le nom de *Ciran* a été formé de Sigiranus, il semble qu'on devrait écrire *Siran* par un S. Mais j'ai cru devoir suivre l'usage, qui est le maître de l'orthographe aussi bien que du langage.

Flaocate fondateur de ces deux monastères, fut un de ces hommes qui paraissent dignes des plus grandes places, avant que de les posséder, et qui se démentent bientôt dans l'élévation. Dès qu'il se vit élu maire du palais par les suffrages des seigneurs et des Evêques à qui la reine Montechilde s'en était rapportée, il se servit de sa puissance, pour opprimer un seigneur français Willebaud, dont le crédit et la puissance qui faisaient ombrage au nouveau ministre étaient tout le crime.

Malgré tous ses défauts Dagobert avait un grand esprit de foi qui est exprimé vivement dans le préambule de la Charte.

" Cum per universum mundum fides Christiana Religionis et Apostolis sacris eroganda doctoribus prodigii et miraculorum signis prœuntibus Christi prœmisso nomine divulgaretur, innumera multitudo populi totius conditionis ad sacramentum baptismi purificandi noxa veteris culpœ confluebant, Clodovicus ergo Francorum Rex prœdicatione scti Remigii Remensium Epi divino afflatus spiramine ab eodem primus francorum Regum baptismi lavacrum sacrœ purificationis suscepit.

A quo nempe ego Dagobertus filius Clotarii regis filii Chilperici filii Clotarii filii Clodovici ab eodem Clodovico primo nrorum fide christi imbuto quintus vitam sanguinis trahens fide Christi et individuœ trinitatis verus cultor natu cujus ne ei etiam astra resistunt, vel quidquid cœlo subsistit famulatur cœlestis patriœ cohabitationem potiorem ducens sacra loca pignoribus sanctorum premunita et a sanctis apostolorum imitatoribus dificata adœ mihi confessis rebus augmentare, et etiam in quibus non fuerunt locis Christi memoriam non impiger fundata extruere cupit."

Pour montrer l'importance qu'il attachait à cette fondation, le Roi ajoute en conclusion :

" Ego nempe Dagobertus et Clodoveus filius meus regali potentia et dignitate propriis manibus firmamus, autorisamus et confirmamus hoc donum devotione Sœ Dei genitricis, ac perpetuœ Virginis Mariœ."

Extrait de la Topographie des saints, à Paris, 1703. Vo. *S. Siran* auparavant *Lonrey* (lat. *Longoretum* ou *Longoreti*) : et Meobec (lat. *Millebeccus* ou *Millepecus*).   Monastères du pays de Brenne dans le Berry.

" Flaocad autrement dit Flavaud, maire du palais du royaume de Bourgogne sous Clovis II, touché de l'exemple de St. Syran, et résolu de le suivre dans sa retraite, lui donna deux fonds sur ses terres dans le païs de Brenne, aux extrémitéz du diocèse de

Bourges, sur les limites de la Tourraine, pour y bâtir deux monastères. St. Syran jetta d'abord les fondemens de celui de Meobec ou Maubec, qui subsiste encore aujourd'hui à trois lieues de distance entre Argenton et Meizière en Brenne. Quelque temps après, ce saint alla bâtir l'autre monastère sur la rivière de Claise, dans la terre de Longoret, vulgairement Lonrey, au-dessous du Meizière. Saint Syran se retira dans ce dernier après la mort de Flaocad qui s'était renfermé avec lui dans celui de Méobec, et qui en était sorti pour retourner au monde. Il en fut le premier abbé, après avoir donné la conduite de Méobec à un autre, et il mourut 15 ou 16 ans après vers l'an 657. Le lieu quitta depuis son premier nom pour prendre celui de St. Syran qu'il garde encore aujourd'hui avec la règle monastique de St. Benoît, de même qu'à Méobec. L'une et l'autre abaïe sont du diocèse de Bourges. Mais S. Syran est maintenant de la temporalité de Tourraine.

4 Décembre vie de St. Syran.

Ce fut dans l'abbaïe de Lonrey que St. Baront se retira après sa conversion avec son fils Agloald, et qu'il eut la fameuse vision qui le fit passer ensuite en Italie.

25 Mars, sa vie.

Ciran ou Sigiran, Cyranus ou Sigiranus, abbé en Berri, né sur la fin du IVe siècle d'une famille illustre était fils de Sigélaïc qui devint ensuite Evêque de Tours. Il reçut dans cette ville une éducation qui répondait à sa naissance, et lorsqu'il parut à la Cour il se fit estimer de Clotaire II, qui le nomma son échanson. Son père voulut le marier à la fille d'un seigneur de ses amis nommé Adoalo, mais Cyran qui avait pris la résolution de garder la continence et qui pratiquait à la Cour toutes les vertus d'un solitaire, refusa cette alliance, et bientôt après il quitta son emploi et renonça au monde pour se consacrer à Dieu. Etant retourné à Tours pour visiter le tombeau de S. Martin, Modégisile successeur de Sigélaïc lui conféra les SS. ordres et le nomma archidiacre de Tours. Cette dignité lui fournit l'occasion de rendre de grands services au diocèse par son application à corriger les abus et à rétablir la discipline. Ses vertus et surtout son immense charité pour les pauvres lui attirèrent la vénération du peuple. Mais son zèle lui suscita des ennemis puissants. Le gouverneur de la ville le fit mettre en prison sous prétexte de folie. Son principal persécuteur ayant péri misérablement peu de temps après, Cyran fut rendu à la liberté. Il se démit alors de son archidiaconé, distribua aux pauvres le reste de ses biens et accompagna à Rome un des Evêques d'Irlande nommé Fulvius qui passait par Tours. Lorsqu'il revint d'Italie, il alla trouver Flaocate, son ancien protecteur, qui était devenu en 1641, maire du palais du Royaume de Bourgogne. Ce seigneur lui donna deux terres situées dans le diocèse de Bourges, sur les confins du Berry et de la Tourraine. Saint Cyran y bâtit deux monastères, celui de Maubec et celui de Lonrey, qui prit dans la suite le nom de Saint Cyran. Il y mourut l'an 657, et y fut enterré. Plus tard, quelques uns de ses ossements furent portés à l'abbaye de Saint Taurin d'Evreux.—4 décembre.

(Extrait du Dictionnaire d'Hagiographie.)

Le Dictionnaire de Biographie Chrétienne après avoir reproduit en partie l'article précédent ajoute :—Sa *vie* a été publiée par Mabillon avec des remarques.

Ces extraits donnent une idée de la valeur et de l'importance de l'abbaye de Maubec, qui est demeurée cent ans unie au chapitre de la cathédrale de Québec.

Tous les documents officiels émanant de la cour de Rome parlent du don fait de cette abbaye par le Roy de France à l'Evêché de Québec ; le Brevet de Louis XIV trouvera naturellement sa place ici, en voici le texte :

Aujourd'hui, quatorzième du mois de décembre mil six cens soixante-deux,

Le Roy estant à Paris, ayant estimé très nécessaire pour le bien de l'Eglise, et accroissement de la foy catholique dans le pays de Canada dit la Nouvelle France en l'Amérique Septentrionale, d'y ériger un Evesché, et de fonder un revenu pour la subsistance de l'Evesque et le soutien de la dignité Episcopalle, sur l'advis qui luy a esté donné que l'abbaye de Maubec de l'ordre de St. Benoist au diocèse de Bourges est aprésent vaccante par le décedz de Gabriel de Louault, dernier possesseur d'icelle, Sa Majesté estant particulièrement informée du grand fruict que M. François de Laval, Evesque de Petrée, vicaire apostolique de Sa Sainteté au dit pays du Canada, y a faict par ses bonnes instructions et par les exemples de vertu qn'il a donnés aux peuples et habitants de la dite Nouvelle France.

A accordé et faict don au dit Sr. de Laval de la dite Abbaye de Maubec, vaccante comme dit est, comm'aussy a nommé et nomme à notre Sainct Père le Pape, le dit S. de Laval pour estre le premier pourveu par Sa Sainteté du dit Evesché de Canada, qu'il plaira à Sa Sainteté d'ériger et d'establir la résidence de l'Evesque dans la ville de Kebec, avec la jurisdiction et les attributions dont jouissent les autres Evesques de France.

Auquel Evesché Sa dite Maiesté a consenty et accordé, consent et accorde que la dite Abbaye de Maubec soit unie pour servir de revenu et fondation au dit Evesché, et pour cete effect le dit Sr. de Laval consentira aussy tant à l'érection du dit Evesché de Canada qu'à l'union de la dite Abbaye, et pour lors le titre de la dite Abbaye sera esteint et supprimé.

A la charge touttes fois et non autrement qu'après la dite union faicte, au lieu et place de la dite Abbaye de Maubec, à laquelle Sa dite Maiesté nommoit elle nommera à Sa Sainteté dès à présent et à toujours au dit Evesché de Canada, lorsque vaccation en arrivera par mort, resignâon ou autrement. Et pour témoignage de sa vollonté Sa dite Maiesté ma commandé d'en expédier touttes lettres et dépesches pour ce nécessaires en Cour de Rome et ailleurs en vertu du présent Brevet qu'elle a signé de sa main et faict contresigner par moi son conr. secrétaire d'estat et de ses commandements.

(Signé,)   Louis

(Et plus bas,)   Phelypeaux.

Ce Brevet fut enrégistré au Parlement, le 20 août 1673, ainsi que les lettres patentes du 30 avril 1673, ci-après mentionnées. Le lieutenant général d'Issoudun et le substitut du procureur général verbalisèrent le 22 septembre 1673. Et la Cour du Parlement rendit un arrêt le 26 mai 1674, ordonnant la démolition des bâtiments mentionnés au procès-verbal comme inutiles et non nécessaires pour servir d'église de paroisse.

Enfin lorsque le 28 juin 1664, le Roi fit une supplique au Pape pour demander l'érection de Québec en Evéché, il lui annonca le don de l'abbaye de Maubec.

SUPPLIQUE DU ROI.

Très Sainct Père,

Nous sommes informez que le choix que Votre Sainteté a faict de la personne de notre amé et feal le Sr. François de Laval, Evesque de Petrée, pour aller en qualité de vicaire apostolique faire les fonctions épiscopales en Canada, a esté suivy de beaucoup d'avantages pour cette église naissante et coe nous avons lieu de nous en promettre encore de plus grands succès s'il plaist à Votre Sainteté de lui permettre d'y continuer à ladvenir les mesmes fonctions en qualité d'évesque du lieu, luy établissant à cette fin un siége épiscopal dans Québec, qui soit dependant et relève du siége archiepiscopal de Rouen, nous espérons que Votre Sainteté y sera d'autant mieux disposé que nous avons desia pourveu à l'entretien du dit Evesque et de ses chanoines, consentant à l'union et incorporation perpétuelle de l'abbaye de Maubec, ordre de St. Benoit, diocèse de Bourges au dit Evesché. C'est pourquoy nous la supplions que son bon plaisir soit à notre nomination; prière et requeste accorder au dit S. Evesque de Petrée, le titre d'Evesque de Québec, avec pouvoir de faire en cette qualité les fonctions épiscopales dans tout le Canada, coe suffragant néanmoins du dit Evesché de Rouen.

Luy en faisant à cette fin expédier toutes les Bulles et provisions apostoliques requises et nécessaires.

Cette grâce sera instamment poursuivye par notre très cher et bien aymé cousin le duc de Crequy, Pair de France, commandant de nos ordres et notre ambassadeur extraordinaire auprès de votre Sainteté, auquel nous remettant de tout ce que nous pourrions adjouster à la présente, nous prions Dieu qu'il vous conserve très St. Père longuement et heureusement au régime et gouvernement de notre mère Ste. Eglise.

Escript à Fontainebleau le 26 juin, 1664.

Votre dévot fils le Roy de France et de Navarre.

(Signé,) Louis.

La dépendance de Québec de l'Archevêque de Rouen, ne fut jamais accordée par le St. Siége. De plus pour régulariser le don de l'abbaye, il fallait des *Procédures ecclésiastiques*.

La Congrégation préposée aux affaires consistoriales, ayant été consultée sur l'érection du nouvel Evêché, donna son avis comme suit, pour ce qui concernait l'abbaye de Maubec :—

"Ut mensœ episcopali ad commodam pro tempore existentis Episcopi sustentationem applicetur atque incorporetur abbatia nuncupata de Millebeco ordinis Sancti Benedicti Bituricensis diœcesis." (9 oct. 1670.)

En conséquence Mgr. de Laval sollicita et obtint du Roi de

France des lettres patentes en date du 30 avril 1673, unissant la dite abbaye à l'Evêché de Québec; un arrêt d'enrégistrement en parlement de Paris du 20 août 1673 ; et enfin des procédures canoniques de la part de l'officialité de Bourges.

L'on exigea d'abord que l'Evêque fît un concordat avec les religieux survivants; ce qui eut lieu le 12 janvier 1673.

Alors (9 Septembre 1673.) intervint le décret de Jean de Mont pesat de Carbon, patriarche Archevêque de Bourges, primat des Aquitaines; qui confirma la dite union, à la charge que l'Evêque de Laval et ses successeurs " acquitteraient les charges dont les d. offices étaient tenus; feraient faire en la cathédrale l'office et service divin....... et emploiraient le surplus du revenu à l'entretien des faisant fonction de chanoine et chapitre de Québec, ainsi et de la manière qu'il est porté par les lettres patentes."

Ce décret fut homologué par arrêt du Parlement, le 26 mai 1674.

Enfin par les bulles du 1er octobre, 1674, Clément X supprima le titre collectif de la dite abbaye, et assigna l'abbaye, l'unit et l'incorpora avec ses dépendances et revenus, à l'Eglise de Québec et à sa manse Episcopale.

Dans le décret d'érection du chapitre de la cathédrale de Québec fait le 6 novembre 1684 par Mgr. de Laval, d'après le désir du Roi et l'injonction du Souverain Pontife, ainsi que l'on a vu ci-dessus, il est réglé " que tout ce qui dépendait de la manse abbatiale de Maubec (et de Lestrées) seraient attribué à l'Evêque et que tout ce qui formait la manse monachale serait divisé et distribué entre les dignités, les chanoines et bénéficiers en la forme, de la manière et au temps qui seraient indiqués par les statuts qui devaient être faits."

Le Roi, par les lettres patentes de février 1685, et de mars 1692, ajouta à la dotation de l'Evêché, deux autres abbays, savoir celles de L'Estrées et de Bénévent. Puis par de nouvelles patentes du mois d'octobre 1697, il confirma, approuva et autorisa le concordat ou partage fait entre l'Evêque et son Chapitre en date du 20 avril précédent et ratifié par les parties le 5 du même mois d'octobre, (Genaple not.)

Il est à remarquer que cet acte de ratification ainsi que le concordat lui-même porte qu'il était fait pour régler et lever les difficultés qui pourraient survenir en l'exécution du concordat précédemment fait le 16 du même mois d'avril.

Tous ces actes étaient notariés et avaient été précédé d'une convention sous seing-privé en date du 7 mars 1696 ; qui se complétait par une autre en date du 20 avril 1697, dans laquelle les parties reconnaissaient les obligations et charges réciproques qu'elles acceptaient. Le chapitre la ratifia également le 5octobre.

Rien, ce semble, ne manquait pour que cet arrangement fût stable ; néanmoins il devait être soumis au Souverain Pontife pour recevoir son approbation. Mgr. de St. Valier se chargea de ce soin et se rendit à Rome.

Le 20 mai 1703, il écrivit à M. Glandelet, pour l'informer que la Congrégation des prélats réunis par le Pape pour examiner le partage proposé avait été d'avis d'attribuer deux des manses abbatiales aux missions du diocèse et en outre de réduire le Chapitre à un doyen et six chanoines. Ces mesures furent mal accueillies.

Le Chapitre ne perdit pas un moment et par une délibération du 24 octobre 1703, exprima son opposition à des mesures aussi régoureuses et qu'il croyait basées sur de fausses informations.

La Congrégation persista néanmoins dans sa proposition, qui ut adressée sous forme de bref le 7 septembre 1704, à l'official de l'Archevêque de Paris ; celui-ci était chargé " de faires toutes les enquêtes nécessaires, d'approuver les conventions qui seraient intervenues entres les parties, en autant qu'elles ne seraient pas contraires aux Constitutions apostoliques et aux décrets du St. Concile de Trente."

Comme civilement, les brefs et bulles ne pouvaient être enregistrées qu'après l'approbation du Conseil du Roi, l'official dut avoir recours à cette épreuve ; qui fut deux fois fatale au bref ; pour cette raison, l'official ne fit pas de procédure et attendit. Le Chapitre de son côté ne se tint pas pour réduit ; après plusieurs négociations auprès de l'official, il finit par rédiger une nouvelle opposition en forme contre les clauses étrangères aux concordats. Ce document est du 7 novembre 1710, et Mgr. de St. Valier, y donna son acquiescement le 4 Juin 1711, peu de temps après avoir été mis en liberté par les Anglais, qui le retenaient prisonnier depuis cinq ans.

Les poursuites que le Chapitre fit faire en Cour de Rome pour obtenir une Bulle suivant ses désirs furent inutiles. Elles furent plus heureuses auprès du Conseil du Roi ; en vertu d'un arrêt du 1er octobre 1712, qui renvoyait certaines difficultés au sujet des abbayes et autres par devant les Commissaires nommés à cet effet, il fut émané des lettres patentes en forme datées du mois de Septembre 1713. Le Roi confirmait l'érection de l'Evêché et du Chapitre telle qu'elle avait été faite dans le principe, et pour assurer la subsistance du nombre de chanoines mentionné dans le décret d'érection (c. à d. les dignités et 12 chanoines,) faisait au chapitre don d'une gratification de 3000 lb. par année à prendre sur le domaine du Roi en la Nouvelle-France. Cette nouvelle dotation mettait le chapitre en état de subsister et faisait disparaître une des raisons qui avaient motivé la Bulle de 1704 ; elle resta donc une lettre morte et l'official de Paris ne la mit jamais à exécution. Pour confirmer davantage la permanence du don fait par le Roi, l'Evêque et le chapitre acceptèrent, par un acte en forme daté du 20 avril 1714, la gratification exprimée dans les nouvelles lettres patentes, mais sans faire aucune mention de la Bulle de 1704.

Un fait intéressant qui se rapporte à l'abbaye de Maubec est l'existence d'une relique de S. Loyau, abbé de Maubec, qui est déposée dans la grande lanterne du tabernacle de la cathédrale de Québec. Le procès verbal de la visite faite de ces reliques le 29 octobre 1798 par M. Jos. Oct. Plessis, alors Vicaire Général de Mgr. Denaut, atteste "qu'il a visité et reconnu pour authentiques les différents reliques suivantes, savoir un os insigne du bras de S. Paul Apôtre, *un os insigne de S. Loyau * abbé de Maubec,* une partie de la mâchoire Ste. Apolline vierge et martyre......................................
....
le tout enfermé dans une châsse de bois d'Ebène vitrée et garnie d'argent, la dite châsse revêtue en dedans de velours cramoisi et scellé en dix-sept endroits différents du sceau du diocèse, de laquelle le dit Sr. Vic. Gén. a extrait seulement trois des susdites reliques, savoir ; celles de St. Paul, de St. Loyau et de Ste. Apolline sus-mentionnées, qu'il a placées au milieu d'un reliquaire de bois doré, vitré et fait en forme de lanterne, pour être placé sur le dome du tabernacle du maître autel de l'église cathédrale de Québec;...................... permettant que les reliques tant de l'un que de l'autre reliquaire continuassent d'être exposées à la vénération des fidèles."

Voici l'histoire de ces reliques d'après l'authentique de Mgr. de S. Valier daté du 25 Janvier 1689, qui se trouve au Reg. A des insinuations de l'Archevêché, page 277 : Le Roi Dagobert, fondateur de l'abbaye, lui en avait fait don dans sa piété et sa munificence. Elles étaient encore dans l'abbaye lors de son extinction, et Mgr. de Laval les y avait vues, ainsi que leurs authentiques.

---

* Ce nom a été trouvé dans le reliquaire suivant les notes de Mgr. Plessis. L'authentique porte seulement, comme on le verra plus loin, S. Primi Millebecensis Abbatis ; la Gallia Christiana le nomme Leodaldus (S. Loyau.)

Quoique Mgr. de St. Valier eût vu lui-même ces authentiques, il ne les avait pas apportées. Comme les reliques avaient été retirées de l'abbaye l'année précédente (1688) avec la permission du Roi et le consentement de l'Archevêque de Bourges, Mgr. de S. Valier obtint des mêmes autorités l'autorisation de les emporter à Québec.

A son arrivée le clergé, les nobles et le peuple supplièrent instamment le prélat d'exposer à la vénération publique ces insignes, reliques désignées comme suit :

1. Os insigne brachii Sti. Pauli Apostoli.

2. Partem menti Sti. Joannis Baptistæ.

3. Frustulum veli B. V. Mariæ necnon vestimenti Stæ. Mariæ Egyptiacæ.

4. Os insigne Sancti Primi Millebecensis Ab.

5. Partem maxillæ Ste. Apolloniœ V. et M.

6. Os aliud insigne unius ex Stæ. Ursulæ sociis.

7. Et alia ossa plurimorum SS. martyrum.

Pour se rendre à de si justes prières, et ne pas priver plus long-temps ces reliques de l'honneur qui leur était dû, et la Nouvelle-France du grands secours qu'elle en pouvait tirer, l'Evêque de S. Valier en fit don à l'Eglise cathédrale, en fit la translation solennelle et les exposa à la vénération publique le 25 Janvier, jour de la fête de la conversion de St. Paul.

Cependant il en avait extrait auparavant un morceau de l'os de St. Paul, pour en faire don à l'église paroissiale de Ville-Marie (Partenople dans l'Isle de Montréal,) et un autre morceau du même os, dont l'église de Port-Royal hérita, comme on le voit au même Reg. p. 278. Les Ursulines de Québec en reçurent une parcelle. *

Dix ans après (en 1698) le même prélat détacha une troisième parcelle de l'os de St. Paul pour la donner à l'église de St. Laurent dans l'Isle St. Laurent (maintenant *d'Orléans*.) Cette relique fut accompagnée d'une authentique, dans laquelle on lit que le reliquaire était placé *in medio Cathedralis altaris juxta Deiparœ Virginis Statuœ pedes.* Ceci est confirmé par une délibération du chapitre en date du 7 octobre 1748, où l'on voit que l'autel de la cathédrale fut placé à 14 pieds environ du rond-point, les anges adorateurs, la statue de la Ste. Vierge et les *reliquaires* contre la muraille du rond-point.

Voici le texte de l'authentique dressé pour la cathédrale:

---

* Histoire des Ursul. de Québec, p. 457.

Joannes Dei et Stæ Sedis apostolicæ gratia Quebecensis Episcopus, omnibus has præsentes inspecturis. fidem facimus et attestamur quod dono dedimus Ecclesiæ Nostræ cathedrali sub titulo Immaculatæ Conceptionis Beatœ Mariæ Virginis et Sti Ludovici in novâ franciâ Quebeci erectæ sanctissimas reliquas quæ sequuntur: 1o. Os insigne Brachii S. Pauli Apostoli. 2o. Partem menti Sti. Joannis Baptistæ. 3o. Frustulum veli beatissimæ Virginis Mariæ necnon vestimenti Stæ Mariæ Egiptiacæ. 4. Os insigne Sti. Primi Millebecensis abbatis. 5o. Partem maxillæ Stæ Apolloniæ Virginis et Martiris, 6o. Os aliud insigne unius ò Stæ Ursulæ Sociis. 7o. Et alia ossa plurimorum Storum Martyrum. Quas quidem sanctissimas reliquias ex Regum Francorum pietate et munificentia abbatiæ Millebecensi per Dagobertum Regem primum dono datas, tum ab anno præterito de licentia Regis Christianissimi Ludovici magni, ac beneplacito Illustrissimi et Reverendissimi Bituricensis archiepiscopi ex prædicta abbatiâ ab aliqnot annis suppressâ et Episcopatui nostro unita desumptas per nos, ac de licentia ejusdem christianissimi Regis et prœfati Illustrissimî Archiepiscopi beneplacito Quebecum transmissas et nobiscum allatas, quasq illustrissimus et Reverendissimus prœdecessor noster Franciscus Episcopus Quebecensis in prædicta abbatia antea extitisse, et in ea se eosdem vidisse cum illarum authenticis quæ et nos vidimus declaravit, et in hujus rei veritatem ac testimonium suscriptionem suam propria manu exaratam hic infra apposuit ; clerus, Primates et populus a nobis enixe postularunt publicæ venerationi exponi. Quorum piis et justis precibus annuere volentes ne diutius iisdem sanctissimis reliquiis debitus honor et novæ franciæ tantum præsidium differretur eos in præfatam Ecclesiam Nostram cathedralem cud illas dono dedimus solemniter transtulimus ibique publicæ venerationi exposuimus die vigesima quinta Januarii festo Conversionis Sti. Pauli sacra anni mille. simi sexcentesimi octogesimi noni : in quorum fidem has præsentes litteras per præfatum Illustrissimum prædecessorem nostrum et nos, necnon et secretarium nostrum subsignatas et sigillo ejusdem Illustrissimi prædecessoris Episcopi, et nostro munitas sigillari voluimus. Datum Quebeci die vigesima quinta Januarii anni, millesimi sexcentesimi octogesimi noni.

L † S.   Joannes Episcopus Quebecensis.

L. † S.   f. primus Quebecensis episcopus.

De mandato DD., Epi.

J. Foucques.

La relique de St. Paul a toujours été en très-particulière vénération.

Le 10 Juillet 1689, par ordre de MM. les Grands-Vicaires on commença les prières des 40 heures à la cathédrale........ A la fin des prières, l'on fit une procession solennelle où la relique de St. Paul et celles de St. Flavien et Ste. Félicité furent portées en station aux trois églises de la haute ville. *

Extrait.

de *Gallia Christiana* in Provincias Ecclesiasticas distributa; qua series et historia Archiep. Episc. et abbatum Franciæ vicinarumque ditionum ab origine Eccles."

(Sammarthan) Paris MDCCXX., t. 2. Eccl. Bituricensis. page 168.

Millebeccensis Abbatia.

Millebeccus Meaubec vel Meobec seu Millebeccum in silva Brionensi (De Braines) ordinis S. Benedicti fundatur a Flaucado (al. Fulcando) majori domus Theodorici (al Clodovæi) regis Burgundiæ, et a S. Sigiranno, qui primus illi præfuit ut testatur anonymus in ejus vita edita seculo 2. Bened. pag. 432 & seq. Unita fuit an 1674. mensa hujus monasterii tam abbatialis quam conventualis, Kebecensi ecclesiæ in America; ecclesia vero in parochialem evasit.

Post S. Sigirannum primus abbas fuit S. Leodaldus (al Licodaldus) (S. Loyau.)

Regembaldus memoratur in Concilio Lemovicensi, an. 1031, ubi ventilata quæstio de apostolatu S. Martialis; laudatur, inquam, pater monasterii Millebeccensis, qui *ante plures annos* pro S. Martialis apostolatu sententiam dixerat.

Gumbertus annos 1074, arbitri munere fungitur inter abbates S. Sergii et S. Albini Andegavenses.

Walterius anno 1088, testis memoratur in litteris Richardi Archiep. Biturg. prœdia nonnulla monasterio S. Dion. restituentis.

Petrus circa an 1112, quærelam cedit quam habebat cum sanctimonialibus Ursanii pro decima de Broliis.

---

* (Hist. des Ursul. de Q., p. 467.)

Vide probationes vitæ B. Roberti d'Arbrissel, fol. 559.

Leodegarius in Charta Adalardi cujusdam an. 1114, ind. VII regnante Ludovico.

Stephanus in litteris Petri Eschaudet pro Urbanio an. circiter 1120, quœ extant chartularii Ursan. fol. 17.

P. memoratur an 1183, in chartul. S. Stephani Bitur.

Joannes d'Azay an 1429, transigit cum Petro le Frère abbate Landesii.

Philibertus de Marasin e nobili familia prope Caritatem ortus, prior S. Marcelli Cabilonensis, abbas Millebecci eligitur prior Caritatis an. 1470, obiit 1486.

Antonius de Champropin abbas etiam S. Cypriani, ubi vide. Obiit 1539.

Antonius Fradet Senator Parisiensis cantor et canonicus Bitur. abbas erat an. 1601. et 1618. abbas etiam pleni-pedis ubi vide.

Joannes de Gaucourt filius Ludovici de Gaucourt equitis ordinis S. Michaelis, ac ducis Alenconii cubicularii, ex Johanna d'Escoubleau filia Joannis domini de Sourdis, abbas fuit Millebeccensis, sed quo anno ignoratur.

N. de Sainctou (al de Saintot) abbas 1650. et quidem ultimus ; abbatia ut prœnotavimus unita ecclesiæ Kebecensi anno 1674. Quidni vero hac data occasione tam opportuna ecclesiæ hujus tum erectionem, tum eos qui ipsi prœfuerunt episcopi liceat breviter commemorare.

Ecclesia Kebecensis.

Kebecum urbs caput est, seu primaria Novæ Franciæ in Insulis Occidentalibus civitas quæ an. 1674 episcopali sede decorata est a Clemente Papa X. dotata maxime reditibus abbatiorum Millebecci et Stratæ. Certe vero episcopus quotannis habet decem et octo millia librarum, eaque singulari prærogativa gaudet ut canonicus S. Martini Turonensis *ad honorem* ut vulgo dicitur, habeatur.

Franciscus de Laval de Montmorency, non vero de Montigny, ut quidam aiunt, ex episcopo Petreæ in partibus infidelium primus a Rege designatus an. 1675. al. 1672. Ecclesiæ Kebecensis thronum episcopalem conscendit, quem dimisit an 1685. erecto interea capitulo ecclesiæ cathedralis ac fundato Seminario. Obiit autem Kebeci die 6 Martii anni 1708. non sine fama sanctitatis, sex annis octogenario major.

Johannes Bapt. de la Croix de Chevrières doctor in theologia fa-
cultatis Paris. cessione superioris admissa nominatur ad hanc se-
dem mense Aprili an. 1685, sacram unctionem accepit in ecclesia.
S. Sulpitii Parisensis die 25 januarii an. 1688. Regi ab eleemosynis
antea fuerat, abbas Gimundi et eques Melitensis.

R. pater de Mornay Regi sacramentum præstitit pro episcopatu
de Quebec cujus est coadjutor 19 Maii in vigilia Pentecostes an
1714. intra missarum solemnia.

Le service de l'abbaye et des paroisses qui en dépendaient se fit
par les soins de l'Evêque de Québec.

On le voit entre autres par plusieurs lettres qui suivent.

M. Dudouyt à Mgr. de Laval 1677.

" J'espère aller cet esté à Meaubec mais je prévois que je feray
bien peu de choses, la guerre est cause que l'on ne peut rien
tirer. Il me paroist que Roger y seroit peu utile et feroit de la
dépense. J'avois pensé que si M. Gauthier oncle de M. Duplein y
vouloit aller demeurer, comme il entend fort bien les affaires et le
mesnage et que d'ailleurs il s'occuperoit a ayder M. le curé dans
ses fonctions qui me demande un prêtre ; et si M. Salé ne l'aydoit
il luy en faudroit un, et il en auroit en effect le soin, mandez-moi
votre pensée, M. Gauthier m'a paru disposé à ce que l'on voudroit
quoy que je ne luy aye pas escrit de cecy en particulier."

1681. *Meaubec.* "M. Gauthier est curé de Meaubec et affectionné
pour tout ce qui vous regarde. Ce sera un grand soulagement
pour l'administration de cette abbaye. M. le curé de Pontigny
n'a pas été troublé dans son bénéfice.

"M. le curé de Péronelle est décédé dans un mois de gradué.
L'on en avait mis un à Neuille qui a quitté à cause du peu de revenu. Le Sieur Papineau a été contraint de quitter Vandœuvre
suivant la sentence rendue contre luy par M. de Bourge. Celui
qui y est demande portion congrue ne voulant se contenter de ce
qu'il y a de revenu. Le curé de Velgougis est aussy décédé."

Inventaire des papiers de Meaubec.

" J'ay passé cinq semaines à Meaubec pour establir M. Gauthier et donner ordre à toutes choses. Nous avons fortement
travaillé à l'inventaire. J'ay donner ordre pour achever les
services et reconnaissances. M. Gauthier en aura soin. Les

dixmes extraordinaires de l'abbaye et des offices se montent à 1200 lb. elles alloient à 1800lb en la dernière assemblée.

"Le frère Jean est décédé à Chasteau Meslland. J'ay fait les frais de son inhumation et dire une messe par semaine pendant un an. Il faut faire prier Dieu pour luy à Québec.

"M. de Boché est décédé assez subitement sans avoir reçu les sacremens.

"M. le Vicomte d'Argenson continue à prendre soin d'Esves avec bien de l'affection. Il m'a fait espérer que je toucherois de l'argent dans Pasques dont j'ay besoin pour subvenir à nos affaires.

1682 Mars. "Il n'est pas possible de rien avancer pour la suppression des abbayes que les affaires du Roy avec le Pape ne soient accommodées. Nous avons escrit de votre part au Pape, au Cardinal Cibo, à M. Favoriti, à M. l'ambassadeur. M. Sevin a présenté vos lettres à M- Favoriti et luy a dit qu'il étoit absolument nécessaire que le Roy fist son affaire de la suppression que l'on demandoit. Il luy repartit que c'étoit en effect le Roy qui demandoit cette suppression, et M. Favoriti lui dit qu'il falloit que le Roy le demandast avec plus d'instance et qu'il mist cette affaire au nombre de celles qu'il demande à S. S.

"Les autres prélats par devant lesquels cette affaire est renvoyée lui firent aussi beaucoup de difficulté.

"M. Sevin est de retour à Paris qui nous a dit qu'il faut attendre que l'affaire de la régale soit terminée et alors faire escrire par le Roy à son embassadeur qu'il agisse fortement en cette affaire : nous n'y perdrons pas de temps lorsque les choses seront en état pour cela : on espère que ce sera bientost, d'autant que l'affaire de la régale est sur le point d'estre terminée. On attend de Rome l'acceptation de ce que le Roy a fait en France. Cette affaire étant réglée tous les autres différens s'accommoderont facilement."

Etat du revenu temporel de l'abbaye Royale de Meaubec.

"Premièrement :

"Le logis de l'abbaye ou loge M. l'abbé de lorme qui consiste en une sale basse, une cuisine, à côté trois chambres hautes et des cabinets à costez et des greniers audessus. Le tout n'étoit point en état lorsqu'il est arrivé en France il a fallu faire une grosse dépense pour y loger n'y ayant aucuns meubles; a côté des dits Batiments il y a les écuries hors de la ditte Abbaye, il y a un grand corp de logis qui consiste en trois chambres, le sacristain loge dans une, le reste en très-mauvais état, M. de Lorme occupe deux chambres hautes et une cuisine, le reste est occupé par les gardes de l'abbaye.

" A côté il y a le logis ou Monsieur le Chambrié faisoit son appartement qui consiste en une chambre un cabinet à côté un grenier au dessus et une écurie.

" La Sellerie ou les fermiers font leur demeure, une grange pour loger les bleds de Meaubec qui est de cent ou six vingts pieds de long et quarente de large qui coute beaucoup à entretenir.

Le Prez appelé le Prés au Moyne.
Le Prez des Méz.
Le Prez au Laict.
Le Grand Estang.
L'étang de Monnelereau.
L'étang de Chailloux.
L'étang des Jouanneaux.
L'étang du Grand Epinet.
L'étang du Petit Espinet.
L'étang du Personez.
L'étang du grand Mez.
L'étang du petit Mez.
L'étang du Brossard.
L'étang du Coindon.
L'étang de la Chaussée.
L'étang du Grand Mory.
La Metairie des Mardelaittes.
La Metairie de Saint Laurent.
La Metairie de Chassay.

La Metairie de Mersan sans bâtiments avec les dixmes et le terrage de Mersan.
Les dixmes et le terrage de Méaubec.
Les dixmes et le terrage de Neüillay.
Les dixmes et le terrage de Claisse.

La dixme de Meigné consistant en une dixième partye du total du dit lieu.

Le gros de Miret consistant en 160 Boisseaux de bleds seigle et 80 boisseaux d'avoines que le seigneur de cors doit à l'abbaye de M. Legros de la Chapelle ortomalle consistant en quatre septiers froment et trois Marseche.

Le Metairie de Buzancois.

Les Charnages et lainage de Meaubec et Neûillé.

Le droit de bordage et pacage des villages de Marsan les fencs et les chiroux.

Le Droit de chauffage des villages de Chassay les Bernards et la forêt.

Le dixme de la leufpris et levé en la paroisse de Paulgny.

Le dixme de Chanvre de Meaubec et de Neûillé.

Le Droit de Pacage du Bourg de Meaubec et du village des Caillonets.

Le Droit de Mortaille est paroisse de Meaubec et Neûillé.

Le Droit de Lots et ventes rachats et confiscations amande des hœrenies batardise et Espancs.

Le Notariat de Meaubec et Neûillé avec le greffe à la charge de nourir les officiers de justice et leurs chevaux les jours des audiences.

Les cents et rentes en argent volailles et bleds des paroisses de Meaubec et Neûillé selon qu'elles sont portées par les terriers et autres droits seigneuriaux comme droit de retenue. Les papiers terriers ont besoin d'être renouvelés.

Le droit de tirer de la mine dans les bois qui peut valoir cent livres par an.

Le droit de vente plassages et mesures les jours d'assemblées et Meaubec et Neûillé.

Le droit de glandée dans les bois de Meaubec qui sont les bois de l'Espinet consistant en cinq ou six cent arpens haute futaye.

Les paupins qui consistent en trois à quatre cent arpens de bois ; la petite et grande chambre qui consistent en quatre à cinq arpens de bois haute futaye.

Le bois du Don consistant en 80 ou cent arpens aussy futaye. Tous les bois sont fort dépéris par leurs vieillesse et a demi consommés. Le bois des houst en taillis consistant en cent ou deux cent arpens.

La Garenne de St. Anastase en taillis consistant en quarente ou cinquante arpens de bois taillis.

Le Macbereau en taillis consistant en cent ou six vingt arpens de bois taillis.

Voilà tout le revenu que Monsieur l'abbé jouissait.

Le Revenu des Biens des Religieux.

La rente de cent livres sur les Mestairies de Culan et Coquesable deue par messieurs les popinaux * d'Issoudun.

Les Etangs des grandes et petites Prevotés.
Les Etangs des grands et petits Couvents.
La grande et petite Chambrée.
L'Etang de Beaugeu.
L'Etang de Champtegrolles.
L'Etang Daigue Froide.
L'Etang de la Celerie.
L'Etang de Legodière.
L'Etang au Prieur.
La moitié de l'Etang Baillalis.
L'Etang de Chassefretas.
L'Etang Neuf.
L'Etang du Petit Mory.
Le Prés des Bouères.
Le Préz appellé la Querüe des Préz.

———

Le revenu de la Chapelle de Villarnous.

Le Revenu de l'infirmerie.
Le Prieuré de Vaudemeures et St. Anastase.
La Rente du Prieure de Jouard.
Le Prez des Posuées.
Le Prez du Pont de Mebouchet.
Le Prez de Mebouchet.
Le Prez de la Chanterie.
Le Prez de la Sacristerie.
Le Prez du Pont St. Sulpice.
Le Prez de la Leuf.
Le Moulin de Baratte.
Le Prez de Cellerie.
Le Moulin de Mirebeau.
Le Moulin de la Cour.
La moitié du four banal de Méaubec.
Les Droits de corvées tant d'hommes que de bœufs et charettes avec le Droit de poulles de feu.

* Signifiait probablement Cabaretiers.

Le Moulin de Claize.

La seigneurie de Mebouchet, consistant en un ancien château, une metairie terres labourables et non labourables, prez, bois et buissons.

Etat des Charges.

Le gros de Monsieur le curé de Méaubec, consistant en quatre vingt dix livres six vingt boisseaux de bled, froment et seigle, par moitié.

Pour les decimes ordinaires et extraordinaires, seize cent livres cy... 1600℔

La portion congrue du Sieur curé de Neuillé cy........... 300℔

Le prieuré de Chezelle, affermé mil livres au Sieur de la Brosse consiste en deux métairies, deux moulins Dixmes et terrages, lainage et charnage cens et rentes les bâtimens des métairies coutent beaucoup à entretenir par an sur quoy est à payer la portion congrue du curé cy... 300℔

Il y a 23 cures auxquelles nous avons droit de nommer, nous ne sommes point obligés de donner les 300℔ à tous les curés excepté à ceux cy-dessus, l'on donne seulement aux autres quelque supplément de portion congrue comme à celui d'Abilly, ...32℔.

Aux autres 8℔ et à quelqu'autres 4℔ etc.

Le prieuré d'Eve donne de revenu 1550℔, sur quoy sont à déduire les réparations qu'il y faut faire tous les ans que l'on ne peut fixer non plus que celles de Méaubec.

La chapelle de Vauroyer donne 180℔ par an, sur quoy il y a aussy quelques charges pour quelques bâtiments en très petit nombre cependant qu'il faut réparer de temps en temps.

Plus le Chapitre a sur l'hôtel de ville environ 1180℔.

Plus l'abbaye de Méaubec est affermée 4600℔ cy...........4600℔ sur quoy sont à déduire les charges qui consistent en deux cent livres par an pour les deux gardes de l'abbaye cy........ 200℔ dans les gages des officiers de justice, consistant en grains, en réparations sur tous les bâtiments de l'abbaye et des métairies et dépendances que l'on ne peut fixer comme il est dit cy dessus.

Voylà en quoy consistent tous les revenus et les charges.

Pour compléter l'histoire de cette abbaye royale, il est utile de rapporter ici un extrait d'une

Lettre de M. La Corne, abbe de l'Etoille, au Chapitre de Quebec.

Paris, ce Samedy Saint 1766.

Messieurs et très chers confrères,

....

Enfin, le Roy a fait un arrangement pour l'abbaye de Méaubec et les annexes.

Il m'a été refusé constamment des lettres patentes confirmatives de cette union anciennement faite, par arrest de son conseil du 1er janvier. Il a mit l'abbaye de Méaubec dans ses économats avec les prieures et la rente sur l'hôtel de ville, et par un autre arrest en laissant toujours cette abbaye dans les économats jusqu'à ce qu'il luy plaise l'en retirer, il m'a donné la jouissance de cette abbaye et de ces annexes ma vie durante, à la charge d'en acquitter les charges, d'entretenir les lieux et de faire les réparations utiles et nécessaires, de payer des pensions, annuellement à Mrs. de lorme, Miniac, Rêche, et Gaillard.

Voilà près de trois mois que j'attends ses ordres pour ce qui concerne les autres chanoines pour qui il m'avait promis des pensions ainsy que pour le père Jacreau.

Je commençais à me désoler et j'étois sur le point de renoncer à cette abbaye, lorsque j'ay reçeu ses ordres et ce n'est que d'hier. Il m'envoit une lettre pour vous, Messieurs, et me charge de vous marquer que le Roy vous a accordé une pension à chacun de 400℔ net sur les œconomats, c'est-à-dire à M. Perrault 400℔, à M. Rigauville 400℔, à M. St. Onge 400℔, à M. Cugnet 400℔, et autant à M. Collet.

Cette pension commence à courir depuis le terme de Noël, c'est-à-dire du 1er janvier et sera échu au mois de janvier 1767. Vous tirerez vos lettres d'Echanges payables dans ce mois, sur M. de Saintcy œconome géneral du clergé, vous y joindrez un certificat de vie légalisé avec un blanc seing signé en bas d'un costé et de l'autre vis à vis votre nom, vous metterez pour quittance de ma pension, afin que votre blanc seing ne coure pas de risque.

Observez bien ces formalités sans quoy l'œconome ne pourrait pas vous payer, parce qu'il lui faut une décharge en bonne forme. Le pauvre père Jacreau est parti sans être assuré de son sort.

Vous trouverez, Messieurs, que ces pensions sont bien modiques, vous avez raison, vous méritiez à tous égards mieux que cela. J'ay fait à cette occasion, je vous le proteste, les plus vives et puissantes représentations, mais jamais je n'ai rien pu obtenir au delà, les charges des œconomats excèdent les fonds de cette caisse ; aussi M. Dorléans ne vous a-t-il employé sur les états des œconomats que jusqu'à ce qu'il vous ait transféré sur les premiers bénéfices qui viendront à vacquer, je quitteray le moment de cette translation, et M. Dorléans, ayant plus d'étoffe et de facilité, je ne désespère pas vous obtenir une augmentation. Voilà plus de 2 ans, Messieurs, que je refuse Méobec parce que je ne voyais aucune surreté pour vos pensions. On me promettoit, mais je voulois être sûr de votre affaire.

Si je n'eusse pas réussi à obtenir des pensions sur les œconomats et qu'on y eût mis l'abbaye avec les dépendances, à peine en auriez-vous eu chacun 200℔, les droits qui reviennent au Roy et à l'œconome prélevés ainsy que les gages d'un régisseur que l'œconome aurait été obligé de placer à Méobec, qui auroit emporté à luy seul 1500℔ au moins, nous aurions eu ensuite à supporter les accidents imprévus. Il auroit arrivé et trop souvent que nous n'aurions presque rien eu. Le régisseur auroit cherché à faire ses affaires et se seroit peu soussié des nôtres ; dans toutes les abbayes où il y a des moines on ne coure pas ces risques là, parce qu'on fait avec eux des arrangements. Ils sont intéressés à ce que les Biens ne dépérissent pas, mais au contraire à les améliorer. Il n'y en a pas à Méobec ; il y faut de toute nécessité un régisseur. Je vais être moi même le mien, en gardant toujours notre homme d'affaire à qui je vais augmenter les gages.

Il eut été bien plus heureux pour moy que le Roy m'eut donné une autre abbaye et que Méobec fut resté dans les œconomats pour les chanoines. Je l'avois proposé à M. Dorléans, qui a des Bontés pour moy ; il y avoit acquiessé. C'étoit une affaire arrestée, mais la mort de M. le Dauphin a fait changer cet arrangement ; il a, en mourant, recommandé tous les abbés qui étoient à son service, en sorte qu'on ne peut se dispenser de leur donner à chacun une abbaye jusqu'à ce que tous ceux qu'il a recommandés soient remplis.

Sans cet événement, vous auriez eu, je crois, quelque chose de mieux ; je dis *je crois*, parce que la portion ou pension qu'on vous accorde joint aux droits des œconomats et aux frais inévitables du régisseur, fait peut être votre sort aussi bon, que celuy que vous auriez eu de l'abbaye mise en œconomats.

Enfin, mes chers confrères, j'ay fait pour le mieux, et quoique vous ayez peu de chose, je doute qu'un autre eût obtenu ce que je vous ai obtenu surtout dans le temps où nous sommes. Je ne m'expliqueray pas plus au long sur ces derniers mots.

Il me reste l'espérance de faire augmenter vos pensions lorsqu'on les transférera de l'œconomat sur d'autres bénéfices.

Je désire au moins aussi ardemment que vous pouvoir réussir. Ce qu'il y a de certain et sur quoy vous pouvez compter, c'est que je feray tout mon possible et je désire encore ardemment pouvoir vous annoncer une meilleure nouvelle l'année prochaine.

L'ABBAYE DE L'ESTREES.

VALLIS DE STRATA. *

BREVET DU ROI DE FRANCE.

Aujourd'hui vingtiesme du mois d'avril 1672, le Roy estant à St. Germain en Laye, bien informé des bonnes vie et mœurs, suffisance, capacité, piété, et doctrine de M. François de Laval, Evèque de Pétrée, Vicaire Apostolique de Sa Sainteté au pais du Canada, du grand fruit qu'il a fait par ses bonnes instructions et des exemples de vertu qu'il a donnés aux peuples et habitans du d. pays, en considération de quoy désirant le traitter favorablement et luy donner les moyens de soutenir la dignité épiscopalle, Sa Majesté luy a accordé et faict don de l'Abbaye de l'Estrée ordre de Cisteaux au diocèse d'Evreux vaccante par le décèds du dernier titulaire pour estre unie et servir de revenu au dit Evesché du Canada m'ayant Sa dite Majesté commandé d'en expédier au dit Sieur de Laval touttes lettres, et depesche nécessaires en Cour de Rome et ailleurs en vertu du présent brevet qu'elle a signé de sa main et faict contresigner par moy son conseiller en tous ses conseils Secrétaire d'Estat et de ses commandements.

(Signé,)

(et plus bas.)

Louis,

Phelypeaux.

---

* Abbaie en Berry sur la rivière d'Indre vers la Tourraine, où l'on a transporté le corps et le culte de St Genou, et que le Roi donna à Mgr. de Laval.

On trouve au 13 nov., la vie de St. Genou (ou Genulf.)

L'acte de fondation par Rahier de Damjou, Seigneur du Muzy, [avec l'acceptation de Godefroy, Evêque de Chartres, de Hugues, Ev. d'Auxerre et de Guichard, abbé de Pontivy,] date de 1144, et fut confirmé par Alexandre III. *

Les actes de donation par Jean Comte de Dreux, et par Etienne Comte de Bourgogne, du consentement de son épouse Béatrix, sont de 1588. †

Le dernier Cistercieu de l'Abbaye *Beatæ Mariæ de Strato* mourut en 1678 ; le Chapitre de Québec s'adressa alors à la Cour de Rome pour obtenir la ratification et reconnaissance du don qui lui avait été fait par le Roi. Il représentait que le revenu en était d'environ 3000℔, que les bâtisses étaient en ruines, que l'une des tours de l'Eglise était renversée, les bois en mauvais état, les champs négligés, des corps de logis démolis pour faire argent du bois et de la pierre, comme il est constaté par un procès-verbal du Grand Vicaire de l'Evêque d'Evreux, chargé de faire une enquête sur les lieux.

"L'abbé, dit M. Marsollier, résolut d'envoyer de ses Religieux " à Lettrée et de les y établir sans Lettres Patentes, et sans en " avoir eu l'agrément du Roy. Comme cette entreprise était con- " tre l'usage constant du Royaume qui ne permet pas de faire de " nouveaux établissements sans la permission de Sa Majesté, il fut " obligé de rappeler ses Religieux, et de remettre les choses dans "l'état où il les avait trouvées."

Le même écrivain dit au Chap. XI de la même vie : " L'abbé " Dom François Armand employa tous ses amis pour se maintenir " dans sa dignité : il dit qu'il n'avait donné sa démission que par- " cequ'on lui avait persuadé que le Roy était mécontent de lui sur " ce qu'on a dit qui s'était passé à Lettrée."

Par l'extrait suivant d'un procès-verbal, on voit que l'abbaye de l'Estrée ‡ dépendait de Muzy. "Aussy soit que procès ayt été meu.........en la jurisdiction du bailliage d'Illiers entre discrete personne M. Pierre Gaultier prieur de Muzy, ordre St. Benoist, diocèse d'Evreux, membre dépendant de l'abbaye de Collombet, pour raison de payement de deux muids de grain par chacun an au terme de St. Martin d'hyver, scavoir est : un muy de bled

---

* *Gallia christ*, to...e XI. col. 672.

† Robert Rive et Jacques Hydouville, tabellions, frères au baillage vicomtal d'Illiers, 10 juin 1575.

‡ Ainsi appelée de la voie Romaine qui conduisait d'Evreux à Dreux.

mesteil et un muid d'avoine, mesure de Nonnancourt,qu'il prétend
et maintient......percepvoir sur les abbez Religieux et couvent de
Notre Dame de L'Estrée....dont il disait, luy et ses prédécesseurs
prieurs du dit lieu de Muzy, estre en bonne et paisible possession
non seulement quadragé naire mais immémoriale; pour éviter les
procès noble et religieuse personne Guillaume, humble abbé et les
autres religieux de L'Estrées promettent payer annuellement 40lb
tournois."

Dans une requête adressée au Roi, le 19 mars 1712, par le Chapitre de Québec, on trouve les détails de toutes ces affaires.

Extrait de Gallia Christiana, tom. XI. Ecclesia Ebroicensis
p. 671 strata.

Anno 1144. VI idus Februarii fundata est abbatia B. Mariæ
de Strata, ordinis cisterciensis, lineæ Pontiniaci, juxta Drocas,
in finibus diœceseon Ebroicensis et carnotensis ad fluvium Audau-
ram, a Raherio de *Domjon* toparcha de *Musy*, fundationem
acceptantibus Godefrido Carnotensi et Hugone autissidiorensi
episcopis, Guichardo Pontinia censi abbate, necnon archipresbytero
Ebroicensi deputato a Rotroco episcopo Ebroicensi.

Novi monasterii possessiones vigesimo post anno confirmavit
Alexander III. Inter plurimos benefactores recensentur Johannes
comes Drocensis, cujus anniversarium singulis fiebat mensibus,
antequam anno 1676 mensa hujus monasterii abbatialis Kebecensi
ecclesiæ in Nova Francia unita fuerit. Loca vero regularia sicut
et mensa conventualis anno 1687 cessere monialibus ejusdem
ordinis, a quibus modo occupantur. Moniales illæ in parthenone
de Columba juxta Longovicum in diæcesi Trevirensi conversaban-
tur, unde a Ludovico magno qui ibi arcem meditabatur anno 1687.
ad Stratam translatæ, decreto sanctioris consilii monachorum
partem adversus sacerdotes a missionibus exteris obtinuere anno
1714. En aliquot abbatum et abbatissarum nomina.

I. Hesimundus primus abbas obiit VIII calendas Januarii, ex
necrologio.

II. Nicolaus secundus abbas pridie idus Martii.

III. Philippus tertius abbas XVIII calendas februarii.

IV. Milonius quartus pridie nonas januarii.

V. Henricus primus quintus VI. calendas Martii.

VI. Gervasius bullam ab Alexandro III obtinuit anno 1164.

VII. Rogerius legitur in Charta Hugonis de Galardone tempore Guillelmi Senonensis archiepiscopi.

Desunt quinque abbates.

XIII. Johannes I decimus tertius XVI calendas aprilis.

XIV. Johannes II dictus Arbalestarius, natus apud Nonnencuriam, decimus quartus abbas obiit IX. calendas octobris, ex necrologio.

XV. Guillelmus I, decimus quintus defunctus IX calendas maii. Occurrit 1219 in charta Noæ.

XVI. Jacobus I, occurrit 1379, 10 oct. in chartis authenticis *D. de Gaignières.*

XVII. Theobaldus I, 1384, 15 decemb. et 1394, 2 maii, ibid.

XVIII. Guillelmus II, anno 1397, 28 novemb., ibid.

XIX. Theobaldus *le aoux* 1397, 16 dec. et 1408, 22 aprilis post Pasoha, ibid.

XX. Henricus II, an 1409, 20 decemb. et 1415, 28 decemb., ibid.

XXI. Robertus I, 1426, 21 julii et 22 decemb., ibid.

XXII. Johannes I, 1431, 10 maii, ibid.

XXIII. Robertus II, anno 1439, 8 januarii et 1441 19 maii, ibid.

XXIV. Jacobus II, 1446, 12 maii et 1470, 6 aprilis post Pascha, ibid.

XXV. Petrus I, forte de Vico, 1472, 22 januarii, 1475, 11 julii et 1476, 18 junii, ibid.

XXVI. Johannes II, adstitit benedictioni abbatis S. Vincentii de Nemore 25 novemb. 1483.

XXVII. Petrus II, anno 1490, 1 octob. in chartis *D. de Gai-gnières.*

XXVIII. Richardus I, 1499, 15 januarii, ibid.

XXIX. Natalis *Yvelin*, 1510, 15 decemb., ibid.

XXX. Ricardus II, *Martin* de *Bosco* Rotomagensi, monachus mortui—maris, sacræ theologiæ professor Parisiis, fit abbas Loci—Dei Ambianensis, tum ad Stratam per devolutionem promotus, singula cœnobii ædificia renovavit. Occurrit anno 1520, 4 maii, 1537, octob. 1555, 14 octob. Obiit 10 septemb. 1560.

XXXI. Guillelmus III, de *Glos.*

XXXII. Stephanus *du Bois.*

XXXIII. Henricus III, de *Gene* 1618, obiit XVIII, calendas januarii 1639.

XXXIV. Radulphus Hurault Germanus Dionysii episcopi Aurelianensis.

XXXV. Petrus Gasto de *Bonnesaignes* monachus B. Mariæ de Ginonte, obiit calendas aprilis 1554. Hujus tempore Johannes *Mellard* cellerarius monasterii occisus est a Francisco de *Tiulin,* dicto de *Merville,* propter decimam de Merville, 27 augusti 1651.

XXXVI. Petrus III, *Gaugnot* obiit 18, martii 1672.

XXXVII. Franciscus de Laval de Montmorency episcopus Kebecensis cessit 1685, etiam abbas Millebecci, quo anno duæ hæ abbatiæ ecclesiæ Kebecensi unitæ sunt, seu unio absoluta et perfecta est.

ABBATISSÆ.

I. Maria-Hyacintha de *Bellefourière* filia Johannis-Maximiliani-Ferdinandi et Isabellæ-Claræ de *Gandvilain,* abbatissa de Strata anno 1684, obiit 1716.

II, Anna de *Torchefilon.*

III. Olympia de *Maulde* de *Colemberg.*

IV. ....du *Quesnoy.*

Les extraits suivants se rapportent à l'abbaye de l'Estrées.

M. Dudouyt a Mgr. de Laval.

1677. " Nous ne pouvons travailler à la suppression des abbayes jusqu'au retour du Roy, car il faut que ce soit luy qui la demande et fasse obtenir par ses ambassadeurs. Je crois que nous n'aurons pas d'opposition de la part de de l'ordre St. Benoist et la proposition que M. Morant nous a faite pour un établissement de religieuses de l'ordre de Citeaux à L'Estrées fera que nous n'aurons pas de peine non plus d'autant que l'ordre y donnera les mains. Nous devons y aller avec M. de Montigni et M. de St. Josse aussitôt que les affaires du Canada seront achevées, et M. Morant s'y trouvera. Il propose des conditions assez raisonnables, nous avons veu le Père Martin qui est prieur de St. Denis et le Général à Paris qui nous ont paru assez disposés et si le Roy entreprend la chose, elle passera bien plus tost et avec bien plus de facilité."

1681. " L'abbaye de L'Estrées est afermée à M. Rotrou 4500 lbs. qui doit donner pour cauption Mr. Menestrel. Il en use bien, nous luy avons fait donner des lettres d'œconomat pour le préserver de la taille, le bail est pour neuf ans."

ABBAYE DE BENEVENT.

—

Extrait de Gallia Christiana.

tom. 2. Ecclesia Lemovicensis, p. 619. *

Abbatia Beneventi.

Beneventum sancto Bartholomœo Sacrum, ordinis S. Augustini, inchoatur anno 1028, in loco de Secondelas duabus leucis ab urbe Lemovic. sumtibus Roberti canonici Lemovicensis. Ita Sammartham. Hæc autem prima fundatio plurimum adaucta est sub annum 1073, ab ipsomet ecclesiæ Lemovicensis capitulo, ea lege ut ad ipsum spectaret prioris, sive præcentoris, sive sacristæ confirmatio, deberetque ecclesia Beneventana capitulo prædicto centum solidos annuæ pensionis, "necnon recipere dominicos "canonicos faciendo cursum decimarum in prædicto monasterio, "et eisdem tradere prandium, necnon claves horreorum in signum "superioritatis, qui de eisdem disponere possunt, prout eisdem "bonum videbitur, et debet prior seu abbas homagium fidelitatis, "eisdem dominis in ejus nova possessione; et prœdicti domini, "sede abbatiali vacante, habent administrationem dicti monasterii, "et abbas est canonicus natus in eadem ecclesia habetque grossum "et vocem in capitulo," ex veteri pancharta beneficiorum diœcesis Lemovicensis. Chartam vero integram hujusce dotationis habes inter instrumenta. Quod statum præsentem spectat, vacat hæc abbatia, tum abbate, tum ascetis, ab anno 1693, quo mensa abbatialis episcopalis, conventualis autem Capitulo Quebecensi attributæ sunt. Sequentes seu priores, seu abbates in monumentis ecclesiæ reperimus.

—

Series Abbatum.

I. Bernardus prior Beneventi 1279.

II. Hugo 1357.

III. Stephanus Benedicti in Canonicum Lemovicensem receptus an. 1374.

IV. Ludovicus I. Foucaudi abbas, obiit 12 Januarii 1466.

V. Petrus Foucaudi electus post triduum al. 16 jan. nobilis et militaris generis ab utroque parente, confirmatus a capitulo

* N. B. On trouve au mêmo vol. (II) de *Gallia Christ. Insrrum. Eccles. Lemovic* X. t. II. Charta fundat onis abbatiœ Beneventi.

Lemovic. die 9 febr. accepit possessionem die 13 febr. 1466, successit Ludovico Foucaudi, cujus tempore evica an. 1459 prioratus Beneventi in abbatiam evectus est. Memoratur Petrus in bulla Sixti papæ IV, an. 1478. Defunctus est 1510.

V. Ludovicus II. Foucaudi confirmatur abbas a capitulo Lemovic. 15 julii1510. Legimus talem in chartis eccl. Lemov. asservatis in biblioth. Regia Marcum de Rouerque militem ecclesiæ Lugdunensis abbatem commend. de Benevento provisum a papa, IV cal. decemb. 1510, receptum fuisse in canonicum Lemovic.

VI. Foucaudus de *Bonneval* 1522 episcopus Suession.

VII. Franciscus Rincou 1545 et 46.

VIII. Carolus Foucaud de S. Germain Beaupré, filius Gabrielis domini de S. Germain Beaupré et Johannæ Poupart, frater vero Ludovici Foucaud Franciæ marescalli, præerat an. 1638.

IX. Paulus Pelisson Foutanier libellorum supplicum magister, vir in litteraria republica maxime notus, unus e 40. academiæ linguæ Gallicæ proceribus, abbas erat 1680. Obiit 7 febr. 1693, abbas etiam Gimundi in diœcesi Ausciensi et prior S. Orientii Ausciensis.

BREVET.

" Aujourd'huy 1er Novembre 1695, le Roy estant à Versailles désirant gratifier et traitter favorablement Mre. Jean Baptiste de la Croix de St. Valier, Evesque de Québec, Sa Majesté lui a accordé et fait don de l'abbaye de St. Barthelemy de Bénévent, ordre de St. Augustin, Diocèse de Limoges qui vaque à présent par le décéds de Me.   de St. Germain Beaupré, dernier commendataire et paisible possesseur de la d. Abbaye pour estre icelle unie à perpétuité au dit Evêché de Québec et les fruits et revenus de la dite abbaye faire partie de ceux du dit Evesché à la charge de cinq cents livres de pension annuelle et viagère que Sa Majesté veut estre dorénavant posée sur les revenus et fruits temporels de la dite abbaye à Me. Pierre Pitot de la Pallières prestre du diocèse de Bayeux franche et quitte de toutes charges ordinaires et extra ordinaires tant par le dit S. de St. Vallier, Evesque de Québec que par ses successeurs au dit Evesché, m'ayant à cet effet Sa Majesté commandé d'en expédier au dit Sr. Evesque de Québec toutes lettres et depesches nécessaires en Cour de Rome pour l'obtention des bulles et provisions apostoliques de la dite abbaye tant en faveur du dit Sr. Evesque de Québec que pour l'union de la dite abbaye au dit Evesché et la création et homologation de la dite pension de cinq cents livres, et cependant pour assurance de sa volonté le présent brevet qu'elle a voulu signer de sa main et estre contresigné par moy son conseiller, secrétaire d'Estat et de ses commandements et finances.

(Signé,)   Louis.

(Et plus bas)   Colbert."

Par un concordat du dernier d'avril 1688 Jacques Chabridon, Pierre Mouneirat, chanoine régulier, et Jean Cuisinier, chanoine régulier et aumosnier, Jacques de Mauras aussi chanoine, Léonard Marchandon chanoine et curé, Barthelemi Lombard, Jean Emery, Pierre Caussade, Jacques Massard, Guillaume Raymond, Jean Périgaut et Louis Palais, tous chanoines, déclarent :

Que de temps immémorial il n'y a plus aucuns lieux réguliers dans la dite abbaye ;

Que depuis très longtemps ils sont contraints de loger et vivre séparément chacun dans des maisons particulières ;

Que les titres justificatifs sont perdus, ayant été la plupart divertis et brulés ;

Qu'ils ont appris que Sa Majesté a disposé de l'abbaye en faveur de l'Evêque de Québec pour être unie et servir à perpétuité à l'augmentation de la fondation et revenu tant de l'Evesché que pour l'établissement d'un chapitre et l'entretien des chanoines ;

Ils se démettent de tout ; pour estre les revenus dont jouit l'abbé annexés à la dignité épiscopale, et ceux dont jouissent les chanoines réguliers estre incorporés à la manse capitulaire.

A certaines conditions détaillées à l'acte, voir Reg. A de l'Evêché de Québec, pp. 612, 13-14-15.

EXTRAIT D'UNE LETTRE DE MGR. DOSQUET.

24 avril 1737.

Mgr. l'Evêque de Québec...,

"Dans cette lettre, je mande en Canada que je ne compte plus y retourner, à cause de ma mauvaise santé, et que je ferai ma démission lorsqu'il plaira à la Cour de me choisir un successeur. J'apprends par cet ordinaire que le Roy a nommé à l'Abbaye de Bénévent ; ce qui me fait croire que Sa M. pense aussi à assurer un autre revenu pour dédommager l'Evêché de Québec de cette abbaye."